D1591131

SECCIÓN DE OBRAS DE ECONOMÍA

EL DESARROLLO ECONÓMICO
DE AMÉRICA LATINA DESDE LA INDEPENDENCIA

LUIS BÉRTOLA
JOSÉ ANTONIO OCAMPO

El desarrollo económico
de América Latina
desde la Independencia

PREMIO JAUME VICENS VIVES 2012

FONDO DE CULTURA ECONÓMICA

Primera edición,   2013
Primera reimpresión, 2016

Distribución mundial

Premio Jaume Vicens Vives 2012, otorgado bianualmente
por la Asociación Española de Historia Económica al mejor libro
de historia económica de España o Latinoamérica

D. R. © 2013, Fondo de Cultura Económica
Carretera Picacho-Ajusco, 227; 14738 Ciudad de México
www.fondodeculturaeconomica.com
Comentarios: editorial@fondodeculturaeconomica.com
Tel.: (55)5227-4672

Diseño de portada: Laura Esponda Aguilar

ISBN 978-607-16-1464-3

Impreso en México • *Printed in Mexico*

SUMARIO

PRÓLOGO

Siempre me ha interesado la historia y en particular la historia económica. De ella se extraen importantes experiencias que nos permiten entender mejor la compleja realidad social y la viabilidad de las políticas económicas.

América Latina cuenta con muy valiosas contribuciones de distinguidos economistas e historiadores que investigaron su historia económica. Durante mi estancia en el Banco Interamericano de Desarrollo contamos con la presencia de una distinguida economista e historiadora, la profesora Rosemary Thorp, para encabezar un prestigioso grupo de investigadores que produjo un valioso estudio sobre el desarrollo de la economía latinoamericana durante parte del siglo XX. Pero faltaba un esfuerzo adicional que ofreciera una visión de conjunto de la historia de los países de América Latina desde su independencia. Esto es lo que, al fin, han hecho dos economistas e historiadores económicos de gran prestigio: el uruguayo Luis Bértola y el colombiano José Antonio Ocampo. Ahora que América Latina celebra los bicentenarios de sus procesos de independencia es cuando, desde la Secretaría General Iberoamericana, hemos podido apoyar la elaboración de esta historia económica.

Los profesores Bértola y Ocampo son grandes figuras en las universidades de Uruguay y Colombia y en las instituciones internacionales. Ambos tienen una vida académica relevante que les ha llevado por universidades de la talla de Cambridge, Carlos III de Madrid, Columbia, Gotemburgo, Harvard, Notre Dame, Oxford, London School of Economics y Yale.

Con esta experiencia acumulada, los autores nos ofrecen una visión rigurosa y elaborada de 200 años de convivencia independiente de las repúblicas latinoamericanas. No es tarea fácil, por cierto. El objeto de su investigación está particularmente expuesto a diversas visiones culturales e ideológicas de la realidad, y de ahí deriva la dificultad de la tarea emprendida.

En un momento de profunda globalización de las relaciones económicas, políticas y sociales, que no es la primera que ha habido en la historia pero sí probablemente la más intensa y de más largo alcance, los desafíos de una mayor cohesión interna en América Latina y de una creciente presencia y proyección internacionales tienen una prioridad especial. Por ello, una de las grandes contribuciones de esta historia económica es su relación con la realidad económica internacional.

Me parece muy adecuado que la división en capítulos siga los grandes ciclos históricos. También celebro que, aun subrayando los elementos comunes, la obra tenga siempre presente ese gran activo latinoamericano que es nuestra diversidad, la cual deriva del mestizaje de las sociedades originarias, las euroamericanas y las afroamericanas.

Creo que es asimismo muy apreciable el estudio sobre el patrón de la especialización productiva basado en la explotación y exportación de los recursos naturales. Lo considero valioso porque intenta racionalizar la variedad de momentos y de sociedades mediante una tipología del desempeño económico, centrada en las variables del poder colonial, los tipos de mercado, el producto exportador prevaleciente, la situación laboral y el tamaño de cada economía nacional, que nunca se separa en exceso del contexto regional.

En esta "región de matices", como los propios autores la definen, es importante identificar los problemas del desarrollo, como la dificultad del acceso al conocimiento y la tecnología, los interrogantes sobre las distintas formas de organización social y la difícil generación del bienestar, entre otros. Y, luego, la larga historia (a veces exitosa, pero también atribulada) de avances, rezagos y desilusiones que ha deparado la inestabilidad institucional que nos ha afectado históricamente, simbolizada en los procesos revolucionarios y, en fin, en la intensa conflictividad social y política que generaron a lo largo de la historia regímenes autoritarios.

La obra menciona lo que seguramente es la constante de nuestro devenir histórico: un desarrollo con gran volatilidad y una intensa desigualdad que ha lastrado desde siempre a nuestras sociedades, una desigualdad ("la principal deuda histórica de América Latina", dicen Bértola y Ocampo) que, mostrándose muy resistente a desaparecer, no debe, sin embargo, oscurecer los logros de recientes desarrollos conseguidos gracias a acertadas políticas macroeconómicas en los últimos años.

De todo este variado acontecer, desde el fin de la época colonial hasta lograr una presencia internacional que nunca hubiéramos imaginado, Latinoamérica ha transitado un largo camino, como bien demuestra el valioso aporte de las series históricas de la CEPAL, institución sin la que sería difícil convocar y entender nuestra realidad actual. Subsisten, empero, desafíos en distintos frentes: educativo, tecnológico, productivo o fiscal, entre otros, que permitan una mejor modernización económica, social y política.

En un momento de esperanzas y realidades para América Latina, cuando parece que el medio ambiente y el cambio climático están poniendo límites al tipo de desarrollo aceptado por la parte más próspera de la humanidad desde la Revolución industrial, la presente obra innova y se une a una prestigiosa corriente historiográfica para ayudarnos a discernir las claves de un prometedor futuro, haciendo hincapié en las siempre irremplazables lecciones de la historia.

Ya lejos afortunadamente de la soledad que evocó uno de nuestros Premios Nobel y con el refuerzo de los adecuados mecanismos de cohesión social y desarrollo productivo, creo que puede empezar a escribirse, quizá con mayor vigor que antes, un futuro capítulo de prosperidad y solidaridad para nuestra América Latina.

ENRIQUE V. IGLESIAS
Secretario general iberoamericano

INTRODUCCIÓN

Las celebraciones en torno al bicentenario del inicio del ciclo de independencia de la mayoría de los países de América Latina ofrece una oportunidad excepcional para reflexionar sobre el derrotero de los países que conforman esta región en el contexto de la historia económica mundial. Complementariamente, la reciente crisis internacional y las importantes transformaciones que se experimentan en la economía mundial, y que continuarán generando desafíos y oportunidades a nuestros países, obliga una vez más a reflexionar sobre el pasado y a aprender de la historia.

La historia económica de América Latina de los dos últimos siglos es una historia de desarrollo: su población ha tenido un gran crecimiento, al igual que su producción por habitante. Ha habido también, aunque con mayor rezago, mejoras en la expectativa de vida al nacer y en educación. El porcentaje de la población que vive en condiciones de pobreza se ha reducido de manera importante, aunque con altibajos notables.

Es también una historia de inestabilidad, tanto por la volatilidad del financiamiento externo y de los términos de intercambio internacionales como por los consecuentes ciclos de la actividad productiva, con periodos de progreso sucedidos por otros de relativo estancamiento o retroceso. Es igualmente una historia de modificaciones profundas en las políticas y los modelos de desarrollo, que han cambiado con mucha frecuencia al influjo de procesos económicos, así como sociales, políticos e ideológicos.

Finalmente, es una historia de desigualdades, que no sólo se expresa en la desigualdad dentro de cada país, sino también entre los países latinoamericanos y, más aún, entre éstos y los líderes de la economía mundial. En varios periodos América Latina ha visto crecer las diferencias que la separan de los países más desarrollados, aunque, por otra parte, en forma relativamente temprana, también se alejó de las regiones más pobres del mundo.

Este libro ofrece al lector una visión compacta de esta historia económica desde la Independencia, intentando sintetizar algunos avances de una creciente bibliografía sobre el tema. Por las peculiaridades de sus procesos históricos, excluye, sin embargo, a dos países que muchos análisis incluyen como parte de América Latina: Haití y Puerto Rico.

En las últimas décadas es mucho lo que se ha producido. Afortunadamente contamos con muy buenos antecedentes con intenciones similares a las de este libro. Entre muchos, destacan la *Historia económica de América Latina* de C. F. S. Cardoso y H. Pérez Brignoli de 1979, en dos volúmenes; la *Cambridge History of Latin America*, editada en seis volúmenes a fines de los años ochenta en inglés y traducida en 14 volúmenes por Grijalbo, es otra referencia inevitable; el penetrante trabajo de Víctor Bulmer-Thomas, *La historia económica de América Latina desde la Independencia,* publicado originalmente en 1994, es otro hito; a ello se agrega el gran esfuerzo promovido por el Banco Interamericano de Desarrollo, coordinado por Rosemary Thorp, que culminó en el volumen central *Progreso, pobreza y exclusión: una historia económica de América Latina en el siglo xx* (1998) y en dos volúmenes complementarios compilados por Enrique Cárdenas, José Antonio Ocampo y Rosemary Thorp: *La era de las exportaciones latinoamericanas: de fines del siglo xix a principios del xx* (2003), *Industrialización y Estado en la América Latina: la leyenda negra de la posguerra* (2003), y la reedición de *América Latina en los años treinta,* editado originalmente en 1988 por Rosemary Thorp. Una última referencia insoslayable es la aparición en 2006 de los dos volúmenes de la *Cambridge Economic History of Latin America,* editados por Víctor Bulmer-Thomas, John Coatsworth y Roberto Cortés Conde.

Todas estas obras aún tienen vigencia y han sido fuentes de permanente inspiración y consulta para nuestro trabajo. A lo anterior se suman muchas historias nacionales y artículos y monografías sobre aspectos y periodos específicos de la historia económica de la región. También existen dos compilaciones publicadas en 2011: *Institucionalidad y desarrollo económico en América Latina,* editado por Luis Bértola y Pablo Gerchunoff, que aborda la historia económica de diferentes regiones latinoamericanas desde la Independencia, y el *Oxford Handbook of Latin American Economics,* editado por José Antonio Ocampo y Jaime Ros, que cubre el periodo más reciente.

Frente a estos antecedentes, el desafío de hacer una nueva contribución es muy grande. Creemos, no obstante, que la presente obra ofrece al lector avances considerables en diversos frentes. Aunque estamos lejos de haber hecho una revisión exhaustiva de la numerosa bibliografía reciente, podemos sostener que este trabajo recoge y presenta muchos avances en el plano de la discusión sobre instituciones y desarrollo, desarrollo humano, niveles y disparidades del ingreso, desarrollo tecnológico, volatilidad financiera, contabilidad del crecimiento, así como aportes más recientes a debates antiguos, como el relativo a los términos de intercambio y su relación con la tendencia de los precios reales de productos básicos.

Muchos de estos debates reflejan, a su vez, tendencias cambiantes desde el punto de vista de los enfoques teóricos. En este sentido, no hay prácticamente ningún periodo que no haya sido sujeto a revisión en las investigaciones recientes, lo que aquí se pretende ilustrar. Han aparecido nuevas discusiones en torno al balance del desarrollo en la época colonial y al significado de la herencia colonial para el desarrollo posterior. Igualmente, se ha revitalizado la discusión sobre el desarrollo económico en las décadas posteriores a la Independencia. La primera globalización (de fines del siglo xix y comienzos del xx) no ha dejado de atraer la atención y ser estudiada desde múltiples puntos de vista, ahora en contraste con la segunda globalización (desde las tres últimas décadas del siglo xx). También el periodo de industrialización dirigida por el Estado —el término que preferimos aquí al más extendido e inexacto de industrialización por sustitución de importaciones— ha sido sometido a nuevas miradas y evaluaciones a la luz de los desempeños anteriores y, especialmente, posteriores. Obviamente, en estos momentos parece estar viviéndose una coyuntura importante desde la cual se pueden evaluar los resultados registrados durante la reciente reorientación hacia el mercado y la segunda globalización.

Un elemento particularmente importante que destacar de los recientes avances en el estudio de la historia económica de América Latina es la creciente intención de situarla en una perspectiva comparada internacional. Rescatar ese contexto comparativo ha sido un objetivo central del presente trabajo, lo que refleja no sólo la necesidad de poner logros y fracasos en perspectiva, sino también de pensar una América Latina integrada al mundo a lo largo de los dos últimos siglos.

No menos importante es que esta obra se ha beneficiado de un trabajo estadístico nuevo, que incluye particularmente las series históricas producidas recientemente por la CEPAL para el periodo 1950-2010 y a las que nos referimos en este libro sólo como series históricas de la CEPAL. A ellas se agregan los trabajos estadísticos de muchos otros autores, incluidos los que hemos realizado sobre desarrollo humano, términos de intercambio y precios reales de productos básicos, entre otros.

Este libro contiene seis capítulos. El capítulo I presenta las principales tendencias del desarrollo latinoamericano en perspectiva comparada y con algunas miradas novedosas. Cubre una serie amplia de planos: la población, el ingreso per cápita, la volatilidad y su relación con las formas de especialización y el acceso irregular a los mercados de capitales, la distribución del ingreso y el desarrollo humano.

Los siguientes cuatro capítulos abordan cada uno de ellos periodos prolongados, con la intención de poner énfasis en procesos de larga duración. El capítulo II abarca las décadas posteriores a la Independencia y hasta 1870. El capítulo III analiza la etapa de desarrollo primario exportador, que coincide a nivel mundial con la llamada primera globalización y se extiende hasta 1929; se pone énfasis especial en distinguir las particularidades del complejo periodo 1914-1929. El capítulo IV aborda la industrialización dirigida por el Estado, el extenso periodo 1929-1980, que comprende momentos fuertemente diferenciados, como las coyunturas de la Gran Depresión y la segunda Guerra Mundial, y la etapa más clásica de industrialización, que se extiende hasta 1980, aunque con experiencias tempranas de ruptura con ese patrón de desarrollo en algunos países. El capítulo V presenta información sistemática desde 1980 hasta 2010, con sus distintas coyunturas, como la década perdida, los procesos de liberalización y reformas estructurales, la crisis de fines del siglo XX y el auge que precedió a la Gran Recesión mundial de 2008-2009.

En todos estos periodos intentamos encontrar un difícil balance entre la búsqueda de elementos comunes, que nos permitan hablar de América Latina como una región con especificidades históricas (económicas, políticas y culturales), y a la vez las importantes diferencias existentes al interior de esta comunidad de países. En ese sentido, hemos hecho un intento por aplicar diferentes tipologías, que hemos variado para diferentes periodos para captar mejor las especificidades de cada uno. En todo caso, se ha preferido un enfoque comparativo que nos permita colocar las experiencias nacionales dentro del contexto de la historia económica regional más que sumar sólo experiencias nacionales. Estas últimas siempre se presentan, por lo tanto, como ilustraciones de una historia regional.

El último capítulo presenta un breve balance histórico, con algunas consideraciones sobre los principales retos que enfrenta la región, vistos a la luz de su historia.

Creemos, por lo tanto, aportar una obra que combina una unidad interpretativa de dos siglos de desarrollo económico latinoamericano con una evidencia empírica rigurosa y el intento de buscar patrones comunes con un respeto a la diversidad interna de la región.

Queremos finalmente expresar nuestro agradecimiento a todos aquellos que, de una forma u otra, hicieron posible este trabajo. En especial a la Secretaría General Iberoamericana y a su secretario general, Enrique Iglesias, así como a la Fundación Carolina, por el respaldo brindado a la investigación inicial que diera lugar a una primera versión de este libro, publicado en español en diciembre de 2010 por la Segib con el título *Desarrollo, vaivenes y desigualdad: una historia económica de América Latina desde la Independencia*. Esta nueva versión se ha beneficiado de muchos aportes y comentarios de gran número de colegas y contiene muchas mejoras, extensiones y correcciones de las bases estadísticas manejadas en el libro de 2010.

Ha sido excelente la asistencia de Sebastián Fleitas y Ariane Ortiz y la cooperación de Jorge Álvarez, Reto Bertoni, Melissa Hernández, Jonathan Malagón, Eliana Rubiano, Javier Rodríguez Weber, Gustavo Saquier, Sabrina Siniscalchi y Juliana Vallejo en la construcción de estadísticas, relevamiento bibliográfico, discusión de temas y lectura de versiones preliminares de este trabajo. Mariángela Parra-Lancourt ha aportado igualmente la actualización de las series de precios reales de productos básicos desde 1865.

Han sido muy valiosos los comentarios e información suministrada por José Antonio Alonso, Ricardo Bielschowsky, John Coatsworth, Renato Colistete, Robert Devlin, Aldo Ferrer, Jorge Gelman, Pablo Gerchunoff, Karl Jaspers, Sandra Kuntz-Ficker, Bethania Lima, Eduardo Lora, Héctor Pérez Brignoli, Gabriel Porcile, Carmen Reinhart, Antonio Tena y Jeffrey Williamson, entre muchos otros con quienes hemos discutido temas puntuales.

Luis Bértola agradece también el respaldo del Fondo Clemente Estable del Ministerio de Educación y Cultura de Uruguay.

Esperamos que esta obra sea de utilidad para los estudiantes de historia económica, economía y de los problemas del desarrollo en general, quienes siempre han sido un gran estímulo para nuestra labor.

I. AMÉRICA LATINA EN LA ECONOMÍA MUNDIAL
1810-2010

INTRODUCCIÓN

Todo aquel que ha escrito sobre la historia económica y el desarrollo de América Latina ha comenzado por preguntarse sobre la posibilidad de generalizar acerca de un continente tan amplio que, corriendo de norte a sur, con las diferencias climáticas que ello conlleva y surcado por enormes accidentes geográficos, como cordilleras, desiertos y selvas, termina mostrando una gran variedad de entornos en términos de geografía, clima y recursos naturales. En estos ámbitos también se han desarrollado diversas culturas que, a su vez, han experimentado cambios radicales en interacción con procesos de colonización, emigración e inmigración, tanto voluntaria como forzada, y de intercambio comercial y tecnológico.

A pesar de esas salvedades, creemos que es posible hablar de una historia económica de América Latina y que los países latinoamericanos muestran un conjunto de características comunes con base en el cual es posible entender su derrotero económico y social. En este capítulo intentaremos presentar algunos de esos rasgos, los que creemos más esenciales. Sin embargo, buscaremos matizar esas generalidades en dos sentidos. Por un lado, se pretende capturar qué es lo particular de América Latina y qué es lo que también comparte con otras regiones del mundo, es decir, distinguir qué rasgos del desarrollo de América Latina son más universales y cuáles no lo son. Por otro lado, y sin desmedro de lo general, buscaremos indagar y presentar matices, tipologías, diferencias que permitan mantener y valorar la diversidad en su interior. Debemos reconocer que problemas de espacio y de información, además de nuestras propias limitaciones, no nos permitirán tratar por igual las diferentes regiones y países.

A lo largo de este estudio buscaremos mostrar cómo América Latina es una región de matices también desde el punto de vista comparativo internacional. Nuestra región no forma parte de lo que hoy llamamos "el mundo desarrollado". Ninguno de nuestros países ha accedido a niveles de vida, educación, competitividad y desarrollo tecnológico de manera elevada ni suficientemente homogénea como para ser considerado un país desarrollado. Sin embargo, la falta de esa gran transformación, la persistencia de pobreza y desigualdad, no han impedido a nuestra región crecer y mejorar sus condiciones de vida y desarrollo humano. Aun cuando algunos países latinoamericanos siguen siendo muy pobres y mantienen a importantes segmentos de sus poblaciones muy alejados de los logros del desarrollo económico y social moderno, América Latina es una región que ha obtenido avances importantes, que ha experimentado destacables cambios económicos, sociales y políticos que muestran que su trayectoria de desarrollo le ha permitido ubicarse, en conjunto y en algunas dimensiones, en una situación intermedia a escala mundial.

A pesar de lo anterior, desde el punto de vista de su estructura productiva, algunas características se han mantenido durante mucho tiempo. Desde la época de la conquista, tras distintos momentos de reformulación de sus lazos con la economía mundial y aun cuando algunos países han logrado diversificar sus estructuras productivas y acceder a mercados internacionales de manufacturas y servicios, el grueso de las naciones de América Latina no ha logrado superar un patrón de especialización productiva basado en la explotación de los recursos naturales. Más allá de fluctuaciones y coyunturas diversas para diferentes bienes, ese patrón de especialización productiva no ha permitido a América Latina tener acceso a los segmentos más dinámicos del mercado mundial, ya sea desde el punto de vista tecnológico o del de la expansión de la demanda. Ese mismo patrón de especialización, junto con el acceso marcadamente cíclico a los mercados de capitales, también contribuye a explicar la alta volatilidad del crecimiento económico de la región, que es en sí misma una amenaza para el desarrollo.

A pesar de ello, este patrón de especialización productiva, que difiere del patrón más intensivo en capital y tecnología de los países desarrollados y del patrón inicialmente intensivo en trabajo pero con creciente contenido tecnológico de los países de Asia Oriental, no es en sí mismo explicación suficiente para que América Latina no sea una región desarrollada, sino que es solamente una expresión de ello. Otros países y regiones lograron profundas transformaciones apoyándose en la disponibilidad de recursos naturales. Con distinto éxito en diferentes etapas de su trayectoria, los Estados Unidos, así como Canadá, Australia, Nueva Zelanda (un grupo que aquí denominaremos, siguiendo a Maddison, los "retoños de Occidente") y los países nórdicos europeos, constituyen ejemplos de aprovechamiento de recursos naturales para transitar sendas de desarrollo más exitosas que las que han logrado los países latinoamericanos. Del mismo modo, los países de Asia Oriental que han basado su desarrollo en la abundancia de mano de obra, con ciertas similitudes con algunas regiones latinoamericanas, han logrado experimentar en décadas recientes procesos de crecimiento sostenido y mejora de la calidad de vida muy por encima de los logros latinoamericanos. A su vez, el acotado desarrollo económico y la limitada diversificación productiva han hecho particularmente difícil el mantenimiento de ambiciosas políticas de bienestar.

Esto nos lleva a preguntarnos cuáles han sido las razones que han impedido a América Latina realizar una transformación más radical de su economía y sociedad y obtener logros más categóricos en la calidad de vida de toda su población. Las respuestas a estas preguntas no se encuentran a partir de una mirada puramente económica. El desempeño económico es el resultado de un complejo conjunto de relaciones sociales, culturales, políticas y de su relación con el entorno geográfico. En las teorías del desarrollo han sido clásicos los debates sobre el papel de las instituciones y, a su vez, sobre las determinantes últimas del desarrollo institucional. Las estructuras sociales, la distribución del poder y la riqueza, el papel y la fortaleza de las élites y los procesos complejos y dolorosos de conformación de los Estados nacionales, que en muchos casos permanecieron endémicamente débiles, conjugado todo ello con la herencia colonial y las dificultades económicas y políticas de la inserción internacional de los Estados independientes, serán factores determinantes en los que habrá que buscar explicaciones a los logros y fracasos de la experiencia económica latinoamericana.

AMÉRICA LATINA EN LA ECONOMÍA MUNDIAL:
CONVERGENCIA Y DIVERGENCIA DEL PIB PER CÁPITA

Las estadísticas históricas disponibles sobre la evolución del producto interno bruto de América Latina son muy débiles y no nos permiten hacer afirmaciones categóricas, especialmente en lo que respecta al siglo XIX y anteriores. En el cuadro 1 del apéndice estadístico presentamos una nueva base de series históricas de América Latina, construidas a partir de diversas fuentes, entre las que predominan las estimaciones de la Comisión Económica para América Latina (CEPAL) de 1950 en adelante y las compilaciones de Angus Maddison para épocas más tempranas, basadas a su vez en estimaciones parciales de la CEPAL, de otros autores, y las propias. Esta nueva base, que adopta como referencia las series comparativas internacionales de Maddison de 1990, está expresada en dólares internacionales de ese año. Los resultados difieren, en algunos casos de manera muy notoria, de los de la base de Maddison. Una síntesis se presenta en el cuadro I.1.

Tomando con cautela estos datos, se puede sostener que el producto interno bruto (PIB) per cápita de América Latina ha fluctuado a lo largo de los dos últimos siglos en torno al promedio mundial, con tres grandes fases: un deterioro desde el inicio de la vida independiente hasta aproximadamente 1870 (aunque sólo en relación con los líderes del proceso de industrialización en el mundo, que aquí denominaremos simplemente como "Occidente"), una mejora relativa en 1870-1980 (aunque no sin fluctuaciones), y un nuevo deterioro posterior. De esta manera, América Latina fue, en compañía de la periferia europea, capaz de insertarse temprano en la ola del desarrollo económico moderno y colocarse en una especie de "clase media" del mundo.

Si comparamos a América Latina con Occidente, vemos una tendencia de deterioro de largo plazo, que está determinada por dos grandes caídas, de las cuales ha sido imposible recuperarse con posterioridad. La brecha con respecto a Occidente se amplió antes de 1870 y durante la "década perdida" de 1980. Pero, por otra parte, el crecimiento de América Latina superó claramente

CUADRO I.1. *PIB per cápita, población y* PIB *1500-2008, por regiones (dólares internacionales de 1990)*

	1500	1820	1870	1913	1929	1940	1950	1973	1980	1990	2008
PIB per cápita (dólares)											
Occidente	776	1231	2155	4194	5247	5695	6740	13963	15903	19500	26369
Occidente ampliado	702	1102	1877	3671	4590	4991	5642	13067	14950	18750	25285
Resto	538	578	602	859	924	1073	1092	2064	2371	2711	4900
América Latina	416	684	772	1540	2076	1993	2442	4451	5441	5067	7118
Resto sin A. L.	544	575	599	820	865	1003	962	1804	2038	2453	4670
Mundo	566	672	880	1538	1789	1958	2108	4083	4512	5150	7614
Relaciones											
A. L./Occidente	0.54	0.56	0.36	0.37	0.40	0.35	0.36	0.32	0.34	0.26	0.27
Brecha Occidente-A. L.	360	547	1382	2655	3171	3702	4299	9511	10462	14433	19250
Brecha/PIB per cápita A. L.	0.86	0.80	1.79	1.72	1.53	1.86	1.76	2.14	1.92	2.85	2.70
PIB per cápita (media mundial = 1)											
Occidente	1.37	1.83	2.45	2.73	2.93	2.91	3.20	3.42	3.52	3.79	3.46
Occidente ampliado	1.24	1.64	2.13	2.39	2.57	2.55	2.68	3.20	3.31	3.64	3.32
Resto	0.95	0.86	0.68	0.56	0.52	0.55	0.52	0.51	0.53	0.53	0.64

América Latina	0.73	1.02	0.88	1.00	1.16	1.02	1.16	1.09	1.21	0.98	0.93
Resto sin A. L.	0.96	0.86	0.68	0.53	0.48	0.51	0.46	0.44	0.45	0.48	0.61
Mundo	1.00	1.00	1.00	1.00	1.00	1.00	1.00	1.00	1.00	1.00	1.00
Población (millones)											
Occidente	51	126	208	339	375	401	434	553	577	612	695
Occidente ampliado	75	175	268	424	479	520	566	720	756	801	891
Resto	363	866	1008	1369	1599	1780	1962	3203	3684	4468	5804
América Latina	18	22	40	81	107	130	165	308	360	442	580
Resto sin A. L.	345	845	967	1288	1492	1650	1797	2896	3323	4026	5223
Mundo	438	1042	1276	1793	2078	2299	2528	3923	4440	5269	6695
PIB (miles de millones)											
Occidente	40	155	449	1423	1967	2286	2922	7723	9168	11943	18337
Occidente ampliado	53	193	503	1557	2197	2593	3193	9402	11296	15020	22536
Resto	195	507	619	1201	1519	1910	2137	6613	8734	12114	28438
América Latina	7	13	29	117	194	243	385	1314	1896	2158	3954
Resto sin A. L.	188	492	587	1076	1313	1655	1721	5224	6774	9874	24392
Mundo	248	700	1122	2758	3716	4503	5329	16015	20030	27134	50974
PIB A. L./PIB mundo	2.9%	1.9%	2.6%	4.2%	5.2%	5.4%	7.2%	8.2%	9.5%	8.0%	7.8%

"Occidente": 12 países de Europa Occidental, Australia, Canadá, Estados Unidos y Nueva Zelanda.
"Occidente ampliado": 30 países de Europa Occidental, Australia, Canadá, Estados Unidos, Nueva Zelanda y Japón.
FUENTE: Elaboración propia con base en Maddison (2009) y apéndice estadístico, cuadros 1 y 2.

el de África hasta la actualidad y el de Asia hasta mediados del siglo xx. Cabe resaltar, sin embargo, que desde 1980 lo opuesto ha sido cierto (y en forma muy marcada) de América Latina en relación con Asia.

Para entender el dispar crecimiento económico de las naciones se han utilizado últimamente los conceptos "pequeña" y "gran" divergencia entre los países más avanzados y los menos avanzados, o entre Occidente y el resto, en la terminología de Maddison. Las economías occidentales experimentaron una transformación importante, pasando de un patrón de bajo crecimiento económico entre 1500 y 1820, en el cual la expansión se explicaba principalmente por el aumento de la población y en menor medida por el crecimiento del PIB per cápita, a otro patrón en el que, desde aproximadamente 1820, el aumento del PIB per cápita claramente sobrepasó el de la población (gráfica I.1). Durante el primer periodo, el "resto del mundo"[1] (que contiene lo que hoy se considera el mundo en desarrollo, incluida América Latina) creció únicamente de manera extensiva, pero a tasas menores que Occidente, dando lugar a la llamada "pequeña divergencia", un proceso al cabo del cual las diferencias en los niveles de ingreso per cápita aún parecían pequeñas comparadas con las actuales. Durante el segundo periodo, aunque las tasas de crecimiento se aceleraron también en el "resto del mundo", el incremento de su PIB per cápita fue a largo plazo apenas una tercera parte del de Occidente, dando lugar a la llamada "gran divergencia", al cabo de la cual las diferencias en los niveles de ingreso per cápita resultaron muy notorias.

Desde el ciclo independentista hasta nuestros días América Latina parece haber seguido un patrón de crecimiento similar al del "resto del mundo", mostrando una aceleración de las tasas de crecimiento aunque generada a partir de los mismos factores: el aumento del tamaño de la población explicaría 60% del total del crecimiento económico, en tanto que las tasas anuales de crecimiento del PIB per cápita de América Latina han sido equivalentes a sólo unas tres cuartas partes de las de Occidente. Entre 1820 y 2008 la brecha entre América Latina y Occidente pasó de 0.8 a 2.7 veces el PIB per cápita de América Latina o, lo que es equivalente, la región pasó a tener de poco más de la mitad del PIB per cápita de Occidente a poco más de una cuarta parte.

Es sumamente difícil y arriesgado hablar de los niveles de ingreso per cápita del periodo colonial, al igual que son muy discutidas las cifras de la evolución de la población. Si nos guiáramos por los frágiles supuestos de Maddison, deberíamos concluir que existía una brecha no despreciable entre América Latina y Occidente durante el periodo colonial, aunque esa brecha no se amplió de manera significativa durante ese tiempo y en algún país, como México, pudo llegar a ser muy pequeña en cierto momento. Durante los pri-

---

[1] Del "resto del mundo" excluimos el "Occidente ampliado" que, aparte de lo que denominamos "Occidente" (los líderes mundiales del proceso de industrialización, que incluyen a las principales potencias europeas y a los "retoños de Occidente"), agrega otras economías de Europa Occidental y a Japón, que más tarde se unieron al grupo de líderes.

GRÁFICA I.1. *Tasas de crecimiento de la población y el PIB per cápita mundial, 1500-1820 y 1820-2008, por regiones (porcentajes)*

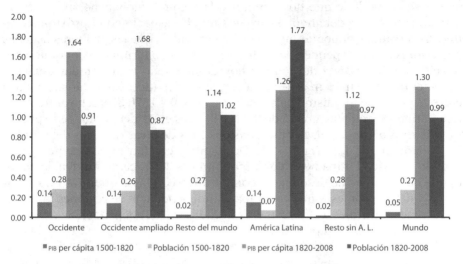

FUENTE: Cuadro I.1.

meros tiempos de la colonización se produjo una drástica caída en los niveles de vida y, en particular, en la expectativa de vida al nacer. Pero luego, progresivamente, los sobrevivientes a la conquista y los colonizadores experimentaron cierta recuperación de los ingresos, lo que habría contribuido a que la brecha no fuera al final del periodo colonial mucho más amplia que en sus comienzos.

En suma, mientras Occidente crecía de manera extensiva y relativamente lenta, la brecha entre Occidente y América Latina no era despreciable pero no se ampliaba. Cuando Occidente cambió su patrón de crecimiento hacia uno con mayor aumento de la productividad, América Latina se retrasó aún más y la brecha se volvió muy importante, a pesar de que América Latina aceleró su crecimiento. Por lo tanto, si bien la brecha original y la herencia colonial son temas de mucho interés, a partir de la Revolución industrial surgieron nuevos patrones de crecimiento que cambiaron radicalmente el escenario de la economía y las relaciones internacionales. Por ello, difícilmente se puede decir que la historia posterior no es más que un reflejo de las condiciones de la era colonial.

LAS ETAPAS DEL DESARROLLO LATINOAMERICANO

Existe en la actualidad un importante debate acerca de cuán cierta es la afirmación de que América Latina experimentó una larga espera después de la

Independencia, periodo en el que habría permanecido estancada debido principalmente a los importantes conflictos e inestabilidad política internos, hasta que las fuerzas de lo que hoy llamamos la primera globalización,[2] al fin, la arrastraran. A este debate dedicaremos mucho espacio en el próximo capítulo. Como allí argumentaremos, la idea general de que las primeras décadas posteriores a la Independencia no fueron buenas en términos económicos en relación con los países del mundo hoy desarrollado resulta todavía válida. Cierto es que si se mira más de cerca se aprecian matices importantes, incluso entre regiones de un mismo país, pero entre 1820 y 1870 la brecha entre América Latina y Occidente creció de 0.8 a 1.8 veces el PIB per cápita de la primera. Mientras algunos países y antiguas colonias de otras regiones del mundo, las economías de los "retoños de Occidente", crecían rápidamente, y aun cuando América Latina no era una economía esclerósica ni inmóvil, lo cierto es que en términos de desempeño comparativo con las economías más dinámicas y de las promesas que generaba la independencia de regiones tan ricas en recursos naturales, estas primeras décadas de la Independencia aparecen como una oportunidad perdida.

Entre 1870 y 1980, en contextos muy diferentes y con algunas fluctuaciones, América Latina mejoró su posición en relación con la media mundial, lo que contrasta con la caída, hasta mediados del siglo xx, del "resto del mundo". Además, la participación de América Latina en la producción mundial se amplió continuamente: de 2.6% en 1870 a 5.2% en 1929 y 9.5% en 1980 (véase la última línea del cuadro I.1). Sin embargo, la región no pudo acortar distancias con Occidente. La brecha entre América Latina y Occidente se mantuvo más o menos estable a lo largo de este periodo e incluso tendió a aumentar ligeramente en algunos subperiodos, sobre todo entre 1950 y 1973, cuando las economías occidentales batieron sus récords históricos de crecimiento durante la denominada "edad de oro" del capitalismo, al tiempo que la región experimentó una explosión demográfica y sus economías de mayor desarrollo relativo enfrentaron serias dificultades para seguir creciendo (véase más adelante). En otras palabras, la brecha se amplió en relación con los "retoños de Occidente" en todo este periodo, pero en relación con la Europa industrializada la brecha primero se redujo hasta 1929, pero luego de la segunda Guerra Mundial volvió a ampliarse.

Este largo periodo corresponde, sin embargo, a dos fases enteramente diferentes, no sólo de la historia latinoamericana, sino mundial. La primera corresponde con la primera globalización y en América Latina con una etapa

---

[2] Nótese que seguimos aquí la tendencia reciente a denominar la expansión económica mundial del siglo xix (especialmente de fines de dicho siglo) y comienzos del xx como la "primera globalización". Otros autores prefieren utilizar este concepto para referirse a la que dio origen en el siglo xvi a la conquista y colonización de América. Pero si se entiende "globalización" como el proceso de integración de los mercados, la anterior al siglo xix (e incluso hasta bien avanzado éste) no tuvo dicha característica y estuvo signada más por fuerzas político-militares que económicas.

de expansión primario-exportadora. La primera globalización comenzó a flaquear en muchos sentidos desde la primera Guerra Mundial y colapsó definitivamente durante la Gran Depresión de la década de los treinta. A partir de ahí inicia una nueva fase del desarrollo latinoamericano que denominaremos "industrialización dirigida por el Estado". A nivel internacional esta fase comienza con una crisis profunda de la economía mundial pero termina con la gestación de la segunda globalización a partir de la década de los sesenta.

De 1980 a la actualidad América Latina no sólo ha perdido posiciones con respecto a las economías desarrolladas, sino que también inició un proceso de deterioro en relación con la media mundial. Mientras muchas naciones, en especial en Asia, se han sumado a un rápido crecimiento económico, América Latina ha mostrado una dinámica sensiblemente menor. Como resultado de ello la región perdió participación en la producción mundial: de 9.5% en 1980 a 7.8% en 2008.

Podemos resumir entonces el desempeño de América Latina en una dualidad: un desarrollo mejor a la media mundial, exceptuando las primeras décadas posteriores a la Independencia y las últimas décadas del siglo xx y primera del xxi, pero una brecha con los países de Occidente que nunca se acortó y se amplió durante las dos fases de retroceso relativo mencionadas y, algo menos, durante la edad de oro posterior a la segunda Guerra Mundial.

Este panorama de claroscuros, y un tanto decepcionante, no significa, sin embargo, estancamiento ni inercia. Desde la Independencia el ingreso per cápita de la región se multiplicó por 11; si a ello sumamos el aumento de la población, el PIB se multiplicó por 284, mientras que el de Occidente sólo se multiplicó por 118.

Este crecimiento fue de la mano de profundas transformaciones estructurales, institucionales y políticas. La dinámica de este crecimiento supuso transformaciones profundas que también terminaron por afectar radicalmente la cultura y la forma y calidad de vida de la población. Y estas transformaciones tuvieron que ver tanto con entornos nacionales como con internacionales.

Este proceso se dio también en medio de grandes desigualdades al interior de la región. Ya hacia 1820 existían marcadas diferencias. Hasta aproximadamente 1913 la tendencia fue de creciente desigualdad entre los países latinoamericanos, proceso que según Gelman (2011) habría comenzado ya a inicios de la era independiente. Argentina y Uruguay mostraron altos ingresos desde épocas tempranas. Chile integra el grupo de altos ingresos ya en 1870, al igual que Cuba.

A partir de la segunda década del siglo xx se produjo, sin embargo, un cambio de tendencia, lo que se debió al lento crecimiento de los países de altos ingresos y al rápido crecimiento de algunos países como Brasil, México, Colombia y Venezuela, entre los de mayor tamaño, y de Costa Rica y Panamá, entre los pequeños. Como resultado de la declinación de los países más exitosos del siglo xix y comienzos del xx, y del surgimiento de estos nuevos centros de dinamismo, se produjo una convergencia. Sin embargo, un conjunto amplio de países de bajo ingreso relativo mantuvo su rezago.

La historia posterior a 1980 es igualmente heterogénea: dentro de un patrón general de desaceleración se destacaron algunas economías, en especial Chile y República Dominicana, y en algunos subperiodos, otras (Colombia durante la "década perdida" de 1980 y Perú en la primera década del siglo XXI). El resultado fue de convergencia de los PIB per cápita hasta 1990 y luego una nueva etapa de creciente divergencia.

UNA TIPOLOGÍA PARA EL ANÁLISIS DE LOS PAÍSES LATINOAMERICANOS

Es sumamente difícil encontrar una tipología de los países latinoamericanos que sea por igual útil y penetrante para explicar su desempeño a lo largo de estos 200 años de vida independiente. Algunas características pueden resultar muy decisivas en el periodo colonial, pero los propios procesos de crecimiento económico, cambio estructural y transformación social llevan a que nuevos aspectos adquieran relevancia y capturen mejor las diferencias existentes. Así, una tipología puede ser penetrante en un periodo, pero perder capacidad analítica en el siguiente. Para hacer las cosas aún más difíciles, al momento de intentar analizar los diferentes países y su desempeño no siempre la información disponible asegura una buena cobertura de los diferentes casos. La existencia de grandes países con marcadas diferencias regionales y la falta de información desagregada constituyen otra dificultad.

Sin embargo, existen algunas especificidades de distintos países y regiones que han perdurado a lo largo del tiempo y aún hoy tienen cierto poder explicativo.

Según el enfoque de Cardoso y Pérez Brignoli (1979), las sociedades latinoamericanas se conforman a partir del encuentro e interacción en territorio americano de tres sociedades: las nativas precolombinas, las europeas y las africanas. De su encuentro en diferentes contextos sociales y medioambientales surgen tres grandes tipos de sociedades coloniales, que se pueden entender como manifestaciones de la sociedad europea dominante pero que desarrollan características propias y específicas. Inspirados por estos autores, que a su vez se basan en muchos otros intentos de construir tipologías (Furtado, 1974; Sunkel y Paz, 1976; Cardoso y Faletto, 1971),[3] seguiremos los siguientes criterios:

1. El tipo de poder colonial. Éste ha sido un criterio muy discutido, en especial para intentar diferenciar las colonias de países fuertemente mercantilistas, como España y Portugal, de las colonias principalmente inglesas. Si

---

[3] Para una discusión sobre las tipologías, véase Bértola y Williamson (2006).

bien es cierto que ninguna ex colonia portuguesa o española es hoy un país desarrollado, hay muchos ejemplos de ex colonias inglesas, holandesas, francesas y belgas que tampoco hoy lo son. Si bien este aspecto no deja de tener importancia, no es tan decisivo como lo ha pretendido, entre otros, Landes (1999). También han existido reacciones contrarias a esta caracterización, como si se tratara antes de un aspecto genético de determinadas poblaciones que de las cualidades históricamente específicas de distintas sociedades. La hispanidad no está reñida con el desarrollo. Para nuestro actual estudio, la diferencia relevante es entre las colonias españolas y Brasil.

2. El tipo de mercado al que se vincula cada sociedad. Podemos distinguir aquí entre economías de exportación, economías subsidiarias de las economías de exportación, mercados nacionales y, finalmente, zonas de frontera o marginales. Estas actividades no tienen necesariamente espacios diferenciados, sino que pueden solaparse, aunque en proporciones y formas diferentes, en cada país o región.

3. El tipo de producto prevaleciente, en particular en la actividad exportadora: centros mineros, producción agrícola o extracción forestal. De los productos agrícolas importa la diferencia entre los de clima templado y los de clima tropical, tanto por la naturaleza de sus procesos de producción como por las relaciones de competencia o complementariedad implícitas con respecto a los mercados de destino. En efecto, los diferentes productos tienen especificidades que determinan las posibles trayectorias tecnológicas y de la organización social, aunque no se trate de un duro determinismo de los recursos sobre los aspectos tecnológicos e institucionales, al estilo de lo que se presenta en algunas visiones muy influyentes de los últimos años (Engerman y Sokoloff, 1997). Sin embargo, es innegable que diferentes productos ofrecen diferentes posibilidades de encadenamientos productivos hacia adelante y hacia atrás. A su vez, los mercados a los que se destina y con los que se compite presentan distintas estructuras, desde algunos productos en los que algunos países de la región ostentan monopolios u oligopolios, generalmente por periodos limitados de tiempo (nitratos, café, caucho), o los que compiten con regiones en las que el trabajo es abundante y relativamente barato (Asia y África), principalmente en productos de agricultura de clima tropical o subtropical, hasta productos que compiten con la agricultura de los países desarrollados, que presentan cierta escasez de recursos naturales y mayor nivel de remuneración de mano de obra (trigo, maíz, carnes, lanas) (véanse Lewis, 1969 y 1982; Bértola y Williamson, 2006). En particular, lo que va a adquirir creciente importancia es la capacidad de las diferentes economías de transformar su estructura exportadora, aumentando el valor agregado y su diversificación, lo que determina las características de su balanza comercial según el contenido tecnológico y las bases de competitividad de los productos exportados e importados. No obstante, también será de gran importancia la evolución del mercado interno, es decir, los cambios en la estructura de consumo y la producción. En este sentido el avance de la industrialización y el desarrollo de los servicios modernos serán los indicadores clave de la diversificación productiva.

4. Un criterio estructurador central son las diferentes transiciones hacia la conformación del mercado de trabajo asalariado típico de las economías capitalistas modernas que hoy predomina en toda la región. Aun cuando todos los países han convergido hacia este tipo de relaciones, los orígenes han sido muy diversos y han dejado huellas muy marcadas en las diferentes sociedades, que aún hoy son sumamente perceptibles en las relaciones laborales y en las modalidades de inserción internacional. Cardoso y Pérez Brignoli han distinguido tres grandes transiciones: *a)* Las de las zonas que denominaremos "indoeuropeas", caracterizadas por una fuerte presencia de población indígena y mestiza, principalmente en las áreas centrales del desarrollo de las civilizaciones precolombinas y que habrían de constituirse en los ejes de la estructura colonial, combinando hacienda, comunidades campesinas indígenas y minería. Algunas de estas zonas experimentaron hasta muy entrado el siglo XX diversas formas de trabajo forzado. *b)* Las sociedades con fuerte presencia de afrodescendientes, las que denominaremos "euroafricanas", predominantes en zonas particularmente adecuadas para la agricultura tropical (pero también algunas mineras), donde la importación de esclavos, el desarrollo de la economía esclavista y el complejo proceso de abolición de la esclavitud fueron determinantes. *c)* Finalmente, las sociedades "euroamericanas", en regiones templadas de baja concentración de la población original del Cono Sur o en núcleos que se insertan en sociedades dominadas por las otras relaciones mencionadas y cuya expansión demográfica se basa en la inmigración europea.

5. Por último, el tamaño es una variable de importancia. Particularmente, ya iniciado el siglo XX y avanzados los procesos de transformación social, industrialización y diversificación productiva, el tamaño de los países parece haber adquirido un papel importante, ya que determina las posibles escalas de producción y sus oportunidades de diversificación productiva. Se verá cómo este aspecto puede tener un valor explicativo importante en el desarrollo de los distintos países, especialmente durante la fase de industrialización dirigida por el Estado.

De la combinación de este conjunto de criterios surge una variedad de posibles realidades y trayectorias. Incluso en países relativamente grandes puede constatarse la presencia simultánea de muchas de estas características, que se combinan de manera específica. Éste es notoriamente el caso de Brasil, Colombia y México. Aun países pequeños como Ecuador combinan situaciones diversas, como la plantación tropical en la costa y las típicas estructuras de las sociedades con fuerte presencia indígena en las sierras. Por ello, todo intento de realizar una plena identificación de estas características con países específicos está condenado a la imprecisión.

Sin embargo, de la combinación de los criterios *3* y *4* surge una primera

CUADRO I.2. *Una tipología de las economías latinoamericanas (hasta 1930)**

	A Indo- americanas	B Afro- americanas	C Euro- americanas	X Grande	Y Mediano	Z Chico
1. Agricultura de subsistencia y minería						
1.1. Con fuerte núcleo minero exportador						
	Chile				Y	
	Perú				Y	
	México			X		
	Bolivia					Z
	Colombia				Y	
	Venezuela				Y	
1.2. Sin fuerte núcleo minero exportador						
	Ecuador					Z
	Paraguay					Z
	Guatemala					Z
	El Salvador					Z
	Honduras					Z
	Nicaragua					Z
2. Agricultura tropical						
		Brasil		X		
		Colombia			Y	
		Cuba				Z
		República Dominicana				Z
		Venezuela			Y	
		Panamá				Z
			Costa Rica			Z
3. Agricultura de clima templado						
			Argentina		Y	
			Uruguay			Z
	Chile				Y	

* Destacan: sur de Brasil; norte de México; costas peruanas y ecuatorianas; Caribe colombiano; Panamá como enclave logístico; los países centroamericanos tienen agricultura tropical; Costa Rica es euroamericano. 1.A. (excepto Chile y Venezuela): Bolivia, Colombia, Ecuador, El Salvador, Guatemala, Honduras, México, Nicaragua, Paraguay, Perú.
2.B y C: Brasil, Costa Rica, Cuba, República Dominicana, Venezuela, Panamá.
3.A y C: Argentina, Chile, Uruguay.
A partir de 1930
1. y 2.Z: Bolivia, Costa Rica, Ecuador, El Salvador, Guatemala, Honduras, Nicaragua, Paraguay, Perú, Cuba, República Dominicana, Panamá.
1 y 2.X y Y: Brasil, Colombia, México, Perú, Venezuela.
3.A y C y 2.C: Argentina, Chile, Uruguay.

aproximación a una tipología que es muy potente y que captura una buena parte de las realidades latinoamericanas, en especial hasta las primeras décadas del siglo xx. El cuadro I.2 muestra cómo se pueden estructurar los países latinoamericanos de acuerdo a estos criterios, con la ayuda de algunas definiciones *ad hoc* para ubicar algunos casos particularmente ambiguos.

Desde el punto de vista de la conformación socioproductiva de los diferentes países se puede lograr un razonable agrupamiento en tres categorías: *1.* los países dominados por el complejo hacienda, comunidad indígena y minería en sociedades predominantemente indoeuropeas; *2.* el complejo dominado por las plantaciones tropicales en sociedades por lo general afroamericanas, y *3.* el complejo de sociedades euroamericanas orientadas a la producción agrícola de clima templado o a la minería. Nótese que hablamos del predominio de determinado tipo de actividad, ya que siempre hemos de encontrar variedad de entorno en cada país. Incluso encontramos sociedades predominantemente euroamericanas en regiones tropicales, como en Costa Rica, las regiones de Antioquia y Santander, en Colombia, los andes venezolanos y la zona tabacalera de Cuba, cuyas estructuras se remontan al periodo colonial.

Ahora bien, a medida que entramos en el siglo xx, habiéndose transformado los mercados de trabajo, aumentado de manera muy importante los niveles de ingreso y crecido los mercados internos, las diferencias entre los dos primeros grupos parecen guardar más relación con el tamaño de las economías que con aquellas particulares diferencias iniciales. En ambos casos permanece cierto contexto de relativa abundancia de mano de obra con remuneraciones relativamente bajas. Por ello, al analizar el siglo xx y hasta la actualidad daremos lugar a un agrupamiento que se mantiene en tres categorías: permanece el grupo de las economías euroamericanas de clima templado del Cono Sur, que otrora fueran de nuevo asentamiento, pero los otros dos grupos se juntan y se subdividen de acuerdo a su tamaño: las economías grandes y medianas, por un lado (Brasil, Colombia, México, Perú y Venezuela), y el mayoritario grupo de economías pequeñas, por el otro.

El cuadro I.3 indica que a partir de la Independencia y hasta 1913, pero en especial a partir de 1870, se produce un aumento importante de las disparidades entre los países latinoamericanos, expresada en el coeficiente de variación de los niveles de ingreso per cápita. Entre 1913 y 1990 la tendencia cambia y se produce un importante proceso de convergencia, que se revierte de manera parcial a partir de 1990.

La creciente divergencia desde la Independencia hasta 1913 guarda relación con el fuerte crecimiento de los países relativamente más ricos, el Grupo 3, localizados en el Cono Sur. Este grupo alcanzó, hacia 1913, niveles de ingreso muy cercanos a la media de lo que llamamos Occidente, es decir, lo que hoy constituye el mundo desarrollado. Entre tanto, las economías afroamericanas e indoamericanas, de menores niveles de ingreso (grupos 1 y 2), mostraron muy poca dinámica económica; hacia 1913 su ingreso había caído a aproximadamente 30% del de sus vecinos latinoamericanos más ricos.

El proceso de convergencia entre los países latinoamericanos iniciado hacia 1913 tiene distintos componentes. Por un lado, puede constatarse la pérdida de dinámica de los países del Cono Sur, que se alejan de los niveles de ingreso de Occidente, primero de manera moderada y a partir de los años cincuenta (en plena edad de oro de las economías desarrolladas) de manera muy notoria. Recién en la última década del siglo xx o en la primera del xxi se notan algunos síntomas de recuperación relativa. La historia de Cuba es aún más negativa, ya que muestra una continua divergencia de largo plazo con el mundo industrializado desde los años veinte y pasa de ser la cuarta economía de la región en ingreso per cápita en 1913 a una de las de menor ingreso relativo. Éste es, además, un proceso que tiene lugar tanto antes como después de su revolución.

Otro importante componente de la convergencia entre los latinoamericanos es el buen desempeño de los países medianos y grandes fuera del Cono Sur. Ellos, después de alejarse del mundo industrializado antes de 1913, convergen hasta mediados del siglo xx y mantienen relativamente estable su ingreso en relación con el mundo desarrollado durante la edad de oro de este último. Como un todo, descontaron desde 1913, y en especial durante el periodo de industrialización dirigida por el Estado, una buena parte de la diferencia que los separaba de los países latinoamericanos más ricos. Para el conjunto de países pequeños y más pobres contamos con información más completa sólo a partir de 1950. Estas naciones, si bien siempre quedaron con ingresos medios muy inferiores a los líderes latinoamericanos, también lograron acortar distancias con ellos hasta los años setenta, contribuyendo a la caída del coeficiente de variación. Entre ellos, los de mayor éxito relativo a largo plazo han sido Costa Rica y Panamá.

Desde 1990, como ya lo señalamos, se retomó la tendencia divergente del periodo 1820-1913, pero no es posible determinar si se trata de una nueva tendencia que habrá de perdurar o si obedece a una coyuntura histórica particular.

CONVERGENCIA, DIVERGENCIA E INSERCIÓN EXTERNA

Convergencias truncadas y volatilidad

Luego de estos procesos de convergencia y divergencia, hay otros dos hechos destacables que guardan relación entre sí: algunos países latinoamericanos han experimentado periodos de muy rápido crecimiento ("milagros", para utilizar la terminología que se popularizó con el rápido crecimiento brasileño de los años setenta) y han reducido su distancia en relación con los países desarrollados, pero no han podido mantener estos procesos de convergencia; por otra parte, toda la región muestra altos niveles de volatilidad económica.

En efecto, varios países de América Latina han experimentado episodios de rápido crecimiento y alcanzado niveles de ingreso per cápita relativamente

CUADRO I.3. PIB per cápita de los países latinoamericanos, 1820-2008 (dólares Geary-Khamis de 1990)

	1820	1870	1913	1929	1940	1950	1973	1980	1990	2010
Argentina	998	1468	3962	4557	4342	5204	7966	8367	6433	11820
Bolivia						2045	2604	2695	2197	2987
Brasil	597	694	758	1051	1154	1544	3758	5178	4920	6762
Chile	710	1320	3058	3536	3312	3755	4957	5660	6401	13229
Colombia	607	676	845	1589	1868	2161	3546	4244	4826	6982
Costa Rica				1555	1733	1930	4230	4902	4747	7876
Cuba	695	1065	2327	1688	1244	2108	2313	2724	2957	3997
Ecuador			815	1055	1109	1607	3258	4109	3903	5278
El Salvador				1216	1298	1739	2653	2454	2119	3447
Guatemala				1613	2571	1955	3140	3772	3240	4172
Honduras				1544	1195	1353	1715	1971	1857	2464
México	733	651	1672	1696	1788	2283	4831	6164	6085	7832
Nicaragua				1694	1328	1564	2813	2095	1437	1889
Panamá						1854	4068	4824	4466	9198
Paraguay					1569	1419	2015	3218	3281	3819
Perú		840	1024	1892	1895	2289	4001	4248	3008	5844
República Dominicana						1071	1982	2403	2471	5361
Uruguay		2106	3197	3716	3536	4501	5034	6630	6465	11706
Venezuela	460	570	1010	2813	2879	5310	9788	10213	8313	9434

Media total	683	790	1 559	1 956	1 993	2 442	4 451	5 441	5 067	7 272
Media "Occidente"	1 231	2 155	4 194	5 247	5 695	6 740	13 963	15 903	19 500	27 356
Medias ponderadas por grupos de países										
Grupo 1	713	692	1 373	1 963	1 780	2 220	4 163	5 072	4 890	6 674
Grupo 2	588	727	906	1 270	1 351	1 855	4 134	5 392	5 054	6 935
Grupo 3. Ar-Ch-Uy	832	1 461	3 673	4 276	4 065	4 801	6 964	7 540	6 426	12 204
Grupo grandes medianos			1 071	1 426	1 551	2 035	4 379	5 585	5 307	7 193
Grupo chicos						1 663	2 779	3 204	2 941	4 398
Relaciones										
Media A. L./"Occidente"	0.55	0.37	0.37	0.37	0.35	0.36	0.32	0.34	0.26	0.27
Grupo 1/Occidente	0.58	0.32	0.33	0.37	0.31	0.33	0.30	0.32	0.25	0.24
Grupo 2/Occidente	0.48	0.34	0.22	0.24	0.24	0.28	0.30	0.34	0.26	0.25
Grupo 3/Occidente	0.68	0.68	0.88	0.81	0.71	0.71	0.50	0.47	0.33	0.45
GyM/Occidente			0.26	0.27	0.27	0.30	0.31	0.35	0.27	0.26
Chicos/Occidente						0.25	0.20	0.20	0.15	0.16
Desvío estándar (7)	166	362	1 226	1 264	1 181	1 562	2 645	2 515	1 678	3 169
Coeficiente de variación (7)	0.24	0.39	0.63	0.52	0.50	0.49	0.50	0.41	0.29	0.37
Desvío estándar (19)						1 289	2 037	2 193	1 914	3 349
Coeficiente de variación (19)						0.53	0.46	0.40	0.38	0.46

Grupo 1: Bolivia, Colombia, Ecuador, El Salvador, Guatemala, Honduras, México, Nicaragua, Paraguay, Perú.
Grupo 2: Brasil, Costa Rica, Cuba, República Dominicana, Venezuela, Panamá.
Grupo 3: Argentina, Chile y Uruguay.
Grupos grandes y medianos: Brasil, Colombia, México, Perú y Venezuela.
Grupos chicos: Bolivia, Costa Rica, Ecuador, El Salvador, Guatemala, Honduras, Nicaragua, Panamá, Paraguay, República Dominicana.
"Occidente": 12 países de Europa Occidental, Australia, Canadá, Estados Unidos y Nueva Zelanda.
FUENTE: Cuadro 2.

altos en determinados periodos. Sin embargo, y hasta el momento, la regla ha sido que estos países no logran mantener las altas tasas de crecimiento después de cierto momento. En lugar de aproximarse a los niveles de los países desarrollados, han experimentado procesos de convergencia truncada (Ocampo y Parra, 2007) y han alternado, por lo tanto, entre regímenes de convergencia y divergencia con los países líderes (Bértola y Porcile, 2006). Algunos de estos "milagros" han durado periodos no despreciables, en particular los de Argentina en los tres decenios anteriores a la primera Guerra Mundial, Venezuela entre las décadas de los veinte y sesenta y Brasil y México durante los cuatro decenios anteriores a la crisis de la deuda de 1980. Sin embargo, estas fases de crecimiento han sido generalmente seguidas de profundas crisis, por las que estos mismos países se alejan del mundo desarrollado.

La volatilidad del crecimiento económico ha sido otra característica sobresaliente de las economías latinoamericanas. La experiencia internacional parece indicar que cuando los países inician procesos de rápido crecimiento económico también se produce un aumento de la volatilidad de dicho crecimiento. Esto se puede deber a los ciclos del comercio internacional, a los ciclos industriales, a movimientos demográficos y migraciones internacionales, a fluctuaciones en los flujos de capital o incluso a la sucesión de diversos estilos y patrones de cambio tecnológico. A su vez, cuando el desarrollo económico alcanza niveles altos, la volatilidad económica tiende a disminuir, aunque no a desaparecer, como lo ha demostrado con toda claridad la crisis mundial que se inició en 2007-2008.

No obstante, todo indica que la volatilidad de los países latinoamericanos va más allá de las tendencias generales. El cuadro I.4 muestra medidas de volatilidad de distintos grupos de países según su nivel de ingreso para el último medio siglo (desde 1960). Hemos visto que América Latina es un con-

CUADRO I.4. *Volatilidad del crecimiento (1961-2008)*

	Tasa media de crecimiento	Desvío estándar	Coeficiente de variación
OCDE	3.35	1.66	0.49
Alto ingreso: no OCDE	5.86	3.21	0.55
Ingreso medio alto	3.81	2.45	0.64
Ingreso medio	4.69	1.83	0.39
Ingreso medio bajo	5.86	2.39	0.41
Bajos ingresos	4.08	1.85	0.45
Ingreso mundial	3.64	1.51	0.42
Latinoamérica y el Caribe	3.91	2.63	0.67

FUENTE: Estimación propia utilizando tasas de crecimiento del PBI (PPP) de acuerdo con datos del World Development Indicators del Banco Mundial.

junto heterogéneo desde este punto de vista: comprende países de ingreso bajo, medio y medio alto. A pesar de ello, en conjunto muestra una volatilidad mayor a la de cualquier otro grupo de países de niveles similares de ingreso. Por otra parte, esa alta volatilidad no puede asociarse a que Latinoamérica haya crecido más rápidamente que otras regiones, ya que ese patrón no ha estado presente.

Es difícil estimar qué parte de la escasa dinámica de la economía latinoamericana está asociada a este factor. Pero no es difícil comprender todos los problemas relacionados con la alta volatilidad, en términos de estabilidad social, de las empresas, las instituciones, la política y en las posibilidades de planificar inversiones de mediano y largo plazos. Si los procesos de innovación están fuertemente relacionados con sinergias iterativas y acumulativas, los procesos de acumulación de conocimiento y de innovación se ven seriamente afectados por la inestabilidad económica. A ellos se suman el comportamiento procíclico dominante de la política fiscal y de la macroeconómica en general, que ha tendido a reforzar, más que a moderar otras perturbaciones que afectan la actividad productiva (Kaminsky, Reinhart y Végh, 2004; Ocampo y Vos, 2008: cap. IV).

Algunos autores (Fanelli, 2008) han aludido a esta característica de Latinoamérica como "sobrevolatilidad" *(excess volatility)*, es decir, una volatilidad mayor a la que experimentan otras economías de similar nivel de desarrollo económico.

Un aspecto importante de la volatilidad latinoamericana deviene de su particular forma de inserción en la economía internacional: en tanto que a partir de la Revolución industrial los países industrializados han desarrollado un perfil de especialización e inserción internacional basado en la intensidad de su dotación de bienes de capital, y mientras que los países asiáticos han contado con abundancia de mano de obra, y ambos han experimentado crecimiento en la acumulación de conocimientos tecnológicos, los países latinoamericanos han basado su inserción internacional principalmente en sus recursos naturales. Éstos han estado expuestos a cambios muy bruscos, tanto de oferta como de demanda, y han mostrado una volatilidad de precios muy alta. Por otra parte, la alta concentración del comercio exterior en pocos bienes ha incrementado la exposición a los cambios en la demanda y precios y tornado difícil la adaptación a circunstancias cambiantes.

La sobrevolatilidad resulta también de que los flujos internacionales de capital hacia los países en desarrollo tienen un carácter procíclico. Así lo señaló clásicamente Triffin (1968) en relación con la primera globalización, lo que volvió a constatarse en la segunda (Ocampo, 2008b). De esta manera, los ciclos expansivos provenientes del comercio han tendido a ampliarse en diversos periodos con la entrada de capitales. Por el contrario, cuando se producen reversiones cíclicas de la economía internacional, los efectos negativos de la caída de la demanda y precios de los productos básicos se amplifican por la retracción e incluso reversión de los flujos de capital.

El cuadro I.5 muestra la volatilidad total de América Latina expresada como promedio ponderado de la de todos los países (la información por país se encuentra en el apéndice estadístico: cuadro 3). Las series se descomponen entre tendencia y ciclo y se estima la volatilidad de cada uno de estos componentes. Interesa señalar que en ninguno de estos aspectos notamos que haya una tendencia a la reducción de la volatilidad. Existen fluctuaciones en la propia volatilidad, con niveles particularmente elevados durante el periodo que va de la primera a la segunda guerras mundiales, pero ésta no parece tender a reducirse. El cuadro I.6 muestra que no hay una clara correlación entre el nivel medio del ingreso y la volatilidad. Tampoco existe alta correlación entre la tasa de crecimiento y la volatilidad, es decir, no importa si hay rápido o lento crecimiento para que haya más o menos volatilidad.

Otra cara de la volatilidad es la frecuencia e intensidad de las crisis financieras: de deuda externa, de balanza de pagos (que se definen como aquéllas en las que hay fuertes ajustes del tipo de cambio) y bancarias, y generalmente una mezcla de ellas. La parte superior de la gráfica I.2 muestra las variaciones históricas en la frecuencia de crisis financieras. Los picos suceden en todos los casos a periodos de fuertes entradas de capitales, cuyo origen, como lo analizan tantos estudios,[4] está asociado esencialmente a ciclos de carácter internacional: el auge de financiamiento externo posterior a la Independencia, el que antecede a la crisis internacional de 1873 (el inicio de un largo periodo de deflación internacional), la Gran Depresión de los años treinta, la crisis de la deuda latinoamericana de los años ochenta y la nueva secuencia de crisis del mundo en desarrollo que inicia en Asia Oriental en 1997; las dos últimas se confunden en la gráfica en una crisis prolongada. Nótese, además, que durante estos periodos casi todos, y en algunas ocasiones los 19 países latinoamericanos (18 desde los años sesenta, ya que a partir de entonces excluimos a Cuba), quedan envueltos en una crisis de uno u otro tipo. El auge de los ochenta del siglo XIX también generó una crisis financiera internacional, la de Baring de 1890, cuyo epicentro internacional fue Argentina pero cuyas dimensiones regionales fueron más limitadas (afectó con fuerza sólo a Argentina y Uruguay). Únicamente dos de los grandes auges de financiamiento internacional no han sido sucedidos por crisis financieras en la región: los que antecedieron a la primera Guerra Mundial y a la Gran Recesión mundial de 2008-2009. En ambos casos se generaron, sin embargo, recesiones fuertes de la actividad productiva en la región, y en el primero hubo un abandono del patrón oro por parte de varios países, siguiendo la tendencia europea, un fenómeno que se generaría en mayor escala durante la Gran Depresión de 1930.

---

[4] Véanse, en particular, para América Latina, Bacha y Díaz-Alejandro (1982), Marichal (1989), Stallings (1987) y, para el caso más específico de la crisis de la deuda de los años ochenta y sus antecedentes, Devlin (1989). A nivel mundial, véase también el trabajo ya clásico de Charles Kindleberger (una edición reciente se encuentra en Kindleberger y Aliber, 2005) y el más reciente de Reinhart y Rogoff (2009), cuyos datos se utilizan para elaborar la gráfica I.2.

CUADRO I.5. *Volatilidad del PIB de América Latina, del PIB de su mundo relevante y de sus términos de intercambio (porcentajes)*

	1870-1913	1914-1944	1945-1980	1980-2008	Total
Del PIB de América Latina					
Asociada a la tendencia	2.4	3.1	1.8	2.4	2.9
Asociada al ciclo	3.8	5.6	2.7	2.6	3.9
Total	6.2	8.7	4.6	5.1	6.8
Del PIB del mundo relevante					
Asociada a la tendencia	0.8	4.0	1.9	0.6	2.5
Asociada al ciclo	1.8	5.0	2.9	0.9	3.2
Total	1.7	9.0	4.8	1.5	5.6
De los términos de intercambio					
Asociada a la tendencia	3.3	5.6	4.6	3.9	4.8
Asociada al ciclo	6.2	10.8	8.1	8.3	8.9
Total	6.1	16.4	12.6	12.1	13.8

Desviación estándar de la tasa de crecimiento de la tendencia y del componente cíclico expresado como procentaje de la tendencia.
FUENTE: Cuadro 3.

CUADRO I.6. *Posibles determinantes de la volatilidad: cuadro de correlaciones (1870-2008)*

	Volatilidad total (%)	Participación del primer producto (%)	Media del PIB per cápita	Tasa de crecimiento promedio (%)	Volatilidad de los términos de intercambio (%)
Argentina	6.9	23.4	5 129	1.6	9.1
Brasil	5.4	53.6	2 170	1.7	14.1
Chile	7.4	39.6	4 156	1.9	12.7
Colombia	2.9	49.2	2 320	1.7	16.2
Costa Rica	5.9	52.8	3 449	2.0	12.9
Cuba	11.6	76.5	1 866	1.9	9.6
El Salvador	6.7	69.5	1 994	1.3	17.9
Guatemala	7.9	64.4	2 613	1.7	17.9
Honduras	5.4	42.8	1 604	0.9	14.3
México	4.8	31.4	3 500	1.8	8.6
Nicaragua	9.0	39.8	1 797	0.8	19.1
Perú	5.6	29.3	2 548	2.2	9.3
Uruguay	7.4	38.2	4 240	1.5	14.1
Venezuela	8.4	63.0	4 408	2.6	16.9
Coeficiente de correlación entre las variables y la volatilidad					
	0.441	0.013	0.045		0.062

FUENTES: Elaborado con base en los cuadros I.7, 2 y 3.

GRÁFICA I.2. *Crisis económicas en América Latina, 1820-2008*

A. Número de países de América Latina en crisis cambiaria, de deuda externa o bancaria por año

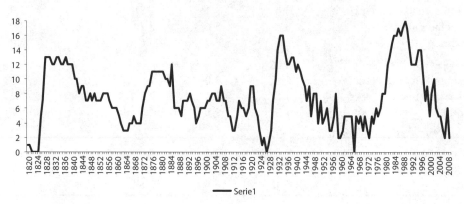

B. Número de países-años en América Latina en crisis por cada periodo

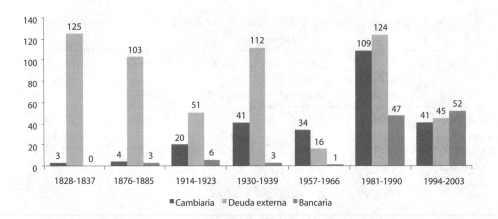

FUENTE: Base de datos de Reinhart y Rogoff (2009) gentilmente provista por los autores.
La definición de crisis, de acuerdo con Reinhart y Rogoff, es la siguiente:
Cambiaria: una devaluación anual *vs.* el dólar americano (o la moneda ancla relevante) por igual o más de 15 por ciento.
Deuda externa: incumplimiento de pago (principal o interés) por el gobierno.
Bancaria: corrida o pánico bancario que lleva al cierre o fusión de instituciones financieras por parte del gobierno.
Si no hay corridas bancarias se considera crisis bancaria cuando la asistencia gubernamental a una institución financiera en forma de cierre, fusión o cambio de administración lleva a episodios similares en el sector financiero.

La parte inferior de la gráfica i.2 muestra los cambios en la composición de las crisis, mirando exclusivamente algunos periodos seleccionados de alta intensidad de este fenómeno. Como se puede apreciar, lo más frecuente en la vida independiente de América Latina han sido las crisis de deuda externa. Las devaluaciones fuertes asociadas a crisis de balanza de pagos han sido frecuentes desde la primera Guerra Mundial; ésta fue, además, la principal fuente de crisis entre mediados de las décadas de los cincuenta y sesenta, un periodo que no fue precedido por un auge de financiamiento externo. Finalmente, las crisis bancarias son el fenómeno de más reciente data, ya que su frecuencia aumentó sensiblemente desde la década de los ochenta. Como resultado de ello, desde los años treinta las crisis han sido generalmente "duales" (de deuda y de balanza de pagos), y desde la década de los ochenta muchas han sido triples (las anteriores más las bancarias). En realidad, habría que agregar en épocas recientes otras dimensiones: alta inflación (pero ésta ha estado altamente correlacionada en la historia de América Latina con crisis de balanza de pagos), colapsos de balanza de pagos y, en menos casos, crisis internas de deuda.[5]

Ha existido, además, una importante convergencia entre los ciclos de comercio exterior y de los flujos de capitales. Normalmente las crisis se producen por fuertes caídas de las exportaciones en medio de coyunturas internacionales críticas (1873, 1890, 1913, 1929, 1973, 1979, 1997, 2008), que generan fuertes deterioros de los precios de productos básicos y se traducen, a su vez, en saldos negativos de las balanzas comerciales. Las más de las veces estas crisis coinciden, como ya lo señalamos, con una retracción de la oferta de capitales, normalmente abundantes en etapas de expansión exportadora.

Inserción internacional

Una posible hipótesis es que la volatilidad sea un fenómeno inducido desde el exterior, es decir, o bien se deba a las fluctuaciones de los mercados externos o bien a las fluctuaciones de los términos de intercambio de cada país (amplificado por el comportamiento procíclico de los flujos de capital, que desafortunadamente no se puede incluir en el ejercicio que se hace a continuación).

El cuadro i.5 muestra las fluctuaciones del "mundo relevante" de América Latina en términos de su comercio de exportación,[6] así como del de sus términos de intercambio, como promedio no ponderado del de todos los países latinoamericanos (que se muestran nuevamente en el cuadro 3 del apéndice estadístico). El primero reflejaría la expansión del volumen de la demanda, en tanto el segundo refleja el impacto de los movimientos de precios internacio-

---

[5] Éstas son las distintas dimensiones que cubre el análisis de crisis financieras de Reinhart y Rogoff (2009).

[6] El mundo relevante de cada país latinoamericano se construye a partir de las variaciones anuales del PIB de cada país de destino de las exportaciones ponderadas de acuerdo a su peso en el total de las exportaciones año con año.

nales. En primer lugar, es importante constatar que la volatilidad latinoamericana es superior a la de su mundo relevante (aun cuando los propios países latinoamericanos forman parte de su propio mundo relevante). Sin embargo, son los términos de intercambio los que parecen transmitir mayor volatilidad, aunque su impacto es dispar en los diferentes países.

En lo que respecta a los términos de intercambio, no podemos constatar que se presente una reducción en la tendencia de sus fluctuaciones a medida que pasa el tiempo. Lo que el cuadro I.6 sí muestra es que existe una relativamente alta correlación entre la volatilidad y el nivel de concentración de las exportaciones en términos de productos. La columna 2 muestra el porcentaje de la participación del primer producto en el total de las exportaciones. El cuadro I.7 muestra información más completa, incluyendo también la participación de los tres primeros productos entre 1870 y 1970-1973. La información es categórica al señalar la extrema concentración exportadora en muy pocos bienes que ha caracterizado históricamente a las economías latinoamericanas. En las últimas décadas del siglo XX, a pesar de los procesos de diversificación de las exportaciones, la mayoría de los países continuó dependiendo de exportaciones de productos básicos y manufacturas basadas en recursos naturales (véase el capítulo V).

Este patrón de especialización productiva ha sido objeto de largos debates históricos. La ya larga tradición estructuralista ha visto en la persistencia de este patrón productivo la principal explicación de la falta de dinámica de la región. En contra de lo que han predicado las corrientes clásicas y neoclásicas del crecimiento, que no han visto en la especialización sectorial un problema grave del desarrollo, las corrientes estructuralistas han entendido que tanto el crecimiento de la demanda internacional como el progreso tecnológico tienen sesgos sectoriales marcados, y que por ello los patrones de especialización productiva determinan las capacidades de aumento de la productividad. Tomando el ejemplo del crecimiento de las tres últimas décadas a nivel internacional, puede constatarse que las economías más dinámicas son aquéllas en las que es más rápido el proceso de diversificación productiva y, en particular, que cuanto mayor es la participación de la industria y la de las manufacturas con mayor contenido tecnológico en las exportaciones, mayores son los ritmos de crecimiento económico de los países (Hausmann, Hwang y Rodrik, 2007; Ocampo, Rada y Taylor, 2009).

La dinámica exportadora latinoamericana puede apreciarse en la gráfica I.3, que muestra la participación de América Latina en las exportaciones mundiales. La primera globalización se caracterizó por un comercio mundial basado en el intercambio entre materias primas y alimentos, por un lado, y manufacturas, por el otro; lo que favoreció a América Latina, dado su patrón de especialización. La región aumentó su participación en las exportaciones mundiales de 6% a comienzos de los años ochenta del siglo XIX a poco más de 8% en la antesala de la Gran Depresión de la década de los treinta, o de 5 a 7% si se excluye Cuba. La superación temporal de este porcentaje durante

CUADRO I.7. *Concentración exportadora, 1870-1973 (porcentajes)*

| | Participación en el total de las exportaciones | | | | | | | | | |
| | Primer producto de exportación | | | | | Primeros tres productos de exportación | | | | |
Países	1870-1873	1910-1913	1926-1929	1949-1952	1970-1973	1870-1873	1910-1913	1926-1929	1949-1952	1970-1973
Argentina	41	21	22	7	26	74	50	56	19	46
Brasil	53	52	71	63	29	82	77	76	78	41
Chile	52	31	46	5	64	n.d	34	77	7	67
Colombia	8	45	65	74	54	14	47	82	90	69
Costa Rica	86	37	61	43	37	n.d	69	92	74	70
Cuba	n.d	71	79	81	75	n.d	92	92	5	90
El Salvador	n.d	76	74	83	45	n.d	n.d	n.d	n.d	62
Guatemala	65	69	79	77	32	n.d	n.d	n.d	n.d	51
Honduras	n.d	12	44	65	50	n.d	14	46	73	68
México	85	22	23	19	8	91	31	49	38	18
Nicaragua	n.d	48	54	33	24	n.d	56	69	1	53
Perú	33	18	34	32	18	57	36	71	56	30
Uruguay	35	40	33	47	36	76	69	77	78	63
Venezuela	42	49	69	92	n.d.	n.d	n.d	89	94	n.d.
Promedio	50	42	54	52	38	66	52	73	51	56

FUENTE: Mitchell (1993).

GRÁFICA I.3. *Participación de las exportaciones de América Latina en el mundo*

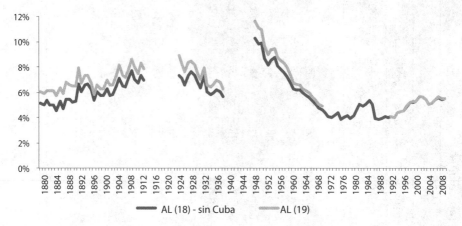

Para Colombia se utilizó información de Ocampo (1984) de 1865 a 1910; para Cuba se utilizó CEPAL hasta 1970 y del FMI desde 1990. Total mundial según Maddison (1995) hasta 1992 y posteriormente FMI.

FUENTE: Serie de Tena y Federico (2010) de 1820 a 1940, MOXLAD de 1941 a 1949 y CEPAL a partir de 1950.

algunos años después de la segunda Guerra Mundial puede considerarse más como un resultado de la devastación que dejó la guerra que como un ascenso adicional de América Latina. El colapso del patrón de división internacional del trabajo característico de la primera globalización fue sucedido después de la segunda Guerra Mundial por el predominio del comercio intraindustrial entre países industrializados e incluso por un creciente proteccionismo contra los productos agrícolas y textiles provenientes del mundo en desarrollo. En este contexto, y apoyado por los sesgos que introdujeron las políticas de industrialización, la participación latinoamericana experimentó una importante reducción, hasta alcanzar poco menos de 4% a comienzos de los años setenta, si se excluye a Cuba,[7] es decir, tres puntos porcentuales menos que en el auge de los años veinte. Con la segunda globalización, que comenzó a ofrecer mayores oportunidades exportadoras a los países en desarrollo desde mediados de los años sesenta, y con la reorientación de las políticas económicas latinoamericanas hacia una fuerte actividad exportadora en las últimas décadas del siglo XX, se logró recuperar posiciones en el mercado mundial, pero igualmente se quedó muy lejos de los logros de la primera globalización: algo menos de 5.5% en épocas recientes *versus* el ya señalado 7% al final de la primera globalización, si se excluye Cuba.

[7] Los datos de Cuba correspondientes a los años setenta y ochenta han sido eliminados de la gráfica, ya que estuvieron inflados en valor por los acuerdos comerciales con la Unión Soviética y el Consejo de Asistencia Mutua Económica.

Tendencias de los términos de intercambio

Un aspecto importante es el de la evolución de los términos de intercambio de los bienes primarios en relación con los bienes manufacturados (gráfica 1.4). Si se mira esto a escala mundial pueden constatarse diferentes periodos con desarrollos dispares (Ocampo y Parra, 2010; Erten y Ocampo, 2013). Desde fines del siglo XIX, pero especialmente durante el auge que precedió a la primera Guerra Mundial, se produjo un aumento importante de los precios reales de los productos agrícolas y de los minerales. El convulsionado entorno que sucedió a la primera Guerra Mundial, en particular la gran deflación mundial de 1920-1921, y la crisis de 1929 desembocaron en un cambio generalizado de tendencia de los precios de productos básicos. Este cambio habría de producirse de manera escalonada (o como fases descendentes de ciclos largos), más que como una tendencia al deterioro. La primera caída fuerte se produjo en los años veinte y fue generalizada en términos de productos. La segunda tuvo lugar en las décadas de los ochenta y noventa y se caracterizó por una fuerte caída de los precios de los productos agrícolas y una más moderada (y no significativa en términos estadísticos) de los minerales. Como resultado, entre la década previa a la primera Guerra Mundial y 1998-2003 los términos de intercambio de los productos básicos no petroleros cayeron 60%, siendo los productos tropicales los más afectados y los minerales los menos. Los precios reales del petróleo también cayeron, aunque de forma más rezagada en el primer caso (los años treinta y cuarenta) y, aunque experimentaron también una fuerte reducción en la década de los ochenta, mantuvieron una parte importante de lo que habían ganado durante los dos choques que experimentó este mercado en los años setenta. El auge de precios de productos básicos que se inició en 2004, jalonado especialmente por la demanda de China y concentrado más en productos mineros y energéticos que agrícolas, ha llevado a muchos a pensar que se está retornando de alguna manera a los patrones de la primera globalización, favorables a los productores de productos básicos, pero es muy temprano para decir si se trata de una tendencia de larga duración.

La mayor severidad de la tendencia adversa a largo plazo de los precios de los bienes tropicales lleva a considerar seriamente una de las versiones de la tesis Prebisch-Singer sobre los términos de intercambio.[8] Esta versión alude a la existencia de fuertes diversidades estructurales e institucionales entre la producción manufacturera en los países desarrollados y la producción de bienes tropicales en regiones más atrasadas. En estas últimas tiende a predominar la abundancia de mano de obra e instituciones de mercado de trabajo con componentes históricos de movilización forzosa de la fuerza de trabajo y, por ende, con una fuerte tendencia a la débil organización de los trabajadores. Igualmente, en estos sectores se conforman fuertes mercados oligopsónicos

---

[8] Sobre las distintas variantes de la tesis Prebisch-Singer, véase Ocampo y Parra (2003).

GRÁFICA I.4. *Precios reales de productos básicos (1980 = 100)*

A. Productos agrícolas

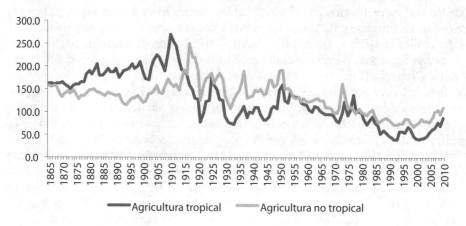

Agricultura tropical ─── Agricultura no tropical

B. Total y metales

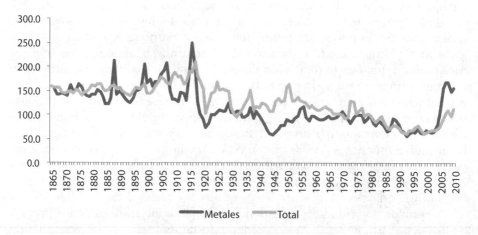

Metales ─── Total

FUENTE: Ocampo y Parra (2010) y Erten y Ocampo (2013).

de intermediarios. Por el contrario, los mercados de bienes industriales tienden a ser oligopólicos y en los países industrializados, que han dominado históricamente dichos mercados, los trabajadores tuvieron mayor organización. Este patrón asimétrico de conformación de los mercados también fue destacado por Lewis (1969 y 1983), quien además ha resaltado el hecho de que la migración internacional tendió a segmentarse en dos flujos: la de mano de obra europea hacia las regiones de nuevo asentamiento, incluida Sudamérica, y la de mano de obra china e india, que se dirigió a zonas tropicales y fue excluida de forma explícita de las zonas de nuevo asentamiento a partir de cierto momento por políticas directas de los países de destino de los migrantes (como lo ejemplifica, muy especialmente, la política de una "Australia blanca"). Estas asimetrías han sido retomadas en otras tipologías del desarrollo latinoamericano, que han puesto énfasis en que las regiones tropicales latinoamericanas han debido competir en mercados internacionales dominados por países de bajo ingreso per cápita y remuneraciones salariales sumamente bajas, a diferencia de los países de economías de nuevo asentamiento y clima templado (Bértola y Williamson, 2006).

Las tendencias de precios relativos de los productos agrarios no tropicales también pueden ser compatibles con otra de las versiones del enfoque de Prebisch-Singer, aunque con algunas correcciones. Esa versión alude a los cambios estructurales que se producen, tanto en la producción como en la demanda, a medida que avanza el proceso de desarrollo. Los cambios se producen en dirección a la demanda de bienes de mayor calidad y capaces de satisfacer nuevas necesidades y suponen un proceso de industrialización, primeramente, y de desarrollo de los servicios, posteriormente. En este contexto, la tendencia de largo plazo es a una baja elasticidad-ingreso de la demanda de los bienes primarios. Desde este punto de vista sería difícil explicar el aumento de los precios relativos de los bienes primarios durante la primera globalización. Sin embargo, como señalan Rowthorn y Wells (1987), las tendencias de la elasticidad-ingreso de la demanda de determinados bienes no es lineal. Al producirse cambios importantes en el nivel de ingreso en Europa y los Estados Unidos y al difundirse la dieta cárnico-triguera, por ejemplo, sustituyendo productos de menor capacidad nutritiva, estos bienes primarios, superiores a otros, enfrentaron un periodo de alta elasticidad-ingreso de la demanda. También el consumo de café experimentó una tendencia similar a una alta elasticidad-ingreso temporal durante el periodo en que se transformó de producto de lujo a uno de consumo masivo (Ocampo, 1984: cap. VII). Una vez completada la llamada "transición gastronómica",[9] la curva de demanda entró en una fase de baja elasticidad-ingreso, lo que habría sucedido en los países europeos con posterioridad a la década de los veinte, a lo cual se sumaron las políticas de proteccionismo agrario persistentes hasta la actualidad en el mundo desarrollado. Una situación similar a la de finales del siglo XIX e inicios del XX tiene lugar hoy en día en las economías asiáticas.

El caso de los productos minerales, incluidos los combustibles fósiles, es muy diferente. Éstos no siempre son bienes reproducibles, están enfrentados a marcados límites de oferta, aunque, claro está, siempre determinados por la tecnología disponible y los costos asociados a la extracción y el transporte desde regiones apartadas. Estos mercados tienen fuertes rigideces, particu-

---

[9] Nos referiremos más adelante a los cambios tecnofisio (Fogel, 2009) que han permitido mejoras sustantivas tanto en la longevidad como en las características corporales de los humanos a lo largo de los últimos tres siglos, cambios indudablemente asociados a transformaciones en la dieta.

larmente después de periodos de baja inversión, que impactan sobre los precios por periodos a veces prolongados, ya que los periodos de gestación de las inversiones son largos. Esta producción, por otra parte, está más sometida a monopolios y oligopolios que la producción agraria, ya sea tropical o no. Además, la demanda de estos productos no es inelástica y, por el contrario, puede ser altamente elástica al ingreso en ciertas fases del desarrollo, como ha acontecido en China en las últimas décadas.

En las discusiones sobre el impacto de los términos de intercambio siempre ha aparecido el problema de tener en cuenta los términos de intercambio doble factoriales, es decir, de considerar los cambios en las productividades relativas. De cualquier modo, el aumento relativo de la productividad agraria en la segunda mitad del siglo XX solamente podría explicar una parte pequeña del deterioro de los términos de intercambio agrario.

La balanza comercial

Una de las interpretaciones de la teoría cepalina sobre el desarrollo de los países latinoamericanos, o de países de la periferia de la economía mundial, no pone énfasis tanto en la tendencia al deterioro de los términos de intercambio, sino en las tendencias de los déficit de la balanza comercial (Rodríguez, 2006: caps. 3 y 5). La idea esencial es que el problema básico de los países primario-exportadores es que, sin importar cuánto apuesten a la promoción de sus exportaciones, enfrentarán una elasticidad-ingreso de la demanda de las importaciones aún mayor que la que logren sus exportaciones. Esta idea no fue expresada solamente por Prebisch, Singer, Seers y otros, sino que ha sido retomada por Thirlwall, como una simple expresión de un modelo de convergencia y divergencia.[10] También Krugman ha rescatado esta relación, aunque su interpretación pone énfasis en el lado de la oferta. Ya sea que el énfasis se ponga más en los componentes de demanda (como en las teorías poskeynesianas) o en aspectos de oferta (como en las de inspiración neoclásica), o bien en la interacción entre oferta y demanda (como en los modelos evolucionistas y neoschumpeterianos focalizados en la dinámica del cambio tecnológico), la idea básica es que el desarrollo económico supone un proceso de cambio estructural, y que la insuficiencia de dicho cambio genera permanentes tendencias al déficit de la balanza comercial y a un proceso en el que, surcado por procesos de expansión y ajuste, la tasa de crecimiento está determinada por la relación entre las propensiones a exportar e importar.

El cuadro I.8 muestra estas relaciones para siete países latinoamericanos en diferentes fases y en el conjunto del periodo 1870-2000.[11] Los promedios

[10] Véase también Bértola y Porcile (2006), Cimoli y Porcile (2011).

[11] Estrictamente el ejercicio debería incluir indicadores de precios relativos de las exportaciones e importaciones o la tasa de cambio real, pero estas variables no están disponibles para

CUADRO I.8. *Crecimiento y crecimiento relativo del PIB explicado por las elasticidades-ingreso de demanda de exportaciones e importaciones: siete países latinoamericanos, 1870-2008*

	ε	π	ε/π	y (%)	z (%)	y/z	y^* (%)	y/y^*
Argentina								
1870-1913	4.7	2.0	2.3	2.8	1.4	2.0	3.1	0.9
1914-1944	−2.0	−3.6	0.6	1.1	0.6	1.7	0.4	3.1
1945-1980	1.0	3.4	0.3	1.8	2.4	0.7	0.7	2.4
1980-2008	2.2	3.2	0.7	1.0	2.0	0.5	1.4	0.7
1870-2008	1.9	1.9	1.0	1.5	1.6	0.9	1.7	0.9
Brasil								
1870-1913	3.1	23.3	0.1	0.2	1.7	0.1	0.2	0.9
1914-1944	0.4	0.9	0.5	1.9	3.0	0.7	1.4	1.4
1945-1980	16.4	1.8	9.0	4.1	0.3	11.9	3.1	1.3
1980-2008	1.9	4.8	0.4	0.8	2.5	0.3	1.0	0.8
1870-2008	2.4	2.5	0.9	1.6	1.7	0.9	1.6	1.0
Chile								
1870-1913	3.3	1.9	1.8	2.0	1.3	1.6	2.2	0.9
1914-1944	−0.6	−1.0	0.6	0.9	3.5	0.3	2.1	0.4
1945-1980	3.4	4.8	0.7	1.3	1.4	1.0	1.0	1.4
1980-2008	3.7	1.6	2.3	3.0	1.7	1.8	3.9	0.8
1870-2008	1.7	2.0	0.8	1.7	1.8	0.9	1.5	1.1
Colombia								
1870-1913	0.9	2.1	0.4	0.5	1.6	0.3	0.7	0.8
1914-1944	0.8	1.3	0.7	2.6	3.2	0.8	2.1	1.2
1945-1980	3.5	2.3	1.5	2.3	1.5	1.5	2.3	1.0
1980-2008	2.6	2.5	1.0	1.7	1.8	0.9	1.8	0.9
1870-2008	1.8	2.0	0.9	1.7	1.9	0.9	1.7	1.0
México								
1870-1913	1.9	0.8	2.3	1.8	1.9	1.0	4.4	0.4
1914-1944	−0.2	10.5	0.0	0.7	3.4	0.2	−0.1	−10.0
1945-1980	3.9	2.4	1.6	3.2	2.1	1.5	3.4	0.9
1980-2008	2.5	6.5	0.4	1.0	2.7	0.3	1.0	0.9
1870-2008	1.9	2.9	0.7	1.7	2.4	0.7	1.6	1.0
Uruguay								
1870-1913	3.7	3.2	1.2	1.0	1.1	0.9	1.3	0.8
1914-1944	−0.1	0.1	−0.8	1.1	2.7	0.4	−2.1	−0.5
1945-1980	0.7	2.3	0.3	1.7	2.7	0.6	0.8	2.2
1980-2008	1.4	1.5	0.9	1.7	1.9	0.9	1.8	0.9
1870-2008	1.2	2.1	0.5	1.2	2.0	0.6	1.1	1.1

CUADRO I.8. *Crecimiento y crecimiento relativo del* PIB *explicado por las elasticidades-ingreso de demanda de exportaciones e importaciones: siete países latinoamericanos, 1870-2008 [concluye]*

	ε	π	ε/π	y (%)	z (%)	y/z	y* (%)	y/y*
Venezuela								
1870-1913	1.6	0.7	2.3	2.3	2.1	1.1	4.8	0.5
1914-1944	2.0	1.3	1.5	5.1	4.0	1.3	5.9	0.9
1945-1980	5.3	2.6	2.1	3.0	1.4	2.2	2.9	1.0
1980-2008	1.1	68.8	0.0	0.0	1.9	0.0	0.0	0.7
1870-2008	2.4	1.8	1.3	2.7	2.2	1.2	2.9	0.9
Promedio								
1870-2008	1.89	2.18	0.89	1.7	1.9	0.89	1.7	1.02

ε: elasticidad-ingreso de la demanda de exportaciones por parte de otros países.
π: elasticidad-ingreso de la demanda de importaciones.
y: tasa real de crecimiento.
y*: tasa de crecimiento de equilibrio de balanza de pagos estimada de acuerdo a la fórmula $y = e/p*z$.
z: tasa de crecimiento del "mundo relevante" de cada país (socios comerciales).
FUENTE: Cálculos de los autores.

no ponderados de todo el periodo en la última fila nos muestran el buen ajuste de un modelo simple que explica el crecimiento de largo plazo con base en la relación entre las elasticidades-ingreso de la demanda de las exportaciones e importaciones. En casi todos los países encontramos un buen ajuste en el muy largo plazo, aunque al considerar los diferentes periodos el ajuste es menor. Ello se debe a la ya mencionada alta volatilidad de los términos de intercambio y los flujos de capital, que inciden positiva o negativamente en la tasa relativa de crecimiento en periodos más limitados de tiempo. En el agregado, el PIB per cápita de América Latina en relación con el de Occidente se redujo de 36% en 1870 a 27 en 2008. Este ejercicio puede explicar la caída relativa de América Latina de 36 a 31%. Los cuatro puntos porcentuales restantes pueden explicarse por otros factores, como el deterioro de los términos de intercambio, los flujos de capitales y los procesos correlativos de sobreendeudamiento, o incluso la dinámica poblacional.[12]

Al tratar periodos más específicos es difícil encontrar periodizaciones idénticas para todos los países. Sin embargo, un hecho destacable es que, en todos los casos, la relación entre el crecimiento de los países y el que se explica con base en las elasticidades (la última columna del cuadro) es superior

un periodo tan extenso ni muestran necesariamente cambios con efectos significativos en el muy largo plazo.

[12] Es importante tener en cuenta que el mundo relevante de América Latina de este ejercicio no es idéntico al PIB per cápita de Occidente del cuadro I.I.

en el periodo de industrialización dirigida por el Estado (1945-1980) que en las dos fases de desarrollo orientadas por las exportaciones (1870-1914 y 1980-2008), y que esta relación es inferior a uno en las fases de desarrollo exportador. Esta historia es consistente con la interpretación que presentaremos en el capítulo IV sobre la industrialización dirigida por el Estado y contraria a la "leyenda negra" que los más ortodoxos han tejido sobre ella. El periodo de entreguerras (1914-1944) es mucho más diverso, pero sobresale el signo negativo que las exportaciones tuvieron en cuatro países y la menor elasticidad de las exportaciones en todos ellos, con excepción de Venezuela. La capacidad de crecer dependió en este contexto de la capacidad de disminuir las importaciones para equilibrar por esta vía la balanza de pagos.

El desarrollo y el medio ambiente

La historia de la humanidad puede escribirse en términos de la interacción entre población, economía y medio ambiente y por las transformaciones en el conocimiento, la tecnología y la organización social con la finalidad de aumentar la capacidad de transformación y de generación de bienestar social con los recursos naturales disponibles. Las teorías contemporáneas han confrontado recurrentemente en torno a si existen restricciones importantes al desarrollo económico que imponen los ecosistemas, o si por el contrario el ingenio del hombre, el desarrollo científico y tecnológico y las capacidades de innovación social logran, una y otra vez, superar los límites que antes se creyeron infranqueables.

Ya entrados en la segunda década del siglo XXI, parecemos estar en una visión muy crítica del estado de la relación entre la sociedad y el medio ambiente. En tanto, hasta hace pocas décadas los servicios naturales del ecosistema funcionaban bien para reciclar los subproductos de la actividad humana y mantener los ciclos del agua, el nitrógeno, el carbón, el fósforo, etc., hoy parece haber signos crecientes de que la expansión del ecosistema humano en relación con el ecosistema natural está poniendo límites al patrón de desarrollo adoptado por la humanidad en los últimos siglos. La acumulación de dióxido de carbono y otros gases en la atmósfera y la de óxidos de nitrógeno en la atmósfera, el agua y la tierra son indicadores de que el ecosistema no tiene la capacidad de reciclar lo que la sociedad descarta (Solbrig, 2006).

Así como la capacidad de producir y los ingresos derivados de ella están desigualmente distribuidos en el mundo actual, también lo está la contribución de las diferentes regiones del mundo a este desbalance ecológico. Los Estados Unidos, Europa y Japón demandan una cantidad de recursos naturales, y los dos últimos también de alimentos, muy por encima de aquellos que son capaces de proveer. Más allá de cuán decisivo haya sido el acceso a materias primas y alimentos desde el Nuevo Mundo para los países desarrollados, lo cierto es que América Latina orientó su patrón de desarrollo hacia el abastecimiento de esos bienes y ha generado, por lo tanto, el fenómeno opuesto. La contracara de esto ha sido, sin embargo, que no ha construido niveles de vida consistentes con lo que podría obtener dada la disponibilidad de recursos naturales.

En ese largo proceso de transformación global del ecosistema natural y social, América Latina ha sido descubierta y redescubierta una y otra vez. Cuando los colonizadores descubrieron América, este aparente paraíso natural ya había sido poblado por civilizaciones milenarias que habían transformado el entorno, exterminado especies, construido sistemas agrarios y ciudades. Los cambios introducidos por los poderes coloniales transformaron la fauna y la flora mediante las nuevas técnicas y extensiones de los cultivos y también mediante la explotación minera. Sin embargo, estos cambios se limitaron a zonas costeras y a algunos enclaves, en el caso de la minería. Los cambios mayores se produjeron en la vida humana: la catástrofe demográfica fue la principal transformación, que se explica predominantemente por la introducción de nuevas enfermedades.

A partir de las nuevas realidades surgidas después de la Revolución industrial y de las nuevas demandas de materias primas persistió la falacia de que América Latina era, aún en el siglo XIX, un continente virgen, naturalmente inexplotado. Como señala Orihuela (2010), la historiografía eurocéntrica del siglo XIX, aun cuando a veces miraba con simpatía a los pobladores indígenas de las Américas (las más de las veces se los veía desde una óptica racista), los consideraban como salvajes en estado natural, al igual, obviamente, que la naturaleza en la que vivían. En todo caso, podían constituir un obstáculo para la apropiación de la naturaleza por parte de la civilización.

Durante la etapa de desarrollo primario-exportador el entorno fue transformado aún más por la expansión de los cultivos de exportación, la deforestación de amplias zonas, la construcción de ciudades, el desarrollo de los ferrocarriles y caminos, la ampliación y diversificación de las actividades mineras, así como la explotación de nuevas y hasta entonces poco explotadas regiones, menos atractivas para el asentamiento humano pero ricas en diferentes tipos de recursos naturales, como los nitratos, el caucho y el guano.

Durante el periodo de industrialización dirigida por el Estado y los proyectos de modernización que lo acompañaron las principales transformaciones del entorno tuvieron que ver con la urbanización, la industrialización y la difusión de la electrificación como insumo para facilitarla, la construcción de carreteras y la fuerte expansión de la frontera agraria. En este periodo se produjo además, en la mayor parte de los países, la transición energética; es decir, el aumento y generalización del uso de los combustibles fósiles, que en los países de mayor desarrollo relativo se había iniciado en la fase anterior.

En su conjunto, durante la primera mitad del siglo XX se observa un incremento importante (aunque desigual entre los distintos países) del consumo de combustibles fósiles, un fenómeno que se profundiza en la segunda mitad. Esta tendencia creciente en el largo plazo muestra, sin embargo, fuertes fluctuaciones que reflejan el comportamiento de factores de oferta y demanda. La dimensión del impacto de estos factores en los distintos países está asociada a las coyunturas internacionales y dependió del carácter de productores o importadores de energía. En estos últimos, las guerras mundiales representaron momentos de restricción muy importante del abastecimiento. En ambos, el impacto de la Gran Depresión de los años treinta actuó sobre el nivel de actividad económica y el consumo de los hogares, manifestándose en una caída de la demanda energética.

Como particularidad de la transición energética en América Latina debe señalarse que la sustitución del carbón por el petróleo ocurrió muy precozmente (en el tiempo y en relación con los niveles de PIB alcanzados), aunque este proceso se produjo de manera muy oscilante, en comparación a lo ocurrido en los países industrializados, y a velocidades muy diferentes en las distintas naciones de la región (Folchi y Rubio, 2006).

Las últimas décadas han presenciado una muy fuerte expansión de la extracción minera. El persistente proceso de urbanización se ha comenzado a reflejar en excesivas aglomeración y contaminación ambiental. A su vez, la continuada expansión de la agricultura comercial ha generado un uso creciente de fertilizantes y una reducción significativa de las áreas de bosques, a la que contribuye igualmente una explotación forestal no siempre bien regulada. De todas formas, las ciudades ocupan sólo 3% del territorio y son las transformaciones agrarias las que más han afectado el medio ambiente. Las estimaciones apuntan a que solamente entre 55 y 70% de los bosques originales de la región aún se conservan. El ritmo de la deforestación ha sido alto: aun cuando Brasil es el país que ha experimentado la deforestación de áreas más grandes, la tasa de deforestación ha sido más alta en América Central y el Caribe. A pesar de ello, e incluso desde el punto de vista estrictamente agrario, América Latina presenta niveles de transformación del entorno natural por debajo de la media mundial y las propias tasas de avance de la deforestación han ido decayendo (Solbrig, 2006).

En tanto persistan los actuales patrones de desarrollo a nivel mundial y de especialización productiva regional, América Latina enfrentará una creciente presión sobre sus recursos naturales, aunque sus posibilidades de crecimiento extensivo se aproximan a sus límites. Por otra parte, sin embargo, todo el ecosistema está presentando problemas serios, lo que necesariamente conducirá a grandes esfuerzos científicos, económicos y sociales encaminados a transformar los patrones de desarrollo, lo que generará cambios difíciles de anticipar en términos de demanda de recursos naturales y en las propias formas de explotar, producir y reproducir estos recursos. Ésta será una importante oportunidad para transformar los patrones de desarrollo latinoamericanos y sus estructuras productivas y explorar nuevas sendas de desarrollo, que combinen el aprovechamiento de sus bases de recursos, pero que también apuesten a la incorporación de conocimiento en todos los planos de la actividad económica.

DEL DESARROLLO ECONÓMICO AL DESARROLLO HUMANO

Ha existido una creciente insatisfacción con el uso del PIB per cápita para medir el desarrollo y nivel de vida de los países. El PIB per cápita sería una medida de los recursos de los que disponemos para producir diferentes condiciones de vida de la población, pero no una buena manera de evaluar las capacidades humanas para construirlas (Sen, 1993).

Por este motivo, a lo largo de las últimas décadas se ha hecho cada vez más frecuente el uso del índice de desarrollo humano. En su versión más difundida y sencilla, que ha venido publicando el Programa de las Naciones Unidas para el Desarrollo (PNUD) a lo largo de varios años, este índice está compuesto, con pesos idénticos, por el PIB per cápita, la expectativa de vida al nacer y los niveles educativos de la población (analfabetismo y cobertura educativa).

Aquí presentamos algunas alternativas de construcción de un índice histórico de desarrollo humano (IHDH).[13] Con respecto a estimaciones anteriores, la estimación presente, basada en Bértola, Hernández y Siniscalchi (2010), presenta actualizaciones de algunas cifras del PIB per cápita y expectativa de vida al nacer, pero la mayor novedad es contar con una serie de años promedio de educación de la población de los diferentes países de Latinoamérica (Morrison y Murtin, 2008) que permite superar ampliamente las dificultades que se presentan al combinar analfabetismo y cobertura educativa; por estas mismas razones, el PNUD ha adoptado desde 2010 un indicador que utiliza este indicador de logros educativos.[14]

La educación y el capital humano

Debemos distinguir, por una parte, el concepto de *educación* como parte del desarrollo humano y, por otra, el de *capital humano* como factor de producción y determinante de la competitividad de una economía. En el primer caso, una población más educada es un fin en sí mismo, ya que permite ampliar las capacidades del individuo, en un sentido amplio del término, y su participación en la vida social. En el segundo, es un mero instrumento de otro objetivo.

América Latina muestra un escenario contradictorio con respecto a la educación. Por un lado, ha realizado importantes esfuerzos que han redundado en mejoras sustantivas en el nivel educativo. Por otro, y en perspectiva

[13] El primer intento de construir un IHDH para América Latina fue el de Astorga y FitzGerald, publicado como apéndice en Thorp (1998) y revisado en Astorga, Bergés y FitzGerald (2005). Posteriormente, Prados de la Escosura (2007) presentó una construcción diferente de este índice y Bértola, Camou, Maubrigades y Melgar (2010) introdujeron aún más cambios en su construcción, aplicados a los países del Cono Sur, y estimaron la desigualdad en su distribución en dos casos.

[14] Para una discusión, véase Bértola, Hernández y Siniscalchi (2010).

comparada, los esfuerzos parecen haber sido rezagados e insuficientes y Latinoamérica ha estado en clara desventaja frente a otras regiones.

En torno al año 2000 América Latina tenía un promedio de 7.1 años de educación, en tanto el grupo de los cuatro países que han dominado el escenario mundial en los últimos dos siglos (Alemania, Francia, Reino Unido y los Estados Unidos) mostraban en promedio 12.5. El nivel educativo en 2000 es de 59% del de los países desarrollados mencionados (cuadro I.9). Esto muestra claramente el retraso latinoamericano en términos absolutos. Sin embargo, si miramos el desempeño a lo largo del siglo XX, encontramos que Latinoamérica realizó importantes avances. De hecho, quizás más sobresaliente que el rezago actual es el que se tenía a comienzos del siglo XX, cuando el promedio de años de escolaridad era de 1.5 años, sólo una cuarta parte del de los países desarrollados.

La construcción de índices de desempeño relativo es objeto de muchas discusiones y debates. Con respecto a la expectativa de vida, y como veremos más adelante, se ha sostenido que la función que mejor representa los logros es una convexa, es decir, que debe tener en cuenta que cada vez es más difícil obtener un año adicional en la expectativa de vida de la población, ya que nos estaríamos aproximando a límites fisiológicos. De la misma manera, puede sostenerse que en el plano educativo es cada vez más difícil adicionar años de enseñanza, ya que —entre otros factores— la población en la adultez debe trabajar y generar medios de subsistencia para que otros se puedan dedicar a estudiar y no a producir. Entonces podría también argumentarse que la función de educación debe ser convexa, es decir, que cada año promedio de educación supone un logro marginal mayor. Si éste fuera el caso, el desempeño relativo de América Latina en relación con los países desarrollados se vería mucho más deficiente. Como lo muestra el cuadro I.9, el logro educativo sería sólo equivalente a 40% del de los países desarrollados.

Aun en el caso de los países latinoamericanos de mejor desempeño educativo, los niveles de principios de siglo eran muy bajos: Argentina, 1.8 y Uruguay, 2.4 años de educación promedio en 1900, mientras que el de los desarrollados era de 6.4. Otras regiones de nuevo asentamiento, como Australia y Nueva Zelanda, tenían niveles similares a los de los países centrales mencionados. Los datos disponibles indican que este retraso educativo en relación con los países desarrollados se produjo durante las décadas finales del siglo XIX, pero lo más probable es que se haya producido a todo lo largo de dicho siglo.

Por otra parte, para la muestra más amplia de 16 países latinoamericanos para los que se cuenta con información, los datos confirman que el mayor acercamiento de América Latina a los niveles educativos de los países desarrollados se produjo en las décadas intermedias del siglo XX (véase también Astorga, Bergés, FitzGerald, 2005; Prados de la Escosura, 2007). Este proceso continuó, sin embargo, durante las dos décadas finales del siglo XX y la primera del XXI.

Es obvio que estos niveles esconden posibles desigualdades entre países,

CUADRO I.9. *Índices históricos de desarrollo humano (1870-2010)*

	1	2	3	4	5	6	7	8	9	10	11	12	13	14	15	16	17	18
	AL7	AL7	AL12	AL12	AL16	AL16	Países centrales						A.L./Centrales					
	PIB/c	logPIB/c	EVN	EVN (conv.)	Edu	Edu (conv.)	PIB/c	logPIB/c	EVN	EVN (conv.)	Edu	Edu (conv.)	PIB/c	logPIB/c	EVN	EVN (conv.)	Edu	Edu (conv.)
1870	0.02	0.33			0.07	0.03	0.06	0.52			0.29	0.12	28.7	63.5			24.2	21.3
1880	0.02				0.08	0.03	0.06	0.55			0.32	0.14	30.0				23.8	20.5
1890	0.02	0.38			0.09	0.03	0.07	0.57			0.36	0.16	30.3	67.2			23.5	19.8
1900	0.03	0.40	0.14	0.04	0.09	0.04	0.09	0.60	0.41	0.13	0.40	0.18	28.6	67.0	33.8	28.3	23.8	19.7
1910	0.03	0.45	0.18	0.05	0.11	0.04	0.10	0.62	0.48	0.16	0.43	0.20	34.5	72.6	37.8	30.5	24.6	19.9
1920	0.04	0.46	0.23	0.06	0.12	0.05	0.11	0.63	0.55	0.19	0.46	0.22	34.0	72.5	42.1	33.0	26.3	21.0
1930	0.04	0.48	0.26	0.07	0.14	0.05	0.13	0.66	0.61	0.22	0.49	0.24	32.1	72.4	43.4	32.8	28.8	22.7
1940	0.05	0.49	0.32	0.09	0.16	0.06	0.15	0.69	0.64	0.24	0.51	0.26	29.9	71.7	50.1	38.0	32.1	25.0
1950	0.06	0.53	0.43	0.14	0.19	0.08	0.18	0.72	0.74	0.32	0.54	0.28	32.5	74.5	59.0	42.7	35.9	27.7
1960	0.07	0.57	0.57	0.20	0.22	0.09	0.24	0.76	0.77	0.36	0.58	0.31	30.9	74.8	73.9	57.1	38.9	29.6
1970	0.10	0.61	0.63	0.24	0.28	0.12	0.33	0.81	0.79	0.37	0.65	0.38	29.8	75.5	79.9	64.0	43.2	31.4
1980	0.14	0.67	0.70	0.29	0.33	0.14	0.41	0.85	0.83	0.43	0.71	0.44	33.9	79.0	84.2	67.7	46.2	32.2
1990	0.13	0.66	0.75	0.33	0.41	0.19	0.51	0.89	0.86	0.47	0.75	0.51	25.4	74.5	87.4	71.0	54.3	37.6
2000	0.15	0.68	0.78	0.36	0.46	0.22	0.62	0.92	0.89	0.52	0.78	0.55	24.0	74.4	87.8	69.2	58.6	40.2
2010	0.18	0.72	0.83	0.43	0.50	0.25	0.67	0.93	0.93	0.63	0.84	0.66	27.3	77.0	89.8	68.4	59.4	37.8

AL7 = Argentina, Brasil, Chile, Colombia, México, Uruguay, Venezuela.

AL12 = AL7 + Bolivia, Costa Rica, Cuba, Guatemala y Paraguay.

AL16 = Argentina, Brasil, Chile, Costa Rica, Cuba, El Salvador, Guatemala, Honduras, México, Nicaragua, Panamá, Paraguay, Perú, República Dominicana, Uruguay, Venezuela.

PIB/c = índice del PIB per cápita, que se calcula como: $iPIB/c\ tk = (PIB/c\ tk - 100)/(40000-100)$, donde $PIB/c\ tk$ es el PIB per cápita en el año t del país k.

logPIB/c = índice del PIB per cápita con transformación logarítmica, que se calcula como: $logPIB/c\ tk = (logPIB/c\ tk - log100)/(log40000-log100)$, donde $logPIB/c\ tk$ es el logaritmo del PIB per cápita en el año t del país k.

Edu = índice de educación (medido como años promedio de educación), que se calcula como: $iEd\ tk = Ed\ tk/16$, donde $Ed\ tk$ son los años promedio de educación en el año t del país k.

Edu(conv.) = índice de educación (medido como años promedio de educación) aplicando una función convexa de logros, que se calcula como:
$$iEdconv\ t\ k = (log16 - log(16-Ed\ tk))/(log16),$$
donde $Ed\ tk$ son los años promedio de educación en el año t del país k.

EVN = índice de expectativa de vida al nacer, que se calcula como: $iEVN\ tk = (EVN\ tk - 20)/(85-20)$, donde $EVN\ tk$ es la expectativa de vida al nacer en el año t del país k.

EVN(conv.) = índice de expectativa de vida al nacer aplicando una función convexa de logros, que se calcula como: $iEdconv:\ tk = (log(85-20) - log(85-Ed\ tk))/(log(85-20))$, donde $EVN\ tk$ es la expectativa de vida al nacer en el año t del país k.

FUENTE: Bértola, Hernández y Siniscalchi (2010).

diferencias de calidad y desigualdad en la distribución de las oportunidades educativas entre la población al interior de los países. Las desigualdades entre países aumentaron hasta 1940 y se redujeron posteriormente. Con respecto al segundo de estos problemas, Frankema (2009) nos muestra cómo la masificación del sistema educativo puede no ir acompañada de una mejora sustantiva de la calidad, sino que incluso puede llegar a presentarse un dilema entre cobertura y calidad. Sus cifras muestran que efectivamente el desempeño latinoamericano no sería tan bueno si incluyéramos en él consideraciones de calidad, tal como se reflejan, por ejemplo, en el fracaso escolar. El rezago notorio que identifica en este campo a comienzos de la década de los sesenta se tendió también a corregir desde entonces. Por otra parte, las recientes pruebas del sistema PISA de la OCDE sobre lectura, matemáticas y ciencia indican tendencias semejantes: los países latinoamericanos muestran desempeños claramente inferiores al de los países desarrollados (Hanushek y Woessmann, 2009).

Una parte de la explicación de estas tendencias tiene que ver simplemente con la asociación entre educación y nivel de desarrollo. Puede sostenerse, en ese sentido, que el nivel educativo es una variable dependiente del nivel de desarrollo; que la educación es uno de los cambios que se producen a medida que una economía avanza. La causalidad iría, entonces, desde el crecimiento económico a los niveles educativos. Desde este punto de vista, los niveles educativos de América Latina corresponderían con su nivel de ingreso per cápita.

Éste es un componente indudable de la explicación. Es excepcional encontrar países de muy bajo nivel de PIB per cápita y muy altos niveles educativos. Cuba es una conocida excepción que, por otra parte, ilustra claramente la diferencia entre el papel de la educación como generadora de capacidades humanas y como capital humano. El hecho de que la educación y otras necesidades sociales dependan del nivel de desarrollo está detrás de una conocida paradoja: aquellos países que tienen mayores necesidades de educación, salud y otras coberturas sociales son los que tienen menos recursos disponibles para dedicar a esas actividades, en tanto que los países más ricos son los que pueden dedicar una mayor parte de sus ingresos a construir sus Estados de bienestar. Además, esto confirma la idea de que, muy por el contrario a lo que se ha sostenido muchas veces, el mayor gasto público en áreas sociales no erosiona el crecimiento, sino que lo potencia (Lindert, 2004).

La gráfica I.5 nos muestra que esto es cierto, pero también que América Latina se distingue del resto del mundo en el sentido de que, para cada nivel de ingreso per cápita, el nivel educativo es menor que en otras regiones. En otras palabras: América Latina muestra tener un peor desempeño educativo y, al mismo tiempo, parece obtener mayor desempeño económico con menos educación.

Las principales ideas que se han manejado para explicar este fenómeno tienen que ver con las estructuras sociales y las relaciones de poder.

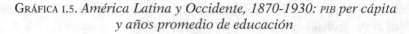

GRÁFICA I.5. *América Latina y Occidente, 1870-1930:* PIB *per cápita y años promedio de educación*

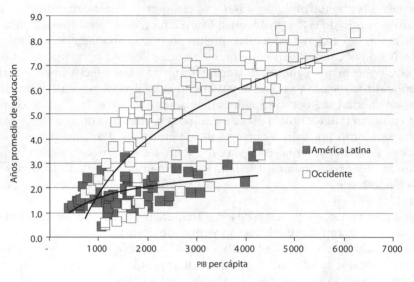

NOTA: PIB per cápita en dólares internacionales de 1990 y años promedio de educación de la población de 15 y más años de edad. Las líneas representan la relación entre los años de educación y el logaritmo del PIB de Occidente y América Latina, respectivamente.
FUENTE: Basado en Bértola, Hernández y Siniscalchi (2010).

El sistema educativo instalado en los tiempos coloniales estuvo basado en la idea de preservar y legitimar el orden social establecido. La educación era un método para "civilizar" a la población nativa, desarraigar costumbres y creencias indígenas y adoctrinar en la religión católica. La educación la impartían las diferentes órdenes religiosas, ya sean franciscanos o dominicos, y las escuelas eran muy escasas. La educación superior estaba destinada principalmente a la élite europea y criolla y a los hijos de los caciques, y se dictaba casi exclusivamente en español y portugués.

El sistema educativo moderno surge en América Latina vinculado a una serie de procesos, entre los cuales el más importante es la creación de los Estados independientes. A ello se sumó la irrupción de nuevos partidos políticos, la emergencia de grupos de empresarios y la incorporación de inmigrantes de dentro y fuera de fronteras, todo lo cual promovió importantes progresos en la creación de sistemas educativos públicos, la gradual universalización de la educación primaria y la disminución de las diferencias educativas entre hombres y mujeres, lo que a su vez promovió la movilidad social.

Sin embargo, y como señala Reimers (2006), estos procesos siempre estuvieron surcados por una contradicción básica, entre quienes han pregonado una educación democrática e incluyente y quienes han defendido estructuras sociales jerárquicas y autoritarias que van apareadas de importantes niveles de exclusión social. El siglo xix se caracterizó por las luchas políticas entre diferentes grupos de élites. Dos hechos marcaron entonces un cambio de tendencia en materia educativa. El primero de ellos es el abandono paulatino de la educación católica y la tendencia a la secularización de la educación, determinado esto por la formación de grupos intelectuales afines a los movimientos independentistas que identificaban en aquella formación un vínculo directo con el orden social autoritario y con un dogma religioso que se ponía por encima del individuo y la verdad. El segundo hecho destacado es que este movimiento ve como prioritario el acceso a la educación primaria e identifica esto como una de las responsabilidades que debe asumir el Estado. La segunda mitad del siglo xix asiste a la creación, especialmente en los países que avanzaron más temprano en el proceso de desarrollo, de incipientes sistemas educativos nacionales que sentarían las bases de los cambios procesados a lo largo del siglo xx (Reimers, 2006; Meyer *et al.*, 1992).

A lo largo del siglo xx, a distintos ritmos en diferentes países, se consolida el sistema nacional de educación pública iniciado en el siglo anterior, teniendo como resultado un incremento de la centralización de la educación en manos del Estado con un fuerte vínculo entre las escuelas y los gobiernos locales. Si bien la discrepancia entre las ideologías antes mencionadas perduraría, los conservadores tendieron a ir aceptando el nuevo papel del Estado en la educación y la masificación en el acceso a ella. Sin embargo, las diferencias seguían existiendo, llevadas ahora a otros terrenos. Dos hechos deben destacarse: en primer término, como ya lo señalamos, el aumento en cantidad de educados en la enseñanza primaria no necesariamente fue acompañado de una mejora en su calidad; en segundo lugar, mientras la universalización de la enseñanza primaria deja de generar controverias, la discusión ideológica, largamente sostenida, comienza a librarse ahora en la enseñanza secundaria y terciaria (Reimers, 2006).

Como mencionara Reimers, el periodo de industrialización acelerada fue movilizador para la expansión de la educación, no sólo porque se identificara el capital humano como factor clave en el desarrollo económico después de la segunda Guerra Mundial, sino también por la idea de que el desarrollo podía ser planificado. Agencias de desarrollo comenzaron a tener un peso importante en la financiación nacional y también en la educación. El Banco Mundial, y posteriormente el Banco Inteamericano de Desarrollo (BID), financiaron en este contexto obras de infraestructura, instalación de universidades, instituciones de enseñanza técnica y secundaria, así como la masificación de la enseñanza primaria. Tales acciones implicaron no sólo un aumento en la matrícula en general, sino también la expansión de una metodología de enseñanza común más volcada a hacer efectivo el crecimiento económico que a la formación integral del ciudadano.

Como resultado del desempeño dispar de las políticas educativas en la primera mitad del siglo xx, en los años cincuenta había diferencias notables en la capacidad de matriculación. De acuerdo con Frankema (2009), cuando nos concentramos en el momento de la transición hacia la masificación educativa podemos, *grosso modo*, distinguir tres grupos de países latinoamericanos. En las últimas tres décadas del siglo xix la expansión de la escuela primaria fue más notable en Argentina, Chile, Costa Rica y Uruguay, aunque curiosamente a un ritmo más lento que en las colonias británicas de Jamaica y Trinidad y Tobago. Luego de alcanzar la independencia de Colombia en 1903, Panamá se unió al club de los tempraneros. Durante los años veinte y treinta el incremento en las tasas brutas de matriculación comenzó a acelerarse en Bolivia, República Dominicana, Ecuador, El Salvador, México, Brasil, Perú y Venezuela. Algunos de los países más pobres en la región, como Guatemala, Honduras y Nicaragua, fueron típicamente rezagados, donde la aceleración en la expansión sólo ocurrió en las primeras décadas posteriores a la segunda Guerra Mundial.

Esta clasificación parece reflejar algunas características importantes en el legado histórico de América Latina. Los tempraneros constituyen los países de la periferia colonial, donde el impacto de las metrópolis ibéricas fue marcadamente menor que en las áreas centrales del sistema colonial. Estos países parecen haber sido: *1.* los más urbanizados, *2.* los étnicamente más homogéneos, incluyendo componentes mayoritarios de inmigrantes europeos (Argentina, Uruguay), y *3.* sociedades rurales comparativamente menos desiguales (Argentina, Uruguay, Costa Rica). Los rezagados son por lo regular las sociedades rurales más estratificadas y menos urbanizadas, caracterizadas por una gran heterogeneidad étnica y una relativamente pequeña élite criolla. La mayoría de los países de América Latina están entre estos dos extremos y empezaron a invertir en educación masiva a comienzos del siglo xx, en especial durante las décadas de los veinte y treinta.

La mayor expansión de la enseñanza primaria y secundaria se ha dado en el ámbito público. Si bien existe una importante matriculación en la enseñanza privada, no se ha convertido en el ámbito de formación por excelencia. Varía esta situación en la enseñanza secundaria y aún más en la universidad, donde, en general, la asistencia a centros educativos privados es mayor.

La matriculación en secundaria fue mucho menor y se explica en parte por el hecho de que el aumento del número de alumnos en la enseñanza primaria fue posible a partir de un conjunto de medidas que fueron en desmedro de la calidad formativa, con el consiguiente índice de repetición que retrasa el acceso a los siguientes niveles de enseñanza. Del mismo modo, en la mayor parte del siglo el énfasis estuvo en la universalización de la alfabetización y la enseñanza primaria, dejando a un lado los otros niveles y, con ello, reduciendo a su mínima expresión el acceso equitativo a la educación en todos sus niveles.

La visión de Reimers enlaza con la posición de los enfoques neoinstitucionalistas que, a su vez, retoman de manera sistemática viejas convicciones de la tradición estructuralista latinoamericana. La idea básica entonces es que, a pesar de todos los esfuerzos republicanos por avanzar en la difusión de la educación, América Latina no logró obtener los niveles que debería de acuerdo a su nivel de desarrollo económico, lo que, a su vez, se transformó en un freno para una transformación económica y social más profunda.

Los enfoques neoinstitucionalistas han sostenido que el retraso de América Latina guarda relación con la concentración de la riqueza y del poder político en las élites. En relación con la concentración de poder político se sostiene que, aun cuando la inversión en educación está fuerte y positivamente relacionada con el ingreso per cápita a lo largo del tiempo y entre países, existe mucha variación que no puede ser explicada por las diferencias de ingreso. La desigualdad de poder político, expresada en el porcentaje de la población con derecho a voto, parece estar asociada a menor alfabetización y cobertura educativa (Engerman, Mariscal y Sokoloff, 2009; Lindert, 2010).

Frankema (2009), al igual que otros autores, ha buscado relacionar el desarrollo educativo y la concentración de la propiedad de la tierra. La idea básica es que los terratenientes no tienen interés en favorecer la educación de su fuerza de trabajo por miedo a favorecer el desarrollo de sus capacidades y poder político y por sus tendencias a extraer trabajo no calificado antes que incrementar la productividad mediante la educación.

Recientemente Lindert (2010) establece el vínculo entre concentración del poder político, la concentración de la riqueza y los bajos niveles educativos e intenta explicar las llamadas anomalías educativas (países con mayores ingresos y peor educación que otros) mediante la conformación del sistema tributario y la resistencia de los sectores de altos ingresos a pagar impuestos para financiar los costos de la educación masiva.

Existe otra línea interpretativa que es complementaria de ésta. Sin negar los mecanismos anteriores, la pregunta que se puede plantear es cómo es posible crear un producto per cápita alto con una población con niveles educativos bajos, es decir, con bajo capital humano. Esto guarda relación con una función de producción en la que el factor abundante no es ni el trabajo ni el capital humano ni el capital físico, sino principalmente la dotación de recursos naturales. La tradicional trayectoria latinoamericana de exportación de bienes primarios con relativamente poco valor agregado, pero capaces de generar rentas, estaría en la base de un alto ingreso per cápita en relación con los niveles de formación de capital humano, expresado por medio del nivel educativo.

Esta característica, que podría constituirse en un buen punto de partida para un proceso de desarrollo, puede en cambio transformarse en un inhibidor del mismo si quienes controlan los recursos naturales también logran controlar el poder político y si la orientación del patrón productivo es hacia la extracción de renta de recursos naturales antes que hacia la capacidad de innovación basada en el desarrollo del capital humano y el cambio estructural en la producción.

Este último razonamiento no lleva a ninguna causalidad sencilla entre disponibilidad de recursos naturales y nivel educativo, sino que esta relación siempre estará mediada por el conjunto de relaciones sociales predominantes, en términos de poder económico y político. Por ejemplo, los países de la frontera sur de América del Sur, aun teniendo una gran disponibilidad de recursos naturales en relación con su población, lograron atraer inmigrantes y desarrollar niveles salariales y niveles de gasto social mayores que otras regiones en las que la dotación de recursos naturales per cápita no era tan alta. En casos en que la dotación de recursos naturales alta se combina con una fuerte concentración de su propiedad y la existencia de grandes masas de población de bajo nivel educativo y escaso poder político, en parte basado en la discriminación racial y cultural, el retraso educativo puede ser aún mayor.

La expectativa de vida al nacer

Las últimas 10 generaciones humanas han experimentado una evolución tecnofisio única, que no experimentaron las muy numerosas generaciones anteriores. Por evolución tecnofisio se entiende la interacción entre los avances tecnológicos y las mejoras en la fisiología humana, un proceso sinérgico en el que el resultado supera la suma de las partes. Los enormes avances en la longevidad de la población mundial han ido acompañados de cambios en la estatura y el peso de la población. Esta evolución tecnofisio puede sumarse a procesos genéticos de selección natural, pero en los últimos tres siglos estos aspectos no genéticos han sido decisivos y particularmente importantes (Fogel, 2009).

A lo largo del siglo xx la expectativa media de 12 países de América Latina para los que tenemos información se incrementó de 29 a 71 años (no tenemos información para principios del siglo xx para algunos de los países con menor expectativa de vida, por lo que la media real era seguramente menor).

El siglo xix parece haber sido de crecimiento económico sin significativas mejoras en este otro plano para la mayor parte de la población mundial. Fogel señala que este otro tipo de indicador puede ser una mejor aproximación al nivel de vida que las mediciones por medio de los ingresos, ya que salarios reales pueden ocultar el componente de "soborno" al que se somete a trabajadores que aceptan trabajar en condiciones en las que corren el riesgo de tener accidentes y una mayor tasa de mortalidad. Así, medido con estos indicadores biomédicos, el proceso de industrialización en Inglaterra aparece con claridad como uno en el que las desigualdades fueron efectivamente en aumento, aun cuando la distribución del ingreso aparenta haberse mantenido constante.

El siglo xx parece haber sido el que concentró la mayor parte de los avances: al llegar las mejoras a amplias masas de la población, las desigualdades en la expectativa de vida al nacer disminuyeron.

La reducción de las tasas de mortalidad que explica la mayor longevidad se ha vinculado principalmente a cuatro procesos: las reformas de los sistemas públicos sanitarios, los avances teórico-prácticos de la medicina, la mejora en los niveles de higiene personal y los mayores ingresos y niveles de vida.

La construcción del índice de expectativa de vida al nacer (IEVN) también ha sido objeto de debate. Si bien la expectativa de vida al nacer ha experimentado un gran crecimiento, hay quienes sostienen que hay ciertos límites biológicos a los que nos vamos aproximando de manera progresiva y que cada vez se torna más difícil aumentar un año en el promedio de vida de la población. Por ello, en lugar de construir una escala lineal del IEVN es conveniente, como ya lo señalamos, usar una función convexa, que refleje esa creciente dificultad de alargar la vida. De esta manera, los logros en los niveles mayores pesarán más que los logros a edades promedio más bajas (véase Prados de la Escosura, 2007).

El cuadro I.9 muestra el índice construido sobre la base de una EVN de 85 años como el máximo (valor 100 del índice). Los países desarrollados estarían con un nivel de 89, mientras que América Latina (12) estaría con un nivel de 78. Si adoptáramos la visión menos optimista de los avances en la EVN, ambos grupos de países estarían mucho más lejos de la máxima. Sin embargo, lo que es más importante es que, de acuerdo al segundo criterio, América Latina no estaría a 88% de los países desarrollados, como lo señala la columna 13, sino a 69%, lo que indicaría la distancia en términos del esfuerzo necesario para obtener los logros de los países desarrollados.

Independientemente de cuál sea el índice utilizado, la parte inferior de la gráfica I.6 muestra con claridad que América Latina obtuvo sus principales

GRÁFICA I.6. *Movimientos relativos de los componentes del IDH histórico: América Latina-cuatro países desarrollados*

A. Años promedio de educación

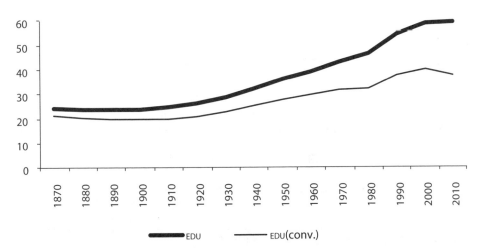

GRÁFICA I.6. *Movimientos relativos de los componentes del* IDH *histórico:*
América Latina-cuatro países desarrollados [concluye]

B. Expectativas de vida al nacer

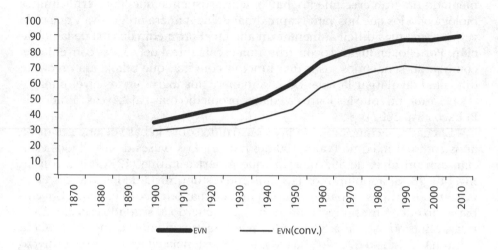

C. PIB per cápita

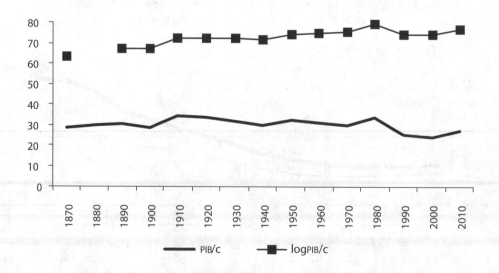

FUENTE: Cuadro I.9.

logros relativos a los países desarrollados entre las décadas de los treinta y sesenta, cuando se produjo el mayor despliegue de sus políticas sociales. Las últimas décadas del siglo xx aparecen signadas por un marcado estancamiento, o incluso retraso relativo, especialmente si se considera el resultado de utilizar la función convexa.

Los índices históricos de desarrollo humano

Hemos visto que existen diferentes formas de construir el índice de cada uno de los componentes del desarrollo humano. Combinando dos alternativas de cada indicador podemos construir ocho índices agregados alternativos. Para simplificar, en la gráfica i.7 presentamos tres índices que reflejan los dos casos extremos y uno intermedio.

El IR3 es el que mejor refleja los valores y criterios utilizados tradicionalmente por el PNUD, aunque recordemos que nuestra información de educación (y la que ahora utiliza el PNUD) es por completo diferente. Este índice utiliza el logaritmo del PIB per cápita y no transforma ni la educación ni la EVN. El resultado indica un proceso de convergencia continuo de América Latina con los países desarrollados, aunque hacia el año 2000 aún se encontraría en 73% del nivel de aquéllos. Por otra parte, aparece notoriamente que el proceso de convergencia fue fuerte en las décadas intermedias del siglo xx y luego se hace más lento entre 1960 y 1980 y de nuevo en la década de los noventa, a pesar de la superación de la crisis de la deuda.

Si por el contrario utilizamos el IR2, que evita transformar el PIB per cápita a la vez que transforma tanto el índice educativo y el de la EVN, entendiendo que se vuelve cada vez más difícil obtener logros, se vuelve a constatar que los principales avances relativos se registran en las décadas entre 1930 y 1960, que luego continúan a un ritmo más lento y que el proceso de convergencia se corta a partir de la década de los ochenta. En este caso, el IDH latinoamericano se estanca a niveles relativos levemente superiores a 40% del de los países desarrollados. El IR1, en el que no se realiza ninguna transformación de los valores originales, muestra una tendencia similar al IR2, aunque los valores relativos culminan levemente por encima de 50% del de los países desarrollados.

Con seguridad ninguno de estos índices refleja cabalmente la realidad. Ellos reflejan distintos aspectos, diferentes posibilidades e incluso están teñidos de lo que pensemos pueda llegar a suceder en el futuro, como en el caso de la EVN. El conjunto de ellos nos brinda una visión matizada del complejo proceso de desarrollo socioeconómico latinoamericano: un gran rezago inicial seguido por un avance positivo en las décadas intermedias del siglo xx (con rezagos variables en distintos países) y tendencia al estancamiento en las últimas décadas del siglo.

GRÁFICA I.7. *Índices históricos relativos de desarrollo humano, 1900-2000: América Latina (7) y cuatro países desarrollados (Alemania, Francia, Inglaterra y Estados Unidos)*

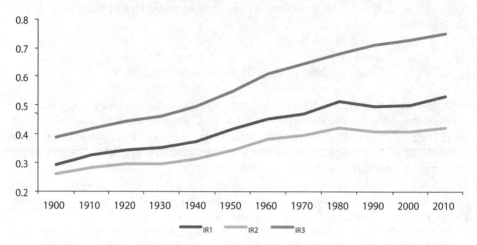

Índice relativo 1 (IR1): media geométrica de los índices del PIB per cápita, la expectativa de vida al nacer y la eduación (IPIBIPC, IEVN, IE).

Índice relativo 2 (IR2): media geométrica de los índices del PIB per cápita y los índices con función convexa de la expectativa de vida al nacer y la eduación (IPIBPC, IEVN-con, IE-con).

Índice relativo 3 (IR3): media geométrica de los índices del logaritmo del PIB per cápita y los índices de la expectativa de vida al nacer y la eduación (IlogPIBPC, IEVN, IE).

Sobre los índices, véase cuadro I.9.

FUENTE: Con base en Bértola, Hernández y Siniscalchi (2010).

DESIGUALDAD

Es sabido que América Latina es el continente con mayores niveles de desigualdad del ingreso en el mundo, por lo que los estudios sobre la desigualdad han ganado mucho terreno en las discusiones más recientes. Las preguntas más importantes son en qué medida la desigualdad contribuye a explicar el retraso relativo de la región y hasta qué punto esa característica constituye un resultado de su particular modo de desarrollo.

Después de la segunda Guerra Mundial, la tradición de investigación encabezada por Simon Kuznets se concentró en el estudio del impacto del crecimiento económico y el cambio estructural sobre la desigualdad. Si bien las productividades sectoriales relativas de las actividades urbanas y rurales jugaron en su análisis un papel preponderante, prestó mucha importancia a factores no estrictamente económicos, como los cambios demográficos, sociales y políticos vinculados a la industrialización y al desarrollo de los Estados de bienestar.

La economía convencional ha discutido principalmente la desigualdad desde el punto de vista de la distribución del ingreso. Viendo el crecimiento como un proceso de asignación de recursos, la idea central es estudiar qué movimientos de precios se producen en procesos de integración y desintegración de los mercados. El vínculo entre globalización y desigualdad ha despertado mucho interés, que se ha enfocado en el impacto de la dotación inicial de factores, es decir, en la abundancia relativa de tierra, capital o mano de obra sobre la desigualdad (O'Rourke y Williamson, 2006).

Mientras esta tradición se mantiene con vida, el frente teóricamente más dinámico ha sido el que ha estudiado el impacto de la desigualdad sobre el crecimiento a largo plazo. La economía convencional ha encontrado en la acumulación de capital humano el principal canal a través del cual la desigualdad impacta sobre la tasa de crecimiento: cuanto más igualitaria es una sociedad, mayor será la tasa de formación de capital humano y mayor el crecimiento. Otros canales a través de los cuales la desigualdad impacta negativamente en el crecimiento serían la desigualdad en el acceso a recursos financieros y la inestabilidad social y política.

La discusión teórica se ha desplazado cada vez más hacia la búsqueda de las instituciones que promueven la desigualdad, tanto desde el punto de vista de la distribución del ingreso y la riqueza como del poder político (North, Wallis y Weingast, 2009; Acemoglu y Robinson, 2005). En este caso, las fuerzas de mercado y la asignación de recursos juegan un papel secundario.

El concepto del desarrollo humano también ha hecho su irrupción en este debate sobre la desigualdad. Para comprender la dinámica del desarrollo económico y social no sólo la distribución del ingreso y la riqueza es importante, sino también la distribución de las capacidades humanas.

La mayor parte de la investigación desarrollada sobre y en América Latina en las décadas de los cincuenta a los setenta (en el segundo caso en los estudios estructuralistas, en particular) coincidía en destacar la importancia de los componentes oligárquicos del desarrollo latinoamericano. Ellos se expresaban en una fuerte concentración del poder político, de la riqueza y del ingreso en las élites, propietarias de tierras y capital y que controlaban las relaciones de trabajo y el comercio. Mientras la Independencia trajo consigo la disrupción del orden político, el caos, el desorden y la dificultad del Estado para asegurar los derechos de propiedad y la seguridad, lo que ahora llamamos la primera globalización trajo consigo la consolidación del poder político del Estado y de la fuerte concentración de la riqueza, acompañada ahora de mayor defensa de los derechos de propiedad de las élites. Al mismo tiempo, las relaciones laborales se transformaban, pero manteniéndose fuertemente subordinadas a los intereses de las élites e incluso reproduciendo viejas y nuevas formas de compulsión extraeconómica, típicas de formas precapitalistas de organización del trabajo. De esta manera, el problema no fue sólo la consolidación de una alta concentración de la propiedad de la tierra, de por sí excesiva para los estándares internacionales (Frankema, 2009: cap. 3), sino también el mantenimiento de diversas formas de subordinación del trabajo que limitaban de hecho la libre movilidad de mano de obra. Los países dependientes de la inmigración europea fueron la gran excepción a esta última tendencia.

Esas nuevas características tenían, sin embargo, viejas raíces: la herencia colonial. Las nuevas relaciones se desplegaron en diferentes escenarios, fruto de la interacción entre poderosos procesos internacionales, representados por la Revolución industrial, la independencia de los Estados Unidos, la Revolución francesa y los resultados de las guerras napoleónicas, que contextualizaron el proceso de reformas liberales en América Latina. Sin embargo, esos procesos de reformas liberales avanzaron en entornos variados, resultantes, como hemos visto, de la combinación de la expansión en áreas centrales de la época colonial, de la expansión de los cultivos tropicales con fuertes contingentes de mano de obra esclava o de la expansión hacia zonas de frontera con base en la inmigración europea (Cardoso y Pérez Brignoli, 1979).

Las teorías neoinstitucionalistas han recuperado esta vieja tradición de investigación (aunque generalmente ignorando los aportes de la vieja teoría estructuralista latinoamericana), argumentando que las instituciones instaladas por los poderes coloniales inmediatamente después de la colonización fueron las responsables de un equilibrio de largo plazo de alta desigualdad política y económica, baja formación de capital humano y lento crecimiento económico. Aun cuando el énfasis de diferentes autores varió del papel de las herencias políticas y culturales (North, Summerhill y Weingast, 2000), las características de la dotación de recursos naturales y la densidad de población (Engerman y Sokoloff, 1997, 2001), o el equilibrio sociopolítico de fuerzas (Acemouglu, Johnson y Robinson, 2003; Robinson, 2006), estos enfoques coinciden en el papel determinante de las tempranas estructuras coloniales. Éstos han tenido, por otra parte, un fuerte impacto no sólo en el mundo académico sino también en importantes organizaciones internacionales (véase, por ejemplo, Banco Mundial, 2004).

Estos puntos de vista han estado recientemente sujetos a importantes cuestionamientos. Según Coatsworth (2008), las raíces del atraso latinoamericano hay que buscarlas en el periodo que va de 1770 a 1870, cuando las economías latinoamericanas perdieron la oportunidad de conectarse con la Revolución industrial y hacer la suya propia. El fortalecimiento de las élites locales no habría tenido lugar en la época colonial, sino recién hacia el final del siglo XIX, y ese fortalecimiento no habría hecho posible el crecimiento, contrariamente a lo que sostienen los neoinstitucionalistas. En este sentido, la concentración del poder económico no fue un factor adverso, sino más bien favorable al desarrollo.

A diferencia de las tradiciones precedentes, los enfoques neoinstitucionalistas desplazaron toda la explicación del desarrollo y la desigualdad a las condiciones locales, abandonando casi por completo el estudio de cómo esas desigualdades se reproducían en el plano internacional e impactaban en las desigualdades nacionales. A su vez, el énfasis en las instituciones coloniales ha generado cierta pérdida de interés en el estudio de cómo se han ido transformando las instituciones en interacción con procesos de cambio nacionales e internacionales, el más importante de los cuales es sin duda la Revolución industrial y los sucesivos empujes de crecimiento económico, cambio tecnológico, transformación estructural y social (Bértola, 2011).

Parece existir amplio consenso en que la desigualdad habría aumentado en América Latina durante la primera globalización, tanto entre los diferentes países latinoamericanos como al interior de ellos. Ello no contradice la existencia de importantes desigualdades heredadas de la Colonia, sino más bien se apoya en ella. La existencia, al lado de 20% de blancos, sólo unos pocos de los cuales tenían acceso a amplios privilegios, de una considerable población mestiza sometida a múltiples formas de discriminación, de poco más de una décima parte de esclavos (entre una población de negros y mulatos que representaba poco más de la cuarta parte del total) y de una población indígena sometida a diversas formas de trabajo dependiente, además de la fortaleza de los poderes coloniales, conformaron un escenario de importantes desigualdades, tanto económicas como de derechos civiles, dos aspectos que tendieron a reforzarse mutuamente.

Por otra parte, como veremos en el capítulo III, el aumento de la desigualdad de la primera globalización lejos estuvo de ser un proceso limitado al impacto de las fuerzas de mercado. En su mayor parte se trató de un proceso de redistribución de la riqueza y de transformaciones institucionales que consolidaron una particular estructura de la propiedad, la riqueza y el poder político. Lejos entonces de tratarse de un fenómeno puramente económico asociado a un ajuste ante un nuevo equilibrio posterior a la revolución de los transportes, se trató de un proceso fuertemente encadenado a la dinámica heredada de la Colonia, pero que interactuó con nuevas fuerzas económicas, sociales y políticas.

La industrialización dirigida por el Estado tuvo resultados diversos en términos de equidad en diferentes países. En aquellos que desarrollaron diferentes formas de Estado de bienestar, el periodo se caracterizó por una reducción de la desigualdad. Éste es el caso de países como Argentina, Chile y Uruguay, que por lo tanto combinaron un pobre desempeño económico relativo durante esta etapa del desarrollo con avances en materia de equidad, en este último caso hasta que fueron cortados, como veremos, por cruentas dictaduras militares. En otros países con mercados internos muy grandes y con un mercado de trabajo fuertemente segmentado, con altos porcentajes de población descendiente de esclavos o con una amplia población campesina mestiza e indígena, el proceso industrializador adquirió características concentradoras y aun dentro de los sectores asalariados se produjo una creciente polarización. Brasil puede constituir el prototipo de estas experiencias. En otros, estos procesos operaron hasta bien avanzado el proceso de industrialización, pero en algún momento dieron lugar a una mejoría distributiva, particularmente a medida que se reducían los excedentes de mano de obra rural y se sentían los efectos del desarrollo del sistema educativo. México, Venezuela y Colombia pueden representar ejemplos importantes de ello. A largo plazo, un efecto importante de la industrialización y la urbanización que la acompañó, apoyadas por procesos de reforma agraria de muy diverso alcance, fue debilitar e incluso eliminar viejas formas serviles de trabajo típicas de las zonas rurales.

Finalmente, existe amplio consenso y detallada información acerca de cómo las reformas de mercado de fines del siglo xx condujeron a un aumento significativo de la desigualdad, asociada a procesos de desregulación, destrucción de capacidades del Estado y procesos de desindustrialización. En el Cono Sur las dictaduras militares jugaron un papel importante en las fases iniciales del proceso de reforma, que acompañaron con una represión sistemática de las diferentes formas de organización popular, con reducciones sustantivas de los salarios reales como resultado. En forma más amplia, sin embargo, las crisis económicas tuvieron un impacto distributivo fuerte y la restructuración productiva sesgó la demanda de mano de obra hacia mayores calificaciones, con efectos adversos sobre la distribución del ingreso. En la primera década del siglo xxi, sin embargo, el signo de las tendencias distributivas cambió de nuevo, hacia una reducción de la desigualdad, cuyas causas son todavía objeto de debate, pero en la cual han incidido al menos dos tipos de políticas en forma más amplia: el efecto acumulativo de la mejora de la distribución de las oportunidades educativas y el diseño de un sistema de asistencia oficial capaz de llegar hasta los sectores más pobres.

Si se comparan las sociedades latinoamericanas de hoy con las de la Independencia, no queda duda de que la distribución de la riqueza sigue siendo muy desigual, ahora asentada más en el capital que en la tierra, y que la distribución del ingreso posiblemente ahora es peor que entonces. Sin embargo, después de un deterioro inicial, las oportunidades de acceso a la educación y a la salud han comenzado a mejorar y, en especial, han desaparecido la esclavitud y casi enteramente las formas más serviles de trabajo típicas de las zonas rurales. Estos últimos procesos deben considerarse como un avance nada despreciable en materia de equidad, aunque sus implicaciones en términos de desigualdad de acceso a una ciudadanía plena no se han consolidado todavía.

II. LA HISTORIA ECONÓMICA
DE LAS JÓVENES REPÚBLICAS INDEPENDIENTES
1810-*ca*.1870

INTRODUCCIÓN

La independencia de las repúblicas latinoamericanas formó parte de un complejo proceso político internacional, en el cual se destacaron la independencia de las 13 colonias norteamericanas, la Revolución francesa y las guerras napoleónicas. De este proceso emergieron en lo fundamental repúblicas, aunque también un imperio (Brasil, hasta 1889). Cuba matuvo su carácter de colonia hasta fines del siglo xix, pero también transitó hacia una república independiente a comienzos del xx. Por lo tanto, todas adoptaron finalmente la forma republicana de gobierno. Por eso utilizaremos en este capítulo el concepto de "jóvenes repúblicas" para referirnos a los países latinoamericanos durante las décadas que sucedieron al quiebre que se inició en torno a 1810.

Desde el punto de vista económico-tecnológico, la gran novedad de la segunda mitad del siglo xviii fue la Revolución industrial en Inglaterra, que poco a poco se expandiría a otros países europeos y a los Estados Unidos. Ésta no fue un hecho puntual sino que constituyó una transformación radical de la forma de funcionamiento de la economía capitalista, que de allí en adelante habría de experimentar cambios tecnológicos frecuentes, con la sucesión de nuevos paradigmas tecnoeconómicos, sus consiguientes ondas de difusión a lo largo y ancho del mundo y una amplia repercusión no sólo en términos de nuevos productos y procesos productivos, sino también sobre los transportes y las comunicaciones. Estos dos últimos procesos habrían de revolucionar el comercio y las finanzas internacionales.

Durante los años que discutiremos en este capítulo, el profundo proceso de cambio tecnológico puede estilizarse en tres paradigmas diferentes. La mecanización basada en el uso del hierro, el uso de la energía hidráulica y la construcción de canales fueron las tecnologías de la Revolución industrial de finales del siglo xviii. Esta expansión propició el surgimiento de innovaciones que habrían de cristalizar a partir de 1830, con la utilización masiva de la máquina de vapor, incluyendo los ferrocarriles y la navegación, el uso de la máquina-herramienta en un conjunto creciente de procesos productivos y la telegrafía, que revolucionó las comunicaciones a larga distancia. Por último, hacia finales de este periodo se gestó un nuevo paradigma que habrá de cristalizar a principios de la década de los setenta del siglo xix, basado en el uso del acero para el transporte y la ingeniería pesada, la utilización de la electricidad como revolucionaria forma de energía fácilmente transmisible y la máquina de combustión interna, que habría de transformar una vez más los transportes.

Este proceso de aceleración del cambio tecnológico, del que las potencias coloniales ibéricas apenas participaron marginalmente, abrió nuevas posibilidades al comercio internacional y constituyó el entorno de lo que Lynch (1992) ha llamado "la segunda conquista" y la gestación de un nuevo "pacto colonial". Entre 1750 y 1870 la relación entre América Latina y la economía mundial fue ampliamente reformulada, en términos que Cardoso y Pérez Brignoli (1979) llamaron la "transición hacia el capitalismo periférico", un capitalismo que carece de la dinámica estructural y tecnológica de las economías centrales.

Desde el punto de vista político, este proceso estuvo marcado primero por las llamadas reformas borbónicas y pombalinas de finales del siglo XVIII, cuando las coronas ibéricas intentaron revitalizar su vínculo con las economías coloniales buscando ampliar y diversificar las oportunidades que ofrecía la expansión de la economía internacional. Estas reformas tenían por objetivo extraer la mayor cantidad posible de rentas del sistema colonial, revirtiendo el anterior proceso de relativa autarquía en el que habían vivido grandes partes de las economías iberoamericanas. De esta manera, si bien no se alteraron las relaciones básicas del sistema, sí se produjo un proceso de revitalización económica, creciente integración de las colonias a la economía mundial y diversificación del desarrollo regional, permitiendo que las élites locales vislumbraran las posibilidades que abrían los cambios tecnológicos, productivos y comerciales antes referidos. Sin embargo, esta dinamización de la economía colonial tardía mantuvo las principales características extractivas de los periodos anteriores y reforzó, asimismo, el monopolio de la metrópoli. Si bien éste no era una novedad, sí lo fue el creciente celo con que fue aplicado, lo que afectó en particular a regiones más periféricas, que comerciaban con las otras potencias europeas fuera del alcance del control metropolitano.

Posteriormente, el proceso decisivo fue la independencia de las nuevas repúblicas y la dolorosa, lenta y compleja construcción de los Estados nacionales. La independencia de las 13 colonias de Norteamérica constituyó un antecedente decisivo que habría de determinar fuertemente el contexto de la independencia latinoamericana. También lo fue la revolución esclavista haitiana de 1791, que evolucionaría hacia la independencia de ese país en 1804. Sin embargo, es creciente el consenso entre los historiadores en torno a que la gesta de la Independencia no hubiese tenido lugar, en esos momentos y de esa manera, de no haber sido por la invasión de Napoleón a la península ibérica, que se tradujo en la derrota de España y Portugal a manos de los franceses y el exilio del emperador de Portugal a Brasil, y sin los conflictos entre Inglaterra y Francia, que generaron un gran vacío de poder en la América hispánica.

Desde el punto de vista de las relaciones sociales, este periodo estuvo caracterizado en términos económicos por tres transiciones, que se dieron en combinaciones variables en los tres grupos de países que hemos presentado en el capítulo I. Estos procesos fueron: *1.* las reformas liberales, cuyos elementos centrales fueron la expropiación de las tierras de la Iglesia; la privatización de una parte importante de las tierras públicas, la distribución como propiedad individual de las tierras de las comunidades indígenas y el cambio en las formas de tributación; algunos de estos procesos resultaron, sin embargo, tardíos o incompletos en varios países; *2.* la abolición de la esclavitud, y *3.* la expansión hacia las áreas de frontera.

En este capítulo discutiremos cuál fue el desempeño de las economías latinoamericanas en las décadas que siguieron a la Independencia, intentando vincularlo tanto a los procesos político-institucionales como a las oportunidades comerciales y tecnológicas.

LA HERENCIA COLONIAL Y LAS LUCHAS DE LA INDEPENDENCIA

La herencia colonial

Las últimas décadas del periodo colonial, que se asocian a las reformas borbónicas y pombalinas, fueron decenios de crecimiento económico relativamente rápido en muchas regiones de América Latina. Esos decenios siguieron a un periodo bastante prolongado de fuerte decadencia de la economía colonial que en algunas regiones ya se había interrumpido antes de las reformas mencionadas, pero éstas les dieron un impulso adicional al crecimiento. Al igual que en la expansión anterior, hasta mediados del siglo XVII la economía minera fue el motor del crecimiento. A lo largo del XVIII hubo nuevos descubrimientos de oro en Brasil, Nueva Granada (Colombia) y Chile, y de plata en Nueva España (México) y, en menor medida, en el virreinato del Perú. Estos centros mineros estuvieron generalmente ubicados en regiones con fuertes desventajas geográficas, pero tenían a su favor la alta relación valor/peso de sus productos. Además, aunque estaban rodeados de un océano de actividades de muy baja productividad, generaron de todas formas un conjunto de arrastres hacia las economías locales y regionales, productoras de suministros (alimentos, carne, caballos y mulas) para la economía minera. También prosperaron regiones cercanas a las vías de navegación, ya sea produciendo cueros y granos en zonas templadas ya sea productos de clima tropical, como cacao, café, tabaco, añil y, especialmente, azúcar, utilizando en muchos casos mano de obra esclava. En este clima, el comercio y los transportes tuvieron un importante desarrollo. Sin embargo, y pese a estos elementos positivos (con la excepción notable de la esclavitud), la herencia colonial tuvo dos aspectos negativos que deben destacarse.

Por un lado, la larga crisis de la economía colonial había generado un rezago tal que, a pesar del crecimiento de la segunda mitad del siglo XVIII, la economía de América Latina, en su conjunto y más allá de algunas excepciones, se encontraba ya a una importante distancia, en términos de ingreso per cápita y, especialmente, de capacidades tecnológicas, en relación con los países que se estaban industrializando y experimentando, por lo tanto, importantes transformaciones de su producción agraria e industrial. Hacia finales del periodo colonial América Latina ya no tenía ventajas sobre las colonias del Norte y había abierto una brecha científica y tecnológica sustancial en relación con las que emergerían como las potencias industriales europeas y la norteamericana.

Por otra parte, la herencia colonial tiene que ver, ante todo, con la particular trama institucional, que explica tanto el rezago anterior como las dificultades futuras de las jóvenes repúblicas. Más allá de determinantes geográficos y de la dotación de recursos, muchos aspectos de tipo institucional fueron decisivos para explicar las potencialidades y los desarrollos reales de estas economías.

Los desincentivos a la actividad económica tenían que ver con el particularismo reinante en la adjudicación de tierras y permisos de comercio, los altos costos impuestos a la actividad empresarial y los riesgos de ésta. Tres aspectos fueron particularmente dañinos: el riesgo político debido a la imprevisibilidad en la toma de decisiones; los altos costos vinculados a la ineficiente regulación de los derechos de propiedad, la alta carga impositiva y los complejos regímenes regulatorios, y la falta de inversiones en bienes públicos (recursos humanos e infraestructura).

El carácter arbitrario de los regímenes coloniales, la discrecionalidad de las autoridades y el alto nivel de corrupción estuvieron acompañados de la persistencia de la esclavitud y el sistema de castas. Por otro lado, el mercado de tierras no estaba bien desarrollado y predominaban formas arcaicas de propiedad, como la propiedad corporativa de la Iglesia, los ayuntamientos y las comunidades indígenas y las restricciones que las normas sobre herencia imponían sobre los privados para vender sus tierras. A su vez, el sistema tributario colonial se basaba en pesadas regulaciones, monopolios y licencias de comercio.

La alta extracción de excedentes contrastaba con los muy pocos bienes públicos que ofrecían los poderes coloniales. Ellos no invirtieron en educación ni servicios sociales, que quedaron prácticamente en manos de la Iglesia. Tampoco realizaron inversiones en infraestructura, que quedó en manos de las corporaciones comerciales, los consulados de comercio.

Desde el punto de vista del desarrollo productivo, el monopolio comercial obligaba a las colonias a comprar y vender sólo a sus metrópolis, y en el segundo caso únicamente aquellos bienes que no competían con ella. El déficit comercial se pagaba con transferencias en metálico, a lo que se sumaban las transferencias gubernamentales netas hacia las metrópolis que hacían las regiones más ricas. Este sistema estuvo expuesto a las fuertes fluctuaciones de la economía minera. A su vez, el relativo retraso productivo de las metrópolis las llevó a desempeñar un creciente papel de intermediación entre América Latina y las naciones que se estaban industrializando en Europa, encareciendo las importaciones latinoamericanas, reduciendo la acumulación de capital en las metrópolis y abriendo camino al comercio ilegal entre las colonias y las demás potencias. Las reformas borbónicas y pombalinas intentaron revertir esta situación, por un lado mejorando el sistema administrativo y, por otro, diversificando los rubros de exportación de las colonias y habilitando el comercio intracolonial, creando de esta manera una especie de unión aduanera.

Gracias a la expansión experimentada durante la segunda mitad del siglo XVIII, al final del periodo colonial los territorios iberomericanos se encontraban en una posición destacada en relación con otras colonias y zonas no desarrolladas del mundo, aunque ya no con las norteamericanas. Sin embargo, a lo largo y ancho de sus territorios, pero especialmente en las zonas periféricas, se percibía que las posibilidades que se abrían en el comercio internacional eran mucho más potentes que las que permitían las regulaciones coloniales existentes.

Las reformas coloniales tardías no cambiaron, en efecto, las características del sistema. Como señala Sánchez Santiró (2010a: 48), con base en el estudio del caso mexicano (principal proveedor de ingresos coloniales a España), las reformas consistieron en una modernización conservadora, ya que el monopolio comercial "fue combatido mediante la multiplicación del privilegio corporativo, lo que permitió que se produjese una incipiente liberalización de los mercados en el marco del antiguo régimen colonial novohispano". En otras palabras, las reformas promovieron, más que un cambio de sistema, una expansión y multiplicación territorial, y a diferentes escalas, del mismo sistema, integrando nuevos actores, diversificando productos y regiones y estatizando algunas actividades. Como resultado, además de dinamizar una economía que ya venía creciendo, se fortaleció la capacidad extractiva de la Corona. Al desatarse el ciclo de las guerras europeas, esta mayor capacidad de extracción de recursos desde las colonias se transformó en una voracidad fiscal para el mantenimiento de la actividad militar, quedando subordinada a ello toda la política colonial.

Por otra parte, al tiempo que aumentaban las capacidades de acumulación por parte de las élites locales (aunque no necesariamente criollas, porque los privilegios caían en su mayoría en manos de peninsulares), éstas no lograron avances semejantes en el plano político, ya que los incipientes procesos de representación, especialmente en los cabildos, tenían un desarrollo más limitado que las asambleas de las colonias inglesas y holandesas. A su vez, la creciente masa de mestizos quedaba sin derecho real a la propiedad de la tierra y a la educación, y sin acceso a ningún mecanismo de participación política, a lo que se agregaba la desigualdad jurídica que enfrentaban indígenas y esclavos. Las concesiones de tierras habían generado desde los orígenes de las colonias un importante proceso de concentración de la propiedad, que se reprodujo en forma ampliada con las nuevas concesiones de tierra; una parte importante de la tierra quedó, sin embargo, en manos de la Iglesia y de las comunidades indígenas.

Este conjunto de instituciones que bloqueaban el desarrollo económico se vio además fortalecido por las políticas de pureza de sangre y el sectarismo religioso, que habrían de tener un gran peso en el enfoque educativo, cuyo objetivo principal era la conversión al catolicismo y el control social de la gran masa de indígenas y esclavos, quedando la escasa enseñanza superior limitada a la élite blanca, que a su vez tenía pleno control de las también escasas instancias de decisión política.

Mucho se debate acerca de si la desigualdad económica y social fue una característica propia de América Latina desde los tiempos coloniales, que no haría más que reproducirse hasta nuestros días. Pocas dudas quedan de que existió una desigualdad muy importante en materia de derechos civiles, comenzando por el hecho de que en 1800 sólo una cuarta parte de la población era blanca y, por ello, con acceso pleno a dichos derechos. La desigualdad jurídica era, además, parte de una multiplicidad de formas de desigualdad que se hundían profundamente en la estructura social y en la vida cultural.

En términos económicos, si bien es cierto que la propiedad de tierras por parte de la Iglesia y las comunidades campesinas constituyeron un freno a la concentración de la tierra y que no toda propiedad privada de la tierra generaba altos ingresos económicos, puede sostenerse que los niveles de desigualdad también eran elevados, especialmente en las sociedades esclavistas, dados los amplios sectores de la población sometidos a diversas formas de servidumbre y extracción coercitiva de trabajo. Para que los niveles de desigualdad sean muy altos es necesario que exista un importante excedente. Por ello, la apropiación de una cuota muy importante del excedente por parte de la Corona contribuyó curiosamente a reducir los niveles de desigualdad entre la población de la colonia. Sin embargo, como veremos en los capítulos siguientes, y más allá de los niveles reales de desigualdad alcanzados, es indudable que la sociedad colonial contenía todos los ingredientes necesarios para reproducir una estructura social propensa al aumento de la desigualdad.

Las luchas por la independencia

El ciclo de la Independencia se extendió por un periodo de aproximadamente 16 años, desde 1808 hasta la batalla de Ayacucho en 1824. Las guerras que estuvieron asociadas a este proceso en la América hispana, tanto las civiles iniciales como las que enfrentaron los ejércitos libertadores con los de reconquista que envió España después de la lucha exitosa contra la ocupación francesa, dejaron como saldo una gran destrucción de recursos humanos y materiales. Los humanos: casi 800000 muertos en un continente de poco menos de 20 millones de habitantes (véanse los cuadros II.1 y II.5 incluidos más adelante). Los materiales: los ganados utilizados para abastecer y alimentar los ejércitos, las minas abandonadas e inundadas, el sistema impositivo al servicio de la guerra, la destrucción de las riquezas de las élites como resultado de la expropiación por parte de las fuerzas contrarias a las que apoyaban y la desorganización en muchas partes del sistema esclavista, en parte como resultado del atractivo que brindó la promesa de libertad para los esclavos que lucharan en la guerra en cualquiera de los bandos.

Sin embargo, en el propio desarrollo de la guerra encontramos ya importantes elementos de diferenciación, que no casualmente refuerzan algunas de las características mencionadas en nuestra tipología del capítulo i. La resistencia imperial fue mayor y la radicalización republicana e independentista de las élites fue mucho menor en los centros de la economía colonial. Allí se concentraba la mayor parte de la población indígena y dominaba el eje productivo de la hacienda y la minería de exportación, o bien, las plantaciones esclavistas. En esas regiones donde la presencia político-administrativa del imperio era más fuerte y donde las élites coloniales se sentían más amenazadas por amplios sectores discriminados racial y socialmente, el empuje revolucionario e independentista fue más débil y la lucha por la independencia avanzó mucho más lentamente o estuvo virtualmente ausente (en Cuba), con contradicciones más fuertes y a la larga con costos sociales y económicos mucho más marcados.

Por el contrario, en las zonas periféricas de la estructura colonial el proceso fue más rápido. De esta manera, el Río de la Plata se constituyó en una base bastante sólida de la revolución, desde donde San Martín habría de lanzar su campaña hacia Chile y el Alto Perú. Por el contrario, en el norte de América del Sur Bolívar no tuvo una base fija de apoyo y en México las fuerzas libertadoras sucumbieron pronto a la resistencia interna de las fuerzas leales a la Corona. Una vez restaurada la dinastía en España, el proceso americano dejó de tener las características de una confrontación civil local entre realistas e independentistas, para transformarse en un enfrentamiento entre las fuerzas criollas y los ejércitos de reconquista. En 1815 sólo el Río de la Plata estaba del lado de la revolución, en tanto el resto del continente habría de experimentar un largo y doloroso proceso, que en el plano militar culminaría en 1824 en Ayacucho.

Esto condujo a profundizar las diferencias en el desarrollo económico que se venían gestando desde el periodo de las reformas borbónicas y pombalinas. Al cerrarse el ciclo de las luchas de independencia, las regiones antes periféricas ya tenían iniciados sus procesos de recuperación económica. Lo mismo aconteció en Cuba, donde hubo continuidad colonial.

EL DESEMPEÑO DE LAS JÓVENES REPÚBLICAS

Éste es el periodo más desconocido de la historia económica de estas repúblicas. Ello resulta, en parte, de la fragilidad de las fuentes de información, asociada con la propia fragilidad institucional de los nuevos Estados emergentes. Esta falta de información hace que los debates sobre el desempeño económico sean difíciles de saldar, por lo que actualmente existen ideas muy encontradas sobre si estas décadas posteriores a la Independencia fueron de mal desempeño económico o si, por el contrario, se puede hablar de un desempeño más aceptable aunque disparejo.

En las próximas secciones de este capítulo buscamos construir una imagen del desempeño económico en estas décadas, a partir de la poca y frágil información existente para un grupo de países. Los resultados que encontramos nos llevan a alinearnos con quienes sostienen que éstos fueron decenios de mal desempeño económico y pérdida de oportunidades. Así, nos inclinamos más a conceder razón a las visiones clásicas de Halperin (2008 [1969]), quien habla de una Hispanoamérica detenida y de "una larga espera", y de Bulmer-Thomas (1994, reeditado en inglés en 2003), quien sostiene que las ventajas de la independencia en términos de apertura al comercio y el acceso a los mercados de capitales sólo pudieron ser explotadas por unos pocos países que gozaron de cierta estabilidad institucional. Otros trabajos coincidentes con esta interpretación son los de Coatsworth (1998 y 2008), así como el de Bates, Coatsworth y Williamson (2007).

Entre las visiones revisionistas se cuentan la de Llopis y Marichal (2009), quienes sostienen que ni las tasas de crecimiento fueron muy malas ni el panorama igualmente chato en todas las regiones. También Gelman (2009 y 2011) entiende que no se puede generalizar sobre la existencia de un mal desempeño, ya que hubo regiones de mucho crecimiento, principalmente determinado por la dotación de factores y la lotería de las mercancías, antes que por problemas institucionales. También Prados de la Escosura (2009) se adhiere a la visión revisionista señalando que en comparación con África, Asia y algunos países de la periferia europea el desempeño latinoamericano no fue tan malo. Para el caso de México, Sánchez Santiró (2009b) sostiene que hasta mediados de los años cincuenta del siglo XIX hubo un crecimiento importante, produciéndose cambios radicales en la estructura productiva, en el peso de las distintas regiones y en la estructura de los circuitos productivos y comerciales.

¿Cuál es la comparación relevante?

Un elemento importante que se ha de tener en cuenta es el de las expectativas que abrían los procesos de independencia en relación con los potenciales que mostraban las economías latinoamericanas. Y mucho de ello tenía que ver con los logros y las limitaciones de las reformas borbónicas y pombalinas.

América Latina había mostrado tener riquezas naturales, poblaciones y culturas precolombinas que hacían pensar que las colonias iberoamericanas tenían un caudal de riqueza mayor que el que mostraba la América del Norte. Esta última estaba poco habitada y contaba con recursos naturales menos valiosos, por lo que era de interés marginal para los europeos contemporáneos (Engerman y Sokoloff, 1997: 260).

Para los americanos criollos las potencialidades de desarrollo de América Latina eran muy importantes y veían en los imperios español y luso una barrera importante a su propio desarrollo. Si bien la estructura social colonial era compleja, las emergentes élites criollas republicanas veían en España y Portugal países que daban la espalda al iluminismo, al libre comercio y a la Revolución industrial.

Para América Latina, entonces, la independencia estaba atada a las ideas de progreso y republicanismo y existía la oportunidad de sumarse a los procesos económicos y políticos que estaban generando un importante proceso de desarrollo en Europa y un desarrollo incipiente en el norte de América.

Por lo tanto, cuando se evalúa el desempeño de las jóvenes repúblicas latinoamericanas no se lo debe comparar en el vacío o en relación con el desempeño de otras naciones más pobres, sino justamente con el de aquellos países a los que se pretendía emular y, en particular, con el de aquellas nuevas naciones de Norteamérica. Después de todo, parece mucho más adecuado comparar a América Latina con los Estados Unidos que con el África de la segunda mitad del siglo xx.

Población

Si bien, como se ha señalado, el desempeño de la economía mundial consiste básicamente en un proceso de aumento de la riqueza por habitante, es importante destacar que un logro económico no despreciable en el siglo xix es el aumento de la población. La dinámica poblacional es hasta cierto punto una expresión de bienestar económico, habla de la capacidad de un territorio de atraer, alimentar y reproducir más gente.

Desde este punto de vista, la población de América Latina creció a un ritmo relativamente importante, de 1.3% anual, entre 1820 y 1870, como lo indica el cuadro ii.1. Parece haber sido mayor el crecimiento entre 1820 y 1850 que en 1850-1870, pero eso cabe tal vez dentro de los márgenes de error de las mediciones correspondientes. De cualquier modo, al comparar este periodo con el que le seguiría, el de 1870-1913, el desempeño parece algo bajo: la tasa posterior habría de aumentar a 1.7% anual. Pero, una vez más, este crecimiento poblacional refleja disparidades muy marcadas. Retomando la tipología que presentáramos en el capítulo i, podemos constatar dinámicas demográficas claramente distintas que indican la continuación de una tendencia ya constatada durante las últimas décadas de la era colonial. Las regiones que fueron el centro del imperio colonial español se enfrentaron a una dinámica demográfica muy pobre, con tasas de crecimiento inferiores a 1% anual. Las regiones tropicales y costeras, orientadas fuertemente a los cultivos de exportación con empleo todavía importante de mano de obra esclava en las dos economías que no eliminaron esta institución hasta bien avanzado el siglo xix (Brasil y Cuba), prácticamente duplicaron el ritmo de crecimiento de la población del primer grupo, aunque mostraron también una tendencia a

la desaceleración en 1850-1870 en relación con las tres décadas precedentes en Cuba y Venezuela. Pero fueron las regiones de clima templado y fuerte
peso de inmigración europea las que más rápidamente crecieron y duplicaron el ritmo de crecimiento poblacional del primer grupo.

Como resultado de este proceso se produjo un cambio no menor en la distribución demográfica de América Latina, con una pérdida importante de peso
del primer grupo. Sin embargo, la población seguía estando concentrada en

CUADRO II.1. *Población de América Latina, 1820-1870*

	Millones			Estructura (%)			Crecimiento anual (%)		
	1820	1850	1870	1820	1850	1870	1820-1850	1850-1870	1820-1870
Grupo 1									
Bolivia	1 100	1 374	1 495	5.7	4.8	4.1	0.74	0.42	0.62
Colombia	1 206	2 065	2 392	6.2	7.2	6.5	1.81	0.74	1.38
Ecuador	500	816	1 013	2.6	2.8	2.8	1.65	1.09	1.42
El Salvador	248	366	492	1.3	1.3	1.3	1.31	1.49	1.38
Guatemala	595	850	1 080	3.1	3.0	2.9	1.20	1.20	1.20
Honduras	135	350	404	0.7	1.2	1.1	3.23	0.72	2.22
México	6 587	7 662	9 219	34.0	26.6	25.1	0.51	0.93	0.67
Nicaragua	186	300	337	1.0	1.0	0.9	1.61	0.58	1.20
Paraguay	143	350	384	0.7	1.2	1.0	3.03	0.46	2.00
Perú	1 317	2 001	2 606	6.8	7.0	7.1	1.40	1.33	1.37
Subtotal	12 017	16 134	19 422	62.1	56.1	53.0	0.99	0.93	0.96
Grupo 2									
Brasil	4 507	7 234	9 797	23.3	25.1	26.7	1.59	1.53	1.57
Costa Rica	63	101	137	0.3	0.4	0.4	1.59	1.54	1.57
Cuba	605	1 186	1 331	3.1	4.1	3.6	2.27	0.58	1.59
República Dominicana	89	146	242	0.5	0.5	0.7	1.66	2.56	2.02
Venezuela	718	1 324	1 653	3.7	4.6	4.5	2.06	1.12	1.68
Subtotal	5 982	9 991	13 160	30.9	34.7	35.9	1.72	1.39	1.59
Grupo 3									
Argentina	534	1 100	1 796	2.8	3.8	4.9	2.44	2.48	2.46
Chile	771	1 410	1 945	4.0	4.9	5.3	2.03	1.62	1.87
Uruguay	55	132	343	0.3	0.5	0.9	2.96	4.89	3.73
Subtotal	1 360	2 642	4 084	7.0	9.2	11.1	2.24	2.20	2.22
Total	19 359	28 767	36 666	100.0	100.0	100.0	1.33	1.22	1.29

FUENTE: Maddison (2008) y tipología de acuerdo al cuadro I.2.

esta región en más de 50%, lo que empuja fuertemente a la baja el desempeño global. Es de hacer notar el peso aún muy pequeño de las regiones de nuevo asentamiento, incluso en 1870. Esto es importante a la hora de ponderar el impacto global de los desempeños particulares.

Como hemos insistido, nuestros grupos de países, si bien en términos generales nos ofrecen un marco analítico importante, no siempre muestran desempeños totalmente coherentes a su interior. En el grupo de las regiones de nuevo asentamiento Argentina y Uruguay son los países que muestran un crecimiento demográfico mayor. En el grupo del centro colonial hay también diferencias muy notorias. De cualquier modo, la fragilidad de la información nos obliga a mantener cierta cautela.

Incluso, tanto en éste como en otros periodos, encontraremos fuertes diferencias regionales dentro de cada país. El litoral argentino tenía 36% de la población en 1800, pero 48.8% en 1869 (Gelman, 2009: 31, cuadro 2). Mientras que entre 1820 y 1869 la población de Córdoba no llegó a triplicarse, la de Buenos Aires se cuadruplicó. El mayor crecimiento lo tuvo Entre Ríos, aunque su impacto en la población total era menor. Éste es también el caso de Antioquia en Colombia, cuya población se expandió y migró hacia el sur de su territorio. México nos muestra fuertes diferencias, con tendencias a la expansión en el norte y este y con un marcado deterioro en el centro (Sánchez Santiró, 2009b: 78, cuadro 3).

El cuadro II.2. muestra con elocuencia las diferentes estructuras étnicas de los distintos grupos de países: un alto peso de la población indígena y mestiza en el Grupo 1, de afrodescendientes en el 2 y de euroamericanos en el 3. Más que la propia estructura étnica, lo que importa es lo que ello supone desde el punto de vista de las estructuras sociales subyacentes. A pesar de la poca cantidad de observaciones con las que se cuenta, en el cuadro puede verse también cómo la densidad demográfica refleja adecuadamente las características de cada región, siendo las del centro del periodo colonial las más densamente pobladas, en tanto que las diferencias entre las regiones de los grupos 2 y 3 no parecen ser tan claras en tal sentido.

En términos generales, se confirman las tendencias poblacionales que se insinúan en la etapa final de la era colonial, que puede denominarse como una fuerte expansión de la economía atlántica y del Caribe, especialmente en las regiones de clima más templado, a expensas de las zonas montañosas y mineras, que fueron el centro de la economía colonial. Estas diferentes estructuras adelantan, además, la importancia y la forma que adoptarán los procesos de reformas antes referidos en cada uno de esos países. También guardan relación con aspectos geográficos y relativos a las tecnologías de los transportes que habremos de considerar más adelante.

CUADRO II.2. *Estructura de la población en torno a 1800*

	Año	Indios (%)	Mestizos (%)	Negros y mulatos (%)	Blancos (%)	Densidad ca. 1800[c] Pob./1000 hab.
Grupo 1						
Bolivia	1788	48	31	5	16	
Colombia[d]	1778	20	16	39	26	
Ecuador[b]	fines del siglo XVIII	65	7	1	27	
El Salvador						
Guatemala[b]	1804	58	38		5	
Honduras						
México[d]	1810	60	12	10	18	3050
Nicaragua						
Paraguay		31		11	58	
Perú[a]	1795	80		7	13	1016
Subtotal		52	21	12	23	2688
Grupo 2						
Brasil[a]	1798	8		61	31	384
Costa Rica[d]		20	55	16	9	
Cuba[a]	1792			51	49	2365
Panamá[d]		19		66	15	
República Dominicana[d]				66	34	
Venezuela[a]	1800-1809	13		62	25	
Subtotal		15		54	27	537
Grupo 3						
Argentina[d]	1800	23	3	37	37	118
Chile[b]	1780	10	7	9	75	707
Uruguay[d]		23			77	
Subtotal		19		23	63	483
Total		*38*	*13*	*26*	*27*	

[a] Engerman y Sokoloff (1997: cuadro 10.4).
[b] Newsom (2006: cuadro 5.3).
[c] Coatsworth (1998: cuadro 1.2).
[d] Andrews (2004: 41, cuadro 1.1).

Exportaciones

La falta y fragilidad de estimaciones de PIB para el periodo ha conducido a que las principales discusiones sobre el desempeño de América Latina se hayan desarrollado sobre la base de distintas apreciaciones del desempeño exportador.

El cuadro II.3 resume la información disponible. Para saber cuál fue el desempeño exportador a finales del periodo colonial sólo contamos con información para siete países, y a partir de 1830, de uno más.[1] Afortunadamente este grupo es representativo del conjunto y de cada grupo, ya que los ocho países representan 83% de la población de América Latina.

Empecemos por revisar cuáles eran los niveles de las exportaciones per cápita. En 1800-1870 el Grupo 1 es el que muestra niveles más bajos, a una distancia importante de los otros dos. El Grupo 3 es el que siempre muestra los niveles más altos. El Grupo 2 está equidistante de los otros dos, pero eso se debe a que incluye la economía que ya desde 1800 tenía las mayores exportaciones por habitante, Cuba, aún una economía colonial que experimentó un auge azucarero excepcional desde la última década del siglo XVIII, como resultado directo de la Revolución haitiana de 1791 (Moreno Fraginals, 1978). Brasil y Venezuela no se diferencian significativamente del Grupo 1.

Entre 1800 y 1830 el crecimiento de las exportaciones per cápita a precios corrientes fue nulo. En realidad el desempeño fue aún peor, ya que las cifras de Perú son engañosas por las particularmente bajas exportaciones en torno a 1800, mucho más bajas que las de los años anteriores y posteriores (Chocano, *et al.*, 2010: apéndice cuantitativo, cuadro III.1.1.). Chile es la única economía que exhibe un importante crecimiento, y como Argentina mejora tímidamente, el resultado es que el Grupo 3 muestra el mejor desempeño per cápita.

En 1830-1870 constatamos que las exportaciones crecen a diferentes ritmos en los tres grupos de países, en un orden coherente con lo que podemos esperar: menor crecimiento en el Grupo 1, mayor en el Grupo 3. Los grupos se muestran homogéneos: todos los países del Grupo 3 crecen más que cualquiera del Grupo 2, y todos los del Grupo 2 crecen más que cualquiera del Grupo 1, si exceptuamos el caso de Perú. Sin embargo, como ya lo señalamos, el crecimiento demográfico también siguió ese orden. Como resultado, cuando miramos el crecimiento de las exportaciones per cápita las diferencias entre los tres grupos se amortiguan bastante, aunque el Grupo 1 es, de nuevo, el menos dinámico.

Al estudiar con más detalle las series de los distintos países puede aventurarse la hipótesis de que el crecimiento de las exportaciones per cápita se acelera en 1850-1870 respecto a 1830-1850 y que durante esa aceleración

---

[1] Dado que la participación de Venezuela en las exportaciones era muy pequeña en 1830, y para mantener la comparabilidad a lo largo de todo el periodo, hemos asignado a Venezuela una participación porcentual similar en su grupo en 1800 y en 1830.

CUADRO II.3. *Exportaciones y exportaciones per cápita de América Latina*

	Exportaciones (millones de dólares corrientes)					
	1800	*1830*	*1870*	*1800-1830*	*1830-1870*	*1800-1870*
Grupo 1	*19.2*	*22.7*	*59.6*	*0.6*	*2.4*	*1.6*
Colombia	3.6	3.1	7.6	–0.5	2.3	1.1
México	12.6	14.6	30.4	0.5	1.9	1.3
Perú	3.0	5.0	21.6	1.7	3.7	2.9
Grupo 2	*21.7*	*33.4*	*141.7*	*1.5*	*3.7*	*2.7*
Brasil	15.5	15.8	75.7	0.1	4.0	2.3
Cuba	5.0	15.9	58.0	3.9	3.3	3.6
Venezuela	1.1	1.7	8.0	—	3.9	2.8
Grupo 3	*4.2*	*11.8*	*68.5*	*3.5*	*4.5*	*4.1*
Argentina	3.3	7.9	43.5	2.9	4.4	3.8
Chile	0.9	4.0	25.0	5.2	4.7	4.9
Total	*45.0*	*67.9*	*269.7*	*1.4*	*3.5*	*2.6*
Pob. 8 países/ pob. total		83.4	83.8			
	Exportaciones per cápita (miles de dólares corrientes)					
Grupo 1	*2.4*	*2.3*	*4.2*	*–0.1*	*1.5*	*0.8*
Colombia	3.8	2.1	3.2	–1.9	1.0	–0.2
Mexico	2.1	2.1	3.3	0.0	1.1	0.6
Perú	2.3	3.3	8.3	1.2	2.3	1.8
Grupo 2	*3.7*	*4.8*	*11.1*	*0.9*	*2.1*	*1.6*
Brasil	4.8	3.0	7.7	–1.6	2.4	0.7
Cuba	18.4	21.0	43.6	0.4	1.8	1.2
Venezuela	1.9	2.0	4.8	—	2.3	1.3
Grupo 3	*5.1*	*7.3*	*18.3*	*1.2*	*2.3*	*1.9*
Argentina	10.0	11.6	24.2	0.5	1.9	1.3
Chile	1.6	4.2	12.8	3.2	2.8	3.0
Total 8 países	*3.9*	*3.7*	*8.8*	*–0.1*	*2.2*	*1.2*

FUENTES: 1800: Coatsworth (1998: cuadros 1.2 y 1.3), excepto para Colombia, basado en Ocampo (1994). A Venezuela se le asigna la misma participación de 1830. 1830 y 1870: Tena y Federico (2010), excepto Cuba 1870, tomado de Bulmer-Thomas (1994), apéndice estadístico 1.

aumentan las diferencias entre los grupos 2 y 3, por un lado, y el Grupo 1, por el otro, que es el que muestra menor dinamismo.

Hay que volver a señalar que los grupos no siempre muestran uniformidad. Particularmente el Grupo 1 es heterogéneo en el desempeño de las exportaciones. Después de una caída en el primer periodo Colombia se recupera con fuerza en el segundo (Ocampo, 1984). Perú, el país cuyas exportaciones crecen más durante el primer periodo gracias al *boom* del guano, uno de los casos más claros de una verdadera "lotería de productos básicos" (Hunt, 1985), se desacelera en el segundo periodo. México no sólo se desacelera sino que muestra incluso tasas negativas a partir de los años cincuenta del siglo XIX, mostrando un patrón casi inverso al colombiano, en línea con lo anotado por Sánchez Santiró (2009b).

Digamos, en síntesis, que entre 1800 y 1830 el crecimiento de las exportaciones per cápita a precios corrientes fue nulo, a pesar de todos los cambios producidos en la economía internacional y la conquista de soberanía; como esos años fueron de deflación mundial, hubo un pequeño crecimiento real, quizás en torno a 1% anual. Entre 1830 y 1870, superado el impacto negativo de las guerras de independencia, el ritmo de crecimiento real se eleva a 2.2% anual.

La pregunta que resta por responder es si este crecimiento es un resultado aceptable o no. Para dar respuesta a ella podemos recorrer dos caminos. Comparar con el desempeño exportador de otras economías y hacernos una idea de cuánto pesan las exportaciones en el conjunto de la economía y cómo se desempeña la producción para el mercado interno. Este segundo aspecto lo veremos en el apartado siguiente. Con respecto a las exportaciones a precios constantes, no contamos con mucha información de otras regiones. Siguiendo a Maddison (2001, apéndice F, cuadro F-2), en 1820-1870 la tasa anual de crecimiento de las exportaciones de siete países europeos (Austria, Bélgica, España, Francia, Italia, Reino Unido y Suiza) y los Estados Unidos fue de 4.5%, es decir, 36% superior al 3.3% de América Latina que mostramos en el cuadro II.4. España e Italia fueron los de menor crecimiento (3.7 y 3.4%, respectivamente), mientras Bélgica, el Reino Unido y los Estados Unidos estuvieron por encima de la media. Importa comparar a América Latina con los Estados Unidos, cuyas exportaciones crecieron a 4.7% anual.

Desde este punto de vista, entonces, el desempeño exportador de América Latina aparece muy pobre y en fuerte contraste no sólo con lo que otros países estaban haciendo, sino también con las expectativas que había generado la libertad de comercio.

PIB y producción para el mercado interno

Es imposible discernir si el desempeño de América Latina fue bueno o malo tomando sólo en consideración las exportaciones. En periodos más recientes,

CUADRO II.4. PIB (mercado interno y exportaciones) y PIB per cápita de países latinoamericanos, 1820-1870 (dólares Geary-Khamis de 1990)

| | Valores | | | | Porcentaje 1820-1870 | | | | | | | | |
| | PIB | | PIB per cápita | | Crecimiento (%) | | | | Crecimiento per cápita (%) | | | Ex/PIB (%) | |
	1820	1870	1820	1870	PIB	Export.	Mercado interno	Población	PIB	Export.	Mercado interno	1830	1870
Grupo 1	*8573*	*12740*	*713*	*656*	*0.8*	*2.2*	*0.7*	*0.8*	*0.0*	*1.4*	*-0.1*	*3*	*5*
Colombia	849	1740	607	676	1.4	1.8	1.4	1.4	0.1	0.4	0.1	2	3
México	4752	5906	733	651	0.4	1.7	0.4	0.7	-0.2	1.0	-0.3	3	6
Grupo 2	*3531*	*9428*	*590*	*716*	*2.0*	*3.5*	*1.9*	*1.6*	*0.4*	*2.0*	*0.3*	*6*	*12*
Brasil	2743	6935	597	694	1.9	3.5	1.7	1.6	0.3	1.9	0.1	7	15
Cuba	406	1418	695	1065	2.5	3.7	2.5	1.6	0.9	2.1	0.9	5	9
Venezuela	329	942	460	570	2.1	3.4	2.0	1.7	0.4	1.7	0.3	10	18
Grupo 3	*1126*	*5681*	*828*	*1391*	*3.3*	*4.6*	*3.0*	*2.1*	*1.2*	*2.5*	*0.9*	*13*	*24*
Argentina	540	2673	998	1468	3.2	4.4	3.1	2.5	0.8	1.9	0.6	12	20
Chile	545	2554	710	1320	3.1	5.1	2.7	1.9	1.3	3.2	0.8	12	31
Total	*13229*	*27849*	*683*	*795*	*1.5*	*3.3*	*1.4*	*1.3*	*0.2*	*2.0*	*0.1*	*5*	*13*

PIB y PIB per cápita. 1870, cuadro 1. 1820, estimaciones propias con base en: Argentina, Prados de la Escosura (2009, cuadro 6); Brasil, Maddison (2010); Chile, Díaz, Lüders y Wagner (2007); Colombia, Kalmanovitz y López (2009); Cuba, Santamaría (2009); México, Maddison (2010); Venezuela, Baptista (1977).

Exportaciones: deflactadas usando el índice de precios de *commodities* general de Rousseaux (Mitchel, 1962: 471-473), excepto para los países del Grupo 1, en los que se tomó 75% de oro y plata y 25% del índice de Rousseau. Se toma la tasa de crecimiento de 1800-1830 para 1820-1830, y la de 1830-1870 para estimar el conjunto del periodo. Ambas tasas son tomadas del cuadro II.3.

Exportaciones/PIB: 1870, cuadro III.10; 1820, estimado hacia atrás con base en los datos de este cuadro.

Mercado interno: se obtiene como residuo suponiendo que las exportaciones contienen 90% de valor agregado.

Los totales se obtienen expandiendo con base en el cuadro II.1. Los promedios más elevados que el de sus componentes de PIB y mercado interno en el Grupo 3 se deben al crecimiento más rápido de la población en el país con el que se expande la muestra (Uruguay).

como veremos en el capítulo v, América Latina ha combinado excelentes desempeños exportadores con pobres resultados en términos de crecimiento económico general.

La información con la que contamos en el cuadro II.4 es frágil, ya que nuevamente cubre sólo siete países. Sin embargo, al igual que en el caso de las exportaciones, tenemos representados a los países más poblados, por lo que esta información refleja bastante bien al conjunto.

El resultado agregado parece ser pobre: el PIB per cápita crece a un ritmo de 0.2% anual. Ello contrasta con el crecimiento de 2.0% de las exportaciones por habitante. Con base en diversas informaciones sobre coeficientes de comercio exterior obtenemos como residuo que la producción para el mercado interno por habitante se mantuvo prácticamente estancada. Recordemos que el punto de inicio es 1820, al final o incluso en pleno desarrollo de las guerras de independencia. Recordemos también el cuadro I.1, que muestra que la brecha entre América Latina y "Occidente" se habría incrementado de 0.80 a 1.79 veces el PIB por habitante de Latinoamérica.

Existen importantes diferencias en el PIB per cápita de los diferentes grupos, de manera similar, aunque no idéntica, a la de las exportaciones per cápita. El Grupo 3 también muestra un desempeño superior en términos de crecimiento del mercado interno. Sin embargo, hacia 1820 el Grupo 1 no era el peor en términos de PIB per cápita, sino que su lugar lo ocupan las economías tropicales predominantemente esclavistas.

Al cabo de estos 50 años se producen cambios muy notorios. Las economías más ricas fueron las que crecieron más, incluso en términos per cápita, a pesar de mostrar el mayor crecimiento de la población. Hacia 1870 el PIB per cápita de los países del Grupo 3 duplicaba, y más, al del Grupo 1; la diferencia era de apenas 16% en 1820. Un cambio importante es que las economías tropicales crecieron más rápidamente que las del Grupo 1, por lo que en 1870 éste quedó en el último lugar, aunque a poca distancia del Grupo 2.

El crecimiento residual obtenido en el mercado interno refleja muy bien estas diferencias: en tanto las economías del Grupo 1 se muestran prácticamente estancadas y las del 2 muestran un crecimiento muy bajo, las del Grupo 3 muestran un desempeño similar al de las economías de "Occidente".

Esto confirma la hipótesis de Gelman (2011) de que las décadas posteriores a la Independencia fueron de crecientes desigualdades entre regiones. Sin embargo, al ponderar las poblaciones de las diferentes zonas y buscar una mirada global de América Latina, nuestras estimaciones sugieren que su desempeño general fue malo, más allá de la existencia de matices y diferencias.

Como muestra el cuadro II.4, todas las regiones tuvieron un incremento del coeficiente de exportaciones. Estos indicadores presentan algunas relaciones muy interesantes entre coeficiente de apertura, exportaciones por habitante y niveles de ingreso por habitante. El caso de las economías esclavistas tropicales es llamativo: si bien tienen altos coeficientes de exportaciones en comparación con el Grupo 1, no tienen mayores niveles de PIB per cápita.

El hecho de que las exportaciones generadas por un pequeño sector de la economía pesen mucho en el PIB total habla de la existencia de economías fuertemente dualistas, en la que los amplios sectores que producen para el mercado interno tienen muy baja productividad e ingresos. Si bien desde 1820 ya muestran coeficientes de apertura y niveles de exportaciones per cápita muy superiores al Grupo 1, eso no se refleja en mayores niveles de ingreso per cápita. Después de 50 años de mayor crecimiento del producto y las exportaciones, en los que las diferencias en el relacionamiento externo se profundizan en relación con el Grupo 1, los niveles de ingreso de la población del Grupo 2 son apenas ligeramente superiores. Esto puede ser utilizado como una aproximación a pautas de desigualdad en estas economías e indica que las esclavistas fueron probablemente las más desiguales en el terreno económico y, obviamente, en el plano de los derechos civiles. Ya para 1870, sin embargo, una de ellas, Venezuela, había terminado el proceso de abolición de la esclavitud (al igual que Costa Rica y República Dominicana, de las cuales no tenemos los datos económicos para incluirlas en el cuadro II.4).

Lamentablemente no podemos hilar muy fino en relación con las diferentes etapas dentro de estos 50 años. Dejando a un lado el caso argentino, para el cual no tenemos puntos intermedios, los otros seis países parecen mostrar dos patrones diferentes: México y Venezuela mostraron un mejor desempeño hasta aproximadamente 1850 y luego un notorio deterioro en el caso del primero y un estancamiento en el segundo. Por el contrario, Brasil, Chile, Cuba y, de manera más moderada, Colombia aceleran el crecimiento a partir de mediados de siglo.

Para el caso argentino, Gelman y Santilli (2010) nos muestran cómo el resultado agregado es producto de desarrollos regionales muy dispares. Hacia el final de la era colonial, tanto Córdoba, nudo de la economía periférica del Potosí, como Buenos Aires, con un desarrollo incipiente basado en la ganadería, mostraron buenos y relativamente similares desempeños demográficos y económicos. Sin embargo, durante las primeras décadas siguientes a la Independencia ambas regiones siguieron derroteros muy diferentes. Córdoba sufrió el impacto de la caída de la economía minera del Potosí sobre sus exportaciones de mulas. A su vez, la producción textil lanera artesanal enfrentó la creciente competencia de las manufacturas importadas. Por el contrario, Buenos Aires experimentó una importante expansión de su superficie ganadera, a la que pobló de ganado con una densidad mucho mayor a la de Córdoba, capitalizando así los campos, que por otra parte eran accesibles a precios muy bajos. La superficie de tierra ocupada de Buenos Aires se triplicó entre 1820 y 1833. Entre 1810 y 1865 el *stock* bovino pasó de uno a seis millones de cabezas, sumado a la aparición del lanar con 38 millones (Gelman, 2009: 36). Si hiciéramos una conversión de cinco ovinos por vacuno obtendríamos un crecimiento del *stock* ganadero de 4.5% anual durante 55 años.

Por otra parte, la provincia de Entre Ríos muestra claramente el fuerte impacto que las guerras de independencia y las luchas civiles tuvieron sobre la producción. Se trataba de una provincia que tenía al final del periodo colonial un *stock* ganadero más alto que el de Buenos Aires, pero fue en buena medida destruido en medio de los conflictos políticos. Sería sólo a partir de la década de los treinta del siglo xix que comienza un rápido crecimiento, pero sin llegar a recuperar, en relación con Buenos Aires, el liderazgo anterior. Un ejemplo antagónico lo constituyen las provincias de Salta y Jujuy. Si bien es poca la información con la que se cuenta, las exportaciones de 1830 parecen no haber superado en 25% las del periodo colonial tardío.

Las grandes disparidades entre estas economías también pueden apreciarse mediante sus contribuciones a los ingresos fiscales. La provincia de Buenos Aires respondía por 82% de la recaudación total; sumando el litoral se llega a 93%. Es decir que el otro 40% de la población aportaba sólo un magro 7% de la recaudación fiscal. La recaudación per cápita de Buenos Aires era seis veces superior a la de su seguidora, la provincia de Entre Ríos, y más de 25 veces la de Jujuy.

En tanto los términos de intercambio mejoraban por la caída de los precios manufactureros, el comercio exportador e importador floreció, alimentando así cierta expansión fiscal basada principalmente en la recaudación aduanera. Dentro del litoral las diferencias a favor de Buenos Aires fueron muy marcadas. Por ejemplo, sus exportaciones per cápita de cueros casi duplicaban a las de su provincia siguiente, Entre Ríos, y casi quintuplicaban a la tercera, Santa Fe.

Perú es un buen ejemplo de lo sucedido en las zonas centrales de la economía colonial. Si bien aún no contamos con series de producto, sabemos que la economía peruana tenía un gran eje económico en torno a la minería de la plata y por otra parte una vastísima economía campesina, con fuertes componentes de autosubsistencia y muy poca producción para el mercado (o, al menos, para mercados que no fuesen estrictamente locales). Recordemos que Perú tenía en 1820 más de dos veces y media la población de Argentina y sumado con Bolivia la quintuplicaban.

Perú es uno de esos ejemplos en los que las élites locales se mantuvieron fieles a la Corona, donde las luchas de independencia fueron cruentas y los gobiernos independientes tomaron fuertes represalias políticas y económicas contra los realistas y las élites locales que los apoyaron. La economía peruana sufrió, en sentido literal, el colapso de la economía de la plata. Que la producción de plata total del primer lustro de los años veinte del siglo xix no haya logrado casi superar la producción anual de 1800, o la de 1810, puede ser explicado por la guerra. La recuperación se extiende hasta comienzos de los años cuarenta del siglo xix, cuando llega a 88% de la de 1800. Luego vuelve a retroceder. En todo el periodo entre 1830 y 1870 el promedio de la producción es de 87% de la de 1800 (con base en Contreras, 2004: cuadro 4.1). Las exportaciones se mantuvieron igualmente estancadas hasta entrados los años cuarenta del siglo xix, a pesar de la diversificación del algodón, la lana y el salitre, previo al *boom* del guano.

Por otra parte, el debilitamiento de la economía de la plata tuvo un efecto depresivo sobre la producción de las haciendas orientadas a proveer de insumos a aquel sector, por lo que la hacienda se volvió mucho más autárquica, lo que fue reforzado por un proteccionismo muy radical. A su vez, las actividades más orientadas a la exportación de la zona costera sufrieron los problemas de la progresiva disolución del sistema esclavista en el que estaban basadas (Gootemberg, 1989). En medio de ese contexto fuertemente depresivo, el *boom* del guano aparece como un caso típico de la lotería de productos básicos, que dejó importantísimas secuelas en la economía peruana.

El particular clima de las islas del Pacífico hace que el excremento de las aves guanay, principalmente, mantengan intactas su dotación de amoniaco, fosfatos y sales alcalinas. Este descubrimiento por la economía mundial de un viejo conocido desde tiempos precoloniales cambió radicalmente la historia de Perú. Sus exportaciones se multiplicaron por siete entre 1845 y 1860 y el guano respondió por más de 50% de las ventas externas de ese año (Contreras y Cueto, 2004: 116).

En México hasta hace poco ha dominado la visión de que se produjo un fuerte estancamiento, o un retroceso económico más o menos permanente, hasta finales del siglo XIX (Coatsworth, 1989; Cárdenas, 1997; Moreno-Brid y Ros, 2009). Cárdenas (1997: 65), por ejemplo, sostiene que el PIB mexicano cayó más de un tercio entre 1800 y 1860, y que fue apenas en la década de los sesenta del siglo XIX que la economía comenzó a recuperarse, primero lentamente para crecer con más vigor a partir de los años setenta del siglo XIX y acelerarse después. Esta visión ha sido recientemente criticada, en particular por Sánchez Santiró (2009b), quien sostiene que, una vez superadas las guerras de independencia, México emprendió un proceso de recuperación y aun crecimiento que se abortó por las guerras civiles y la inestabilidad institucional en la década de los cincuenta del siglo XIX, hasta que el Porfiriato creó nuevamente las condiciones para el crecimiento económico.

Al igual que en Argentina, el crecimiento, hasta la crítica coyuntura de 1854-1857, conllevó importantes cambios regionales. De manera similar a lo que hemos constatado en el crecimiento de la población, la Ciudad de México vio debilitado su papel como centro de acuñación de plata y de las finanzas y el comercio. La zona central perdió peso frente a la expansión del Oriente, centrado en el puerto de Veracruz, y el Norte, que ahora encontró vías propias de comunicación con el Golfo y el Pacífico.

Este proceso también estuvo acompañado de transformaciones sectoriales, entre ellas una importante penetración de comerciantes extranjeros, la expansión de una moderna industria textil y la renovación tecnológica y organizativa de la industria azucarera. Todo ello hace difícil pensar en este proceso como una mera continuación de la economía novohispana. Este crecimiento, aún cuando modesto, pudo producirse a pesar de la persistencia de un conjunto de limitantes institucionales heredadas del orden colonial, sumadas a las nuevas dificultades de la vida independiente. Los desórdenes políticos del ciclo 1854-1867 afectaron aún más a las zonas centrales y en menor medida al Oriente y el Norte. Interesa señalar que, a diferencia de los conflictos político-militares del periodo de crecimiento, que fueron breves, urbanos y con poco impacto en la economía, los conflictos que aparecieron a partir de mediados de la década de los cincuenta del siglo xix tuvieron un carácter más profundo, tanto por su descentralización y difusión en el amplio espacio rural, por las luchas entre castas, entre pueblos y haciendas, como por la profundización de las divisiones político-ideológicas entre el radicalismo liberal y el conservadurismo, que en este país se cruzaban con las divisiones entre las visiones republicanas y monárquicas (Sánchez Santiró, 2009a: 102-103).

El caso de Brasil también combina estancamiento y diversidad regional. Según Leff (1982, 1997), el pib de Brasil, desde su independencia en 1822, no logró crecer por encima del de su población. Si bien es cierto que la población creció rápidamente, a casi 2% anual, en términos per cápita el desempeño aparece como una experiencia frustrante, que recién se revertiría iniciado el siglo xx. Pero este abrumante y prolongado estancamiento esconde una importante variación regional. El Nordeste, base de las exportaciones de azúcar y algodón, que a principios de este periodo respondía por 57% de las exportaciones brasileñas, experimentó una retracción sostenida. Estos cultivos respondían en 1866-1870 sólo por 30% de las exportaciones, en tanto el café, producto central de la expansión del Sudeste, aumentó su participación de 26 a 47% (los datos de comecio exterior son nuestras estimaciones basadas en Mitchell, 2003).

Leff explica la decadencia del Nordeste en términos de la enfermedad holandesa. En tanto las exportaciones de café tuvieron un creciente papel en el mercado de divisas, el tipo de cambio real reflejó cada vez más la importancia del café, lo que afectó negativamente a las regiones menos competitivas, como el Nordeste. Siendo Brasil un país tan grande y con tanta diversidad geográfica y climática, no fue posible realizar una rápida restructuración productiva de la zona azucarera ni fue fácil promover fuertes migraciones interregionales, aunque sí se produjo una importante transferencia de mano de obra esclava del Nordeste al Sudeste. A lo largo de todo este periodo la expansión cafetera no se vio afectada por ningún aumento del costo de la mano de obra, ya que hasta 1852 (fin de la trata de esclavos) la oferta de mano de obra esclava fue importante, y con posterioridad se recurrió a la inmigración subvencionada, predominantemente de italianos (Leff, 1997: 35). De esta manera, se reforzaron en Brasil las características antes señaladas: un sector exportador que generaba muchos ingresos y un amplio sector que produce para el mercado interno o de economía de subsistencia con muy bajos niveles de productividad, lo que conduce a bajos niveles de ingreso per cápita pero un alto coeficiente de exportaciones, en comparación con otras economías latinoamericanas.

Si nos guiamos por los trabajos de Ocampo (1984 y 1990) y el más reciente de Kalmanovitz y López Rivera (2009), Colombia presenta un proceso de contracción durante los años de la guerra de independencia y un estancamiento hasta en torno a 1850, signado por el colapso de la producción de oro del Pacífico, basada en la esclavitud, pero también por las crisis del principal puerto colonial, Cartagena, y de la región artesanal de Santander. Sin embargo, este periodo fue sucedido por una expansión desde mediados de siglo hasta comienzos de la década de los ochenta del siglo xix, más allá del periodo que cubre este capítulo, basada en una diversificación de las exportaciones. Éstas impusieron cierto dinamismo en distintas regiones pese a su alta volatilidad, ya que se caracterizaron por ciclos muy breves de auge y caída de nuevos rubros exportadores, como el tabaco, el algodón, el añil, la quina y otros productos forestales, y gradualmente el café, que habría de tener mayor importancia y continuidad. En algunas regiones el proceso de expansión inició, sin embargo, muy poco después de la Independencia. Éste es en particular el caso de Antioquia, que mantuvo la expansión de la producción de oro que había tenido lugar en dicha región desde el siglo xviii, ahora con elementos más empresariales, y agregó un mejor aprovechamiento de las oportunidades que brindó el comercio con Jamaica en el periodo independentista y posindependentista. Una mejora de largo plazo de los términos de intercambio ayudó al proceso de recuperación económica.

Para interpretar este desempeño general de América Latina, que parece modesto a la luz de las expectativas generadas por la Revolución industrial, la libertad comercial y la independencia política, es posible articular principalmente dos ejes, complementarios y entrelazados de forma obvia. Por un lado, nos referimos al componente institucional y cultural. En ese eje las interpretaciones oscilan entre el énfasis en la continuidad con el viejo orden colonial y en los cambios que, después de todo y a pesar de la gran inestabilidad, se fueron produciendo. Por otra parte, existe un eje interpretativo en torno al cual giran las consideraciones de tipo geográfico, tecnológico y comercial. Desde este punto de vista se señala como clave interpretativa tanto las características geográficas de la región como los avances tecnológicos que interactúan con ella y la transforman.

Veamos estos dos ejes para tratar de comprender el desempeño que hemos descrito.

Las transformaciones institucionales: continuidad y cambio

La turbulenta consolidación de los nuevos Estados

La destrucción del orden colonial dejó a América Latina enfrentada a la necesidad de construir nuevas unidades estatales a partir de regiones poco integradas, con escasez de recursos y, en no pocos casos, con delimitaciones poco claras. A su vez, esos procesos de conformación de unidades nacionales se desplegaron, como ha sucedido no sólo en América Latina, en medio de fuertes injerencias internacionales más o menos explícitas. Los países resultantes del proceso de independencia fueron muy diferentes a las unidades preexistentes. Se trata de un proceso claramente no anticipable, ya que, como lo hemos señalado, la independencia, antes de responder a una inspiración endógena, fue en buena medida el resultado de un vacío de poder generado por la ocupación francesa de la península ibérica.

Como señala Irigoin (2009), es riesgoso pensar la historia de las primeras décadas de vida independiente como la historia de las repúblicas de hoy. Hasta 1860 no existía la actual República Argentina y en la década de los setenta del siglo XIX aún no existía una moneda nacional. La Gran Colombia se creó en 1821, pero se dividió en 1830 en tres países: Colombia, Ecuador y Venezuela; Panamá se separaría en 1903. Paraguay se independiza en 1811 del virreinato del Río de la Plata, Chile en 1818 y Uruguay recién en 1825 se constituye como república independiente. Bolivia también se conforma en 1825. México pierde más de la mitad de su territorio entre 1836 y 1948 y la división de la antigua capitanía general de Guatemala culminaría en 1838 en cinco repúblicas independientes.

Una vez culminada la guerra de la independencia, este proceso de conformación de los Estados nacionales fue muy prolongado y conflictivo.

Halperin destaca la aparición de la violencia como un rasgo de la sociedad independiente, que contrastaba con la aparentemente segura vida colonial. Esta violencia, que bien puede ser asociada a la herencia de los cuerpos militares desarrollados y fortalecidos en plena lucha de independencia, no queda sólo como un desborde militar, sino como un freno necesario a los posibles desbordes de poder por parte de sectores populares y como garantía de que la expansión democrática tendría sus límites. En promedio, 50% del presupuesto de los nuevos Estados se destinaba a las fuerzas militares (Halperin, 2008 [1969]: 136-138), que en cualquier caso eran por lo general pequeñas fuerzas incapaces de imponer el orden en territorios muy extensos y que en épocas de conflicto era necesario complementar con milicias, que era también la forma como se producían las rebeliones contra los gobiernos en el poder.

La interacción entre inestabilidad política, control militar y violencia también es visible en términos de la conformación de los gobiernos. Bajo la forma republicana que adoptaron todos los nuevos países, con excepción de Brasil, se reconoció que las elecciones deberían ser la fuente del poder político (aunque, como veremos, con un alcance muy limitado del derecho al voto). Sin embargo, como lo señala Przeworski (2011), las situaciones más comunes eran de elecciones en que no había competencia, donde siempre ganaba el partido en el gobierno o simplemente se producían gobiernos de muy corta duración antes de ser depuestos por la vía de la ruptura del orden constitucional. Todas estas situaciones daban lugar a gobiernos que difícilmente pueden considerarse representativos y legítimos y para los cuales el control militar estaba finalmente en el trasfondo del poder político. De hecho, sólo en tres casos se produjeron alternancias de partidos en el poder por la vía electoral durante los años que cubre este capítulo: en Colombia en las elecciones de 1837 y de 1848 y en República Dominicana en las de 1849.

Esta presencia de la violencia y la inestabilidad ha llevado a autores como Dye (2006) a sostener que estos rasgos representan, antes que una transición hacia un nuevo orden, un rasgo estructural de estas sociedades, en las que se han producido permanentes intentos de procesar reformas profundas que sin embargo siempre han sido bloqueadas y limitadas por las élites. Podríamos agregar que estos ciclos de reforma y contrarreforma, en contextos de alta conflictividad, serían el paralelo institucional de la alta volatilidad que presenta la economía latinoamericana, a la cual hemos aludido en el capítulo I. Esta afirmación es cierta para el periodo que aquí consideramos, pero puede ser puesta en discusión para el siguiente, que, como veremos, se caracterizó por una creciente estabilidad institucional, más allá de su carácter predominantemente autoritario. Por otra parte, como ha señalado la elocuente crítica de Deas (2011), no siempre la inestabilidad institucional debe ser considerada un bloqueo al crecimiento, sino que puede ser un entorno en el cual puedan producirse importantes innovaciones.

El cuadro II.5 da una idea de la cantidad de conflictos civiles e internacionales que caracterizaron a la región y del número de víctimas mortales, a la vez que muestra la profusión de cambios constitucionales que se produjeron.

Los conflictos internacionales se mantuvieron siempre presentes a lo largo de estas décadas, aunque puede notarse el incremento progresivo de los de carácter civil. El número de víctimas fue muy alto durante las guerras de la independencia y aunque luego descendió en los años treinta del siglo XIX volvió a incrementarse en los siguientes, debido al aumento de los conflictos civiles.

CUADRO II.5. *Indicadores institucionales y de violencia en América Latina, 1810-1870*

| | Conflictos en desarrollo | | | Muertes | | | Número de constituciones | | | | | | |
| | | | | | | | Total | Constituciones por grupo de país | | | | | |
	Internacionales	Civiles	Total	Internacionales	Civiles	Total	Total	Gr1	Gr2	Gr3	Gr1 (%)	Gr2 (%)	Gr3 (%)
1810-1819	4	0	4	474 360		474 360	15	6	2	7	40.0	13.3	46.7
1820-1829	7	4	11	307 349		307 349	20	13	2	5	65.0	10.0	25.0
1830-1839	5	7	12	2 565	6 000	8 565	18	15	1	2	83.3	5.6	11.1
1840-1849	3	8	11	18 000	129 680	147 680	15	14	1	0	93.3	6.7	0.0
1850-1859	2	13	15	1 300	219 388	220 688	17	12	4	1	70.6	23.5	5.9
1860-1869	5	10	15	332 000	25 141	357 141	15	12	3	0	80.0	20.0	0.0
1870-1879	4	6	10	14 000	4 500	18 500							

FUENTES: Conflictos y muertes según Bates *et al.* (2007); constituciones según Dye (2006: 178-179, cuadro 5.1).

El creciente peso de las pugnas civiles tiene su contrapartida en los cambios constitucionales. Hemos podido organizar esta información de acuerdo a los grupos de países que venimos manejando. Sin embargo, es necesario ver estos números con mucha cautela, ya que la estabilidad constitucional no necesariamente significa falta de conflictos; tampoco la frecuencia de cambios constitucionales habla de inestabilidad, sino que puede indicar la existencia de un ámbito estable de renovación institucional. En el cuadro es necesario mirar los cambios de los porcentajes y no sus niveles absolutos, ya que cada grupo tiene una cantidad diferente de países. Lo que se ve es un ritmo constante de aprobación de textos constitucionales a lo largo de las décadas que cubren nuestro periodo, pero resulta interesante constatar cómo cambió la distribución de esas reformas entre los distintos grupos de países.

En tal sentido, surge con aparente claridad una más temprana consolidación institucional de los países del Grupo 3, aquellos que, por otra parte, saldaron sus guerras de independencia con relativa celeridad. Pero la estabilidad constitucional de estos países de ninguna manera significó que estuvieran libres de conflictos nacionales e internacionales. Por el contrario, estas décadas estuvieron surcadas de incesantes contiendas. Los países del Grupo 1, donde predominan los viejos centros coloniales, concentran la actividad constitucional en las décadas intermedias del siglo XIX y los del Grupo 2 muestran un proceso muy retrasado de actividad constitucional, dominados por la tardía independencia cubana y los sucesivos cambios producidos en República Dominicana.

Las reformas liberales

En concordancia con la variada gama de relaciones sociales, existían formas diversas de propiedad, que abarcaban las concesiones a grandes propietarios en regiones de frontera, las antiguas haciendas, las tierras ejidales y públicas en general, las tierras en poder de la Iglesia y las de las comunidades indígenas. El proceso social y político, por medio del cual la mano de obra se vuelve libre y móvil y la tierra un activo comercializable, forma parte de un complejo proceso de creación de Estados y mercados nacionales que conocemos como las reformas liberales. Estos procesos han mostrado gran diversidad y complejidad, en particular en las economías con predominio del trabajo indígena.

El surgimiento de los Estados nacionales y la ruptura del orden colonial produjeron cambios en las jerarquías y estructuración social. Al desaparecer el viejo poder colonial, y en especial el poder de las élites comerciales a él vinculadas, se produjo por una parte la sustitución de los viejos sectores comerciales por nuevos agentes vinculados a las nuevas potencias, entre los que predominaban los ingleses, que literalmente invadieron las ciudades latinoamericanas y se hicieron del control de los principales circuitos comerciales. Pero al mismo tiempo aparecieron nuevos sectores locales dominantes. Los comerciantes y terratenientes criollos (en algunos casos difícilmente diferenciables), antes sometidos a la autoridad y los intereses comerciales coloniales, toman un papel protagónico en el nuevo poder político. Y todo ello sucedió en medio de violentos procesos de apropiación y redistribución de la tierra, de redefinición de derechos de propiedad, en los que el surgimiento de las nuevas élites políticas y militares se entrelazó fuertemente con la formación del poder terrateniente.

La lucha por la independencia no estuvo siempre acompañada por la revolución social y, cuando lo fue, el éxito de la última fue revertido muy pronto, como en el levantamiento de Hidalgo en México o la revolución artiguista en la Banda Oriental del río Uruguay. Los dos grandes agrupamientos político-ideológicos que habrían de ir cristalizando al avanzar el siglo XIX en varios países latinoamericanos, conservadores y liberales, compartían una visión agrarista, elitista, excluyente de la participación de las amplias masas populares en la vida política y, a grandes rasgos, una visión de escaso involucramiento del Estado en la vida económica. Aunque difusamente, el bando liberal tendía a aglutinarse en torno a la defensa de las libertades políticas, económicas y comerciales, a inclinarse por los gobiernos constitucionales republicanos y federales, con igualdad ante la ley y la división entre Iglesia y Estado, muchas veces acompañada de una visión anticlerical. El conservadurismo, de más lenta cristalización, aparece nucleado en torno a la defensa de viejos privilegios corporativos, jerárquicos y mercantilistas y del centralismo (Cardoso y Pérez Brignoli, 1979, vol. II: 34). Sin embargo, ambos movimientos parecen haber coincidido en la conveniencia de gobiernos oligárquicos e implícita o explícitamente en que las amenazas de las clases populares a las élites eran de temer más que las amenazas a la propiedad privada de algunos sectores de esas élites, provenientes de una excesiva concentración de poder político por parte de gobernantes autoritarios. Hacia mediados del siglo XIX sólo 2% de la población de América Latina tenía derecho al voto, comparado con 24% en los Estados Unidos (Dye, 2006: 181).

La necesidad de llevar adelante reformas judiciales y de las leyes de comercio que sustituyeran los obsoletos códigos coloniales encontró un continente desprovisto de personas calificadas, además de falto de un encuadre constitucional general y de experiencia en la labor legislativa parlamentaria. De forma adicional, si bien no está claramente probado que el derecho civil sea inferior para el desarrollo económico que el derecho común, la propia adhesión al primero inhibió un proceso acumulativo de innovaciones generadas de forma descentralizada. A su vez, esta tradición fortaleció un Estado que, siendo además presidencialista, favoreció una tendencia de largo plazo de dominio de poder ejecutivo frente al poder judicial, que habría de dotar de alta discrecionalidad al primero (Dye, 2006: 189-193).

Con respecto a las reformas judiciales, un ejemplo elocuente de la inestabilidad institucional lo brinda México: la Constitución de 1824 estableció un doble sistema judicial, a nivel federal y estatal; el general Santa Anna abolió el federalismo y centralizó la justicia en 1837 y la reorganizó en 1843; en 1845 un gobierno federalista reinstauró el doble sistema; a partir de un golpe de Estado, el poder judicial fue nuevamente centralizado en 1853; el sistema federal fue reinstalado en 1855 e incluido en la Constitución de 1857; en 1859 fue desmantelado en plena guerra civil; luego fue eliminado con Maximiliano y reinstaurado progresivamente desde 1863. Con el Porfiriato, finalmente, y en 1880, se promulga por vez primera una ley orgánica del sistema jurídico federal. Entre tanto, los fueros de la Iglesia, militares y de las corporaciones comerciales y mineras siguieron en pie.

En todo caso, en medio de controversias político-ideológicas, pero también de disputas entre bandos políticos con poco contenido político-ideológico, de enfrentamientos regionales y difícil conformación de los espacios nacionales, sumado a los caudillismos y liderazgos personales y militares, las reformas liberales avanzaron muy lentamente y puede decirse que culminan siendo un proceso que sólo tomó rumbo firme recién pasada la mitad del siglo. En algunos casos, como el mexicano, las reformas y la unidad nacional se vieron fortalecidas por la presencia de conflictos internacionales que allanaron la unidad interna.

En términos generales, durante las primeras décadas posteriores a la Independencia la tenencia de la tierra siguió estando basada en un sistema heterogéneo compuesto por la plantación, la hacienda (que se diferencia de la anterior por su menor vocación comercial), la pequeña propiedad, la propiedad eclesiástica y las tierras comunales indígenas. El cambio más importante fue el otorgamiento cada vez más activo de títulos de propiedad sobre tierras públicas, que favoreció a los grandes propietarios. Esta heterogeneidad creó evidentes dificultades para conformar un verdadero mercado de tierras. A lo largo del periodo colonial se había acumulado un conjunto de contradictorias disposiciones, tradiciones, títulos de propiedad y derechos consuetudinarios que pocas garantías ofrecían sobre predios vagamente definidos. Si bien existían, como se ha logrado documentar para diversos entornos, mercados informales basados en relaciones de confianza, éstos se limitaban a lo local y por lo general se realizaban entre personas con lazos de parentesco o mucha cercanía. Así, en el periodo de vida independiente la lucha por la propiedad adquirió caracteres violentos y arbitrarios y los procesos de legalización y consolidación de los derechos de propiedad avanzaron muy lentamente. Ello, a su vez, se debió a factores que ya hemos señalado: la falta de legitimidad de los gobiernos, la inseguridad generada por los frecuentes cambios de gobierno, la debilidad de los Estados para mantener sistemas de registro y de control efectivo para hacer cumplir los derechos de propiedad y los conflictos entre las normas legales y los mecanismos informales de legitimación de la propiedad.

El mercado laboral tampoco experimentó grandes cambios, ya que la esclavitud fue abolida más rápido allí donde era menos importante, el tributo indígena fue eliminado pero luego reinstaurado en algunos casos y el trabajo forzoso indígena (heredero de la mita) llegó incluso a aplicarse en zonas donde no había existido durante la Colonia. Las amplias masas indígenas de México, Guatemala, Bolivia y Perú no evidenciaron cambios significativos.

En las zonas de alta densidad de población indígena el sistema de castas demoró en desaparecer de los textos constitucionales: tal es el caso de México, Guatemala y el macizo andino. Si bien se produjo una expansión de los terratenientes y la adquisición de tierras por parte de comerciantes y letrados urbanos, las tierras bajo control de las comunidades indígenas no disminuyeron, a pesar de su poca capacidad de defenderse y de la precariedad de los títulos de propiedad. Esa "arcaica organización rural" en manos de poblaciones "atrozmente pobres" persistió debido a la falta de expansión significativa del consumo interno y, en especial, a la debilidad de un sector exportador (Halperin, 2008 [1969]: 140). En este orden de cosas, los mestizos y los mulatos libres son los que mejor aprovecharon las posibilidades limitadas de movilidad social ascendente, especialmente por medio de la actividad política y militar.

Este lento avance de las reformas liberales, surcado por una gran inestabilidad institucional, no deja de mantener cierto vínculo con los cambios que parecen producirse a nivel de las élites. Las élites urbanas dominantes, en particular los comerciantes vinculados al comercio peninsular, experimentaron una pérdida importante de poder, a manos tanto de los nuevos comerciantes como de la numerosa clase de propietarios de tierra, en especial de las élites agrarias prerrevolucionarias. Ello sin perjuicio de que permanentemente se produzcan entrelazamientos entre la propiedad de la tierra y el desarrollo de la actividad mercantil.

Por otra parte, el acceso a la tierra pasará cada vez más por el acceso al poder político-militar y surge una nueva clase de prestamistas, generalmente comerciantes ricos señalados, casi siempre con razón, como agiotistas ligados de forma estrecha con el Estado que financiaban sus actividades.

La construcción de un nuevo edificio fiscal en las jóvenes repúblicas resultó un tema crítico. Como señala Irigoin (2009), con la disolución del régimen colonial en Hispanoamérica se desmembró la mayor unidad monetaria existente en ese momento en el mundo. Su hipótesis es que los nuevos Estados nacionales se construyeron en torno a los legados fiscales del régimen colonial, es decir, que aquéllos tuvieron una base de organización en torno a los centros donde en la época colonial se asentaban las cajas de recaudación fiscal. La desintegración política de Hispanoamérica condujo a que las élites locales se hicieran cargo y controlaran igualmente los sistemas locales de amonedación. La reorganización monetaria fue compleja en muchos países por la proliferación de acuñaciones de muy diferente ley y por no pocos experimentos de papel moneda de curso forzoso.

De igual forma, los déficit presupuestales de los débiles gobiernos tendieron a resolverse de forma inflacionaria o con una dependencia de los agiotistas que se volvió endémica. A su vez, la carga fiscal se volcaba de manera creciente hacia los impuestos arancelarios, entre otras razones por la presión de los terratenientes para reducir los impuestos a la tierra (diezmos), de los mineros por reducir aquellos asociados a dicha actividad (el quinto) y de los comerciantes por apropiarse de los monopolios públicos o estancos heredados de la Colonia (tabaco, licor y sal). A su vez, esta forma de desarrollo monetario y fiscalidad contribuyó a la mayor fragmentación de los espacios políticos y los mercados y las unidades monetarias, limitando aún más las posibilidades de crecimiento económico.

La abolición de la esclavitud

Del cuadro II.2 y de acuerdo con Andrews (2004: cuadro 1.1) los negros y mulatos eran aproximadamente la cuarta parte de la población de América Latina, pero menos de la mitad de ellos eran esclavos. La esclavitud entonces respondía por poco más de 10% de la población y algo más de la fuerza de trabajo (ya que la participación laboral de los esclavos era muy alta): muy importante en algunos países, pero muy marginal en la mayoría.

Ha sido un tema clásico de debate si la esclavitud encontró su final debido a razones económicas o de índole político-institucional, e incluso ideológicas y éticas. Sin despreciar el peso de factores ideológicos y éticos, la abolición de la esclavitud se entiende mejor como un proceso de transformaciones de las relaciones sociales en el que el trabajo libre (asalariado e independiente) tendió a desplazar a la esclavitud por mostrarse económica y socialmente superior.

El ritmo con el que se produjo ese proceso dependió tanto del impacto del desarrollo del capitalismo fuera de América Latina, de la propia expansión de los sectores más modernos en la economía latinoamericana como de la importancia que la esclavitud tenía en las sociedades coloniales.[2]

Aunque las rebeliones y la búsqueda de libertad (marronaje) fueron endémicos de las sociedades esclavistas, la abolición de la esclavitud desde abajo, como producto de una revolución social, se circunscribió al caso haitiano. América Latina se diferenció también de las colonias británicas, holandesas y francesas de las Antillas, donde la esclavitud se eliminó por decisión de los poderes coloniales, en los que el desarrollo capitalista había hecho ya grandes avances. En América Latina, las guerras de la independencia produjeron cambios importantes con respecto a la esclavitud. Pero la abolición sería un proceso gradual y prolongado, entre otras cosas porque era necesario indemnizar a los propietarios, como consecuencia del reconocimiento del principio también liberal del derecho a la propiedad. Como muestra el cuadro II.6, el tráfico de esclavos fue prohibido (en no pocos casos por presión británica)

---

[2] Véase un análisis comparativo de los procesos de la esclavitud y abolición en el siglo XIX en Andrews (2004: caps. 2 y 3) y Klein y Vinson (2007: caps. 5, 6, 9 y 11).

CUADRO II.6. *Abolición del tráfico de esclavos, libertad de vientres y abolición de la esclavitud en América Latina, 1810-1888*

	Tráfico	Ley de Libertad de Vientres	Abolición
República Dominicana	1822	—	1822
Chile	1811	1811	1823
América Central	1824	—	1824
México	1824	—	1829
Uruguay	1825 (1838)	1825	1842
Ecuador	1821	1821	1851
Colombia	1821	1821	1852
Argentina	1813 (1838)	1813	1853
Perú	1821	1821	1854
Venezuela	1821	1821	1854
Bolivia	1840	1831	1861
Paraguay	1842	1842	1869
Puerto Rico	1820, 1835 (1842)	1870	1873
Cuba	1820, 1835 (1866)	1870	1886
Brasil	1830, 1850 (1852)	1871	1888

NOTA: Los años refieren a la fecha en que el tráfico y la esclavitud fueron legalmente abolidos. Los años entre paréntesis indican el final real del tráfico, si fuera posterior al de la suspensión legal.

FUENTE: Andrews (2004: cuadro 2.1).

y se decretó la libertad de vientres en las primeras décadas posteriores a la Independencia en la gran mayoría de los países. Estas dos medidas permitían iniciar la abolición de la esclavitud pero al mismo tiempo posponer los costos fiscales de las indemnizaciones. Quizás por eso, en la mayoría de los países, la abolición fue principalmente un fenómeno de mediados del siglo XIX.

El proceso avanzó más rápidamente en aquellos países en los que la esclavitud tenía un menor significado económico, mientras que en las economías esclavistas el proceso fue mucho más dilatado; la excepción más importante fue la República Dominicana, donde la abolición fue decretada por la ocupación haitiana. También pesó mucho la continuidad de los procesos coloniales. En efecto, uno de los dos países que mantuvieron la esclavitud más tiempo continuó siendo colonia, Cuba, y en el otro, Brasil, la persistencia fue posible por su particular proceso de independencia, que implicó que el hijo del rey de Portugal se convirtió en el primer emperador de Brasil. En todos los casos donde la independencia fue acompañada de lucha militar, la abolición fue más temprana, entre otras razones por los efectos que tuvo la movilización de los esclavos para ambos bandos en conflicto con la promesa de la libertad y por la propia desorganización económica que dejó la guerra.

En los casos de Cuba y Brasil la abolición resultó de un prolongado proceso en el que la esclavitud ya había perdido su fuerza y dinámica económicas antes de que fuera formalmente eliminada. Algo similar ocurrió mucho más temprano en Colombia, donde la importación de esclavos ya había perdido todo dinamismo hacia fines de la Colonia. Pero más allá de la pérdida de dinámica económica, en ningún caso la abolición se produjo sin movilización política: en Cuba fue el impacto de la primera guerra de independencia (la Guerra de los Diez Años, entre 1868 y 1878) y en Brasil como producto de importantes movilizaciones sociales.

Las consecuencias económicas y las transformaciones de los mercados de trabajo posteriores a la abolición serán temas tratados con mayor detalle en el próximo capítulo.

GEOGRAFÍA, TECNOLOGÍA Y COMERCIO

La geografía, la dotación de recursos, las distancias y las vías de navegación, vinculadas a las tecnologías existentes en cada momento, determinaron de forma muy importante las posibles respuestas económicas de las diferentes regiones latinoamericanas.

La economía del centro colonial estuvo vinculada a la extracción de metales preciosos, que dada su alta relación valor-peso hacían rentable el transporte a través de grandes distancias y accidentes geográficos. Las otras economías prósperas fueron las que estaban en regiones costeras, como Buenos Aires y luego Entre Ríos y la Banda Oriental (economías de frontera con fuerte peso de la inmigración), Cuba y Brasil.

Por otra parte, la globalización en la que se encuadró la conquista de América y la instauración del régimen colonial en el nuevo continente, si bien se basaron en indudables avances tecnológicos, tuvieron más bien un carácter geopolítico y estuvieron claramente determinadas por la conquista y la violencia (Findlay y O'Rourke, 2007: 378-379). La globalización que, con flujos y reflujos, habría de avanzar desde comienzos del siglo XIX hasta nuestros días, sin estar plenamente desprendida de violencia y conquista, ha estado basada con más claridad en los grandes avances tecnológicos que han reducido de manera notoria las distancias económicas entre las distintas regiones, si por ello entendemos el costo y el tiempo necesarios para trasladar bienes, personas y aun servicios y conocimientos.

La Revolución industrial puso en marcha una sucesión de cambios tecnológicos que habrían de afectar radicalmente los transportes sobre todo en dos planos, ambos vinculados a la introducción de la máquina de vapor. El primero de ellos es la navegación a vapor, que primero conquistó el transporte fluvial y en mares internos, antes de aventurarse a cruces interoceánicos y de largas distancias, ya bien avanzado el siglo XIX. El otro fue el ferrocarril. Estas dos tecnologías pueden asociarse a lo que podemos denominar la Segunda Revolución industrial, un proceso que irrumpe durante las primeras décadas del siglo XIX y se difunde hacia mediados del siglo. Las tecnologías que precedieron a estas transformaciones tecnológicas ya habían impactado el transporte, como la construcción de caminos de Macadam y de canales en Inglaterra, Europa continental y, especialmente, en los Estados Unidos. Aun cuando el impacto de estas tecnologías no se debe subestimar (como reducir el tiempo de transporte entre Manchester y Londres de cuatro o cinco días en 1780 a un día y medio en 1820, o la reducción de 85% del costo de transporte entre Buffalo y Nueva York entre 1817 y 1825 y el tiempo de 21 a ocho días), fue en cualquier caso moderado si se compara con los avances que se producirían a partir de la introducción de la máquina de vapor, que revolucionaría el transporte a larga distancia (Findlay y O'Rourke, 2007: 379).

Durante las primeras décadas de introducción de la navegación a vapor, su costo aún relativamente alto la limitaba al transporte de bienes de alta relación valor-peso, como metales preciosos y otras mercancías suntuarias, pasajeros y correspondencia. Recién en la década de los setenta del siglo XIX puede decirse que el transporte a vapor había absorbido el grueso del tráfico marítimo.

En relación con la otra gran innovación, el ferrocarril, la línea Liverpool-Manchester se abrió en 1830 y la tecnología se difundió progresivamente a Europa y los Estados Unidos, donde en 1870 se inauguró la famosa conexión de costa a costa. La similar canadiense sólo se consiguió en 1885 y el transiberiano en 1903. En 1850 se habían construido en el mundo unas 23 000 millas de vías férreas, limitándose su difusión a Europa y los Estados Unidos. Hacia 1870 habían ascendido a unas 115 000, de las que casi la mitad estaban en los Estados Unidos. Sólo entonces adquieren cierto peso los ferrocarriles en América Latina, con 637 millas en Argentina y apenas 215 en México, equivalente a 0.5% de las de los Estados Unidos (O'Rourke y Williamson, 1999: 34, cuadro 3.2). El país latinoamericano más precoz en materia de vías férreas fue Cuba, que inició en la década de los cuarenta del siglo XIX y en 1870 todavía tenía más de la cuarta parte del total latinoamericano (véase cuadro III.8). Otro caso precoz interesante es el de Panamá, entonces parte de Colombia, cuyo ferrocarril que conectaba las dos costas fue construido poco después de mediados del siglo y sirvió como medio de comunicación fundamental entre el este y el oeste de los Estados Unidos desde la fiebre del oro californiana.

En pocas palabras, es posible sostener que el impacto de la Segunda Revolución industrial en América Latina, y en particular en lo que tiene que ver con las tecnologías de transporte y las posibilidades que le abría para incrementar su participación en la economía mundial, fue sumamente lento y experimentó un marcado retraso en comparación con su difusión en el mundo industrializado de la época y en especial en los Estados Unidos. Puede sostenerse entonces que lo que hoy llamamos la primera globalización, es decir, un proceso que a grandes rasgos en América Latina ubicamos entre 1870 y 1913, es el periodo en el que verdaderamente los cambios tecnológicos en el transporte lograrían tener un impacto sensible en la producción latinoamericana.

Es importante señalar que, aun antes de que irrumpiera el ferrocarril como medio de transporte, hubo importantes innovaciones en el transporte terrestre en la forma de caminos con peaje *(turnpike)*, muy difundidos en los Estados Unidos, de las que América Latina estuvo totalmente ausente (Summerhill, 2006: 297-298). La falta de inversiones en infraestructura, en conjunto con una difícil geografía, conforman un escenario de mucho retraso en las comunicaciones.

Entre tanto, como hemos señalado, la expansión de la frontera podía producirse bien para generar espacios económicos de autoconsumo, bien para producir diversos bienes que demandaban los sectores exportadores, en ese caso cerca de las costas, o si existía un fácil acceso a mano de obra barata o bienes de alto valor-peso. La geografía y la lotería de productos básicos, como en el muy particular caso del guano, seguirían teniendo un peso de la mayor importancia. Y recordemos la accidentada geografía sudamericana, que dificultó la integración de grandes mercados y las comunicaciones dentro del continente. En 1842 un observador, Belford Hinton Wilson, constataba que mover una tonelada de mercancías desde Inglaterra hasta las capitales latinoamericanas costaba lo siguiente en libras esterlinas: Buenos Aires y Montevideo, 2; Lima, 5.12; Santiago, 6.58; Caracas, 7.76; Ciudad de México, 17.9; Quito, 21.3; Sucre y Chuquisaca, 25.6; Bogotá, 52.9 (Bértola y Williamson, 2003: 14-15). Esto habla de las enormes dificultades del transporte hacia el interior del continente y explica por qué, con el deterioro de la economía minera y el declive colonial, la economía de América Latina se volcó principalmente a la costa atlántica, ya desde fines de este periodo.

Como señalan Findlay y O'Rourke (2007: 383, cuadro 7.2), la verdadera forma de medir el impacto de la revolución de los transportes es mediante la relación entre el costo del transporte y el precio del bien. Esta relación muestra caídas importantes en todas las rutas a partir de la década de los setenta del siglo xix.

De tal modo que, aun cuando el comercio mundial haya crecido más rápidamente antes de 1870 que entre 1870 y 1913, es natural que ese crecimiento no haya impactado igualmente en América Latina que en el comercio entre otras regiones en las que la difusión de la Revolución industrial fue mayor.

Sin embargo, la participación de la geografía, la dotación de recursos, las posibilidades de comercio y la tecnología aplicada no pueden ser tratadas de manera independiente de los entornos sociales, políticos e institucionales. Cabe preguntarse por qué fue tan tardía la difusión de la Segunda Revolución industrial en América Latina y, en particular, la expansión de los ferrocarriles. Es indudable que todos los componentes que hemos reseñado al discutir los entornos institucionales tuvieron su impacto en este proceso. Pero parece igualmente innegable que la difusión de la Segunda Revolución industrial y sus impactos económicos en los transportes, en la expansión de la demanda europea, así como el arribo de capitales, constituyeron incentivos importantes para que hacia finales del siglo xix, como habremos de ver en el próximo capítulo, las reformas liberales se profundizaran, los Estados nacionales se consolidaran y, aun con instituciones deficientes, América Latina, de manera regional y socialmente diferenciada, emprendiera un periodo relativamente rápido de crecimiento liderado por las exportaciones de productos primarios.

Es importante dedicar aquí una reflexión a la afirmación de Gelman de que en este periodo la lotería de productos básicos y la geografía tuvieron un papel más determinante que el aspecto institucional.

Conviene destacar que al hablar de instituciones no sólo nos referimos a grandes marcos constitucionales, a las formas del derecho y la jurisprudencia. Nos referimos también a relaciones informales que predominan en muchos contextos y a la larga determinan las particulares formas que adoptan las instituciones formales. En los procesos de expansión de la frontera, de ocupación de nuevos territorios y de crecimiento de la producción en la costa atlántica surgen nuevas formas de relaciones sociales y de propiedad que no siempre se guían por las institucionalidades formales, muy débiles en este periodo. Sin duda, los tipos de sociedades que se fueron conformando en el Río de la Plata fueron institucionalmente diferentes a las sociedades andinas, y también distintas a la economía esclavista de las zonas tropicales, con una geografía tan o incluso más favorable que la del Río de la Plata. Y sin embargo, como se ha visto, el potencial de desarrollo asociado a esos dos tipos de sociedades fue indudablemente diferente, como lo fue su desempeño, y habremos de ver, además, cuán duraderos fueron los impactos de esas diferentes trayectorias.

Con respecto a las relaciones externas de América Latina, la principal transformación tuvo que ver con el cambio de manos del comercio exterior: "en toda Hispanoamérica, desde México a Buenos Aires, la parte más rica, la más prestigiosa, del comercio local quedará en manos extranjeras..." (Halperin, 1998 [1969]: 149).

Por el contrario, no se produjo ningún flujo importante de inversiones extranjeras. Las primeras experiencias de emisión de bonos a nombre de los gobiernos latinoamericanos por bancos londinenses terminaron en un fracaso: sirvieron para refinanciar (a un costo alto) las deudas heredadas de la guerra de indepencencia y el resto dio pocos recursos a los gobiernos, que los utilizó de modo muy poco eficiente, entrando rápidamente en moratoria, mientras que los intermediarios obtuvieron grandes ganancias y los ahorristas europeos perdieron mucho dinero, lo que bloqueó por mucho tiempo las posibilidades de los gobiernos latinoamericanos de captar fondos por esta vía. A ello se agregó una oleada de creación de empresas mineras, muchas de las cuales generaron pocos recursos e incluso no comenzaron nunca a operar (Marichal, 1989: cap. 1).

De esta manera, mientras en 1822-1825 la entrada de capitales fue de 21.1 millones de libras esterlinas, en todo el periodo 1826-1850 la suma bajó a 18.4. Esta tendencia también se debió a las demandas de recursos financieros de los Estados europeos en pleno proceso industrializador. Europa pensaba más en América Latina como mercado que como fuente de aprovisionamiento de materias primas, alimentos o incluso metales. Esto último quedaría para la segunda mitad del siglo. Sólo a partir de 1850, en una coyuntura internacional caracterizada por la alta liquidez, en parte asociada al auge del oro californiano, y vinculada al mejor desempeño exportador latinoamericano, se produjo una fuerte reactivación de la entrada de capitales, que se elevó a 132.4 millones de libras esterlinas en 1851-1880 (CEPAL, 1964: 2).

El proteccionismo se instaló en América Latina, en parte como resultado de algunas iniciativas industriales (por ejemplo, las de la industrialización textil en Puebla, México) y, en mayor medida, por las razones fiscales ya anotadas. Internacionalmente fue tolerado, pero la construcción de barreras al comercio entre las repúblicas latinoamericanas, inexistentes en el periodo colonial, representó un fuerte impacto negativo: la destrucción de una unión aduanera en la América hispana. Este fenómeno, a veces conocido como balcanización, impuso severas restricciones al aprovechamiento de economías de escala. En 1820 las dos economías hispanoamericanas más grandes tenían, en términos de PIB, un tamaño promedio equivalente a la cuarta parte del promedio de las economías centrales europeas, y lo mismo podría decirse de Brasil. En 1870 Argentina, Chile y México conjuntamente no llegaban a la mitad del promedio de las economías centrales y Brasil, la más grande, no llegaba a 30% (Bates, Coatsworth y Williamson, 2007: cuadro 4). Por otra parte, a pesar de las altas tarifas aduaneras, la competencia internacional fue en muchos casos demoledora para las artesanías locales, debido a la fuerte reducción en los precios de los textiles, especialmente de algodón, generada por la Revolución industrial.

UNA RECAPITULACIÓN

Puede concluirse que en las primeras décadas posteriores a la Independencia, América Latina tuvo un desempeño relativo deficiente si se compara con el de los países más avanzados de la época y en especial con el de las ex colonias del Norte. Este mal desempeño contrastó, además, con las expectativas que se podían tener al iniciarse el proceso revolucionario.

Las razones de lo anterior fueron múltiples. Por un lado tuvieron que ver con las dificultades para construir y consolidar Estados nacionales. Ello dependió en parte de la debilidad de las élites locales como herencia del régimen colonial. Por otro lado estuvieron asociadas a la dificultad para avanzar en los procesos de las reformas liberales, incluyendo la abolición de la esclavitud allí donde ésta era importante. También en este plano la herencia colonial jugó un papel preponderante, por medio del escaso desarrollo de las reformas que en general se identifican como parte de las revoluciones burguesas. El crecimiento fue mayor donde estos cambios pudieron avanzar más, como fue el caso de las zonas de expansión de la frontera, donde las relaciones sociales de servidumbre y esclavitud, tanto como la fuerza de las comunidades campesinas, eran más débiles y donde el trabajo asalariado y los mercados de tierras se abrieron paso más rápidamente. Sin embargo, la debilidad de los Estados nacionales siguió siendo importante en todas las regiones, y no será hasta entrado el último cuarto del siglo XIX que las estructuras estatales se habrían de fortalecer decididamente.

El lento despegue no estuvo desconectado del cambio tecnológico. América Latina es un continente lleno de variaciones y obstáculos geográficos que dificultaron su integración a los mercados mundiales. Inicialmente fueron las zonas más cercanas a las costas atlántica, pacífica y del Caribe las que más se desarrollaron. Cuando ello se combinó, además, con entornos institucionales más favorables, allí se produjo un rápido crecimiento, como en Chile y la región platense. A su vez, la lentitud del cambio tecnológico no estuvo desconectada del predominio de las estructuras sociales, instituciones y valores heredados del periodo colonial, expresado en el sistema de castas, la falta de participación política y la escasa formación de capital humano.

Los grandes cambios comerciales de América Latina tuvieron que esperar las transformaciones tecnológicas en el transporte. El ferrocarril, los navíos de acero, la ingeniería de caminería, túneles y canales sólo se difundieron en la región en las últimas décadas del siglo XIX. A su vez, estos cambios tecnológicos reforzaron las capacidades de los Estados nacionales de concentrar y monopolizar el poder. Entre tanto, la geografía siguió teniendo un peso muy importante y el crecimiento estuvo fuertemente segmentado. Dada la estructura de la población de América Latina y su distribución por regiones, el escenario predominante puede seguir caracterizándose como de retraso relativo. Los espacios dinámicos no fueron aún lo suficientemente grandes como para cambiar la imagen global, y ellos mismos enfrentaron limitaciones de envergadura.

III. GLOBALIZACIÓN, FORTALECIMIENTO INSTITUCIONAL Y DESARROLLO PRIMARIO-EXPORTADOR
ca. 1870-1929

INTRODUCCIÓN

En el último tercio del siglo XIX América Latina inicia un periodo de relativamente rápido crecimiento económico, basado en una dinámica inserción en la economía internacional.

Es difícil precisar el inicio de esta etapa. Como en todas las épocas, no fue un proceso homogéneo. Algunos países iniciaron este periodo de crecimiento más tempranamente, ligándose a procesos que se habían gestado en las décadas posteriores a la Independencia; otros fueron más lentos en plegarse a la ola de crecimiento. Algunos experimentaron un crecimiento acelerado; otros mostraron menos dinamismo.

El proceso resultó de la confluencia de dos conjuntos de factores, algunos de carácter externo y otros internos, que se combinaron de manera diferente y tuvieron distintos impactos en diversos países y regiones.

El primer conjunto estuvo asociado a la fuerte incidencia de la revolución de los transportes en el comercio, que se tradujo en una reducción significativa de los costos del transporte, tanto marítimo como terrestre, y por ende acercó a las diferentes regiones en términos económicos. A ello se unió la continua expansión de la demanda internacional de materias primas y alimentos por parte del mundo industrializado.

Los otros factores fueron los cambios político-institucionales que se procesaron en la mayoría de los países latinoamericanos y que fueron, a su vez, principalmente de dos tipos. En primer lugar, se realizaron avances importantes en las llamadas reformas económicas liberales, que en el periodo anterior no habían terminado de producirse. En este plano destacan la abolición final de la esclavitud, la creciente movilidad interna de la mano de obra, la generación de un mercado de tierras que redujo significativamente diversas formas de propiedad que limitaban su utilización y apropiación por la vía comercial y la instalación de sistemas fiscales que funcionaron de forma adecuada. En segundo lugar, se consolidaron las estructuras de poder político, que generaron mayor estabilidad institucional que en las décadas anteriores, aunque no en todos los países ni de manera definitiva. En los casos en que ello se produjo, la mayoría de las veces fue de la mano de la instalación de gobiernos autoritarios, que se preocuparon por asegurar el poder de las élites frente a los sectores populares y no por proteger a estos últimos, e incluso a las propias élites, de los abusos de quienes detentaban el poder del Estado. Como resultado de ello se consolidarían los Estados nacionales, que si bien no eliminarían por completo los conflictos internos ni los internacionales, sí los reducirían significativamente.

De la combinación de estos dos conjuntos de factores resultó un proceso de gran expansión de las exportaciones latinoamericanas que, si bien siguieron constituyendo un sector relativamente pequeño, tuvieron un fuerte, aunque desigual, poder de arrastre sobre el resto de las economías. El crecimiento también se vio favorecido por un gran flujo de capitales desde el exterior y por masivas inmigraciones europeas y, en menor medida, asiáticas, que se distribuyeron de manera muy desigual en el territorio.

El crecimiento económico tuvo en cierto sentido un carácter extensivo y se expresó en una ampliación de la frontera agraria, ocupándose territorios antes no explotados. Éste fue el fenómeno que predominó en las regiones que experimentaron el mayor crecimiento.

Desde el punto de vista social, este periodo se caracterizó por un marcado proceso de diferenciación, tanto desde una dimensión territorial como propiamente social. En tanto la brecha entre los países más ricos y más pobres de la región creció mucho, también aumentó significativamente la desigualdad dentro de cada país.

El proceso exportador generó en algunas regiones cierta diversificación de las estructuras productivas, que se expresó en el desarrollo de la industria manufacturera, de las infraestructuras de comunicaciones y transportes y de los servicios financieros, así como el gran avance de la urbanización.

Al cabo de este periodo América Latina sería radicalmente distinta a la de mediados del siglo XIX. La brecha con otras regiones no desarrolladas aumentó de manera importante y algunos países latinoamericanos, como Argentina y Uruguay, se contaban entre los de mayores ingresos per cápita del planeta.

Este periodo concluye al enfrentarse a una serie de cambios importantes en la economía mundial. La crisis financiera mundial de 1929 y la resultante Gran Depresión de los años treinta representaron la eclosión de importantes desequilibrios internos de las economías desarrolladas y del sistema internacional en su conjunto, algunos de los cuales se habían comenzado a manifestar desde los años de la primera Guerra Mundial y desde entonces tuvieron un fuerte impacto en algunas economías latinoamericanas. La forma en que éstas habrían de reaccionar ante este nuevo escenario internacional, y que estudiaremos en el próximo capítulo como la industrialización dirigida por el Estado, mucho habría de depender de los logros, los límites y las características del proceso de expansión encabezada por las exportaciones que habremos de estudiar en este capítulo.

EL DESEMPEÑO ECONÓMICO: UNA PRIMERA PANORÁMICA

Como ya se señaló en el capítulo I, en el último tercio del siglo XIX América Latina inició un proceso relativamente rápido de crecimiento que le permitió ampliar las diferencias con África y Asia y seguir de cerca el auge de las naciones desarrolladas. Al mismo tiempo, la propia América Latina se tornó más desigual, tanto al interior de cada país como entre ellos. Veamos este proceso en detalle.

La población

Las tendencias que se percibían en las décadas posteriores a la Independencia se profundizaron en este periodo, en el que los procesos migratorios habrían de jugar un papel destacado. Como muestra el cuadro III.1, la población de América Latina creció a un ritmo de 1.7% anual en 1870-1929, mayor a la media mundial, lo que llevó a que su población aumentara de 2.9 a 4.2% de la población mundial. A pesar de ello, se trata de un continente todavía pequeño desde este punto de vista.

Al igual que en periodos anteriores, este crecimiento de la población no fue parejo. Nuevamente los países que más crecieron fueron los del Grupo 3, es decir, las regiones de nuevo asentamiento, mientras que los del Grupo 1, los viejos centros de la economía colonial y las zonas entonces dominadas por el eje hacienda-comunidad campesina-economía minera, son los que mostraron el menor crecimiento demográfico. A pesar de ello, estas regiones siguieron respondiendo en 1929 por 40% de toda la población. El Grupo 2 se expandió a un ritmo más rápido y lo superó en términos de población hacia el final del periodo que analizamos. Por su parte, el Grupo 3, a pesar de haber tenido la tasa más alta de crecimiento a lo largo de todo un siglo, en 1929 representaba apenas 17.5% de la población total.

Como habremos de ver a lo largo de este capítulo, en torno a la primera Guerra Mundial se produjeron cambios en la tendencia del periodo. En términos generales, el crecimiento de la población se aceleró entre 1913 y 1929. Esto sucedió en los grupos 1 y 2, pero no en el 3, que comenzó a desacelerar su crecimiento demográfico.

Un factor que contribuyó a las dispares tasas de crecimiento de la población fue la capacidad de atraer inmigración (cuadro III.2). América Latina absorbió cerca de la quinta parte de los 62 millones de personas que emigraron de Europa y Asia entre 1820 y 1930, en su mayor parte en el medio siglo que precedió a la primera Guerra Mundial (Hatton y Williamson, 1994 y 2005). Argentina y Brasil fueron los principales receptores de mano de obra europea. Empresarios y técnicos, provenientes sobre todo de Europa, fueron también importantes, aun en países que no recibieron una inmigración masiva. La agricultura de plantación en Cuba y Perú recibió corrientes adicionales de mano de obra, algunas de ellas provenientes de Asia (sobre todo de China y la India), con diversos tipos de contratos de servidumbre (*indenture*). También hubo corrientes intrarregionales, como los movimientos de trabajadores negros de las Antillas a las plantaciones bananeras de Centroamérica, en la industria azucarera cubana y en la construcción del Canal de Panamá.

CUADRO III.1. *Población de América Latina, 1870-1929*

	Miles			Participaciones (%)		Crecimiento anual (%)		
	1870	1913	1929	1870	1913	1870-1923	1913-1929	1870-1929
Grupo 1								
Bolivia	1495	1881	2370	4.1	2.5	0.54	1.45	0.78
Colombia	2392	5195	7821	6.5	6.9	1.82	2.59	2.03
Ecuador	1013	1689	1928	2.7	2.3	1.20	0.83	1.10
El Salvador	492	1008	1410	1.3	1.3	1.68	2.12	1.80
Guatemala	1080	1486	1753	2.9	2.0	0.74	1.04	0.82
Honduras	404	660	930	1.1	0.9	1.15	2.17	1.42
México	9219	14970	16875	25.0	19.9	1.13	0.75	1.03
Nicaragua	337	578	680	0.9	0.8	1.26	1.02	1.20
Paraguay	384	594	860	1.0	0.8	1.02	2.34	1.38
Perú	2606	4295	5396	7.1	5.7	1.17	1.44	124
Subtotal	19422	32356	40023	52.7	43.1	1.19	1.34	123
Colombia, México y Perú	14217	24460	30092	38.6	32.6	1.27	1.30	1.28
Grupo 2								
Brasil	9797	23660	32894	26.6	31.5	2.07	2.08	2.07
Costa Rica	137	372	490	0.4	0.5	2.35	1.74	2.18
Cuba	1331	2431	3742	3.6	3.2	1.41	2.73	1.77
Panamá	176	348	506	0.5	0.5	1.60	2.37	1.81
República Dominicana	242	750	1213	0.7	1.0	2.67	3.05	2.77
Venezuela	1653	2874	3259	4.5	3.8	1.29	0.79	1.16
Subtotal	13336	30435	42104	36.2	40.6	1.94	2.05	1.97
Brasil, Cuba y Venezuela	12781	28965	39895	34.7	38.6	1.92	2.02	1.95
Grupo 3								
Argentina	1796	7653	11592	4.9	10.2	3.43	2.63	3.21
Chile	1945	3431	4202	5.3	4.6	1.33	1.28	1.31
Uruguay	343	1177	1685	0.9	1.6	2.91	2.27	2.73
Subtotal	4084	12261	17479	11.1	16.3	2.59	2.24	2.50
Total	*36842*	*75052*	*99606*	*100.0*	*100.0*	*1.67*	*1.78*	*1.70*
Total mundial	*1275737*	*1792917*		*2.9*	*4.2*			

FUENTE: Maddison (2008) y tipología de acuerdo al cuadro I.2.

Cuadro III.2. *Inmigración bruta intercontinental y tasas de inmigración (1871-1940)*

	EUA	Canadá	Argentina	Brasil	Cuba	Uruguay	Chile
Migración bruta intercontinental a diferentes áreas, 1871-1930 (miles)							
1871-1880	2 433	220	261	219		112	
1881-1890	4 852	359	841	525		140	28
1891-1900	3 684	231	648	1 129		90	7
1901-1910	8 666	947	1 764	671	243	21	39
1911-1920	4 775	1 154	1 205	798	367	57	68
1921-1930	1 723	987	1 397	840		21	41
1931-1940	443	82	310	239		57	
Acumulado	*26 576*	*3 980*	*6 426*	*4 421*	*610*	*498*	*183*
Tasas de inmigración (por 1 000 habitantes)							
1871-1880	54	54	124	20		281	
1881-1890	85	77	292	41		248	12
1891-1900	53	45	163	71		114	2
1901-1910	103	154	311	34	118	21	13
1911-1920	47	141	149	32	142	46	19
1921-1930	15	103	135	28		14	10

Fuentes: Migración: Hatton y Williamson (2005). Inmigración: Chile, Sánchez Albornoz (1991: cuadro 2); otros, Sánchez Alonso (2006: cuadro 10.3).

Medidos por el impacto sobre su población, los países en los que la inmigración fue más importante fueron Argentina en todo el periodo 1870-1929, Uruguay en el siglo XIX y Cuba en las primeras décadas del siglo XX. En estos tres casos las tasas de inmigración superaron incluso a las de los Estados Unidos y Canadá en varios subperiodos.

Es importante señalar que estos flujos migratorios fueron radicalmente diferentes a la introducción de mano de obra esclava que afectó fuertemente el crecimiento poblacional del Grupo 2 a lo largo de los siglos XVIII y XIX, hasta que se acabara la trata de esclavos.

Las exportaciones

Este periodo ha sido caracterizado de manera reiterada como de auge exportador. Se lo ha llamado era de las exportaciones, de desarrollo hacia fuera o primario-exportador y la primera globalización. No quedan dudas de que el desempeño del sector exportador fue el que marcó el ritmo, el que constituyó

CUADRO III.3. *Exportaciones en dólares constantes (a precios de 1980) totales y per cápita, y sus tasas de crecimiento, 1870-1929*

| | Valores (dólares de 1990) | | | | | | Tasas de crecimiento (%) | | | | | |
| | Exportaciones (millones) | | | Exportaciones per cápita (miles) | | | Exportaciones | | | Exportaciones per cápita | | |
	1870-1874	1910-1914	1925-1929	1870-1874	1910-1914	1925-1929	1870-1914	1910-1929	1870-1914	1870-1914	1910-1929	1870-1929
Grupo 1												
Bolivia	**9.9**	52.8	115.9	6.6	28.0	48.9	4.3	5.4	4.6	3.7	3.8	3.7
Colombia	14.2	114.8	421.2	5.9	22.1	53.9	5.4	9.1	6.4	3.3	6.1	4.1
Ecuador	**4.2**	29.9	83.3	4.2	17.7	43.2	5.0	7.1	5.6	3.7	6.1	4.3
El Salvador	25.5	57.1	74.1	51.8	56.6	52.6	2.0	1.8	2.0	0.2	-0.5	0.0
Guatemala	19.4	81.0	110.2	18.0	54.5	62.9	3.6	2.1	3.2	2.8	1.0	2.3
Honduras	**2.8**	26.2	95.1	6.9	39.7	102.3	5.8	9.0	6.6	4.5	6.5	5.0
México	119.2	547.9	1169.5	12.9	36.6	69.3	3.9	5.2	4.2	2.6	4.3	3.1
Nicaragua	9.4	33.1	44.3	27.8	57.3	65.2	3.2	2.0	2.9	1.8	0.9	1.6
Paraguay	**3.0**	11.5	76.2	7.9	19.4	88.6	3.4	13.4	6.0	2.3	10.6	4.5
Perú	48.5	102.4	595.2	18.6	23.8	110.3	1.9	12.4	4.7	0.6	10.8	3.3
Subtotal	256.2	1056.6	2785.1	13.2	32.7	69.6	3.6	6.7	4.4	2.3	5.2	3.1

Grupo 2

Brasil	352.5	514.2	1 577.1	36.0	21.7	47.9	0.9	7.8	2.8	-1.3	5.4	0.5
Costa Rica	21.4	66.6	70.8	156.5	179.0	144.5	2.9	0.4	2.2	0.3	-1.4	-0.1
Cuba	**101.2**	938.5	1 869.2	76.0	386.1	499.5	5.7	4.7	5.4	4.1	1.7	3.5
República Dominicana	2.2	65.9	165.5	9.2	87.9	136.4	8.8	6.3	8.1	5.8	3.0	5.0
Venezuela	59.5	1 453.0	978.7	36.0	49.8	300.3	2.2	13.7	5.2	0.8	12.7	3.9
Subtotal	536.8	1 728.2	4 661.3	40.8	57.4	112.1	3.0	6.8	4.0	0.9	4.6	1.9

Grupo 3

Argentina	192.9	2 200.4	3 161.9	107.4	287.5	272.8	6.3	2.4	5.2	2.5	-0.4	1.7
Chile	208.0	865.5	1 481.7	107.0	252.3	352.6	3.6	3.6	3.6	2.2	2.3	2.2
Uruguay	76.1	218.1	332.6	222.0	185.3	197.4	2.7	2.9	2.	-0.4	0.4	-0.2
Subtotal	477.0	3 284.0	4 976.2	116.8	267.8	284.7	4.9	2.8	4.4	2.1	0.4	1.6
Total	*1 270.0*	*6 068.8*	*12 422.6*	*34.5*	*80.9*	*124.7*	*4.0*	*4.9*	*4.2*	*2.2*	*2.9*	*2.4*

NOTA: Los datos en negritas son extrapolaciones usando la tasa de crecimiento entre el primer quinquenio disponible y el quinquenio 1910-1914. Los primeros años disponibles y sus valores son:

Bolivia	1990-1994	9.2
Ecuador	1980-1984	2.9
Honduras	1975-1979	1.3
Paraguay	1974-1979	1.5
Cuba	1974-1979	57.6

FUENTES: Exportaciones a precios corrientes de acuerdo a Tena y Federico (2010, apéndice 1), deflactadas caso a caso de acuerdo a los índices de precios de los productos básicos con base en las fuentes y metodología de Ocampo y Parra (2010).

el motor de la dinámica de crecimiento general. Y también es claro que esa dinámica exportadora se basó en bienes agropecuarios o mineros, y que fue prácticamente nulo el peso de otro tipo de bienes o servicios.

El crecimiento exportador fue muy rápido entre 1870-1874 y 1925-1929: 4.2% anual a precios constantes, según el cuadro III.3. De acuerdo a la gráfica I.3, entre 1880 y 1929 América Latina logró un aumento de su participación en el comercio mundial. Entre 1910-1914 y 1925-1929 se produjo una aceleración del crecimiento, que no se reflejó, sin embargo, en el aumento de la participación latinoamericana en el mundo. Puede decirse, por lo tanto, que esta gran expansión del comercio latinoamericano se inscribió en una muy importante expansión a nivel mundial, en la cual América Latina fue una región ganadora.

La expansión más espectacular de las exportaciones fue la que experimentó Argentina desde la década de los setenta del siglo XIX hasta la primera Guerra Mundial (Gerchunoff y Llach, 1998). Sin embargo, con el paso del tiempo todos los países se beneficiaron de la mayor integración a la economía mundial. El desempeño fue, en todo caso, muy dispar entre los distintos grupos. Hasta 1913 el Grupo 3 siguió siendo el de mayor crecimiento. No obstante, al ponerlo en relación con la población, el Grupo 1 (de escaso crecimiento poblacional durante estos años) lo sobrepasó levemente. El Grupo 2, dominado por Brasil y Venezuela, se mostró menos dinámico, especialmente en términos per cápita.

Entre 1910-1914 y 1925-1929, cuando el crecimiento exportador se aceleró, los grupos 1 y 2 fueron los dinámicos, mientras que el 3 mostró una marcada desaceleración, dominada por Argentina. En el Grupo 1, con excepción de Nicaragua, Guatemala y El Salvador, todos mostraron un gran dinamismo. En el Grupo 2 Brasil y Venezuela fueron ahora quienes elevaron la tasa de crecimiento.

Los vaivenes de las tasas de crecimiento no nos deben hacer perder de vista las enormes diferencias que se encuentran en los niveles absolutos de exportaciones per cápita. Los países del Grupo 3 triplicaban las exportaciones per cápita del Grupo 2 en 1870-1874 y las quintuplicaban en 1910-1914. Las diferencias con el Grupo 1 eran aún mucho mayores. En 1925-1929 seguían siendo muy importantes, a pesar de la desaceleración del Grupo 3. De esta manera, se mantuvieron a lo largo de este periodo las características distintivas de estos tres grupos, con capacidades exportadoras fuertemente diferenciadas.

Como hemos visto en el cuadro I.7, en 1870 el primer producto exportador de los países latinoamericanos respondía en promedio por alrededor de 50% de las exportaciones de los distintos países. Hacia 1913, después del fuerte empuje exportador, esa cifra bajó a 42%, pero volvió a subir a 54% en 1929. Lo mismo sucede si miramos el peso de los tres principales productos: pasaron de 66 a 73% entre 1870 y 1929, con su punto más bajo en torno a 1913 (52%). Esto muestra el carácter primario de las exportaciones y su concentración en bienes cuya competitividad se basa ampliamente en el acceso a un conjunto limitado de recursos naturales. Como hemos señalado, éste ha sido un rasgo estructural y central de la mayoría de las economías latinoamericanas hasta nuestros días.

Sobre la base de este hecho, Carlos Díaz-Alejandro acuñó el concepto de "lotería de los productos básicos" *(commodity lottery)*, que ha sido retomado por muchos otros autores. Este concepto tiene su riqueza y sus peligros. Lo interesante es que alude a la suerte a la que está sujeta la capacidad exportadora, asociada a la manera en que una dotación de recursos naturales se combina con los movimientos de la demanda internacional por determinado tipo de bienes en un momento dado. La idea del azar sugiere que no importa mucho lo que hagan los países: su destino parece estar determinado por sus recursos naturales y por fuerzas exógenas que no pueden controlar. Desde este punto de vista, una región puede experimentar un gran auge, pero luego, por variaciones en la demanda, en la competencia internacional o en la aparición de sustitutos, puede experimentar un colapso. El guano en Perú, los nitratos en Chile, el caucho en Brasil y Perú y la quina en Colombia son algunos ejemplos de lo anterior. Este concepto debe ser tomado, sin embargo, con cautela porque puede inducir a creer que efectivamente la capacidad exportadora es una simple ruleta que asigna ganadores y perdedores, cuando en realidad existen diferentes aspectos económicos y sociales, que si bien no excluyen cierto grado de azar, permiten establecer relaciones causales y lógicas y echar luz sobre las dinámicas del cambio histórico. Por ejemplo, la extracción de caucho y quina declinó cuando ese proceso extractivo fue sustituido por plantaciones en el Oriente y luego por sustitutos sintéticos. Los países de la región simplemente no hicieron ese tránsito.

Una nutrida corriente de pensamiento pone énfasis en la relación que existe entre las estructuras productivas y el proceso de desarrollo económico y en que es posible asociar diferentes productos con niveles de desarrollo. Los países más ricos producen bienes de países ricos; los países más pobres producen bienes de países pobres. W. Arthur Lewis se basó en esas ideas en su obra *Aspects of Tropical Trade* (1969) y en *Crecimiento y fluctaciones 1870 1913* (1982) para estudiar las formas en que las diferentes regiones de la periferia de la economía mundial respondían a los desafíos de la expansión económica mundial. Con una lógica parecida, Bértola y Williamson (2006) analizaron las características de los sectores exportadores latinoamericanos durante la primera globalización. Como muestra el cuadro III.4, es posible identificar qué tipo de países exportan los distintos bienes en los que se especializan los países latinoamericanos. Es nítido el contraste entre los bienes de clima templado y los tropicales: mientras que en los primeros, en los que se concentraba la exportación de los países del Grupo 3, los países de ingresos altos (entre los que se cuentan los propios países del Grupo 3) participaban con 87% de las exportaciones mundiales, en los segundos los países de bajos ingresos (entre los que se cuentan los de los grupos 1 y 2) participaban con 74 por ciento.

El caso de los minerales es más ambiguo. Como es sabido, se trata de una producción por lo general concentrada en algunas áreas, principalmente debido a la existencia de una oferta limitada, además de tratarse de una actividad extractiva. La distribución entre países más ricos o más pobres es en este caso más aleatoria. También es más fácil que en esta actividad un país ocupe una posición monopólica en los mercados mundiales, como fue el caso de los nitratos en Chile luego de su victoria en la Guerra del Pacífico.

Basándonos en la comparación entre productos de clima templado y productos tropicales, lo que resulta decisivo es la conformación de los mercados

Cuadro III.4. *Estructura de la producción mundial o exportaciones mundiales de productos primarios, 1913 (porcentajes)*

| | América Latina | | Competidores | | | | |
	G3	G1 y G2	Altos ingresos	Bajos ingresos	Total	Altos + G3	Bajos + G1 y G2
Productos de clima templado (con base en exportaciones)							
Promedio simple	26	0	61	12	100	87	12
Lana	20	0	67	12	100	87	12
Carne	30	0	51	18	100	81	18
Lino	42	0	34	24	100	76	24
Maíz	43	0	53	4	100	96	4
Trigo	15	0	76	10	100	91	10
Harina de trigo	6	0	86	6	98	92	6
Tropicales (con base en exportaciones)							
Promedio simple	0	53	20	21	94	20	74
Cacao	0	42	10	34	86	10	76
Caucho	0	34	39	25	98	39	59
Café	0	82	12	5	99	12	87
Minerales (con base en producción)							
Promedio simple	53	20	48	26	100	65	35
Cobre	9		84	7	100	93	7
Estaño		20	10	70	100	10	90
Plata		38	59	3	100	59	41
Oro		17	37	46	100	37	63
Plomo		5	93	2	100	93	7
Nitratos	97		3		100	100	0

G1, G2 y G3: grupo de países latinoamericanos de acuerdo al cuadro I.2.

Los competidores de altos ingresos son: Europa, Estados Unidos, Canadá y Australasia; los de bajos ingresos son Asia y África.

Fuente: Estimado con base en Bértola y Williamson (2006), con información de Bulmer-Thomas (194: cuadro 6.3).

laborales para la producción de estos bienes a nivel internacional. Habremos de retomar esta discusión más adelante, cuando abordemos la conformación de los mercados de trabajo en las diferentes regiones. Lo que podemos avanzar ahora es que mientras los países productores de bienes de clima tropical competían a nivel internacional con otros países pobres, conformando mercados de poca valorización de los bienes producidos, los productores de bienes de clima templado constituyeron la expansión de la frontera europea y competían con salarios más altos, típicos en aquellas regiones. Cuando se fijaban los precios internacionales de los bienes de clima templado el productor marginal era el campesino europeo de altos ingresos relativos. Esos precios permitieron la generación de una renta que, a diferencia de lo que sostenía Ricardo, no benefició a los que estaban más cerca del mercado consumidor sino a los que estaban más lejos y que se volverían competitivos gracias a la gran reducción de los costos de los transportes. De esta forma, la expansión de la frontera agraria productora de bienes de clima templado podía atraer mano de obra europea, a la que se pagaban salarios relativamente altos. Ése no fue el caso de la producción de bienes de clima tropical, que competían con Asia y África, regiones con abundancia de mano de obra que se reproducía con bajos niveles de vida.

Existen, como siempre, casos difusos y excepciones. El café es uno de ellos. La expansión cafetera de fines del siglo XIX hacia la región de São Paulo, en Brasil, recurrió a la inmigración de colonos europeos, principalmente italianos. Cierto es que no provenían de zonas de muy altos ingresos y que las condiciones de trabajo muchas veces eran muy precarias, pero lo que hizo posible atraer esa mano de obra fueron los altos precios del café a fines del siglo XIX, junto con la oferta prácticamente monopólica que detentó Brasil hasta bien avanzado el siglo XX.

En síntesis, detrás de las mayores exportaciones per cápita de los países del Grupo 3 podemos encontrar dos factores asociados: por una parte, una mayor proporción de la población dedicada a actividades competitivas internacionalmente; por otra, una mayor valorización de la producción exportadora en relación con los mercados productores con los que se competía.

A su vez, y a lo que volveremos más adelante, en los países de fuerte peso de la producción de minerales, la producción para la exportación tiende a absorber directamente una menor proporción de la fuerza de trabajo que donde predominan las ventas al exterior de productos agropecuarios.

De acuerdo al cuadro III.5, hubo también cambios importantes en la composición de las exportaciones latinoamericanas. Los bienes agropecuarios más tradicionales, algunos producidos fundamentalmente por el Grupo 2 (azúcar y caucho), pero otros también por el Grupo 3 (pieles), redujeron su participación de manera muy marcada. Los minerales tradicionales (metales preciosos, nitratos y guano) también lo hicieron. Sólo un producto agrícola tradicional, el café, se mantuvo relativamente estable. Por el contrario, los productos minerales dinámicos (cobre y estaño) y el petróleo irrumpieron con fuerza,

Cuadro iii.5. *Estructura de las exportaciones latinoamericanas por producto, 1859/1861-1927/1929 (porcentajes)*

	1859/1961	*1899/1901*	*1911/1913*	*1927/1929*
Cereales, lana y carne	3.9	22.2	24.4	27.7
Café	18.2	18.5	18.6	18.0
Azúcar, tabaco, pieles, caucho	41.2	28.5	24.5	16.9
Cobre, estaño y petróleo	0.2	1.2	4.7	14.2
Guano, nitrato, metales preciosos	18.8	14.2	13.0	6.6
No clasificadas	17.7	15.4	14.8	16.6
	100.0	100.0	100.0	100.0

Fuente: Bairoch y Etemad (1985: cuadro 5.1).

al igual que los productos agropecuarios típicos de las economías del Grupo 3 (lana, trigo y carne).

La dependencia de los mercados europeos o estadunidenses fue decisiva en el desempeño relativo de las exportaciones después de 1914. En efecto, las exportaciones destinadas a la dinámica economía estadunidense fueron las que permitieron que América Latina en su conjunto evitara caer en la desaceleración europea después de la primera Guerra Mundial. El peso de los Estados Unidos fue mucho mayor en América Central, el Caribe y México que en América del Sur, como lo muestra el cuadro iii.6. A su vez, una descomposición de Sudamérica permitiría ver que los países del norte del subcontinente (Colombia y Venezuela) fueron más dependientes del mercado de los Estados Unidos desde antes. Lo anterior se profundizó durante la guerra, particularmente en los países de Sudamérica. La dependencia de ese mercado fue a veces una ventaja ambigua, ya que después se tuvo que enfrentar el arraigado proteccionismo de los Estados Unidos, como aconteció dramáticamente en el caso del azúcar cubana. Este perfil de la orientación del comercio exportador por destino contribuye en buena medida a explicar las diferencias ya señaladas de la dinámica de las exportaciones entre 1910-1914 y 1925-1929.

Hemos señalado que la expansión del comercio internacional durante la segunda mitad del siglo xix, y al menos hasta la primera Guerra Mundial, fue en alto grado resultado de profundos cambios tecnológicos que redujeron significativamente los costos de transporte, tanto de tipo transoceánico como terrestre, y del acortamiento de rutas producido por la construcción de los canales de Suez y Panamá.

El índice de North de precios de los fletes cayó 41% en términos reales entre 1870 y 1910 y el índice británico cayó 70% entre 1840 y 1910. Esta caída se puede comparar con la reducción de las tarifas de 40 a 7% que experi-

CUADRO III.6. *Comercio de América Latina con Estados Unidos, 1913-1927*
(porcentaje de las exportaciones e importaciones de las distintas subregiones)

	1913	1918	1927
América del Sur			
Importaciones	16.2	25.9	26.8
Exportaciones	16.8	34.8	25.2
México, América Central			
y el Caribe			
Importaciones	53.2	75.0	62.9
Exportaciones	71.3	73.4	58.4

FUENTE: Thorp (1991: cuadro 1).

mentaron los bienes manufacturados que entraron a los países de la OCDE en los 30 años transcurridos entre fines de las décadas de los cuarenta y setenta (Bértola y Williamson, 2006).

Esta reducción del tamaño del mundo, en términos de comunicación y distancias económicas, produjo importantes cambios en los precios relativos y en los términos de intercambio. El movimiento de los términos de intercambio en este periodo presenta muchos aspectos interesantes. En primer lugar, se produjeron fuertes fluctuaciones: hay un notorio aumento de la volatilidad que, por lo demás, refleja la de los precios reales de productos básicos (véase al respecto la gráfica I.5), con ciclos relativamente largos que tienden a acortarse hacia fines del periodo. La serie agregada de términos de intercambio, que representa a ocho países, indica que en la década de los setenta del siglo XIX se produjo un aumento de nivel y que posteriormente hubo fluctuaciones sin que surgiera una tendencia de cambio hasta la segunda década del siglo XX.

Después de alcanzar un pico hacia fines de la primera Guerra Mundial, o durante el auge posterior a la guerra, se inició un proceso de deterioro de los términos de intercambio que se profundizaría en la década de los treinta. Como lo han señalado Ocampo y Parra (2003 y 2010), el punto de quiebre en la evolución de los precios reales de productos básicos se produjo realmente con la gran deflación mundial de 1920-1921. En este sentido, la década de los veinte se caracterizó más bien por un ciclo corto dentro de un nivel más bajo de los precios reales de materias primas y de los términos de intercambio de la región, que nunca volvieron a los picos anteriores a la crisis de 1920-1921, antes de desplomarse nuevamente durante la Gran Depresión de los años treinta.

La creciente inestabilidad de los precios reales de los productos básicos, y los bajos niveles de algunos de ellos desde los años veinte (o incluso desde más temprano, como el colapso de los precios del café a fines del siglo XIX), hizo atractiva la regulación de los mercados. Así lo hizo Brasil en forma unilateral desde la primera década del siglo XX, una práctica que se extendería a un conjunto creciente de mercados de productos básicos desde la primera Guerra Mundial y que se generalizaría en el decenio de los treinta, como un procedimiento para administrar la sobreproducción y los bajos precios. Durante la guerra incluso algunas potencias en conflicto regularon algunos mercados. Sobre este tema volveremos en el capítulo siguiente.

Al igual que en las demás variables, debemos aquí señalar que hubo importantes diferencias en la evolución de los términos de intercambio de los distintos países. Los datos que presentamos en el cuadro III.3 refieren a precios constantes, pero las variaciones de los precios tuvieron un fuerte impacto en la capacidad de compra. Los países de los grupos 1 y 2 experimentaron una rápida y fuerte mejoría, hasta la década de los ochenta del siglo XIX el primero y hasta la de los noventa el segundo. Luego registraron una caída que los dejó por debajo de los niveles iniciales, aunque experimentaron una leve mejoría en el primer decenio del siglo XX. Una vez más, los del Grupo 3 corrieron con mejor suerte y mostraron un desempeño radicalmente distinto al de los otros dos grupos, como puede constatarse en la gráfica III.1. En este grupo el alza de la década de los setenta del siglo XIX no fue tan marcada. Pero a diferencia de lo sucedido en los otros dos grupos, el Grupo 3 experimentó una mejora radical desde principios del siglo XX hasta los años de la primera Guerra Mundial. Estas diferencias reflejan, por lo demás, las tendencias dispares de los distintos grupos de productos básicos y, en este último caso, la mejoría tardía de los precios reales de los productos de la agricultura de clima templado en relación con los tropicales y los metales (véase nuevamente la gráfica I.5). A partir de los años veinte el derrotero está marcado por un fuerte deterioro. El único grupo que escapa a esa tendencia es el 1.

Los resultados, en términos de crecimiento, de la capacidad de compra de las exportaciones (es decir, el efecto conjunto del crecimiento de los volúmenes exportados y la relación de términos de intercambio) se muestran en el cuadro III.7. Tomando como base los años 1870-1874, hacia 1910-1914 el Grupo 3 quintuplicaba a los otros dos grupos, como resultado de la distintiva mejora de sus términos de intercambio. A pesar de ello, esa ventaja se reduce al considerar su mayor crecimiento demográfico, aunque no deja de ser importante. Entre 1910-1914 y 1925-1929 se produjeron cambios importantes. Entonces es el Grupo 1 el que muestra los mejores desempeños, debido a que no enfrentó el deterioro de los términos de intercambio que sí sufrieron los otros dos grupos. Aunado a que su población creció menos que la de los otros dos grupos, el resultado final de este grupo es el más impresionante, seguido a cierta distancia del Grupo 3.

Las regiones costeras se vieron sumamente beneficiadas por la reducción en los costos del transporte marítimo. En el caso del transporte terrestre, las ventajas del desarrollo del ferrocarril variaron en gran medida de acuerdo a los obstáculos geográficos y las distancias por recorrer, pero fueron en todo caso también muy importantes. Esta combinación fue uno de los factores que contribuyeron al crecimiento de la costa atlántica y, en menor medida, de

GRÁFICA III.1. *Términos de intercambio de América Latina: a) total (1820-1940) y b) de tres grupos de países (1870-1940): 1900 = 100*

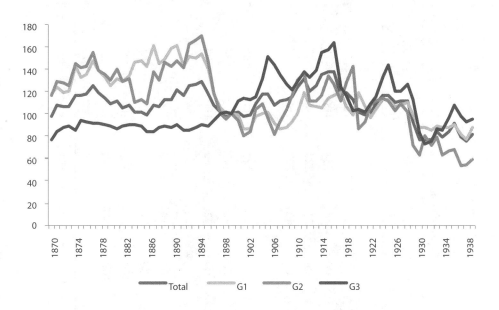

FUENTE: Cuadro I.9.

CUADRO III.7. *Términos de intercambio y poder de compra de las exportaciones (1870-1874 = 100)*

	Volumen de las exportaciones			Términos de intercambio			Poder de compra de las exportaciones			Poder de compra per cápita		
	1870-1874	1910-1914	1925-1929	1870-1874	1910-1914	1925-1929	1870-1874	1910-1914	1925-1929	1870-1874	1910-1914	1925-1929
Grupo 1												
Colombia	100	809	2967	100	127	125	100	1023	3695	100	471	1130
México	100	460	981	100	70	75	100	321	735	100	198	401
Perú	100	211	1227	100	77	72	100	163	885	100	99	427
Subtotal	100	421	1202	100	84	88	100	354	1060	100	206	501
Grupo 2												
Brasil	100	146	447	100	108	103	100	158	462	100	65	138
Cuba	100	928	1847	100	84	63	100	779	1166	100	427	415
Subtotal	100	320	760	100	94	84	100	302	638	100	129	194
Grupo 3												
Argentina	100	1141	1639	100	129	115	100	1476	1883	100	346	292
Chile	100	416	712	100	181	222	100	754	1578	100	428	730
Uruguay	100	287	437	100	203	171	100	582	746	100	170	152
Subtotal	100	688	1043	100	156	152	100	1074	1589	100	358	371
Total	100	494	953	100	115	106	100	568	1006	100	266	352

FUENTES: Exportaciones, cuadro III.3. Términos de intercambio: series de Williamson (2011) proporcionadas por el autor.

la pacífica de América Latina. Las zonas andinas y montañosas de América Central y México parecen haber sido las menos favorecidas en el periodo, aunque el ferrocarril constituyó un importante avance aun en algunas regiones altas, como en México, y fue aprovechado también en los enclaves mineros.

Cualquier interpretación simple, que pretenda hacer del determinismo geográfico una variable decisiva, pierde rotundamente valor explicativo. Basta observar el retraso del Caribe colombiano, la historia del Nordeste brasileño, el escaso desarrollo de muchas islas caribeñas e incluso el desarrollo mexicano, para concluir que no es suficiente medir las distancias de los mercados para encontrar las claves del éxito. Un elocuente ejemplo en sentido inverso lo constituyen los países de Australasia, que entonces eran los más distantes de los grandes mercados y se contaban entre los países más ricos del globo.

El cuadro III.8 nos muestra el ritmo de expansión de las vías férreas en América Latina y a nivel mundial. En el capítulo anterior señalamos que los ferrocarriles llegaron tarde a América Latina, en comparación con su expansión en Europa y los Estados Unidos. Sin embargo, en este periodo tuvo una fuerte difusión y América Latina pasó de tener 5.5% de las vías férreas mundiales en 1870 a 22.5% en 1913, a la vez que quintuplica la media mundial, lo que muestra que, en este rubro, sacó gran ventaja a las regiones más pobres y populosas del mundo.

Las primeras vías férreas se tendieron en Cuba y luego en México, y para el cruce transoceánico, en Panamá a mediados del siglo XIX. En la década de los setenta del siglo XIX hubo una expansión explosiva en los países de mayor tamaño, como Argentina, Brasil y México. También en los pequeños el impacto fue muy grande. A partir de 1913 el crecimiento de la red ferroviaria fue muy lento, excepto en unos cuantos países (Colombia, Ecuador y algunos centroamericanos).

No debe extrañar que la extensión de vías férreas en relación con la población fuera mucho mayor en los países del Grupo 3: en 1913 es más de tres veces mayor que la de los otros dos grupos.

Para dar una idea del impacto de la expansión del sistema de vías férreas se puede mostrar un ejemplo. En Uruguay, un país de superficie pequeña y sin obstáculos naturales, son elocuentes las ventajas obtenidas en 1870-1913: el precio del transporte transoceánico cayó 0.7% anual, mientras que las tarifas del ferrocarril cayeron a 3.1% anual en términos reales (Bértola, 2000: 102, cuadro 4.1).

El PIB y el PIB per cápita

Al igual que la población y las exportaciones, el desempeño del PIB y el PIB per cápita mostró importantes diferencias entre países, en línea con lo sucedido en el periodo anterior. Lamentablemente sólo contamos con información más o menos confiable para nueve países, que cubren adecuadamente la población

CUADRO III.8. *Kilómetros de vías férreas en los países latinoamericanos, total y per cápita (1840-1930)*

	Total									Km/1000 hab.		
	1840	1850	1860	1870	1880	1890	1900	1913	1930 (e)	1870	1913	1930
Grupo 1												
Bolivia						209	972	1 440	1 953		0.77	0.82
Colombia[a]			80	80	131	282	568	1 061	2 843	0.03	0.20	0.36
Ecuador					64	92	92	587	1 132		0.35	0.59
El Salvador[b]					21	87	116	320	623		0.32	0.44
Guatemala						186	640	987	819		0.66	0.47
Honduras					60	96	96	241	1 109		0.37	1.19
México[c]		13	32	349	1 080	9 718	13 585	25 600	23 345	0.04	1.71	1.38
Nicaragua[d]					21	143	225	322	235		0.56	0.35
Paraguay				91	91	240	240	373	497	0.24	0.63	0.58
Perú			103	669	1 034	1 599	1 800	3 317	3 056	0.26	0.77	0.57
Subtotal		13	215	1 189	2 502	12 652	18 334	34 248	35 612	0.06	1.06	0.89
Grupo 2												
Brasil			223	745	3 398	9 973	15 316	24 614	32 478	0.08	1.04	0.99
Costa Rica[b]					117	241	388	878	669		2.36	1.37
Cuba[a]	72	465	858	1 295	1 418	1 731	1 960	3 846	4 381	0.97	1.58	1.17
Panamá					76	76	76	76	349		0.22	0.69
República Dominicana						115	182	241			0.32	0.00
Venezuela				13	113	454	858	858	885	0.01	0.30	0.27
Subtotal	72	465	1 081	2 053	5 122	12 590	18 780	30 513	38 762	0.15	1.00	0.95
Grupo 3												
Argentina[c]			39	732	2 913	9 254	16 767	31 859	38 120	0.41	4.16	3.29
Chile			195	732	1 177	2 747	4 354	8 070	8 937	0.38	2.35	2.13
Uruguay				20	431	983	1 730	2 576	2 746	0.06	2.19	1.63
Subtotal			234	1 484	4 521	12 984	22 851	42 505	49 803	0.36	3.47	2.85
Total	72	478	1 530	4 726	12 145	38 226	59 965	107 266		0.13	1.43	
Total mundial[e]				85 170				402 178		0.07	0.22	
Estructura												
Grupo 1		2.7	14.1	25.2	20.6	33.1	30.6	31.9				
Grupo 2		97.3	70.7	43.4	42.2	32.9	31.3	28.4				
Grupo 3			15.3	31.4	37.2	34.0	38.1	39.6				
Total A. L.	100	100.0	100.0	100.0	100.0	100.0	100.0	100.0				
A. L. en el mundo[f]				5.5				22.5				

FUENTE: Mitchell (1993), excepto: [a] hasta 1880, Sanz (1998); [b] MOXLAD; [c] 1913, Bulmer-Thomas (2004: cuadro 4.4.); [d] Sanz (1998); [e] Summerhill (2006: cuadro 8.1).

de los diferentes grupos. Estos países representan un porcentaje creciente de la población a lo largo del periodo y 87% en promedio.

De acuerdo al cuadro III.9, entre 1870 y 1929 el crecimiento del PIB fue de 3.3% anual. Sin embargo, el ritmo de crecimiento fue muy inestable: alcanzó sus niveles más altos, cercanos a 5% anual, en las décadas que precedieron a la primera Guerra Mundial y a la Gran Depresión de los años treinta (véase la gráfica IV.5) y, más específicamente, en 1902-1912 y 1922-1929, pero también experimentó una fuerte desaceleración durante la década que sucedió a la crisis de Baring de 1890 (que, como veremos más adelante, tuvo un efecto muy fuerte sobre Argentina) y un retroceso durante los años de la primera Guerra Mundial. Al igual que en el periodo anterior, el Grupo 3 creció más que el 1 y el 2, en esta ocasión por un margen considerable, lo cual refleja, ante todo, el espectacular crecimiento de la economía argentina. Tan amplio es el margen del Grupo 3 en relación con los otros que, aun tomando en cuenta el mayor crecimiento de su población, el PIB per cápita también creció mucho más. Como resultado, mientras hacia 1870 el Grupo 3 mostraba un PIB por habitante que duplicaba al de los otros dos grupos, hacia 1913 era dos veces y media el del Grupo 1 y cuadruplicaba al Grupo 2, constituido en su mayoría por las viejas economías esclavistas.

Sin embargo, y a diferencia de lo sucedido en el periodo anterior, dado el mayor crecimiento de la población del Grupo 2 en relación con el 1, el crecimiento per cápita de este último se manifiesta bastante superior al del 2. En esta comparación destacan, por una parte, el aceptable crecimiento de México durante el Porfiriato (en claro contraste con su decepcionante experiencia en el tercer cuarto del siglo XIX) y, por el contrario, el mediocre crecimiento de la economía brasileña.

En torno a la coyuntura de la crisis de 1913 y la primera Guerra Mundial se produjo un cambio que condujo a un crecimiento más lento del producto y del producto per cápita. Los grupos 1 y 3, que mostaron el mayor crecimiento por habitante para todo el periodo, se desaceleraron en 1913-1929. En el caso del Grupo 1 en realidad fue México el que cayó debido a la disrupción generada por la Revolución mexicana, en tanto Colombia experimentó un auge, jalonado por una expansión notoria de su producción cafetera. Por el contrario, los países del Grupo 2, que en 1870-1913 acusaban la decadencia de la economía esclavista, parecieron encontrar una tardía senda de crecimiento iniciado el siglo XX. Los patrones son, sin embargo, muy diferentes: Venezuela se expandió por la vía del inicio de su auge petrolero, en tanto que Brasil produjo la primera experiencia de crecimiento rápido basada en el mercado interno (véase más adelante). La excepción en el Grupo 2 es Cuba, que a principios de siglo XX, después de una rápida expansión inmediatamente después de su independencia en 1902, comenzó a experimentar un crecimiento volátil.

Como puede constatarse en el cuadro III.9, en tanto el periodo 1870-1913 fue uno de creciente desigualdad entre los países latinoamericanos, medida por el coeficiente de variación del PIB per cápita, entre 1913 y 1929 esa tendencia se revirtió. Algo similar ocurrió, incluso en forma aún más marcada, con otros indicadores de modernización, en particular con el consumo de energía por habitante (Rubio *et al.*, 2010) y la inversión en maquinaria y equipo (Tafunell, 2009b), en el cual los países del Grupo 3 y Cuba mostraban una gran ventaja relativa hasta comienzos del siglo xx, que más tarde tendió a erosionarse gracias al desarrollo dinámico (en cualquier caso, desigual) de otros países.

Debemos hacer una reflexión sobre la representatividad de los países para los que tenemos información. Hemos dicho que éstos representan aproximadamente 87% de la población. Sin embargo, esa representatividad no es igual para los tres grupos. El Grupo 3 está representado en 100%; el Grupo 2 en 95%. Es el Grupo 1 el que presenta las mayores dificultades y para el que tenemos menos información, ya que Colombia, Perú y México representan en promedio 75% del total del grupo. Desde el punto de vista de los cambios en la población, estos tres países siguen una lógica similar al conjunto del Grupo 1 (véase cuadro 1). Ello a pesar de que los conflictos políticos, que causaron muchas bajas en la población de Colombia y México, tuvieron lugar en dos subperiodos distintos.

En síntesis, América Latina creció a buen ritmo entre 1870 y 1913, generándose un aumento de la disparidad entre las regiones, con las del Grupo 3 creciendo más rápidamente y aumentando las diferencias con respecto a los demás grupos. Las economías esclavistas, que sufrieron una baja dinámica al final del siglo xix, se recuperan a principios del xx, obviamente sobre una base que ya no era esclavista, al igual que países como Colombia, del Grupo 1. En 1913-1929, entonces, se produjo una pérdida de dinámica que es igualmente diversa. Los que iniciaron tempranamente el proceso de crecimiento se desaceleran, y México se suma a esta tendencia. El resultado neto es una reducción de las disparidades regionales.

El mercado interno

La mayoría de los procesos de expansión económica de América Latina hasta el decenio de los veinte fueron liderados por las exportaciones, en el sentido de que el crecimiento de éstas fue más rápido que el del PIB y determinante de los ciclos de crecimiento. Pero el papel dominante desempeñado por las exportaciones no significó que los sectores exportadores absorbieran la mayor parte de la fuerza de trabajo o que representaran de hecho una proporción elevada del PIB. En efecto, en la mayoría de los países las economías exportadoras dejaron grandes contingentes de trabajadores bajo la influencia de las estructuras rurales tradicionales. Para expresarlo en términos de Braudel (1986: 11-12):

> ... la economía preindustrial es, en efecto, la coexistencia de las rigideces, inercias y torpezas de una economía aún elemental con los movimientos limitados y

CUADRO III.9. PIB y PIB per cápita de nueve países latinoamericanos, 1870-1929 (en dólares Geary-Khamis de 1990)

| | Dólares de 1990 | | | | | | Crecimiento (%) | | | | | |
| | PIB | | | PIB per cápita | | | PIB | | | PIB per cápita | | |
	1870	1913	1929	1870	1913	1929	1870-1913	1913-1929	1870-1929	1870-1913	1913-1929	1870-1929
Grupo 1 (expandido)	13441	44414	66657	692	1373	1665	2.8	2.6	2.8	1.6	1.2	1.5
Colombia	1740	4574	11801	676	845	1589	2.3	6.1	3.3	0.5	4.0	1.5
México	5906	24636	28183	651	1672	1696	3.4	0.8	2.7	2.2	0.1	1.6
Perú	2193	4365	10133	840	1024	1892	1.6	5.4	2.6	0.5	3.9	1.4
Subtotal	9839	33576	50177				2.9	2.5	2.8			
Grupo 2 (expandido)	9695	27589	53459	727	906	1270	2.5	4.2	2.9	0.5	2.1	0.9
Brasil	6935	18149	35250	694	758	1051	2.3	4.2	2.8	0.2	2.1	0.7
Cuba	1418	5215	6274	1065	2327	1688	3.1	1.2	2.6	1.8	-2.0	0.8
Venezuela	942	2892	9131	570	1010	2813	2.6	7.5	3.9	1.3	6.6	2.7
Subtotal	9294	26256	50654				2.4	42	2.9			
Grupo 3	5965	45028	74739	1461	3673	4276	4.8	3.2	4.4	2.2	1.0	1.8
Argentina	2673	30747	53560	1468	3962	4557	5.8	3.5	5.2	2.3	0.9	1.9
Chile	2554	10436	14780	1320	3058	3536	3.3	2.2	3.0	2.0	0.9	1.7
Uruguay	738	3845	6398	2106	3197	3716	3.9	3.2	3.7	1.0	0.9	1.0
Total	29101	117031	194855	790	1559	1956	3.3	3.7	3.4	1.6	1.4	1.5
Desviación estándar				508	1195	1198						
Coeficiente de variación				0.64	0.77	0.61						

FUENTE: Cuadros 1 y 2.

minoritarios, aunque vivos y poderosos, de un crecimiento moderno [...] Hay, por lo tanto, al menos dos universos, dos géneros de vida que son ajenos uno al otro, y cuyas masas respectivas encuentran su explicación, sin embargo, una gracias a la otra.

La primera era el universo de los intercambios y la vida local; la segunda era la de los intercambios de mayor alcance, donde se generaba la acumulación de capital. Las economías fueron lideradas por las exportaciones, en el sentido de que las exportaciones estuvieron en el centro de esta dinámica de los mercados más amplios y la acumulación de capital, no de que abarcara una proporción muy alta de la población, que en muchos países latinoamericanos, sobre todos los más poblados, continuaron por mucho tiempo bajo el signo de la vida local y su economía "elemental". En muchos casos el retroceso de las redes que se habían extendido en la Colonia en torno al suministro de las zonas mineras, o de las economías esclavistas, condujo incluso al fortalecimiento de esas economías locales.

A partir de la información con la que contamos podemos intentar estimar cómo se descompone el crecimiento económico entre las exportaciones y la producción destinada al mercado interno, tal como lo hiciéramos en el capítulo anterior. Podemos hacer este ejercicio sólo con los nueve países para los que contamos con información de PIB.

El cuadro III.10 muestra los resultados. La primera conclusión a la que conduce es que efectivamente el crecimiento exportador llevó a un aumento permanente del coeficiente de exportaciones hasta 1925-1929. Sin embargo, es muy importante señalar que en promedio más de 80% de la producción de América Latina se destinaba al mercado interno, aun al final del auge exportador. Esta constatación es sumamente importante, ya que a falta de información se ha tendido a asimilar el conjunto de la economía con el sector exportador, normalmente mejor registrado.

Las diferencias entre los distintos grupos de países se mantienen con nitidez, a la vez que volvemos a constatar varios aspectos ya señalados sobre el periodo anterior. El Grupo 1 tiene un coeficiente de apertura notablemente bajo comparado con los otros dos. Entre los otros grupos se destacan Cuba, Chile y Uruguay con los mayores coeficientes de apertura, lo que es coherente con el tamaño relativamente pequeño de estos países.

En cuanto a las tendencias, se puede constatar que tanto en el Grupo 1 como en el 3 se desacelera el crecimiento per cápita hacia el mercado interno después de 1910-1914. El que se comporta de manera diferente es el Grupo 2, a pesar de la caída cubana. Es probable que la mejora del nivel de vida de los antiguos esclavos haya hecho alguna contribución a la expansión del mercado interno.

Hemos dicho que en el conjunto el coeficiente de exportaciones fue en ascenso hasta 1925-1929. Pero eso no es válido para los grupos 2 y 3, ya que en estos casos, después de 1910-1914 se produjo la mencionada desacelera-

CUADRO III.10. *Crecimiento del PIB, dinámica del mercado interno y las exportaciones, 1820-1870 (dólares de 1990)*
(*porcentajes*)

	Crecimiento del PIB			Crecimiento Exportaciones			Mercado interno			Crecimiento del mercado interno per cápita			Apertura exportadora (% del PIB)		
	1870-1913	1913-1929	1870-1929	1870-1913	1913-1929	1870-1929	1870-1913	1913-1929	1870-1929	1870-1913	1913-1929	1870-1929	1870-1874(a)	1910-1914(a)	1925-1929
Grupo 1	2.9	2.5	2.8	3.7	6.0	4.6	2.9	2.5	2.8	1.6	1.2	1.5	0.05	0.08	0.13
Colombia	2.3	6.1	3.3	5.4	9.1	6.4	2.1	5.8	3.1	0.3	3.2	1.1	0.03	0.09	0.14
México	3.4	0.8	2.7	3.9	5.2	4.2	3.3	0.5	2.6	2.2	-0.3	1.5	0.06	0.07	0.13
Perú	1.6	5.4	2.6	1.9	12.4	4.7	1.6	4.9	2.5	0.4	3.5	1.2	0.04	0.05	0.12
Grupo 2	2.4	4.2	2.9	2.9	2.6	4.0	2.4	4.3	2.9	0.5	2.3	1.0	0.12	0.27	0.21
Brasil	2.3	4.2	2.8	0.9	7.8	2.8	1.8	2.7	2.1	-0.2	0.7	0.0	0.15	0.09	0.15
Cuba	3.1	1.2	2.6	5.7	4.7	5.4	3.1	0.0	2.3	1.7	-2.8	0.5	0.09	0.26	0.44
Venezuela	2.6	7.5	3.9	2.2	13.7	5.2	2.6	7.5	3.9	1.3	6.7	2.8	0.15	0.13	0.30
Grupo 3	4.8	3.2	4.4	4.9	2.8	4.4	4.7	2.5	4.1	2.1	0.2	1.6	0.24	0.25	0.24
Argentina	58	3.5	5.2	6.3	2.4	5.2	6.8	3.7	6.0	1.4	1.1	2.7	0.20	0.24	0.20
Chile	3.3	2.2	3.0	3.6	3.6	3.6	3.3	2.2	3.0	2.0	0.9	1.7	0.31	0.35	0.43
Uruguay	3.9	3.2	3.7	2.7	2.9	2.7	3.8	3.0	3.6	0.9	0.8	0.9	0.61	0.38	0.36
Total	3.3	3.7	3.4	4.0	4.9	4.2	3.3	3.2	3.3	1.6	1.5	1.6	0.13	0.16	0.19

FUENTES Y METODOLOGÍA: PIB y exportaciones: cuadros III.3 y III.9. Los coeficientes de apertura exportadora en 1925-1929 se estiman con base en los datos de exportaciones en dólares corrientes de Tena y Federico (2010) convertidos a moneda local con los datos de tipos de cambio de MOXLAD. Los coeficientes se estiman como proporciones del PIB en moneda local en 1925-1929 según las siguientes fuentes: Argentina, Brasil, Perú y Venezuela, MOXLAD; Chile, Rodríguez Weber (2007); Colombia, CEPAL en dólares constantes transformados a dólares corrientes utilizando el IPC de Estados Unidos; México, INEGI; Uruguay, Bertino y Tajam (1999: cuadro 15). El coeficiente para 1870-1874 y 1910-1914 se estima hacia atrás con base en el crecimiento del PIB y las exportaciones a precios constantes. Por lo tanto, puede considerarse que son grados de apertura a precios relativos de 1925-1929.

CUADRO III.11. *Crecimiento y crecimiento relativo del* PIB *explicado por las elasticidades-ingreso de demanda de exportaciones e importaciones: siete países latinoamericanos, 1870-1929*

	ε	Π	ε/Π	y (%)	z (%)	y/z	y^* (%)	y/y^*
Colombia								
1870-1929	1.43	1.73	0.82	1.46	1.67	0.87	1.38	1.06
1870-1913	0.93	2.10	0.44	0.52	1.57	0.33	0.69	0.75
1913-1929	2.53	1.61	1.57	4.02	1.95	2.06	3.06	1.31
México								
1870-1929	0.90	0.60	1.50	0.70	0.85	0.83	1.27	0.55
1870-1913	1.90	1.93	0.99	1.49	1.55	0.96	1.53	0.98
1913-1929	−0.06	3.38	−0.02	0.09	1.60	0.06	−0.03	−3.13
Grupo 1 (promedio no ponderado)								
1870-1929	1.16	1.17	1.16	1.08	1.26	0.85	1.33	0.81
1870-1913	1.41	2.01	0.71	1.01	1.56	0.65	1.11	0.86
1913-1929	1.23	2.50	0.78	2.06	1.77	1.06	1.52	−0.91
Brasil								
1870-1929	2.38	4.84	0.49	0.71	1.47	0.48	0.72	0.98
1870-1913	3.10	23.26	0.13	0.21	1.69	0.12	0.23	0.91
1913-1929	−1.13	−0.07	16.40	2.06	0.90	2.30	14.70	0.14
Venezuela								
1870-1929	2.19	0.44	4.98	5.05	1.19	4.23	5.95	0.85
1870-1913	3.98	3.75	1.06	2.30	1.69	1.36	1.79	1.29
1913-1929	2.57	0.96	2.69	7.34	2.74	2.68	7.36	1.00
Grupo 2 (promedio no ponderado)								
1870-1929	2.28	2.64	2.74	2.88	1.33	2.35	3.34	0.91
1870-1913	3.54	13.50	0.60	1.25	1.69	0.74	1.01	1.10
1913-1929	0.72	0.44	9.54	4.70	1.82	2.49	11.03	0.57
Argentina								
1870-1929	3.65	1.49	2.46	1.95	0.95	2.05	2.35	0.83
1870-1913	4.66	2.05	2.28	2.78	1.36	2.04	3.10	0.90
1913-1929	0.17	−0.99	−0.17	0.88	0.71	1.23	−0.12	−7.12
Chile								
1870-1929		1.53	0.92	1.68	1.41	1.19	1.30	1.30
1870-1913	331	1.85	1.79	1.97	1.25	1.57	2.24	0.88
1913-1929	−1.98	−0.31	6.36	0.91	1.83	0.50	11.66	0.08
Uruguay								
1870-1929	1.89	2.43	0.78	0.97	1.32	0.73	1.03	0.94
1870-1913	3.67	3.17	1.16	0.98	1.11	0.88	1.28	0.76
1913-1929	−0.84	0.42	−2.01	0.94	1.90	0.50	−3.83	−0.25

CUADRO III.11. *Crecimiento y crecimiento relativo del* PIB *explicado por las elasticidades-ingreso de demanda de exportaciones e importaciones: siete países latinoamericanos, 1870-1929 [concluye]*

	ε	Π	ε/Π	y (%)	z (%)	y/z	y^* (%)	y/y^*
Grupo 3 (promedio no ponderado)								
1870-1929	2.32	1.82	1.39	1.53	1.23	1.32	1.56	1.02
1870-1913	3.88	2.36	1.74	1.91	1.24	1.50	2.21	0.84
1913-1929	−0.88	−0.29	1.39	0.91	1.48	0.74	2.57	−2.43
Promedios no ponderados totales								
1870-1929	1.98	1.86						
1870-1913	3.08	5.44						
1913-1929	0.18	0.71						

ε: elasticidad ingreso de la demanda de exportaciones por parte de otros países.

Π: elasticidad ingreso de la demanda de importaciones.

y: tasa real de crecimiento.

y^*: tasa de crecimiento de equilibrio de balanza de pagos estimada de acuerdo con la fórmula $y=e/p^*z$.

z: tasa de crecimiento del "mundo relevante" de cada país (socios comerciales).

FUENTE: Cálculos de los autores.

ción de las exportaciones, que crecieron a menores ritmos que el mercado interno, provocando una caída del coeficiente de exportaciones. Ése no es el caso del Grupo 1, empujado principalmente por Colombia. En el caso mexicano, la fuerte contracción del mercado interno puede ponerse como una de las secuelas de la revolución.

El cuadro III.11 analiza esta misma información con el uso de una metodología ya utilizada en el capítulo I y presentada en el cuadro I.8. La idea es estudiar la tasa de crecimiento en relación con la de la economía del mundo con el que se comercia como resultado de la relación entre la elasticidad-ingreso de la demanda de las exportaciones y la de las importaciones. La idea es que sin importar cuánto puedan crecer las exportaciones, un aumento mayor de las importaciones puede conducir a restricciones al crecimiento provenientes del deterioro de la balanza comercial.

Aquí el periodo 1870-1929 se subdivide de nuevo en dos: 1870-1913 y 1913-1929. Es posible constatar un buen ajuste de la tasa de crecimiento estimada y la tasa de crecimiento real en 1870-1929, es decir, que es posible estimar el crecimiento a partir de las propensiones a exportar e importar y el crecimiento de la demanda externa. El ajuste también es bueno para 1870-1913. Y es importante ver cómo cambian dos de las tres variables en juego en el periodo 1913-1929, anticipando la gran crisis que habría de sobrevenir. En la mayoría de los países (entre ellos, en todos los del Grupo 3) se nota una marcada reducción de la elasticidad ingreso de la demanda de sus exportaciones en los mercados mundiales, así como de su propia demanda de importaciones. La reducción de la primera de estas elasticidades fue particularmente marcada, lo que puede verse como una señal de que la demanda mundial se volvió un motor cada vez más débil del desarrollo latinoamericano. Sólo Venezuela (con base en el inicio de las exportaciones de petróleo) y Colombia (que experimenta un *boom* del café y uno más tardío del petróleo) escapan, en 1913-1929, a esta tendencia general.

El entorno sociopolítico-institucional

El fortalecimiento del poder del Estado

Existe un amplio consenso en señalar que durante este periodo, si bien no desaparecieron los conflictos internacionales ni los civiles, ni la mala administración ni muchos otros aspectos característicos de las jóvenes repúblicas latinoamericanas, se fue gestando una creciente estabilidad política en varios países de América Latina que, las más de las veces, iría acompañada de formas autoritarias de gobierno.

Esta creciente estabilidad política puede ponerse en relación con algo que Glade (1991) señaló con acierto: a lo largo de las décadas posteriores a la Independencia se produjo un proceso paulatino, progresivo, acumulativo e incluso a veces poco perceptible, mediante el cual fueron ganando terreno relaciones sociales y económicas más compatibles con los modos de interacción capitalistas. Si bien ese proceso de cambio incremental no transformó radicalmente la organización económica, sí fue generando un ambiente propicio en el que sería posible adoptar nuevos avances institucionales, como los registrados en 1870-1914. Esta forma de ver las cosas alude a cómo lo que finalmente culmina en la adopción de innovaciones institucionales formales, es el resultado no de drásticos hechos y decisiones puntuales, sino de procesos de tipo más bien evolutivo.

La consolidación del poder central de los Estados nacionales estuvo generalmente cimentada en gobiernos oligárquicos. Se trató del fortalecimiento de una coalición de poder que articulaba los intereses de los sectores terratenientes, mineros (de ser el caso), comerciantes y prestamistas locales (algunos de estos últimos transformados en banqueros) y capitalistas extranjeros, por una parte, con los agentes, partidos o caudillos políticos que permanecerían en el poder con alta discrecionalidad pero defendiendo finalmente los intereses de aquellos grandes actores. La capacidad de los sectores económicamente poderosos de cooptar a estos detentores del poder era grande, cuando no eran ellos mismos quienes lo detentaban, al tiempo que se sacrificaban mecanismos formales de control de los gobiernos e incluso del poder de otras fracciones de las élites, en aras de asegurar el poder frente a sectores populares subordinados. Según Halperin (1968), en esta nueva etapa los sectores terratenientes, que habían pasado a ser el sector dominante de la élite en las décadas posteriores a la Independencia, empiezan a perder poder frente a las nuevas élites comerciales y financieras estrechamente vinculadas al capital extranjero, terminando por configurar lo que él denomina un nuevo "pacto colonial".

El caso brasileño es particular, como en muchos otros aspectos, debido al distintivo proceso de su independencia, que condujo a la instalación de una monarquía ilustrada, que se transformó en república sin mayores sobresaltos en 1889, de la misma forma en que se abolió la esclavitud. Sin embargo, y para aventurar causalidades simples, hemos ya podido constatar que esta estabilidad política brasileña no fue suficiente para que este país experimentara un proceso continuo ni pujante de crecimiento económico. Como hemos visto, Brasil parece encontrar una senda de crecimiento más fuerte a principios del siglo xx, en tanto el siglo xix nos presenta más bien un escenario de distintos y contradictorios desarrollos regionales, con un resultado total francamente decepcionante, tanto en términos de crecimiento como de niveles de ingreso. Sin embargo, a fines del siglo xix se profundizó la gran expansión de la zona cafetera hacia la región del estado de São Paulo, región que habría de albergar posteriormente los inicios de una potente industrialización. Al tiempo, tanto el Noreste, otrora protagonista de la expansión azucarera, como el centro colonial de la región de Rio de Janeiro, dos regiones que vivieron su esplendor basadas en la economía esclavista, experimentaron un marcado proceso de decadencia, aunque esta última más tardíamente.

Como ya se ha señalado al final del capítulo anterior, Chile fue un país que mantuvo cierta excepcionalidad en la América hispánica. Se trató, en términos relativos, de un país con una fuerte estabilidad institucional, un estado y burocracia relativamente fuertes, que encontró en la administración de Balmaceda una visión intervencionista y nacionalista, que no dudó en identificar al Estado y la nación con intereses económicos particulares potentes. Frente a la crisis de los años setenta del siglo xix, que tempranamente puso límites a una inserción un tanto casual de Chile en el mercado internacional mediante la exportación de trigo a California y Australia, en pleno auge del descubrimiento y explotación del oro en esas regiones, este Estado relativamente fuerte en la región no dudó en desatar una guerra expansionista, defendiendo intereses de compañías de las que sus ministros eran accionistas. La Guerra del Pacífico culminó con la anexión de importantes y ricos territorios (en nitratos) a su territorio nacional.

Otro caso paradigmático del periodo es el mexicano. Como vimos en el capítulo anterior, es probable que México tuviera un desarrollo económico relativamente bueno en las primeras décadas posteriores a la Independencia, pero ese proceso se vio afectado por fuertes conflictos internacionales, primero, pero principalmente internos, que abrieron un periodo de gran inestabilidad y muy mal desempeño económico. Ese proceso se revirtió de forma radical durante el llamado Porfiriato, el prolongado periodo de 1876-1910 durante el cual Porfirio Díaz gobernó de manera autoritaria.

Otros dictadores que se mantuvieron un largo tiempo en el poder fueron

Antonio Guzmán Blanco (1870-1887) y Juan Vicente Gómez (1908-1935) en Venezuela; Justo Rufino Barrios (1871-1885) y Manuel Estrada Cabrera (1898-1920) en Guatemala. En los países del Río de la Plata el general Roca fue un factor decisivo de poder en el proceso de expansión de la frontera agraria, resolviendo los conflictos que aún permanecían por la apropiación real del territorio frente a los pobladores indígenas. En Uruguay este periodo es conocido como el del militarismo, en el que tres militares se sucedieron, haciendo valer finalmente el poder del Estado en todo el territorio, tecnificándolo y volviéndolo más eficiente, también al servicio del llamado disciplinamiento de la campaña.

Aun en los países donde no aparece este tipo de gobierno fuerte y autoritario, la atmósfera general del periodo era una en que la sociedad en general se había vuelto mucho más proclive al respeto de las relaciones de propiedad, en las cuales, para usar una formulación típica de fines del siglo xx, el "clima de negocios" se había tornado más favorable.

Este fortalecimiento de las estructuras centrales del Estado en este periodo, y las mayores garantías que ello generaba para los procesos de acumulación de capital, es reconocido incluso por Dye, quien por lo demás ha insistido en el carácter estructural de la inestabilidad institucional latinoamericana hasta nuestros días. El autor sostiene que la mitad de los países latinoamericanos que obtuvieron cierta estabilidad institucional a lo largo de su vida independiente, lo hicieron durante este periodo de crecimiento liderado por las exportaciones, y vieron cómo esa estabilidad desaparecía al colapsar el modelo en los años treinta (Dye, 2006: 183).

Esta tendencia general no nos debe hacer olvidar la persistencia de fuertes inestabilidades políticas en varios países. La Guerra de los Mil Días (1899-1902) en Colombia, la peor de las guerras civiles decimonónicas en ese país, es un ejemplo importante y también es cierto que, hasta que Colombia no conquistó cierta estabilidad después de esta guerra, no le fue posible iniciar un proceso dinámico de crecimiento económico. Pero el ejemplo más destacado es, sin duda, la Revolución mexicana, que en términos económicos cortó de cuajo el periodo de crecimiento dinámico durante el Porfiriato y condujo a una fase de lento crecimiento, hasta que la organización política que produjo la revolución logró estabilidad y sentó las bases para una nueva fase de expansión económica.[1]

Queda abierta la discusión de causalidad, en el sentido de si son los avances institucionales los que finalmente provocaron la ola de crecimiento, o si, por el contrario, fueron las oportunidades que creó la expansión de la demanda internacional de materias primas y la reducción de los costos de

---

[1] La obra de Moreno-Brid y Ros (2009) proporciona quizás el mejor intento de asociar las grandes fases de la historia mexicana a los acuerdos institucionales y, según su visión, a los acuerdos sociales implícitos sobre el desarrollo económico que ha caracterizado las dos grandes fases de expansión de la economía mexicana después de la Independencia.

los transportes, las que sostuvieron el sosiego de las turbulencias políticas. Por el momento nos conformamos con decir que ambos factores estuvieron estrechamente relacionados y que más allá de existir ejemplos en contrario, la tendencia predominante parece indicar que crecimiento y estabilidad institucional fueron de la mano.

Mercados de tierras

La tierra, ya sea agrícola o para la extracción de minerales, siguió constituyendo el principal factor de producción con base en el cual se sostenía la inserción de la economía latinoamericana en la economía mundial.

El aumento de la producción y exportaciones latinoamericanas, que hemos descrito anteriormente, se basó en una fuerte expansión de las tierras puestas a trabajar en el circuito comercial. Ese aumento de la superficie tuvo tres fuentes principales: *1.* la compra o apropiación por parte de particulares de tierras de dominio público, *2.* el uso más eficiente de tierras pertenecientes a las tradicionales fincas y haciendas, y *3.* la expropiación de las tierras pertenecientes a las organizaciones religiosas y otras corporaciones, y la disolución de los resguardos indígenas, en aquellos países donde este proceso se llevó a cabo (Glade, 1991: 23-30).

Las principales zonas de expansión de la frontera fueron el norte de México y el sur de América del Sur. Pero en todas las regiones centrales de México, América Central y en la zona andina de Sudamérica se produjo una expansión hacia las fronteras, hacia zonas tropicales y hacia los llanos, utilizando tierras antes no utilizadas para la producción de diferentes cultivos. Glade distingue dos modalidades de este proceso. Una de ellas se caracterizó por la producción de nuevos cultivos de exportación en la tierra de frontera, como el café en Brasil, la lana de la Patagonia, el salitre del norte de Chile. La otra forma consistió en el desplazamiento de la producción tradicional hacia las zonas marginales, en tanto las zonas centrales fueron ocupadas por cultivos de exportación.

Las formas institucionales adoptadas por esta expansión fueron diversas y en no pocos casos francamente fraudulentas. En el caso de la minería el procedimiento principal fue el de las concesiones. Que también las hubo de tierras a las compañías ferroviarias para el tendido de los rieles. Además tuvo importancia la modalidad de otorgar tierras a compañías para promover la colonización, lo que algunas veces condujo a proyectos exitosos y muchas otras a fraudes mayúsculos, promoviendo la apropiación de grandes territorios por pocos propietarios, como fue el caso en el sur de Chile. También se vendieron tierras públicas a propietarios individuales, a precios nominales, a veces en pequeñas parcelas (zonas cafeteras de Colombia y Costa Rica), pero casi siempre en forma de grandes propiedades.[2] Para finalizar, una parte im-

---

[2] En el caso de Colombia, el otorgamiento de tierras a pequeños y medianos propietarios en

portante del territorio fue simplemente ocupada y luego reclamada, con particular éxito por quienes ya tenían fortuna y poder. En muchos de estos casos las tierras reclamadas, compradas o concedidas estaban ocupadas por poblaciones que quedaban incorporadas en las propiedades como si fueran parte de ellas y con las que establecían un mosaico de complejas relaciones laborales y sociales.

La transformación de las fincas y haciendas parece haber sido el resultado de la aparición de nuevas oportunidades comerciales, tanto regionales como internacionales, las más de las veces combinadas con mejoras en el acceso a vías de navegación o de transporte terrestre, con el ferrocarril como principal agente de transformación. Al igual que con la expansión de la frontera, la expansión hacia el interior de la hacienda podía consistir en la utilización de recursos antes ociosos, pero también podía implicar una restructuración de las actividades que ya venían desarrollando los pobladores de la hacienda, generando muchas veces conflictos por el desplazamiento de los campesinos a tierras marginales y la concentración de las tierras centrales en la actividad comercial. Los rubros podían ser típicos productos de exportación, o bien suministros para mercados locales o enclaves mineros. Este proceso tuvo lugar primordialmente en zonas de colonización más antigua, de origen colonial. El resultado fue una creciente comercialización de la tierra y procesos contradictorios de concentración y división de propiedades. Este proceso favoreció igualmente el ingreso como propietarios de tierras a otros sectores de élites que habían acumulado sus capitales y riquezas en las actividades comercial y minera, e incluso militares y caudillos políticos, al igual que inversionistas extranjeros.

Las propiedades corporativas fueron crecientemente amenazadas a partir de las reformas liberales, típicamente en México a partir de 1850, en Colombia en los años sesenta del siglo xix y en Venezuela y Ecuador más tarde. En realidad, los antecedentes con respecto a la propiedad de la Iglesia se remontan a un siglo antes, con la expulsión de los jesuitas en la década de los sesenta del siglo xviii. El proceso adoptó ahora formas muy variadas, desde la compra, el arrendamiento o la apropiación directa. También fue común la eliminación de las deudas que los terratenientes mantenían con la Iglesia por concepto de tributos clericales. Bauer (1991: 155) señala que en Chile el Estado recibió, entre 1865 y 1900, 3.5 millones de dólares en forma de redenciones de tributos eclesiásticos, que equivalían a una deuda de 17 millones de dólares con la Iglesia. En México sucedió algo similar, recibiendo el Estado 15% de las deudas a las fundaciones para misas y obras piadosas.

También "... a mediados del siglo xix comienza en casi todas partes el asalto a las tierras indias (sumado en algunas partes al que se libra contra las eclesiásticas)..." (Halperin, 2008 [1969]: 213). Esta elocuente frase ilustra otro

---

las futuras zonas cafeteras sólo fue posible después de la lucha de los ocupantes de las tierras, pues habían sido otorgadas previamente a grandes propietarios.

aspecto central del proceso que tuvo lugar durante las décadas anteriores y durante casi todo el periodo que cubre este capítulo.

Si bien algunas de las propiedades sustraídas a las corporaciones pasaron a manos de pequeños y medianos campesinos, fue más frecuente la apropiación por parte de grandes terratenientes y empresas capitalistas. Este proceso tuvo muchas veces como protagonistas a actores locales no pertenecientes a las élites propiamente dichas, tales como las aristocracias provinciales, comerciantes de pequeñas ciudades, "indios ricos" de fuera o dentro de sus comunidades locales. Estas tierras podían o no estar orientadas a la producción para los mercados externos. Sin embargo, al profundizarse el proceso de inserción en la economía mundial se intensificó el papel de las élites en el proceso y la mayor orientación de las tierras hacia la producción para el mercado internacional.

En síntesis, y citando a Glade:

La difusión de las regiones de producción capitalista en América Latina no eliminó todas las propiedades corporativas precapitalistas, las propiedades comunales, los cultivadores campesinos y los derechos consuetudinarios de usufructo de las tierras de los latifundios, pero la nueva matriz social y económica de la época dio un significado en gran parte diferente a la posición de todos estos vestigios culturales (Glade, 1991: 30).

Es difícil hacer una estimación de la evolución general del precio de la tierra en América Latina. Como se ha visto, si bien la tendencia fue a la conformación de un mercado de tierras, los mecanismos de funcionamiento de éste estuvieron totalmente enmarcados por un sinfín de mecanismos políticos, coercitivos y aún sujetos a costumbres y tradiciones locales. Estas últimas habían regulado el funcionamiento de los mercados de tierras en el plano local, donde existían transferencias basadas en relaciones interpersonales de confianza en comunidades de mucha cercanía y fuertes lazos de parentesco. Es difícil estimar el precio de la tierra apropiada en grandes cantidades por concesiones y conquista y es particularmente difícil saber cuán representativos eran los precios en periodos de fuerte expansión de la frontera, ya que esta propia expansión producía una marcada diferenciación entre los precios de las tierras marginales y los de las tierras en regiones centrales que se valorizaban fuertemente.

Aun cuando todos estos problemas existen, todo indica que el precio de la tierra experimentó un alza muy importante, en particular en aquellas regiones de tierras fértiles y/o con cercanía a vías férreas y vías de navegación interior u oceánica. Como se muestra en el cuadro III.12, en los países del Río de la Plata el precio de la tierra se multiplicó por más de 10 entre 1870 y 1913. A su vez, es posible constatar desde la década de los ochenta del siglo XIX en Uruguay y desde principios del siglo XX en Argentina un proceso de fuerte convergencia de precios de la tierra entre diferentes regiones, lo que habla de una

CUADRO III.12. *Precios de la tierra en Argentina y Uruguay, 1870-1929*

	Argentina[a]	Uruguay[b]	Argentina (pesos/ha)[c]		Uruguay (pesos/ha)[d]	
	(1913 = 100)	(1913 = 100)	Promedio	Coef. var.	Promedio	Coef. var.
1871-1875		8.2				
1876-1880		9.0				
1881-1885	5.5	11.4				
1886-1890	12.8	21.8			1.14	0.61
1891-1895	15.2	22.4			1.06	0.68
1896-1900	20.6	22.8			1.05	0.47
1901-1905	24.2	30.2			1.76	0.34
1906-1910	57.2	52.8	43.3	0.61	2.16	0.23
1911-1913	100.0	88.4	77.5	0.55	2.78	0.24
1914-1919	167.2	73.8	88.7	0.54	2.98	0.12
1920-1924	265.8	99.4	125.9	0.59	4.10	0.10
1925-1929	297.4	104.8				

FUENTES:
[a] Williamson (1998).
[b] Bértola, Camou, Porcile (1998).
[c] Argentina: precios promedio de la tierra de las provincias de Buenos Aires, Santa Fe, Córdoba, Entre Ríos y La Pampa, República de Argentina, Ministerio de Agricultura (1926): *Anuario de estadística agropecuaria*, años 1925-1926, cap. IV.
[d] Uruguay: precios de la tierra de los departamentos de Canelones, San José, Paysandú, Tacuarembó, Cerro Largo, Lavalleja, Durazno y Florida extraídos de Balbis (2005: cuadro 12).

fuerte integración del mercado de tierras, en parte gracias a la expansión de la red de transportes. Obviamente eran mayores las diferencias de precios entre las diferentes regiones argentinas que entre las uruguayas, ya que todo Uruguay equivale a una provincia argentina, en términos de superficie y población.

Mercados de trabajo

El proceso al que Cardoso y Pérez Brignoli llamaron transición al capitalismo periférico tuvo un punto crucial en la transformación de las relaciones laborales. Ésta habría de afectar, por un lado, a las variadas formas de trabajo que suponían una subordinación coercitiva, ya fuera trabajo esclavo u otras formas de sujeción del trabajador a las tierras o minas, que limitaban su movilidad; por otro lado, se trataba de "liberar" la fuerza de trabajo de las comunidades campesinas e indígenas, apegadas a sus economías de subsistencia.

La mano de obra asalariada, y en general la mano de obra *móvil*, era muy escasa, tal como lo señalaron todos los analistas contemporáneos,[3] aunque

[3] Véase un análisis de este tema, en relación con las visiones de los contemporáneos, en Bul-

esto no era reflejo de la escasez de mano de obra como tal, sino de su grado de movilidad, es decir, de las relaciones sociales. Esto indica que las estructuras económicas precapitalistas tendían a restringir la movilidad de la mano de obra, y que la "institución" más importante del capitalismo moderno, el mercado de trabajo asalariado, sólo se arraigó gradualmente en América Latina. Al cabo de estas transformaciones y combinado con un fuerte crecimiento poblacional y dispares ritmos de generación de empleo, en el siglo xx nos enfrentaríamos en América Latina a lo que W. Arthur Lewis (1954) llamó "oferta ilimitada de mano de obra", pero ese proceso se gestó sólo gradualmente.

Muy diversos fueron los caminos que se siguieron en diferentes regiones de América Latina, obviamente condicionados por las relaciones sociales preexistentes y por las formas en que se presentaron las oportunidades de este periodo.

Dadas las restricciones a la movilidad laboral, el acceso al mercado de mano de obra asalariada más desarrollado del mundo en la época, es decir, el europeo, fue decisivo para garantizar una respuesta dinámica a las oportunidades proporcionadas por la economía mundial. Éste fue el patrón que se observó en las economías de colonización del Cono Sur, como se ha visto en este capítulo. Este proceso facilitó un rápido crecimiento económico basado en la inmigración masiva, un mercado de mano de obra asalariada y una mejor calidad de vida que en el resto de la región. La inmigración también fue una vía privilegiada de transferencia internacional de tecnología con la forma de un importante conocimiento tácito traído por los inmigrantes. Este conocimiento también tenía relación con las formas de organización social y de percepción de los conflictos, por lo que la inmigración también contribuyó al surgimiento temprano de conflictos asociados a los movimientos laborales modernos. La movilidad de este mercado de trabajo tuvo su máxima expresión en los trabajadores golondrina, que cruzaban el Atlántico anualmente aprovechando la estacionalidad de las tareas agrícolas.

El uso de otras fuentes de mano de obra internacionalmente móvil tuvo un alcance más limitado. La abolición de la esclavitud en el Caribe proporcionó una oferta de mano de obra de la que se beneficiaron las plantaciones de banano de Centroamérica, las plantaciones azucareras cubanas y la construcción del Canal de Panamá. Pero la mano de obra liberada con la abolición de la esclavitud dio lugar a un proceso muy diferente en algunas partes de América Latina, donde los antiguos esclavos buscaron más bien la independencia en las zonas de frontera, libres de la obligación de trabajar de manera subordinada, en una especie de "huelga permanente" que poco contribuyó, por un tiempo, a la generación de un mercado de trabajo moderno. La mano de obra china, los culíes, sujeta a contratos de servidumbre, se empleó también en Cuba y Perú.

mer-Thomas (2003: cap. 4). Sin embargo, ese autor no pone énfasis en lo que aquí queremos destacar sobre el vínculo entre la "escasez" señalada por los contemporáneos y las restricciones a la movilidad de la mano de obra generada por las relaciones sociales tradicionales.

En aquellas regiones donde las condiciones de trabajo y los niveles salariales que se podían pagar no hacían viable la inmigración europea, se dependía por completo de los desarrollos internos para generar una fuerza de trabajo móvil. Esta movilización de mano de obra dependió de muchos elementos, como el peso de las instituciones tradicionales, los tipos predominantes de productos exportados, su asociación con la dotación de recursos y sus dinámicas de eslabonamiento con la producción local, las dinámicas demográficas y la propia transformación y ritmo de expansión de la economía.

Los pequeños propietarios rurales eran otra fuente posible de mano de obra. Según veremos en la sección siguiente, la pequeña propiedad predominó en diversas regiones y su producción jugó un papel importante en el desarrollo de los sectores exportadores en algunos países (café en Colombia y Costa Rica, tabaco en Cuba) y en la oferta de alimentos para las ciudades y los centros exportadores. Sin embargo, dado el predominio general de las grandes propiedades, esta fuente de oferta tuvo también un alcance limitado.

En varios países se habían empezado a acumular reductos de población excedente de las economías campesinas y, en términos más generales, se venían generando presiones demográficas en zonas rurales antes de la era de desarrollo primario-exportador, lo que fue reforzado por el efecto de las reformas liberales del siglo xix. Estos trabajadores "libres" se movilizaban como jornaleros asalariados temporales o permanentes, o con más frecuencia como arrendatarios sujetos a combinaciones variables de aparcería y de obligaciones laborales con el propietario combinadas con derechos de uso de un terreno para producir alimentos de subsistencia. Por lo común existían ciertas restricciones económicas y no económicas a la movilidad de mano de obra, tal como el peonaje por deuda, la "tienda de raya", el "sistema de enganche" y otras formas similares, incluido el simple y llano recurso a los poderes locales para ayudar a imponer las relaciones de dependencia. Cuando no se desarrollaba tal fuerza de trabajo móvil, la movilización de mano de obra solía implicar, tal como en el pasado colonial, la coerción abierta, ahora combinada con incentivos monetarios. Ésta era por lo general la regla en las localidades donde la población indígena aún era importante. Y más aun, permanecían aquí y allá mecanismos de movilización forzada de mano de obra para trabajar en las haciendas o en obras públicas, especialmente en Perú, Bolivia y Guatemala.

De esta manera, la conformación de un mercado de trabajo configuró un mosaico de muy diversos procesos, que en general avanzaron a un ritmo lento en el que la escasez relativa de mano de obra *móvil* fue notoria. Según Glade (1991: 33) sólo se pueden hacer tres generalizaciones: que la esclavitud desapareció en todos los países, con la abolición final en las dos naciones, Brasil y Cuba, que la habían mantenido hasta este periodo; que la propia heterogeneidad de los mercados de trabajo reflejaba que no existía nada semejante a un mercado de trabajo moderno que interconectara las diferentes regiones y procesos productivos, y que los mercados de trabajo urbanos funcionaban con mucha más libertad que los rurales.

CUADRO III.13. *Salarios de paridad de poder de compra de América Latina*
y otros países (Gran Bretaña en 1905 = 100)

	Colombia	México	Brasil	Cuba	Argentina	Chile	Uruguay
1870-1874	23		20		50		91
1875-1879	16		25		44		76
1880-1884	19	67	28		57		74
1885-1889	24	58	32		68		86
1890-1894	25	56	27		75	42	105
1895-1899		56	28		80	51	85
1900-1904		58	36		91	64	78
1905-1909	29	62	39	76	81	45	85
1910-1914	25	61	39	75	83	56	89
1915-1919	37	30	29	84	63	53	63
1920-1924	35	29	26	84	91	55	94
1925-1929	45	37	31	95	113		109

FUENTES: Argentina, Brasil, Uruguay, Camou y Porcile (1999); Chile: estimación propia con base en Matus (2009); otros: Williamson (1999).

Más allá de la permanencia de diversas formas de trabajo, muchas de carácter coercitivo, no puede dejar de constatarse que la tendencia de largo plazo fue al desarrollo del trabajo asalariado y que la creciente demanda de mano de obra generó cierta tendencia al crecimiento de los salarios reales.

No tenemos información para muchos países, pero aquélla con la que contamos evidencia un importante aumento de los salarios reales en algunas regiones y a la vez la existencia de grandes diferencias en los niveles salariales entre diferentes regiones de América Latina, como se muestra en el cuadro III.13. Los salarios reales mejoraron en todos los países, al menos hasta la segunda década del siglo xx. México aparece como una excepción, con salarios estables hasta la Revolución y un colapso posterior. En Colombia el aumento se produjo más tarde, junto con el auge de la actividad económica.

Las diferencias entre las regiones, así como los bajos niveles de vida en algunas de ellas, quedan también de manifiesto en el propio cuadro III.13, y en especial en la gráfica III.2, que compara los niveles salariales de diferentes grupos de países. Williamson (1998) ha insistido con la teoría de que la primera globalización generó una importante convergencia de precios de bienes y factores. La gráfica III.2 parece desmentir categóricamente esa hipótesis y presenta, más bien, la persistencia de grandes diferencias en los niveles salariales de distintas regiones. Estas persistencias pueden asociarse al funcionamiento de los diferentes mercados de trabajo, a las regulaciones y limitaciones de la movilidad de la fuerza de trabajo, incluyendo la segmentación de los procesos de migración internacional (los europeos a los países de nuevo asenta-

GRÁFICA III.2. *Niveles relativos de los salarios latinoamericanos y de otras regiones, 1870-1929 (Europa 3 = 100)*

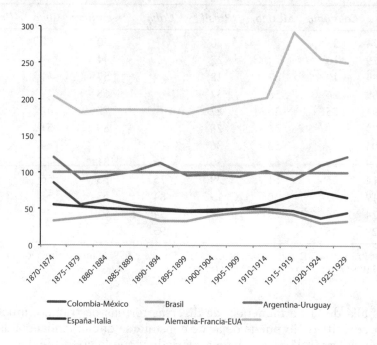

miento y los provenientes de China e India hacia los trópicos) y, en particular, a los diferentes niveles de productividad de las diferentes economías y a las formas particulares en que la organización social y el poder de mercado determinan las posibilidades de apropiación de los aumentos de productividad y de las rentas generadas en los procesos vinculados a la explotación de productos naturales (Allen, 1994; Bértola, 2000: cap. 4; Greasley, Madsen y Oxley, 2000).

Estas diferencias no sólo se reflejaron en grandes brechas en relación con los Estados Unidos, sino también, y en particular, en la persistencia de las diferencias entre los países del Grupo 3, como Argentina y Uruguay, y los otros países latinoamericanos. Tampoco se limitaban al componente salarial, sino que se replicaban en otro conjunto de indicadores sociales que se presentan en el cuadro III.14. Tanto la esperanza de vida al nacer, los niveles de alfabetización, los años promedio de educación, los índices de capacidad numérica *(numeracy)*, como los indicadores de circulación de periódicos entre la población reafirman los patrones de riqueza, productividad, exportaciones per cápita y niveles salariales, fortaleciendo la imagen general que se ha presentado. En otras palabras, la media de los niveles de desarrollo y de capital humano de los países de América Latina era muy baja en la perspectiva

CUADRO III.14. *Indicadores sociales en América Latina, 1870-1930*

	Esperanza de vida al nacer[a]		Analfabetismo (%)[b]		Numeracy (ABCC)[c]			Periódicos por habitante[d]	Años de educación[e]		
	1910	1930	1910	1930	1880[a]	1910	1930	1910-1914	1870	1910	1930
Grupo 1											
Bolivia	28	33	80	75	55	72	86	6			
Colombia	31	34	61	48		81	89	3		2.40	3.24
Ecuador			62	54	52	76	92	15			
El Salvador		29	73	72	67	74	81	13	0.78	1.44	1.53
Guatemala	24	25	87	81	72	68	71		0.35	0.92	1.03
Honduras		34	70	66	87	86	89	5	0.87	1.68	1.80
México	28	34	70	64	63	77	90	12	1.17	1.76	1.99
Nicaragua		28		61	63	75	91	28	0.61	1.13	1.37
Paraguay	29	38	52	48	82			20	0.62	1.37	2.56
Perú	28	32	71	63	68	67		20	1.08	1.43	1.87
Subtotal			71	63		75	86	14	0.78	1.52	1.92
Colombia y México	30	34	66	56		79	90	8		2.08	2.61
Grupo 2											
Brasil	31	34	65	60	82	90	95	9	1.26	1.57	1.84
Costa Rica	33	42	53	33	74	87	79	31	0.90	2.01	2.38
Cuba	36	42	43	29	82	91	94	9	0.45	1.31	2.45
Panamá		36	73	54				53	1.29	2.29	2.87
República Dominicana				74	65	77	83	9	0.40	1.02	1.33
Venezuela	29	32	71	64	71	84	92	16	1.18	1.51	1.68
Subtotal			61	52	75	86	89	21	0.91	1.62	2.09
Brasil, Cuba y Venezuela	32	35				87	94	11	0.96	1.46	1.99
Grupo 3											
Argentina	44	53	40	25	100	100	100	87	1.35	2.26	3.68
Chile	30	35	47	25	84	89	94	44	0.93	1.79	3.63
Uruguay	52	50	40	25		99	99	80	2.02	2.59	3.27
Subtotal	42	46	42	25	92	96	98	70	1.44	2.21	3.53
Total	33	36	63	54	73	82	89	26	0.95	1.68	2.27

[a] y [b] Astorga y FitzGerald (1998).
[c] Manze y Baten (2009), Honduras, Argentina y Chile información de 1890.
[d] Bulmer-Thomas (1994: cuadro IV.1).
[e] Morrisson y Murtin (2008).

internacional, a excepción de los países del Grupo 3. Pero aun éstos, al compararse con Australia, Nueva Zelanda o Canadá, mostraban un importante rezago.

Estas características de la población son, a su vez, reflejo de las capacidades competitivas de estas economías. Cuando, a partir del cambio de tendencia de la economía mundial y de la crisis de la inserción exportadora latinoamericana basada en los recursos naturales, los países latinoamericanos se vieron forzados a ensayar otras estrategias de desarrollo, arrastraron de esta época, aunque de manera dispar, un importante déficit en materia de recursos humanos, que impondría serias limitaciones a su potencial de desarrollo. Como veremos en breve, la forma en que los recursos económicos estaban distribuidos tuvo un fuerte impacto en estos promedios generales.

Los distintos escenarios de la vida rural

De la articulación entre los diferentes procesos de conformación de las relaciones de propiedad de la tierra y de las relaciones laborales surge una amplia variedad de escenarios de la vida rural y transiciones al capitalismo agrario.

De acuerdo con Bauer (1991), en las zonas centrales de la colonización española articulada con la numerosa población indígena surgen tres grandes escenarios: uno dominado por el eje hacienda-comunidades campesinas; otro, por la presencia de pequeños y medianos productores, y un tercero, por la gran propiedad. Este último cubre, a su vez, una amplia gama, que abarca desde grandes propiedades, donde se desarrollan formas de dependencia de la mano de obra sin fuerte organización y resistencia de la comunidad campesina, hasta otras en las que la mano de obra es fundamentalmente libre. Todas estas formas de organización de la vida rural se entrelazan, a su vez, con las formas de transición de los mercados de trabajo señaladas en la sección anterior. Sin embargo, en estos tres escenarios todos los actores mencionados están presentes en distinta proporción y modo.

El escenario más característico, que da lugar a las mayores generalizaciones y visiones estilizadas de la hispanoamérica rural, es aquél en el que predomina una estrecha relación entre la hacienda de origen colonial y las comunidades campesinas indígenas. Geográficamente nos referimos al centro de México, las tierras altas de Guatemala y la mayor parte de la región andina. La imagen de estas haciendas ha ido cambiando con el tiempo, desde la idea de un ámbito feudal y autárquico hacia la de unidades con mayor inserción en el mercado local e incluso internacional, aunque igualmente combinada con la búsqueda de altos grados de autosuficiencia en el aprovisionamiento de bienes y mano de obra, incluso calificada.

Las características más comerciales de la hacienda fueron probablemente desarrolladas con más fuerza durante este periodo, pero de cualquier modo estamos muy lejos de encontrarnos frente a una empresa moderna que se provee de mano de obra en un mercado libre. Por el contrario, la mano de obra campesina siguió aferrada a la tierra, incluso dentro de los propios límites de la hacienda. A su vez, las comunidades indígenas no eran ya aquellas comunidades precolombinas, sino organizaciones híbridas, por ser hispanohablantes, cristianas, basadas en el sistema del compadrazgo y con formas castellanas de gobierno profundamente transformadas por el contacto con la dominación española y posteriormente republicana (Bauer, 1991: 138). Eric Wolf define la comunidad resultante como una que, "apoyada en su autonomía por una concesión de tierra, encargada de la imposición autónoma del control social, constituía una isla pequeña y rigurosamente defendida que garantizaba la homogeneidad social y cultural de sus miembros dentro de ella y luchaba por mantener su integridad ante los ataques procedentes de fuera" (Wolf, citado por Bauer, 1991: 138). Durante estos años, y de manera muy dispar, la comunidad campesina sufrió los embates para despojarla de sus tierras y forzar a sus miembros al trabajo asalariado. Pero el ritmo con que se logró lo anterior fue muy dispar y más bien lento.

La propia hacienda sufrió cambios de consideración, pero perduraría como unidad productiva hasta bien entrado el siglo xx, cuando empezó a ser más amenazada sistemáticamente por proyectos de reforma agraria. En algunos casos la transición avanzó con rapidez hacia formas más capitalistas y modernas, como en México, y en zonas de Perú las comunidades indígenas lograron manipular hasta cierto punto la oferta de trabajo. Por el contrario, en las típicas zonas de haciendas bolivianas cercanas al lago Titicaca la hacienda logró despojar y subordinar a las poblaciones indígenas en un contexto de estancamiento y muy baja dinámica económica hasta mediados del siglo xx (Duncan y Rutledge, 1977: 484), y en Guatemala, hasta bien avanzado el siglo xx, se siguieron utilizando formas forzosas de movilizar mano de obra indígena para satisfacer las demandas de las haciendas cafeteras o para llevar a cabo programas de obras públicas. El fin del siglo xix estuvo surcado por rebeliones indígenas que tuvieron que ver tanto con los procesos de enajenación de tierras como con las marchas y contramarchas del sistema tributario, según se sucedían los auges mineros exportadores de plata y estaño (Mörner, 1977: 471).

El segundo escenario es el de las zonas de predominio de la pequeña y mediana propiedad. Bauer señala que este tipo de propiedad era importante en la Sierra Alta de Hidalgo, en el Bajío de México; en la Costa Rica central; en algunas partes de Antioquia y de la zona cafetera de Caldas en Colombia; en Huancayo, en zonas cercanas a Arequipa en Perú; en Loja y Carchi en Ecuador, y en el departamento de San Felipe en Chile. Pueden agregarse otros casos, como el de plantadores de tabaco en Cuba y muchos más. No contamos con un diagnóstico claro de la evolución de estos sectores durante el periodo, sólo podemos decir, como lo señala Bauer, que fueron sectores que se ubicaron más cerca de zonas urbanizadas y tuvieron una fácil interacción con la expansión de la economía capitalista, especialmente, como ya lo hemos señalado, proveyendo alimentos para las ciudades o produciendo en unos pocos casos renglones de exportación. Sin embargo, no contamos con una cuantificación que nos permita tener una idea adecuada de su significación. En todo caso, dentro del conjunto de las relaciones agrarias, parece ser un sector minoritario, como lo atestigua, por lo demás, la alta concentración de la propiedad de la tierra (Frankema, 2009: cap. 3).

El norte de México y las haciendas del Valle Central de Chile representan uno de los prototipos del tercero de estos escenarios, en el que surgieron relaciones de dependencia debido a que ni los pequeños propietarios ni las comunidades indígenas fueron capaces de resistir el poder de los hacendados. Éstos tenían prácticamente el monopolio de la tierra y forzaban a los campesinos a instalarse dentro de sus propiedades bajo formas diversas de trabajo dependiente, como el inquilinato en Chile.

Sin embargo, la tendencia predominante en el periodo parece haber sido hacia la monetarización de los contratos y los pagos y hacia cierta racionalización de los colonos instalados en las haciendas con base en el contrato de asalariados, lo que ofrecía mayor flexibilidad para el uso de las tierras. De todas formas, la atracción de mano de obra hacia las ciudades, hacia regiones de explotación de minerales, como los nitratos en el norte de Chile, así como las obras de los ferrocarriles, generaron oportunidades para los asalariados, que forzaron a los hacendados a conceder algunas mejoras salariales, o bien a recurrir al mantenimiento de diversas formas de sujeción de la mano de obra, como el endeudamiento o la entrega de tierras para pastoreo o autoconsumo. La ocupación en el sur de Chile, que originariamente parecía poder mostrar el predominio de los inmigrantes pequeños y medianos, experimentó un fuerte viraje a fines del siglo xix, reproduciendo las formas predominantes en el Valle Central mediante la conformación de grandes haciendas. Si bien las haciendas chilenas no tenían el tamaño de las mexicanas (según Bauer, en Zacatecas había al menos ocho haciendas con una superficie mayor a las 100 000 hectáreas), concentraban fuertemente la propiedad.

Una realidad muy diferente se vivió en las regiones donde predominaban las economías de plantación en zonas bajas, costeras y tropicales. Pueden aquí encontrarse, a grandes rasgos, tres tipos de transición: la transformación de los ex esclavos en asalariados, lo que no siempre ocurrió, como se ha anotado; el recurso a migraciones internas, principalmente indígenas y mestizos de las zonas andinas hacia las zonas de plantación, y el recurso a mano de obra inmigrante, como en el caso de los colonos italianos en São Paulo en Brasil o la ya mencionada mano de obra culí, entre otros.

El noreste brasileño es uno de los casos más exitosos de incorporación de los ex esclavos al sistema de plantación. En ese caso se combina el monopolio de la tierra con las dificultades ecológicas que presentó la frontera agraria del sobrepoblado *sertão*. La crisis de la industria azucarera no permitió generar avances económicos y tecnológicos, pero el sector azucarero brasileño mantuvo el poder social de los plantadores por medio del mantenimiento de muy pobres condiciones salariales y de trabajo. Una situación un tanto diferente se vivió en el valle del Cauca, en Colombia, donde la existencia de refugios en las zonas montañosas dio oportunidades alternativas a los esclavos, aunque, de acuerdo con Taussig (1977), se habría producido posteriormente un proceso de reasimilación de esa mano de obra en el sistema de plantación, aunque no sin conflictos y resistencias.

En el caso del reclutamiento de campesinos de las sierras, pueden encontrarse desde situaciones con fuertes matices coercitivos en el norte argentino, principalmente debido a la omnipresencia del monopolio de la propiedad por las oligarquías locales, hasta regímenes donde las haciendas se poblaron con mano de obra que migró libremente, como en la producción cafetera de Cundinamarca en Colombia (Duncan y Rutledge, 1977: 203-298). El caso del norte argentino combina un temprano proceso de agroindustrialización orientada al mercado interno y amparado en un fuerte proteccionismo. En las haciendas cafeteras del oriente colombiano, aunque se desarrollaron formas de arrendamiento, la evolución en las primeras décadas del siglo xx fue hacia la gradual autonomía de los arrendatarios, muchos de los cuales adquirían finalmente la propiedad como resultado de la primera reforma agraria en la década de los treinta (Palacios, 1983). A estos dos casos podría agregarse el de las plantaciones azucareras del Perú, donde se combina la producción de un cultivo en auge de demanda y precios internacionales con un fuerte proceso de concentración de la propiedad y tecnificación de la producción, que incluso permitió a los ingenios pagar salarios relativamente elevados para atraer mano de obra, que, por otra parte, provenía de las sierras, donde se experimentaban procesos de fuerte expansión demográfica.

El recurso a la inmigración extranjera fue dominante en la región de São Paulo y en Cuba después de su independencia. En este último caso, y en relación con el *boom* azucarero de 1900-1925, el proceso se vinculó a una relocalización de la industria en zonas menos pobladas y a la renuencia de los desocupados locales a trabajar en las pésimas condiciones de vivienda y trabajo de las plantaciones antiguas. La restructuración de la industria llevó a cierta desvinculación entre la fase agraria y la industrial y a una fuerte inversión en esta última. Para ello se necesitó de un gran aporte de mano de obra para construir las nuevas usinas, que estuvo principalmente compuesto de trabajadores españoles. Pero el trabajo en su fase agraria siguió siendo tan duro y tecnológicamente atrasado como en los ingenios tradicionales. Para trabajar en ellos, y después de diversos forcejeos, se abrieron las puertas a la inmigración de pobladores de las Indias Occidentales (Moreno Fraginals, 1991).

El caso de São Paulo es verdaderamente muy especial, como ya lo hemos señalado, porque es el único que combina inmigración europea con la producción de un renglón de agricultura tropical. La expansión de la frontera, el auge de la demanda y precios del café y las dificultades de acceso a mano de obra ex esclava para el trabajo en las plantaciones provocó la recurrencia a una fuerte ola de inmigrantes predominantemente italianos, los colonos. La estructura social resultante terminó siendo muy diferente a la de una economía de plantación, por lo que este caso se colocó en una situación intermedia entre la economía de plantación y las economías de nuevo asentamiento, como las del Río de la Plata. En las primeras etapas de la inmigración el sistema más utilizado fue la aparcería, pero gradualmente se sustituyó por formas complejas de contratos salariales, que comprendían un salario básico, salario a destajo, pago en especie y acceso a tierra no apta para café para el cultivo propio de subsistencia, principalmente. Esto último constituyó un atractivo especial para una inmigración de origen campesino (Holloway, 1977).

Como se ha visto, la expansión de la frontera en tierras templadas mostró la mayor dinámica demográfica y económica. El elemento clave para discernir las diferentes modalidades de la expansión de estas regiones fueron las formas de acceso a la tierra y el grado de concentración de la propiedad de la misma. De esa manera terminó por definirse la estructura social de estas regiones, con un mayor o menor predominio de latifundios de grandes extensiones que contrataba importantes contingentes de mano de obra asalariada libre, combinado con una clase media de propietarios, que se apoyaba más en la mano de obra familiar, aunque recurría también a importantes contingentes de mano de obra asalariada, especialmente durante las zafras de las actividades agrícolas.

Como un todo, la investigación reciente ha matizado la idea excesivamente estilizada del absoluto predominio del latifundio en las regiones latinoamericanas, en fuerte contraste, por ejemplo, con las formas de distribución más equitativa de la propiedad de la tierra en las colonias británicas de Norteamérica. De este modo, se ha detectado una presencia mucho más numerosa de lo que se creía de una pequeña y mediana propiedad agrícola e incluso ganadera. Como veremos a continuación, éste se ha convertido en un campo de debate en el que se está trabajando intensamente.

LA DISTRIBUCIÓN DEL INGRESO Y LA RIQUEZA

Como se ha adelantado en el capítulo I, la distribución del ingreso y la riqueza ha sido un tema intensamente debatido en las dos últimas décadas. Sabemos que hoy en día América Latina es de las regiones más desiguales del planeta, pero no existe mucho consenso sobre el origen de esa desigualdad ni sobre el impacto preciso que ésta ha tenido en el desempeño de largo plazo.

La idea de una América Latina desigual desde los tiempos coloniales, presente en la mayor parte de los estudios históricos, sociológicos y económicos sobre América Latina de los años sesenta a ochenta, ha sido retomada por la corriente neoinstitucionalista como un rasgo determinante del rezago de largo plazo de América Latina. Otros autores han resaltado que la desigualdad latinoamericana se convirtió en un rasgo distintivo a partir del periodo que se estudia en este capítulo y que perduraría a lo largo del siglo XX.

Ya hemos discutido dos dimensiones de la desigualdad. En primer lugar la presente entre América Latina y el mundo desarrollado. Éste es un componente muchas veces despreciado en los estudios que sólo se enfocan en las dimensiones de la desigualdad al interior de cada país. Hemos constatado que este periodo 1870-1913 fue de creciente desigualdad global. La dispersión en los niveles de ingreso entre las diferentes regiones del mundo aumentó significativamente. Sin embargo, en ese proceso América Latina en su conjunto salió relativamente bien posicionada, siendo África y Asia las que sufrieron una pérdida importante de posiciones en el concierto mundial.

Sabemos que el aumento de la brecha puede generar un conjunto de oportunidades de crecimiento, por la vía de la transferencia de tecnología y la adopción de formas más avanzadas de organización desplegadas por los países líderes. Pero también es cierto que las diferencias expresadas en los niveles de ingreso per cápita son fiel reflejo de las capacidades competitivas de cada economía, por lo que la brecha puede transformarse en un mecanismo de reproducción de desigualdades: la desigualdad puede ser la base de mayor desigualdad. En este plano, y durante este periodo, la forma de inserción internacional de América Latina, explotando su dotación de recursos naturales, movilizando mano de obra de muy diversas maneras y atrayendo capitales, le permitió aprovechar los movimientos de la demanda y los precios internacionales para acortar las distancias con los líderes, aunque de manera no muy significativa. La brecha siguió siendo muy grande: en 1929 el PIB per cápita de América Latina era apenas 40% del de Occidente (cuadro I.1). Sin duda, esto generó oportunidades pero también puso a la región en una situación de franca desventaja para la competencia internacional, especialmente en actividades de mayor desarrollo tecnológico. Desde el punto de vista de la distribución del ingreso, se presenta aquí un tema de difícil resolución, que tiene que ver con la estimación de aquella parte del ingreso que es apropiada en el exterior. Este tema, otrora eje de las interpretaciones dependentistas, ha quedado fuera de las recientes agendas de investigación. Esto se debe a que ha surgido cierto consenso en que, aun cuando estas salidas de recursos hayan podido ser importantes, no serían en sí mismas la explicación del mejor o el peor desempeño de América Latina.

También hemos visto otra dimensión de la desigualdad: la que prima entre los diferentes países dentro de América Latina. Hemos constatado que la mayor desigualdad que vemos en el mundo en este periodo se reprodujo también al interior de América Latina, al menos hasta 1913, con los países del Grupo 3 creciendo mucho más rápidamente que el resto. También vimos que entre 1913 y 1929, cuando la menor dinámica económica europea afectó principalmente a los países del sur de Sudamérica, y la continua expansión de los Estados Unidos benefició el crecimiento de otros países, esta brecha tendió a cerrarse un poco.

Ahora buscaremos referirnos a la desigualdad interna dentro de los países y a su posible impacto en la desigualdad global en América Latina.

Ante la falta de información para estimar los niveles de desigualdad, los investigadores han recurrido a estudios de precios e ingresos relativos para hacerse una idea de las tendencias. Así se han usado tanto las relaciones entre salarios y precios de la tierra, como la relación entre salarios y PIB per cápita. En términos generales, todos estos ejercicios han mostrado una tendencia creciente de la desigualdad en América Latina en este periodo en todos los países para los que se ha logrado conseguir información (Williamson, 2002; Prados de la Escosura, 2007; Bértola *et al.*, 1998).

Estos indicadores tienen, sin embargo, varios problemas. En primer lugar no nos muestran niveles absolutos de desigualdad, no permiten comparar desigualdades de diferentes países y usan promedios de precios de la tierra y salarios de obreros no calificados. Con respecto a la relación entre los salarios y el PIB per cápita, ésta no toma en consideración los cambios en la masa salarial en el PIB, es decir, en la cantidad de perceptores de salarios.

Algunos esfuerzos recientes han intentado construir bases de datos un poco más completas, que podrían abrir el camino a comparaciones más ricas. De cualquier manera, se trata aún de esfuerzos limitados con resultados preliminares. Antes de mostrar éstos, parece necesario iniciar una reflexión sobre los diferentes entornos de la desigualdad, partiendo de los distintos escenarios rurales presentados anteriormente.

En las zonas agrarias de las regiones del Grupo 1 la desigualdad estructural puede haber sido relativamente baja, si las comunidades indígenas mantenían el control sobre importantes porciones de la tierra disponible. Según Bauer, en Bolivia las comunidades campesinas mantenían como mínimo 50% de la propiedad de la tierra en 1860 (1991: 138). Sin embargo, todo dependería de cuán autónomas eran estas comunidades y si se veían o no forzadas a realizar trabajos fuera de ellas, ya sea para hacendados, para el propio Estado o para pagar tributo, mientras estuvieron sujetos a esta obligación. En estas sociedades existía, por otra parte, un sector minero que las más de las veces generaba fuertes niveles de desigualdad. Sin embargo, hemos podido constatar que estas economías mantuvieron un nivel de exportaciones por habitante muy bajo, lo que puede llevar a pensar que el impacto de las exportaciones mineras sobre la desigualdad total podría no haber sido muy alto. En estas regiones la dinámica que se habría podido esperar es que la desigualdad hubiese aumentado por el efecto de la valorización de los recursos naturales, y especialmente por la vía de la redistribución de la tierra a favor de sectores terratenientes, manteniendo los salarios a niveles muy bajos. Es difícil estimar cuán altos serían los niveles de desigualdad resultantes, lo que dependerá principalmente de la redistribución de los activos más que de los ingresos. En general los países del Grupo 1 coinciden con aquellos procesos de transformación de la hacienda en contextos de fuertes contradicciones entre los hacendados y las comunidades campesinas. En las escasas regiones de predominio de la pequeña y mediana propiedad puede esperarse que los niveles de desigualdad no fueran muy importantes ni hubiesen aumentado dramáticamente.

Uno de los casos de transición a la hacienda capitalista que hemos estudiado es aquél donde ni los pequeños productores ni las comunidades campesinas pudieron limitar el poder de los hacendados. Uno de ellos es el chileno, ubicado en el Grupo 3. En este caso el monopolio de la tierra por parte de los hacendados y la falta de poder de los campesinos nos pone ante una situación de alta desigualdad estructural. Las tendencias de la desigualdad que podemos esperar en este periodo dependieron de la posibilidad de explotación comercial de las tierras, su valoración, los movimientos de la oferta de mano de obra y la disponibilidad de una frontera abierta para la expansión. Este caso lo discutiremos detalladamente en breve.

Otro sector que parece poder presentar una desigualdad estructural relativamente alta es el de las economías del Grupo 2. En estos casos las tierras costeras, aptas para los cultivos tropicales y cercanas a las vías de navegación, estaban fuertemente monopolizadas por una élite, que en la mayoría de los países del grupo tenía un pasado esclavista. Más allá de que no toda la población negra era esclava y de que existían diferencias entre los esclavos, puede presumirse que los niveles de desigualdad en estas regiones eran altos, determinados por muy bajos niveles de vida y una fuerte concentración de las ganancias de los sectores exportadores en la élite. Recordemos que estos países tenían niveles de exportaciones per cápita mucho más altos que los del Grupo 1, lo que habla, por otra parte, de que el resto de la economía local era más pequeño, por lo que la desigualdad del sector exportador tendría un mayor impacto en el total. Aun cuando la abolición de la esclavitud generó una radical disrupción de estas economías y cambios institucionales de significación, los mercados de trabajo mantuvieron a los nuevos asalariados con niveles de vida muy bajos, en tanto a fines del siglo xix o inicios del xx los cultivos de exportación se valorizaron fuertemente, fortaleciendo los ingresos de la élite. El proceso de concentración de la propiedad de la tierra tuvo hitos muy diferentes, desde los procesos de las reformas liberales hasta los que se produjeron, por ejemplo, en zonas azucareras de Perú después de la primera Guerra Mundial, en medio de un proceso de tecnificación y aumento de la inversión (Klarén, 1977: 233).

Finalmente, tenemos los casos de las economías de frontera, que atrajeron fuertes contingentes de mano de obra inmigrante. Los niveles de desigualdad de estas economías son resultado de dos tendencias diferentes. Por un lado, el predominio de trabajo asalariado proveniente de Europa pone los salarios a niveles altos, por lo que los rangos de desigualdad deberían ser relativamente más bajos. Sin embargo, éstos estarán determinados por el grado de concentración de la propiedad de la tierra. Una fuerte concentración en algunas regiones podría presentar escenarios de alta desigualdad estructural. Esto, a su vez, guarda relación con la existencia o no de una frontera abierta, con las diferencias de precio de la tierra entre las zonas centrales y de frontera y con las formas en que se apropie la tierra en esas zonas.

El papel de la inversión extranjera en los patrones de desigualdad es difícil de captar, ya que buena parte del excedente apropiado por estos sectores fluía fuera de fronteras y resulta difícil identificar a los propietarios de manera individual. El capital a gran escala penetró en las actividades en las que el capital fijo y las economías de escala eran importantes. Éste era el caso de la explotación minera y petrolera, así como de las plantaciones azucareras y bananeras. El capital extranjero desempeñó un papel dominante en todos estos sectores. En otros casos, este capital controló la comercialización y el procesamiento, pero no la producción de materias primas. Sin embargo, la naturaleza de la concentración productiva no estuvo solamente dictada por imperativos tecnológicos. El contraste entre las grandes plantaciones cafeteras que desarrollaron la mayoría de los países latinoamericanos, pese a la carencia de economías de escala en la producción, y las propiedades pequeñas y medianas características de unos cuantos países, es un ejemplo notorio. Ello indica que los determinantes de la estructura industrial en un sentido amplio eran en este caso institucionales, es decir, estaban asociados a la necesidad de concentrar la propiedad de la tierra para garantizar el control de la fuerza de trabajo, antes que determinados por las características de los productos. En esta dinámica confluyeron las más de las veces las prácticas tanto de inversionistas locales como extranjeros.

Un trabajo reciente sobre el Cono Sur de Sudamérica (Bértola *et al.*, 2010), que se basa en estimaciones directas sobre Brasil, Chile y Uruguay y algunas conjeturas sobre Argentina, tiene la ventaja de capturar tres de los cuatro grandes ejemplos a los que hemos hecho referencia. Este trabajo estudia la desigualdad de esos países, como si constituyeran una unidad. Los resultados, que se presentan en el cuadro III.15, indican lo siguiente:

- La desigualdad aumentó de manera importante entre 1870 y 1920 en el Cono Sur y Brasil como un todo.
- La desigualdad aumentó en todos los países, pero también aumentó entre los países.
- Al inicio del periodo la desigualdad entre países era importante, pero explicaba menos de 10% de la desigualdad total. El restante 90% consistía en la desigualdad dentro de los países, pero al final del periodo las desigualdades entre países pasaron a explicar aproximadamente 20% de la desigualdad, aun cuando las desigualdades nacionales habían aumentado. Esto se explica por la buena dinámica económica de los tres países del Grupo 3 y el muy mal desempeño de Brasil a finales del siglo XIX.
- Brasil y Chile muestran niveles de desigualdad altos y crecientes, aparentemente más altos que los de Argentina y Uruguay, aunque el caso argentino se basa en supuestos.

Mirando más específicamente el caso brasileño (Bértola *et al.*, 2010: cuadro 5) puede constatarse que existió un aumento generalizado de la desigualdad. A pesar de las fuertes diferencias regionales en Brasil, las desigualdades

Cuadro iii.15. *La desigualdad en el Cono Sur de Sudamérica, 1870 y 1920*

	Total y por país			Dentro de los países		Entre países	
	GE(0)	GE(1)	Gini	GE(0)	GE(1)	GE(0)	GE(1)
1870							
Total	*0.639*	*0.594*	*0.575*	*0.587*	*0.537*	*0.052*	*0.057*
Argentina	0.513	0.477	0.522				
Brasil	0.581	0.534	0.548				
Chile	0.715	0.643	0.594				
Uruguay	0.421	0.397	0.481				
1920							
Total	*0.897*	*0.821*	*0.653*	*0.721*	*0.640*	*0.176*	*0.180*
Argentina	0.654	0.595	0.574				
Brasil	0.725	0.651	0.597				
Chile	0.886	0.776	0.641				
Uruguay	0.618	0.565	0.562				
	p90/p10	*p90/p50*	*p50/p10*				
1870	24.63	6.83	3.61				
1920	36.52	6.32	5.78				

Fuente: Bértola *et al.* (2010: cuadros 3 y 4).

dentro de cada una de sus cinco regiones o dentro de sus 21 provincias o estados explica la mayor parte de la desigualdad, en tanto las diferencias entre regiones o estados-provincias contribuyen muy poco a la desigualdad total y al aumento de la desigualdad entre 1870 y 1920. La razón por la que en Brasil no aumenta la desigualdad entre regiones es que el despegue del estado de São Paulo fue contrarrestado por la decadencia del hasta entonces más rico estado de Rio de Janeiro.

¿Cuáles son los mecanismos a través de los cuáles se produjo este aumento de la desigualdad?

Un mecanismo privilegiado en los estudios es la dinámica de los precios relativos que predice el modelo de comercio internacional de Heckscher-Ohlin y, en particular, el llamado teorema de Stolper-Samuelson sobre los efectos distributivos de los patrones de especialización comercial. De acuerdo a estos enfoques, al producirse un proceso de integración de mercados se produce un aumento relativo de los ingresos del factor relativamente abundante. En el caso de América Latina, el resultado sería la valorización de la tierra y la depreciación relativa del trabajo. Nótese, sin embargo, que este análisis supone que, previo a la especialización, el factor escaso (en este caso, el trabajo) es relativamente bien remunerado, que se mantiene pleno empleo y que no hay movilidad internacional de factores de producción. Todos estos supuestos son de muy dudosa validez para interpretar la realidad histórica de América Latina y, por ello, su carácter explicativo del deterioro distributivo experimentado durante este periodo es muy limitado.

El primer supuesto resulta particularmente sorprendente para cualquier observador que conozca la realidad de las relaciones sociales en las zonas rurales de América Latina en aquella época. El segundo resulta igualmente sorprendente cuando se tiene en cuenta la gran subutilización inicial de recursos. Y el tercero ignora que la movilidad de factores fue un hecho destacado en las regiones más dinámicas, que atrajeron tanto capital como mano de obra. En este caso, los salarios estaban sujetos a un nivel de remuneraciones determinado en los países de origen de los migrantes, que puede haber sido de hecho su determinante más importante. En cualquier caso, la mayor oferta de mano de obra pudo haber contribuido a deprimir la relación entre salarios y renta de la tierra, que predice el modelo Heckscher-Ohlin, especialmente en casos en que la frontera agraria no se podía expandir.

Aun así, se ha podido constatar que en algunos casos la frontera efectivamente pudo expandirse, como en Chile a partir de la Guerra del Pacífico y la conquista del Sur. En esa etapa hemos podido constatar que la desigualdad en Chile se redujo. La apropiación de tierras de frontera se produjo muchas veces por fuera de mecanismos tradicionales de mercado, como hemos visto, y es probable que se produjeran fuertes incorporaciones de tierra a precios realmente bajos. Normalmente estos procesos no están registrados en los índices de precios de la tierra. Sin embargo, una vez consolidada la frontera, institucionalizada la propiedad y en marcha las explotaciones comerciales, el proceso de valorización de la tierra parece haber sido inexorable.

Por otra parte, el movimiento de los precios relativos puede deberse a dinámicas de tipo más bien institucional. Ya sea que hubiesen existido limitaciones a la movilidad de la mano de obra, o que se hubiese incorporado masivamente a trabajadores por medios coercitivos, los niveles de desigualdad obedecían a fuerzas que no eran puramente de mercado. Por otra parte, como hemos visto en varios pasajes, éste fue un periodo de enormes transformaciones de las estructuras de poder, de las relaciones sociales y de la propiedad de la tierra. Todos estos procesos dejaron una fuerte impronta en la distribución del ingreso y la riqueza y fortalecieron, en la mayoría de los casos, el carácter elitista y excluyente del desarrollo latinoamericano. Hemos visto que esto no significó necesariamente que los salarios reales se mantuvieran en mínimos de subsistencia. En la mayoría de los casos para los que contamos con información constatamos el aumento de los salarios reales. De todas formas, los salarios que recogemos no son los de las amplias masas campesinas, sino salarios urbanos que probablemente estén sujetos a condiciones especiales.

Podemos concluir entonces, no sin expresar nuestra cautela por la aún débil calidad y cantidad de información disponible, que América Latina tenía escenarios diversos pero una fuerte desigualdad estructural antes del inicio de este proceso de globalización. Al cabo del mismo, las desigualdades crecieron de manera importante, reproduciendo patrones de desigualdad original y generando otros, especialmente en las regiones donde las comunidades indígenas fueron despojadas de sus tierras y sometidas a una proletarización con fuertes componentes coercitivos. Una parte importante del aumento en la desigualdad tuvo su origen en la valorización de los recursos naturales generada por la mayor participación en la economía internacional, lo que habría de conducir a cierta reducción natural de la desigualdad cuando las tendencias de precios internacionales se revirtieron y, particularmente, cuando colapsó definitivamente la primera globalización, sin que por ello necesariamente mejoraran las condiciones de vida de los sectores menos privilegiados.

Un indicador generalmente utilizado para medir la desigualdad de la riqueza es la distribución de la propiedad de la tierra. El cuadro III.16 resume algunos datos disponibles sobre las primeras décadas del siglo XX. No sorprende ver a los países de América Latina con los mayores niveles de desigualdad de toda la muestra de países. En el extremo opuesto se encuentran Canadá, los Estados Unidos, los países asiáticos, y los escandinavos y del Báltico. Los escandinavos se cuentan entre los países que más rápidamente se integraron al grupo de los ricos durante el siglo XX.

Llama la atención la situación de Australia y Nueva Zelanda, con niveles relativamente altos de concentración de la propiedad. Sin embargo, una diferencia importante entre los países latinoamericanos y los de Australasia, es que en estos últimos es muy alto el porcentaje de propietarios de tierra entre los adultos masculinos habitantes del medio rural, en tanto en Argentina y Uruguay no superaban 20%. Los distintos procesos de apropiación y distribución de la propiedad de la tierra llevaron a que se conformaran estructuras muy diferentes de distribución funcional del ingreso: en Australia y Nueva Zelanda la participación de las ganancias y salarios era muy superior a las rentas de la tierra, dominantes tanto en Argentina como en Uruguay (Álvarez, 2007).

CUADRO III.16. *Índice de Gini de propiedad de la tierra (1880-1990)*

Región	Índice Gini
Europa	0.644
Estados Unidos y Canadá	0.532
Australia y Nueva Zelanda	0.747
Musulmanes	0.648
América Latina	0.799
Bálticos y escandinavos	0.484
Asia	0.443
Caribe	0.721

FUENTE: Elaborado con base en Frankema (2009, ap. 1).

Finalmente, no parece ocioso hacer una puntualización sobre las desigualdades en un plano más general. Cuando nos encontramos frente a mercados de tierras y mercados de trabajo que funcionaban en medio de un sinfín de imperfecciones y de relaciones de fuerza y subordinación, es imposible no hacer referencia a las desigualdades de etnia, casta, cultura, etc., que surcaron a la sociedad latinoamericana. Todos esos componentes contribuyeron a forjar una sociedad de desiguales, que no puede menos que haber dejado profundas huellas en las formas en que estos distintos sectores tuvieron acceso a ingresos, propiedad, voz y poder. Y, como hemos visto, también determinaron el acceso a lo que más recientemente llamamos capital humano, a lo que podemos aproximarnos a través de la expectativa de vida al nacer y los niveles de educación: esos componentes contribuyen de manera decisiva a la configuración de un continente que en su conjunto mostraba fuertes rasgos estructurales de desigualdad, más allá de las fluctuaciones ocurridas en diferentes periodos.

Cuando el patrón de desarrollo económico hubo de cambiar en medio del derrumbe de los precios y la demanda internacional de bienes primarios, estas características de la sociedad latinoamericana se convertirían en barreras importantes para su transformación.

CAPITAL EXTRANJERO, POLÍTICA ECONÓMICA
Y DIVERSIFICACIÓN PRODUCTIVA

Los capitales extranjeros: patrones e implicaciones
de su inestabilidad

Según hemos visto en los capítulos anteriores, el corto auge financiero de la década de los veinte del siglo XIX, asociado a las deudas de la guerra de independencia y a proyectos pioneros de minería y colonización, y la posterior moratoria de todos los países latinoamericanos, con la excepción de Brasil, fue el inicio de una serie de ciclos de acceso a los mercados financieros sucedidos de frenos bruscos a la entrada de capitales y nuevas moratorias y posteriores renegociaciones de la deuda externa. El ciclo de acceso en los años sesenta y comienzos de los setenta del siglo XIX fue sucedido por el colapso a partir de la crisis mundial de 1873. A este ciclo le sucedió el auge de los años ochenta del siglo XIX, muy centrado en Argentina, sucedido por la crisis de Baring y las renegociaciones de dicho país en los años noventa del siglo XIX. Un nuevo ciclo de auge se produjo en los 10 o 15 años previos a la primera Guerra Mundial, sucedido por la interrupción de los flujos a partir del estallido del conflicto bélico en Europa. Finalmente se produjo la "danza de los millones" (para utilizar el término de los debates colombianos) de los años veinte, especialmente de la segunda mitad de dicha década, sucedida por la interrupción súbita de dicho financiamiento desde mediados de 1928, ya antes del colapso de Wall Street de octubre del siguiente año (Marichal, 1989).

Con excepción del de la primera Guerra Mundial, todos estos ciclos fueron de moratorias más o menos amplias. Todos ellos dieron también paso a episodios de abandono del patrón oro (o plata), en este caso con mayor frecuencia durante la primera Guerra Mundial. El acceso fue, además, muy desigual, aun entre los países más grandes de la región. México hasta los años ochenta del siglo XIX y Colombia durante casi todo ese siglo estuvieron en una situación de virtual moratoria permanente. Y los países más pequeños, con la notable excepción de Uruguay, tuvieron un acceso muy limitado.

El cuadro III.17 presenta una síntesis de la información sobre la inversión extranjera en América Latina. Hasta la primera Guerra Mundial, Gran Bretaña fue el origen principal de financiación. Los bonos gubernamentales, que fueron la fuente más importante de recursos, se usaron en inversiones en ferrocarriles, puertos y, en algunos casos, para financiar las guerras (principalmente civiles, pero también algunos conflictos fronterizos). Incluyeron también, al comienzo de cada ciclo, un importante componente de refinanciación, como parte de los paquetes de restructuración de las deudas previamente en moratoria. A ello se agregó la inversión directa en algunos proyectos de minería e infraestructura, entre las que se destacan los ferrocarriles, especialmente desde las últimas décadas del siglo XIX. Estas inversiones se transformarían, a su vez, en una fuente de conflictos cuando posteriormente fueron objeto de nacionalizaciones. Algunas de estas inversiones fueron hechas por las emergentes empresas multinacionales, que vendrían a ocupar un espacio importante a lo largo del siglo XX, incluso durante periodos en los cuales los flujos financieros fueron limitados.

El predominio británico a lo largo del siglo XIX fue sucedido por el ascenso estadunidense como fuente de capitales que se inició con operaciones en México y algunos países del Caribe (muy especialmente Cuba). En 1914 los Estados Unidos tenían cerca de un quinto del capital extranjero invertido en América Latina, con una participación relativamente mayor en la inversión directa. La región fue, de hecho, un destino temprano del capital estadunidense, representando cerca de la mitad del total del capital exportado por ese país. Al contrario de lo que aconteció con las inversiones europeas, que se estancaron después de la primera Guerra Mundial, los fondos estadunidenses continuaron fluyendo durante la guerra y el decenio de los veinte en forma de inversiones directas en petróleo, minería, agricultura y, en menor medida, servicios públicos. Este proceso concuerda con lo que se ha mencionado en relación con el comercio exterior de América Latina. En los años veinte la financiación de cartera aumentó significativamente, cuando Wall Street se convirtió en la fuente principal de emisión de bonos de los gobiernos y las empresas privadas de América Latina, así como de empresas estadunidenses que invirtieron en la región (Naciones Unidas, 1955).

El cuadro III.18 nos muestra una faceta adicional de las disparidades regionales en América Latina presentadas anteriormente: los países del Grupo 3 tienen un nivel de inversión extranjera per cápita que sextuplica la de los

CUADRO III.17. *Inversiones extranjeras en América Latina (millones de dólares)*

	1880	1890	1900	1913	1926
Valores por país					
Reino Unido	868	2 069	2 630	4 867	5 825
Francia	218	664	364	1 002	s.i
EUA	s.i.	s.i.	304	1 276	5 370
Total	*1 087*	*2 733*	*3 298*	*7 145*	*11 194*
Estructura por país de origen (%)					
Reino Unido	80	76	80	68	52
Francia	20	24	11	14	s.i
EUA	s.i	s.i	9	18	48
Total	*100*	*100*	*100*	*100*	*100*
Estructura de las británicas por tipo de receptor y sector (%)					
Gobierno	69	46	42	32	28
Sector privado	31	54	58	68	72
Ferrocarriles	19	39	37	46	41
Empresas de servicio público	6	28	6	0	0
Minería	2	3	2	2	2
Salitre	0	1	2	0	0
Bienes raíces	0	2	2	0	0
Banca	2	1	2	2	3
Varios	2	4	7	18	25
Total	*100*	*100*	*100*	*100*	*100*
Estructura de las estadunidenses por tipo (%)				*1914*	*1929*
En cartera				22.3	32.1
Directas				77.7	67.9

FUENTES: Elaboración propia con base en CEPAL (1964).

otros dos grupos de países. Sólo Cuba desentona en esta tipología, pero queda lejos de los niveles de los líderes del Grupo 3. Desde el punto de vista del origen y destino de las inversiones, el criterio geográfico tiene un peso muy importante. Es claro el predominio de los Estados Unidos en México, América Central y el Caribe, y el predominio europeo en América del Sur.

Como lo han señalado Triffin (1968) y los coautores de Aceña y Reis (2000), el patrón oro operó de manera asimétrica en detrimento de los países de la periferia, que tendían a experimentar durante las crisis un descenso simultáneo de los precios de las materias primas y la financiación externa. A su vez, los ciclos externos se trasmitían dentro de los países a través de la fuerte dependencia que tenían las finanzas del sector público de las recaudaciones aduaneras y de los vínculos entre la balanza de pagos y la oferta monetaria. La principal víctima era invariablemente la inversión pública y privada, sometida a un comportamiento cíclico en particular severo (Tafunell, 2009a y 2009b). Aunque algunos países aprendieron a vivir con ciclos tan pronunciados dentro de las "reglas del juego" del patrón oro (y plata), hubo frecuentes episodios de inconvertibilidad monetaria. Entre los países más grandes, Argentina, Brasil, Chile y Colombia experimentaron prolongados episodios de inconvertibilidad.

Estos episodios, así como el abandono tardío del patrón plata (y la adopción del patrón oro) en algunos países, generaron una propensión inflacionaria en relación con los patrones mundiales. Sin embargo, sólo en dos casos eso dio lugar a un desborde inflacionario, y ambos estuvieron asociados a conflictos políticos: en Colombia durante la Guerra de los Mil Días y en México durante los años que sucedieron al estallido de su revolución, especialmente en 1913. La inconvertibilidad significó también que la depreciación nominal fuera considerada durante las crisis como un instrumento proteccionista y de promoción de las exportaciones. A su vez, implicó que el establecimiento o restablecimiento del patrón oro luego de un episodio de inconvertibilidad fuera costoso, debido tanto a que se necesitaba destinar una parte de los escasos recursos fiscales que tenían que ser utilizados para garantizar las reservas requeridas como a los ajustes de precios relativos, que tenían efectos adversos en las actividades de exportación y en aquellas que competían con las importaciones.

Se ha señalado que los países latinoamericanos que se encontraban en el patrón plata pudieron absorber cierto dinamismo interno por efecto de la devaluación de sus monedas a causa de la depreciación de la plata en relación con el oro desde la década de los setenta del siglo XIX. Las naciones que estuvieron en esta situación fueron México hasta 1905, Bolivia y El Salvador hasta 1914 y Honduras hasta 1931 (Salvucci, 2006: 254-264).

La estructura productiva y su diversificación

Como lo hemos señalado, el crecimiento de este periodo estuvo marcado por el ritmo de expansión de las exportaciones, pero el mercado interno siguió siendo mayoritario (más de 80% en 1913-1929 según el cuadro III.10) y creció a un ritmo no despreciable. Más aún, el crecimiento del mercado interno fue algo más estable que el de las exportaciones y generó importantes cambios estructurales, en la forma de urbanización, desarrollo de servicios públicos, industrialización y desarrollo del Estado en diversos planos.

Aun cuando escasa, la información disponible parece indicar que entre 1870 y 1929 se produjo un importante avance de la población que vivía en ciudades de más de 20 000 habitantes. Según la CEPAL, el grado de urbanización

CUADRO III.18. *América Latina: inversiones privadas extranjeras según país de origen y destino a fines de 1914 (millones de dólares)*

	A. Cuantía de las inversiones por sector de destino						B. Porcentajes					
	Reino Unido	Francia	Alemania	Estados Unidos	Otros	Total	Reino Unido	Francia	Alemania	Estados Unidos	Otros	Total
Agricultura	12			239	4	255	0	0	0	17	0	3.4
Minería	101	3		415	11	530	3	0	0	30	1	7.1
Petróleo	4			136		140	0	0	0	10	0	1.9
Ferrocarriles	1 667	152	15	305	203	2 342	46	21	5	22	13	30.9
Empresas de servicios públicos	546	17	75	127	149	914	15	2	23	9	10	12
Industria manufacturera	83			17	462	562	2	0	0	1	30	7.4
Comercio	2			34	449	485	0	0	0	2	29	6.4
Otros y sin distribuir por sectores beneficio	1 170	539	230	121	281	2 341	33	76	72	9	18	30.9
Total	*3 585*	*711*	*320*	*1 394*	*1 559*	*7 569*	*100*	*100*	*100*	*100*	*100*	*100*

	A. Cuantía de las inversiones por país de destino						B. Porcentaje						C. Cuantía per cápita
	Reino Unido	Francia	Alemania	Estados Unidos	Otros	Total	Reino Unido	Francia	Alemania	Estados Unidos	Otros	Total	
Grupo 1	904	29	12	699	3	1 647	25	4	4	50	0	22	51
Bolivia	17	25	2			44	0	4	0	0	0	1	23

Colombia	31	1		21	1	54	1	0	0	2	0	1	10
Ecuador	29	2		9		40	1	0	0	1	0	1	24
El Salvador	6			7	2	15	0	0	0	1	0	0	15
Guatemala	44		12	36		92	1	0	4	3	0	1	62
Honduras	1			15		16	0	0	0	1	0	0	24
México	635			542		1177	18	0	0	39	0	16	79
Nicaragua	2			4		6	0	0	0	0	0	0	10
Paraguay	18			5		23	1	0	0	0	0	0	39
Perú	121	1		58		180	3	0	0	4	0	2	42
Grupo 2	*812*	*393*	*15*	*379*	*206*	*1805*	*23*	*55*	*5*	*27*	*13*	*24*	*59*
Brasil	609	391		50	146	1196	17	55	0	4	9	16	51
Costa Rica	3			41		44	0	0	0	3	0	1	118
Cuba	170			216		386	5	0	0	15	0	5	159
Panamá				23		23	0	0	0	2	0	0	66
República Dominicana				11		11	0	0	0	1	0	0	15
Venezuela	30	2	15	38	60	145	1	0	5	3	4	2	50
Grupo 3	*1869*	*289*	*293*	*265*	*1350*	*4066*	*52*	*41*	*92*	*19*	*87*	*54*	*332*
Argentina	1502	289	235	40	1151	3217	42	41	73	3	74	43	420
Chile	213		56	225		494	6	0	18	16	0	7	144
Uruguay	154		2		199	355	4	0	1	0	13	5	302
Sin distribuir por países deudores				51		51				4		1	
Total	*3585*	*711*	*320*	*1394*	*1559*	*7569*	*100*	*100*	*100*	*100*	*100*	*100*	*101*

FUENTES: Elaboración propia con base en CEPAL (1964).

en 1930 era de 30%. En sintonía con lo que se ha mencionado, en los países del Grupo 3, 57% de la población era urbana en ese año y duplicaba los niveles de los otros dos grupos, en los que solamente Cuba se destaca con niveles próximos a los del Grupo 3 (cuadro III.19).

Las ciudades de 1870 formaban parte de un escenario dominado por lo rural y eran más bien las ciudades de los ricos las que se asentaban en torno a la plaza. Los pobres vivían en las afueras de la ciudad, en calles no pavimentadas, en un entorno que tenía más de rural que de urbano. Hacia 1930 América Latina ya contaba con grandes metrópolis, como Buenos Aires, La Habana, Rio de Janeiro y Ciudad de México. La expansión de la economía exportadora, y las importaciones de bienes de capital y de consumo que eran su contracara, hizo la principal contribución al crecimiento urbano, mediante la demanda de diversos servicios conexos. Las clases altas tendieron a salirse del centro de la ciudad hacia zonas altas y más alejadas, sin por ello dejar de manejar la vida de su centro económico, comercial, político y cultural y trabajar para su embellecimiento. La urbanización condujo al crecimiento de la población de clase media, y también de los asalariados públicos y privados, en este último caso de los sectores industriales y de servicios. De esa forma, las ciudades se transformaron también en un vocero de visiones más progresistas pero estuvieron crecientemente sometidas a las presiones de los emergentes sectores populares (Scobie, 1991: 202).

El desarrollo de la economía urbana impactó fuertemente en el desarrollo de los servicios y la industria de la construcción. Los servicios bancarios, de seguros, de alumbrado y electricidad, de aguas y saneamiento, el transporte público urbano y de distancia, los sistemas de enseñanza, las diversas funciones administrativas del Estado constituyeron todas ellas áreas de diversificación de la actividad económica.

Hace por lo menos tres décadas que se ha abandonado la idea de que la industria fue un fenómeno novedoso que surgió en los años treinta como reacción a la crisis mundial. La reacción contra esa visión condujo a una serie de estudios de lo que entonces se llamó la "industria temprana". La existencia de una importante industria en América Latina antes de la crisis de 1929 está ahora fuera de dudas. Como puede verse en el cuadro III.19, los niveles de industrialización alcanzados hacia 1929 no fueron despreciables. En los países del Grupo 3 la industria manufacturera respondía por aproximadamente 16% del producto. En el país más grande de este grupo, Argentina, llegaba a 20%. En los otros dos grupos resaltan las naciones grandes, Brasil y México, con grados de industrialización superiores al resto, lo que constituye la base de los nuevos criterios de agrupación de países que utilizaremos a partir del próximo capítulo.

El desarrollo de la industria temprana tuvo varias fuentes. Podemos hablar de un desarrollo relativamente espontáneo, vinculado tanto a las exportaciones como al desarrollo de un conjunto de actividades orientadas al mercado interno que aprovechaban el crecimiento poblacional y de los niveles de ingreso. Pero también aparece tempranamente cierto crecimiento industrial amparado en altos niveles arancelarios generados por motivos fiscales o en políticas directamente proteccionistas.

En el caso del sector exportador, el procesamiento industrial era un prerrequisito para la salida de algunos bienes primarios. Los minerales debían ser procesados cerca del centro de producción a fin de minimizar los costos de transporte. Esto condujo al desarrollo de instalaciones de fundición y, a veces, de refinación, que se convirtieron en la base de los primeros esfuerzos de industrialización de las economías mineras. Las minas de Chuquicamata y El Teniente, en Chile, se contaban entre las más grandes del mundo. Al igual que los minerales, el azúcar necesita ser procesado cerca del lugar donde se produce la materia prima. Con el transporte refrigerado, las exportaciones de carne requerían el desarrollo de la industria frigorífica, que procesaba, además de la carne, varios subproductos. Los frigoríficos argentinos Swift y Armour tenían dimensiones comparables a los de los Estados Unidos. Otras mercancías, como el petróleo y el banano, requerían redes especiales de transporte intensivas en capital pero no un procesamiento considerable. En estos casos las grandes inversiones de capital en los sectores exportadores de materias primas tuvieron efectos directos más limitados en términos de industrialización.

También existían encadenamientos indirectos asociados en su mayor parte a la demanda de consumo generada por los crecientes ingresos, en especial por parte de la mano de obra asalariada europea y en regiones donde, si bien el ingreso medio no era muy alto, sí existían mercados integrados. El tamaño y la integración del mercado nacional respondían a un efecto conjunto del crecimiento de las exportaciones, la urbanización y el desarrollo de una infraestructura moderna. Los efectos positivos de este tipo de desarrollo se potenciaban cuando había una estrategia de integración nacional. En otros casos, en cambio, el desarrollo del transporte moderno no contribuyó inicialmente a integrar el mercado interno, pues mientras mejoraba la comunicación de diferentes localidades con el resto del mundo las comunicaciones internas seguían dependiendo de medios de transporte tradicionales. Sin embargo, a largo plazo el transporte moderno también habría de contribuir a la integración del mercado interno. El paso de los ferrocarriles al transporte por carretera también desempeñó un papel en este sentido, pero ocurrió en el periodo de transición hacia la industrialización dirigida por el Estado.

La creciente demanda nacional de manufacturas se reflejó en el aumento de las importaciones, pero también dio paso a las primeras fases de la industrialización. Algunas economías exportaban bienes agrarios que constituían los componentes básicos de las canastas de consumo. Si bien esto llevó a cierta contradicción, porque ello afectaba los excedentes exportables, facilitó el desarrollo de industrias de consumo local. En otros casos el crecimiento del consumo popular tuvo un fuerte impacto sobre las importaciones, que a la larga generaría oportunidades para una industria sustitutiva. El efecto de la

CUADRO III.19. *Niveles de industrialización y urbanización, ca.1870-1930 (porcentajes)*

	Grado de industrialización[a]	Porcentaje de recaudación arancelaria de las importaciones[b]			Urbanización (porcentaje ciudades + 20000)[c]			Urbanización 1930[d]
	ca.1929	1870-1874	1910-1914	1925-1929	ca.1870	ca.1913	ca.1930	(CEPAL)
Grupo 1								
Bolivia	6							25
Colombia	6	21	56	29	2	8	9	25
Ecuador								22
El Salvador								28
Guatemala								20
Honduras	5							12
México	12	15	24	21	9		16	33
Nicaragua								26
Paraguay								30
Perú	8	35	22	18	6		15	27
Subtotal	7	24	34	23	6	8	13	25
Grupo 2								
Brasil	13	35	37	24	9		15	24
Costa Rica	9							20
Cuba		25	22		21		19	51
República Dominicana								18
Panamá								30
Venezuela	11				7		17	27
Subtotal	11	30	30	24	12		17	28
Grupo 3								
Argentina	20	23	21	16	15	34		57
Chile	13	20	11	21	11		32	50
Uruguay	16	23	32	17	27	27		63
Subtotal	16	22	21	18	18	30	32	57
Total	*10*				*12*		*18*	*31*

[a] Bulmer-Thomas (1994: cuadro vi.7).
[b] Coatsworth y Williamson (2003).
[c] Scobie (1991: 20, cuadro l).
[d] División de Población de Naciones Unidas: Panorama de Urbanización Mundial. Revisión 2007.

demanda se combinó muchas veces con el alto costo de los transportes, lo que generó una especie de protección natural para la producción de bienes de consumo tales como la cerveza, los productos editoriales y, más tarde, el cemento y otros sectores vinculados a la industria de la construcción. En estos casos la producción nacional acompañó directamente el crecimiento de la demanda, sin que se desarrollaran nunca importaciones considerables; en otros, se produjeron fuertes fluctuaciones de la actividad interna, según los ciclos económicos favorecieran más o menos el acceso a bienes importados. Como resultado, en términos generales se produjo un fuerte desarrollo espontáneo de las industrias tradicionales de producción de bienes de consumo y algunos intermedios para el mercado interno.

Si bien es cierto que la industria manufacturera latinoamericana estaba compuesta predominantemente por un conjunto de pequeñas empresas que ocupaban en promedio muy poca mano de obra, la existencia de grandes compañías no se limitaba a los sectores exportadores. En algunas ramas industriales, como la cerveza y los textiles, se conformó un pequeño grupo de grandes empresas, algunas que persisten hasta hoy, como las argentinas Quilmes y Biekert, la brasileña Antártica y la mexicana Cuauhtémoc. También en otras ramas industriales existían grandes compañías, como la productora argentina de calzado popular Alpargatas y en la industria textil. Suzigan (1986: apéndice 3) menciona no menos de cuatro empresas textiles que en Rio de Janeiro tenían más de 500 obreros antes de 1905.

De cualquier modo, el que algunas empresas industriales hayan adoptado modernas técnicas capitalistas de fabricación, no quiere decir que éstas hayan logrado transformar la estructura industrial, ya que muchos establecimientos arcaicos sobrevivían al lado de las otras pocas. La fragmentación y diversidad tecnológica eran predominantes, lo que dificultaba el desarrollo sistémico y la interacción entre sectores, generándose muy pocos encadenamientos hacia adelante y hacia atrás, y nunca se estableció una relación simbiótica entre la grande y la pequeña industrias (Lewis, 1991: 241).

El limitado impacto de la gran industria puede observarse en las cifras del cuadro III.20. Ellas nos muestran, por un lado, el fuerte crecimiento de la importación de maquinaria en Brasil y México entre principios del siglo XIX y fines de los años veinte. En el caso brasileño, la industria textil acompañó al conjunto; en el mexicano este sector crece menos que el resto. En todo caso, es impactante la gran concentración de las importaciones de maquinaria textil en el conjunto, máxime si consideramos que, en el caso brasileño al menos, las cifras correspondientes registran el conjunto de la importación de maquinaria, incluyendo transporte y generación eléctrica.

Este crecimiento natural de la producción industrial tenía, sin embargo, límites muy marcados y difícilmente estaba en condiciones de generar un profundo cambio estructural de la economía latinoamericana. Los países ya industrializados habían desarrollado capacidades muy superiores que hacían imposible el acceso de América Latina a los mercados industriales. Incluso,

Cuadro III.20. *Importación de maquinaria total y textil a Brasil (1895-1939)*
y México (1895-1939), a precios constantes (1900 = 100)

	Brasil			México		
	Total	Textil	% textil	Total	Textil	% textil
1895-1899	121	144	26			
1900-1904	102	125	29	77	62	50
1905-1909	242	248	23	166	89	34
1910-1914	404	369	21	143	47	20
1915-1919	89	91	26	160	13	4
1920-1924	279	343	28	431	125	23
1925-1929	444	497	27	856	209	18
1930-1934	216	229	27	331	93	32
1935-1939	424	499	28			

Fuentes: Elaboración propia con base en Brasil: Suzigan, W. (1986: apéndice 1, 359-364). Exportaciones de maquinaria de Alemania, Estados Unidos, Francia y Alemania, en libras esterlinas de 1913. México: Haber, S. (2006: cuadro 13.5). Exportaciones de maquinaria del Reino Unido y Estados Unidos a México, en dólares de 1929.

muchas industrias artesanales latinoamericanas se vieron literalmente arrasadas por la competencia de la producción industrial, siendo el caso de las artesanías textiles el más conocido y estudiado, no sólo en América Latina. Por ello es que difícilmente podemos decir que este periodo fue de industrialización, si por ésta entendemos un marcado aumento de la participación de la industria en el producto total y la transformación de la industria en el motor del crecimiento.

La política económica: estructura tributaria,
proteccionismo temprano y banca estatal

Las dificultades para el crecimiento de la producción industrial en un contexto en que el aumento de los ingresos per cápita se reflejó en la expansión de la demanda de bienes industriales, nos conduce al análisis del proteccionismo industrial. Si bien este periodo se identifica por estar dominado por el liberalismo comercial, es sabido que los avances del liberalismo no fueron ni tan importantes ni tan ubicuos como se ha creído (Bairoch, 1993). En particular, los trabajos de Coatsworth y Williamson han mostrado que las tarifas aduaneras representaban un porcentaje muy alto en relación con el valor de las importaciones en América Latina, ubicándose entre los niveles más altos del mundo, aunque, con gran elocuencia, relativamente comparables a los también altos niveles de protección de los Estados Unidos y los países de Australasia.

¿Por qué fueron tan altas las tarifas aduaneras y cuál fue su impacto en el crecimiento industrial?

Como se ha visto en el capítulo II, la construcción de una nueva base fiscal en las jóvenes repúblicas latinoamericanas fue un proceso sinuoso y complejo. Particularmente en las zonas muy pobladas, el tributo indígena hacía una importante contribución a las arcas de la metrópolis y los hacendados que se encargaban de su recaudación se apropiaban de una parte, la mayoría de las veces en forma de contribuciones en trabajo. Las jóvenes repúblicas abolieron inicialmente el tributo, pero en algunos casos éste fue reimplantado. Con el avance de las reformas liberales el tributo fue finalmente eliminado en aquellos países donde más había perdurado: en Perú en 1854 y en Ecuador en 1857.

Aunque hubo diversos intentos de establecer un sistema de tributación directa, que resultaba además particularmente atractivo para algunos liberales de la época, la instrumentación de un sistema de esta naturaleza fue algo muy costoso, en particular cuando se trataba de la actividad agraria, diseminada por todo el territorio. Los impuestos de aduana aparecieron como un complemento muy importante y de muy fácil recolección en términos comparativos; las aduanas se concentran en unos pocos puntos neurálgicos, en especial los puertos, de modo que su control es más fácil. Pero no sólo se trataba de un problema técnico, sino también del deseo de la élite de controlar las rentas generadas por la explotación de los recursos naturales.

En las economías agroexportadoras existió, además, una oposición frontal de los terratenientes a la tributación directa a su principal activo: la tierra. En ellas, así como en aquellas economías mineras que no gravaban a los sectores exportadores, las tarifas aduaneras eran el principal, y a veces único, medio para gravar de manera indirecta las actividades de exportación, aunque, sin embargo, con un impacto distributivo muy diferente a la alternativa, marginalmente ensayada, de la imposición directa. La mayoría de los gobiernos emplearon el arancel aduanero, como ya se ha visto, a pesar de su compromiso con el desarrollo exportador y los principios liberales.

Aunque los altos aranceles tenían un origen esencialmente fiscal, también tenían efectos proteccionistas. De hecho, y en contra de lo que sostienen las tendencias académicas modernas, el crecimiento de las exportaciones y el proteccionismo no se consideraban estrategias opuestas sino complementarias, elementos de un solo impulso de modernización. Por ello, algunos países latinoamericanos (en particular Brasil, Chile, Colombia y México) practicaron un proteccionismo muy activo mucho antes del modelo de industrialización dirigida por el Estado. En estos casos la industrialización temprana, desde fines del siglo XIX, estuvo estrechamente asociada a la protección.

La estructura arancelaria de la época se basaba por lo general en tarifas específicas, incluyendo una variante: los aranceles *ad valorem* que se pagaban de acuerdo con una lista oficial de precios. Los aranceles específicos otorgaban una protección especial a la producción de bienes industriales de escaso valor por unidad de peso: por ejemplo, una protección mayor para los textiles simples, de uso popular, que para los elaborados. De igual modo, con ambos sistemas la inflación erosionaba la protección, pero la deflación la aumentaba. Esto generaba un comportamiento anticíclico de la protección, que se sumaba a la que tenían los tipos de cambio en los países que no aplicaban las reglas del patrón oro. Así, durante los auges externos aumentaba la demanda pero se desalentaba la producción de manufacturas con aranceles *ad valorem* decrecientes (debido a la inflación) y con la apreciación real del tipo de cambio. Por el contrario, durante las crisis, la deflación aumentaba los aranceles *ad valorem;* este efecto, más el de la devaluación (cuando se usaba), alentaba la sustitución de importaciones. Adicionalmente, durante la primera Guerra Mundial la escasez física de algunos bienes manufacturados importados de Europa generó incentivos adicionales para la producción nacional.

La conjunción de este tipo de protección con la política de fomento al desarrollo financiero y de transporte que caracterizó a muchos países dio lugar, en algunos casos, a experimentos que fueron el preludio de la "industrialización dirigida por el Estado" que predominó después de la segunda Guerra Mundial. Tal vez el caso más interesante es el de México durante el Porfiriato, que tuvo el carácter de una estrategia de industrialización relativamente profunda, donde incluso se adoptaron las formas más tempranas de banca de desarrollo e incentivos a las "industrias incipientes", combinadas con una política agresiva de integración del mercado interno (Cárdenas, 2003a: cap. v). Ello explica por qué, según se ha visto, la expansión de la economía mexicana durante esos años tuvo una mezcla muy equilibrada de exportaciones y mercado interno. En este caso el patrón plata pudo haber constituido un estímulo adicional a la producción de bienes transables. En Chile, la protección, unida al fuerte compromiso estatal con el desarrollo de la infraestructura, tuvo un efecto similar (Palma, 2003). También en estos casos, como en otros de menor alcance, el desarrollo manufacturero centrado en el mercado interno no se vio como antítesis del desarrollo primario-exportador, sino como otra faceta del desarrollo moderno.

De cualquier modo, es importante resaltar que, como muestra claramente el cuadro III.19, no existió correlación alguna entre el nivel de industrialización y el de protección, ya que los países con niveles más altos de protección no eran los más industrializados.

Cabe señalar, por otra parte, que cuando los inversionistas extranjeros tenían una participación importante en actividades exportadoras, el problema de las rentas se enlazaba estrechamente con el "valor de retorno", es decir, la porción de los ingresos por ventas externas que permanecía dentro de las fronteras nacionales. Este porcentaje dependía de la capacidad del Estado para extraer efectivamente una parte de la renta de las empresas extranjeras mediante impuestos directos o indirectos (a la exportación en este último caso). La tributación de los sectores mineros fue importante en algunos casos, pero en otros estuvo mucho menos desarrollada. Los casos más evidentes de tributación elevada a las exportaciones mineras se dieron en economías que tuvieron una alta participación en los mercados mundiales respectivos (Perú con el guano y Chile con el salitre). Sin embargo, en todas las economías mineras este problema estuvo en el primer plano del debate político nacional.

¿En qué medida contribuyó el desarrollo financiero interno al desarrollo económico y a la diversificación productiva? No es fácil responder esta pregunta, porque más allá de estudios crecientes a nivel nacional, no existen virtualmente trabajos comparativos sobre este tema para el periodo que analizamos. El ejercicio realizado ya hace tiempo por Goldsmith (1973) indica que, entre los siete países más grandes de la región, Argentina tenía una amplia ventaja en términos de profundidad financiera en 1913 y 1929, seguida por Brasil y el México prerrevolucionario y con escaso desarrollo en los otros cuatro países. Curiosamente, la falta de desarrollo financiero se reflejaba en la capacidad para financiar los déficit públicos, que dependían del crédito externo, y por ello había deudas públicas internas muy bajas en todos los países en relación con los patrones de los países desarrollados. Aun en la economía líder de la época, Argentina, el desarrollo financiero tendió a rezagarse hacia el final del periodo que analizamos en relación con otros países de igual o mayor desarrollo fuera de la región, lo que indica que el financiamiento interno fue incapaz de servir como buen sustituto del externo (Della Paolera y Taylor, 1998). En todos los países de la región el sistema bancario estuvo sesgado hacia el financiamiento de corto plazo, por lo cual aun las no muy desarrolladas bolsas de valores constituyeron a veces un mejor mecanismo para proveer recursos de más largo plazo. Las entidades hipotecarias también lo hicieron, pero en este caso aparentemente con una fuerte dependencia de recursos externos.

El Estado jugó un papel importante en la creación de entidades financieras. Los países con mayor desarrollo financiero relativo dominaron nuevamente este panorama, con el Banco de la Provincia de Buenos Aires (1822), el Banco de la Nación Argentina (1891) y muchos otros en dicho país,[4] y el Banco do Brasil (1808) y la Caixa Económica Federal (1861). En Argentina, el Banco de la Nación se expandió en términos relativos, y hacia finales del periodo que analizamos controlaba casi la mitad del sistema bancario de dicho país. También es interesante el caso de dos países pequeños, cuyas principales instituciones bancarias públicas surgieron en forma temprana: el Banco de la República en Uruguay (1896) y el Banco Internacional de Costa Rica (1916), que más tarde (en 1936) se transformaría en el Banco Nacional de Costa Rica. Hubo muchos otros ejemplos en el continente de entidades de propiedad o copropiedad del Estado, no todos exitosos.

Varias de las instituciones públicas mencionadas operaron como bancos comerciales y a la vez como agentes financieros del gobierno y, de manera

---

[4] Véase la historia de proliferación de bancos públicos en Argentina y la quiebra de muchos de ellos, comerciales e hipotecarios, durante la crisis de Baring de 1890 en Marichal (1989: cap. 5).

implícita, como bancos centrales, hasta la creación de estos últimos, que en algunos casos fue muy tardía. La principal oleada de creación de bancos centrales tuvo lugar en la década de los veinte en los países andinos, bajo las misiones del profesor de la Universidad de Princeton, Edwin Kemmerer, entre 1923 y 1928, que ayudó a crear este tipo de instituciones financieras en Colombia, Chile, Ecuador y Bolivia, en ese orden, y a reorganizar la de Perú en 1931, que había comenzado a funcionar en 1922. Todos ellos operaron con las reglas del patrón oro (Drake, 1989), pero crearon las instituciones que serían esenciales para el activismo monetario y crediticio que surgiría a partir de la década de los treinta.

Innovación tecnológica y transferencia internacional de tecnología

Una consideración especial merece el tema de la transferencia tecnológica y el desarrollo de las capacidades de innovación.

En términos generales, se puede afirmar que de la combinación de un patrón de producción fuertemente especializado en bienes primarios con trabajo no calificado sujeto a diferentes formas de coerción surgió un patrón de bajos niveles de innovación y cambio tecnológico. Ese bajo ritmo de cambio tecnológico reflejaba, a su vez, las escasas calificaciones tecnológicas, no sólo de la mano de obra sino también de las élites.

En este contexto, la transferencia internacional de tecnología se volvió un tema crítico. Aun los cambios tecnológicos que más acercaron a América Latina al mundo, la revolución de los transportes, y que ciertamente llegaban a sus costas, no necesariamente penetraban a todas las partes del interior de los países. Incluso, como se ha afirmado muchas veces, el fortalecimiento de los vínculos con el comercio exterior algunas veces contribuyó a reforzar formas convencionales de coerción y tecnologías arcaicas. Muchas tecnologías fueron introducidas y adoptadas (sistemas de regadío, alambrado de las propiedades), pero no necesariamente cambiaron el patrón productivo básico. En el terreno institucional, el desarrollo de códigos mineros y mercantiles, y el mejoramiento de las regulaciones de la banca y la moneda, constituyeron avances considerables durante esa etapa del desarrollo, que en buena medida se debieron al impacto de la inversión extranjera.

El paradigma de la modernización ha sostenido que el proceso de modernización consiste en la progresiva expansión de un sector moderno a expensas de uno tradicional. El pensamiento estructuralista ha resaltado, por el contrario, que la existencia de un sector moderno, lejos de ir absorbiendo al tradicional, muchas veces presupone su existencia, se articula con él y lo reproduce, generando desarrollo dependiente, capitalismo periférico, patrones oligárquicos de desarrollo, industrialización trunca u otras caracterizaciones similares.

Puede sostenerse que los dos principales vehículos para la transferencia internacional de tecnología fueron en este periodo la inversión extranjera y la inmigración (Bértola *et al.*, 2009).

Podemos poner la transferencia tecnológica en directa relación con la inversión extranjera per cápita. La inversión extranjera no se limitó al sector exportador, sino que tuvo un fuerte impacto en un conjunto de actividades que permeaban las estructuras del mercado interno, como los tranvías, los ferrocarriles, la electricidad, los seguros, la banca, etcétera.

La inmigración ha recibido mucha atención desde varios puntos de vista, aunque no tanto desde la perspectiva de la transferencia internacional de tecnología, que en este caso adopta la forma de transferencia de conocimiento tácito. Junto con la inmigración llegó la experiencia de personas que ya conocían la civilización industrial, que traían conocimientos, experiencia práctica, cultura empresarial, técnica y obrera, en las nuevas formas de organización comercial, y también conocimiento directo de los principales mercados de exportación e importación. De cualquier modo, los inmigrantes no eran todos iguales, provenían de diferentes entornos y muchos de ellos huían justamente por causa de la competencia de la industrialización y traían consigo técnicas e incluso culturas que estaban siendo marginadas. Más aún, en el caso de los campesinos muchos fracasos y trayectorias tecnológicas ineficientes se debieron al intento de transferir tecnologías y técnicas eficientes en otros contextos a realidades sumamente diferentes.

Se han registrado importantes debates acerca de si la inmigración llegada a América Latina tenía menos capacidades que los emigrantes a otras regiones, y si los que llegaron al sur de Sudamérica eran los "pobres entre los pobres". Aparentemente los inmigrantes no eran menos calificados que la media de la población en su lugar de origen (Alonso, 2006). Por otra parte, los más pobres entre los pobres por lo general no tenían recursos para emigrar.

Es sabido que los inmigrantes conformaron en América Latina una buena parte del sector empresarial, aun, como lo hemos señalado, en los países donde la migración no fue un fenómeno masivo. Por este motivo, podemos esperar que el aporte de conocimiento y capacidad empresarial haya sido más importante en los países que recibieron los mayores caudales de inmigración. En otras palabras, también desde este punto de vista, el de la transferencia internacional de tecnología, las diferencias en las tasas de inmigración contribuyeron a explicar los diferentes ritmos de desempeño entre las naciones latinoamericanas.

Aun a pesar de las grandes diferencias entre los países latinoamericanos, América Latina tiene un componente que la caracteriza y distingue de otras regiones. Incluso las naciones latinoamericanas más avanzadas muestran resultados claramente inferiores a las regiones líderes del mundo. Trabajos recientes que comparan a los países del Río de la Plata con los de Australasia muestran cómo el patrón de apropiación de la tierra y la forma en que ello condicionó la conformación institucional tuvo importantes impactos en la constitución de los mercados de tierra, en la distribución funcional del ingreso, en la diferenciación productiva, en el ritmo de incorporación de cambio tecnológico y en la conformación de sistemas de innovación radicalmente distintos en el sector agrario: en tanto en Nueva Zelanda se conformó de forma temprana un sistema de innovación y se procesaron profundas transformaciones del entorno natural, en Uruguay prevaleció una estrategia rentista de los grandes ganaderos y un bloqueo político en la lucha con fuerzas progresistas de base urbana (Álvarez, Bértola y Porcile, 2007).

LA TRANSICIÓN A UNA NUEVA ÉPOCA

Hacia el final de la era de las exportaciones, las condiciones estaban cambiando. Con la primera Guerra Mundial se abrió el periodo de entreguerras, una etapa que en las economías europeas se caracterizó por las más bajas tasas de crecimiento del siglo XX y por ser la única en la que el comercio exterior creció aún menos que el alicaído producto doméstico.

Este periodo crítico de la economía internacional fue el resultado de un conjunto de contradicciones, tanto internas de las economías desarrolladas como del propio sistema internacional, financiero y comercial.

Hemos visto que algunas economías latinoamericanas, en especial las del Cono Sur, sintieron rápidamente este cambio de coyuntura, en tanto que otras, de incorporación más tardía a la nueva ola expansiva y más ligadas al mercado estadunidense, continuaron en expansión hasta la crisis de 1929.

Ante esta nueva coyuntura mundial, será otra la América Latina que habría de posicionarse. Más allá de las diferencias, América Latina tendrá nuevos actores, que se desarrollaron en distintos grados a lo largo y ancho de la región durante el periodo que ha analizado este capítulo: clases medias urbanas, una clase obrera con experiencia en luchas sociales, un empresariado industrial y nuevos actores en la economía agraria. Y junto a ellos, de manera muy notoria, crecía un nuevo actor de mucho peso: el Estado.

El Estado apareció no sólo protegiendo los derechos de propiedad, sino que desempeñó en muchos casos un papel central en la protección de la incipiente industria manufacturera, el desarrollo de la banca nacional y la construcción de infraestructura, dando lugar al nacimiento temprano de empresas públicas en la mayoría de los países. Los gobiernos también intervinieron en la distribución y utilización de las rentas provenientes de los recursos naturales, en los vínculos que se desarrollaron entre las exportaciones y las actividades económicas internas y, desde comienzos del siglo XX, en la determinación de las instituciones laborales y de desarrollo social.

Aunque ciertamente no era el tipo de Estado intervencionista que se estableció a partir de la década de los treinta en América Latina, tampoco se ajustaba a la imagen de *laissez faire* que han elaborado algunos analistas nostálgicos de la era primario-exportadora. Los rubros más tradicionales de gasto (administración general, defensa y servicio de la deuda) ya habían comenzado a perder peso a favor de una asignación creciente de los recursos gubernamentales al gasto en transporte y educación (véanse los estudios contenidos en Cárdenas, Ocampo y Thorp, 2003a). Y este nuevo actor estaría llamado a jugar un papel decisivo, no sólo en América Latina, sino en toda la economía mundial en este ciclo que se iniciaría en los años treinta, en muchos sitios asociado con el keynesianismo y en América Latina, con el desarrollismo.

IV. LA INDUSTRIALIZACIÓN DIRIGIDA POR EL ESTADO

INTRODUCCIÓN

La Gran Depresión de los años treinta y las perturbaciones del comercio internacional que generó la segunda Guerra Mundial representaron golpes fatales para el crecimiento liderado por las exportaciones. Más que una transición súbita a un nuevo modelo de desarrollo, lo que se dio fue una sucesión de choques macroeconómicos de gran intensidad a los cuales respondieron los distintos países de manera pragmática, en no pocos casos francamente improvisada o replicando las acciones que estaban llevando a cabo los países industrializados. En el ámbito mundial, los cambios que tuvieron lugar pueden resumirse como el colapso de la primera globalización, algunos de cuyos elementos (el menor dinamismo del comercio internacional y las dificultades para mantener el patrón oro) ya se percibían desde la primera Guerra Mundial, pero cuyo certificado de defunción sólo sería expedido durante la Gran Depresión. El correlato de este proceso fue la creciente intervención del Estado en la economía, el retroceso del liberalismo a nivel mundial[1] y su franco colapso con el ascenso del fascismo en varios países y del comunismo en Rusia. Aun en las economías que mantuvieron tendencias más liberales, la esfera de acción del Estado se amplió bajo la presión por reformas sociales por parte de los movimientos obreros, la planeación económica en la que por necesidad incurrieron todas las potencias durante las dos guerras mundiales y la necesidad de enfrentar las fuertes perturbaciones macroeconómicas generadas por la Gran Depresión.

De ahí surgiría en América Latina un nuevo patrón de desarrollo, que denominaremos *industrialización dirigida por el Estado*, un concepto que resalta sus dos características distintivas: el foco creciente en la industrialización como eje del desarrollo y la ampliación significativa de las esferas de acción del Estado en la vida económica y social.[2] Un tercer elemento que lo caracterizó fue la orientación hacia el mercado interno, el aspecto que resaltan tanto el concepto cepalino de "desarrollo hacia adentro" como el más utilizado a nivel internacional de "industrialización por sustitución de importaciones". Como veremos, sin embargo, la sustitución de importaciones no fue

---

[1] Polanyi (1957) sigue representando la mejor visión de la lógica histórica tras el colapso del liberalismo.

[2] Seguimos aquí, por lo tanto, el concepto acuñado por Cárdenas, Ocampo y Thorp (2003b) y Thorp (1998a).

ni el elemento más destacado a lo largo del tiempo ni una característica que compartieron todos los países durante el medio siglo que predominó esta estrategia de desarrollo. Por eso, ese concepto no es apropiado para caracterizar la etapa de desarrollo a la cual nos referiremos en este capítulo.

El surgimiento de la segunda globalización, con la gradual reconstrucción del comercio internacional y de un nuevo sistema financiero internacional, generaría también un impacto profundo en la región. La gestación de esta segunda globalización sería, sin embargo, lenta, y sus primeros efectos sólo llegaron al mundo en desarrollo a través de la mayor demanda de sus productos de exportación desde los años sesenta, que incluía ahora una creciente canasta de manufacturas, y con el acceso al mercado de eurodólares en la década de los setenta.

El periodo cubre dos fases por completo diferentes. La primera, durante la Gran Depresión y la segunda Guerra Mundial, fue un periodo esencialmente de transición, caracterizado por un lento crecimiento económico: 2.6% anual o apenas 0.6% por habitante para el conjunto de los 15 países para los que contamos con información (véanse cuadros 1 y 2). La segunda fase, que cubre entre el final de la guerra y 1980 y puede considerarse como de predominio de la industrialización dirigida por el Estado, estuvo marcada por el mayor crecimiento de toda la historia económica latinoamericana: 5.5% anual y 2.7% por habitante. Como veremos más adelante, durante este último periodo los ritmos de aumento de la productividad también alcanzaron los niveles más altos de la historia. La explosión demográfica y la urbanización acelerada fueron también elementos destacados. La población, que era de 100 millones de habitantes en 1929, creció a 158 millones en 1950 y a 349 millones en 1980, a un ritmo de 2.7% anual entre estos dos últimos años. Por su parte, en el conjunto de la región, la población urbana pasó de 32% en 1930 y 42% en 1950 a 65% en 1980.

La diversidad en los patrones regionales fue también una característica destacada de ambas fases, tanto desde el punto de vista de los ritmos de crecimiento como de las transformaciones sociales y estructurales que tuvieron lugar. Los países del Cono Sur, que en los capítulos anteriores hemos incluido dentro del Grupo 3, contaban ya antes de la crisis de 1929 con mercados internos que, debido al relativamente alto nivel de ingreso, habían permitido cierta diversificación productiva y promovido un desarrollo social más propicio para el avance de políticas de industrialización. Pero, paradójicamente, estos países agotaron más pronto sus posibilidades de crecimiento hacia adentro y estuvieron entre los que crecieron menos durante el periodo que cubre este capítulo. Éste también fue el caso de Cuba.

Por el contrario, la mayoría de los países de los grupos 1 y 2 mostraron en la era primario-exportadora un desarrollo mucho más limitado de sus mercados internos y una menor diversificación social y productiva. A su vez, estos dos grupos de países tendieron a asemejarse crecientemente, debido a la convergencia de las estructuras rurales de las sociedades indoamericanas y afroamericanas a medida que los países se alejaron del fin de la esclavitud y avanzaron hacia la asalarización de las relaciones laborales.

Sin embargo, dentro de estos grupos se diferenciaron los países grandes, como Brasil y México, y aun los de tamaño intermedio, como Colombia, Perú y Venezuela, de los más pequeños. Si bien todos comparten los elementos comunes de los grupos 1 y 2 señalados en el capítulo I, lograron compensar, en términos de desarrollo de mercado interno, los bajos niveles de ingreso, gracias a su mayor población, y desarrollaron regiones y ciudades donde los procesos de industrialización lograron tener importancia, en varios casos con procesos que se remontan a fines del siglo XIX. Estos países fueron, en general, los líderes del crecimiento encabezado por la industria y lograron acortar distancias de manera notoria con los países del Grupo 3 durante el periodo que analiza este capítulo. El que las dos economías más grandes hayan sido las de mejor desempeño indica que el tamaño se volvió un elemento importante, de la mano obviamente de la relevancia que adquirieron los mercados internos. En cualquier caso, algunas economías pequeñas experimentaron un buen desempeño.

Por las razones señaladas, a partir de este capítulo introduciremos un cambio en la tipología que hemos utilizado, transformando los grupos 1 y 2 en un grupo de países pequeños y otro de grandes y medianos, manteniendo al Grupo 3 como uno con características propias, al cual nos referiremos generalmente como el Cono Sur.

LAS GRANDES PERTURBACIONES EXTERNAS
Y LA LENTA GESTACIÓN DE UNA NUEVA ÉPOCA

El choque externo

La Gran Depresión representó el golpe definitivo para la primera globalización. Desordenó el comercio mundial, profundizó las tendencias proteccionistas que se venían perfilando en el mundo desde fines del siglo XIX y generó una dramática caída de la actividad económica en los Estados Unidos, el centro industrial del que había dependido crecientemente América Latina luego de que la expansión de Europa Occidental se desacelerara a partir de la primera Guerra Mundial. Bajo el liderazgo alemán, pero también del de las preferencias imperiales británicas y de otras potencias europeas, y de algunos convenios estadunidenses, surgieron multiplicidad de acuerdos bilaterales de comercio que terminaron por generar un colapso del multilateralismo en materia comercial. Este último sólo resurgiría cuando el Acuerdo General de Aranceles y Comercio (más conocido por sus siglas en inglés, GATT) reintrodujo en 1947 el principio básico de no discriminación en materia comercial (el principio de la "nación más favorecida"), aunque con múltiples excepciones heredadas del pasado (las preferencias coloniales). Los precios de los productos primarios comenzaron a caer notoriamente desde mediados de 1928, antes del derrumbe de Wall Street, y en algunos casos, como el azúcar y el cacao, desde muchos años antes.

Fuera de lo anterior, el auge de financiación externa del decenio de los veinte, que había beneficiado a la mayoría de los países latinoamericanos, fue sucedido por menores flujos de capital desde mediados de 1928 y por la interrupción total de dichos flujos poco después. Aunque, como hemos visto en capítulos anteriores, la historia de América Latina desde la Independencia había sido de accesos cortos al financiamiento externo sucedidos por interrupciones súbitas de los flujos de capital, el ciclo de los años veinte y treinta resultó el más fuerte y generalizado que había experimentado la región hasta entonces. México, inmerso todavía en los cambios desatados por su revolución y en moratoria de su deuda externa desde 1914 (aunque con algunos pagos parciales), fue la gran excepción en términos de acceso al mercado en los años veinte. Más aún, la dramática crisis financiera de los Estados Unidos a partir del colapso de Wall Street en octubre de 1929, y la secuencia de suspensiones del servicio de la deuda que se desencadenó en todo el mundo, descompuso el sistema financiero internacional. Habrían de pasar tres décadas para que surgiera uno nuevo, el mercado de eurodólares en los años sesenta, y más tiempo aún para que los flujos de capital privado retornaran en gran escala a América Latina.

Luego de las inmensas dificultades que se habían pasado para restaurar el patrón oro después de la primera Guerra Mundial, el abandono definitivo de dicho patrón, en septiembre de 1931, por parte de quien había sido su progenitora en el siglo XVIII, la Gran Bretaña, fue uno de los signos más claros de los nuevos tiempos. Lo mismo aconteció con la nueva moneda internacional emergente, el dólar, que también se volvió inconvertible por oro en las transacciones internas y fue devaluada frente al oro a fines de enero de 1934 para las transacciones externas (el precio del oro por onza troy aumentó de 20.67 a 35 dólares). El uso en gran escala de controles de cambios que acompañó el colapso del patrón oro, pero que se remonta en muchos países a la primera Guerra Mundial, marcó toda una época en el mundo entero. De hecho, el Fondo Monetario Internacional, creado en 1944 en la Conferencia de Bretton Woods, aceptó como principio del orden económico internacional que surgió de la segunda Guerra Mundial que los países pudiesen controlar los flujos internacionales de capitales, aunque aspirando a eliminar gradualmente dichos controles para las transacciones comerciales. Pero aun en el caso de las potencias europeas, la convertibilidad para propósitos comerciales sólo sería restablecida en 1958, cuando se puso en marcha la Comunidad Económica Europea, creada el año anterior, y en 1990 para las transacciones de capital.

El colapso de las exportaciones y el brusco viraje de la financiación externa en los años treinta generaron tensiones en la balanza de pagos y en las cuentas fiscales. Si bien los países latinoamericanos estaban acostumbrados a estos fenómenos, esta vez la escala de los acontecimientos fue mucho mayor y condujo también al abandono generalizado y definitivo del patrón oro por parte de los países de la región.[3] Algunos de ellos lo hicieron en forma temprana, pero aun los que se esforzaron por mantenerse dentro de las "reglas del juego" del patrón oro, ajustando las finanzas públicas y permitiendo que la cantidad de dinero en circulación se redujera en forma dramática a medida que disminuían las reservas internacionales, tuvieron pocos argumentos para hacerlo una vez que Gran Bretaña lo abandonó. El uso en gran escala de controles de cambios y de acuerdos bilaterales de pagos en el mundo industrializado se difundió hacia los países de la región. El racionamiento de las importaciones ya había sido usado de manera generalizada en los países desarrollados durante la primera Guerra Mundial (y lo sería de nuevo durante la segunda), y pronto se convirtió también en parte del arsenal proteccionista de América Latina. A ello se agregó el uso (y más tarde el abuso) de los tipos de cambio múltiples, siguiendo aquí también patrones que practicaron varios países europeos. Las pocas naciones que evitaron la manipulación activa del tipo de cambio y los controles de cambios fueron países generalmente pequeños bajo una fuerte influencia de los Estados Unidos o que usaban el dólar como medio de pago. Cuba y Panamá son los ejemplos más destacados en uno y otro sentidos.

Los intentos de administrar los mercados de productos básicos a nivel internacional también tenían amplios antecedentes desde comienzos del siglo xx, no siempre exitosos (véase, por ejemplo, Rowe, 1965, parte IV). Según se vio en el capítulo anterior, esto reflejaba la caída que experimentaron los precios reales de algunos precios de productos básicos a la vuelta del siglo y en forma generalizada después de la primera Guerra Mundial, en particular con la gran deflación mundial de 1920-1921, y que implicó que el ciclo ascendente de los años veinte pueda verse como una recuperación sobre precios reales ya deprimidos.

El caso más importante para América Latina en materia de regulación de precios de productos básicos fue el del café, para el que Brasil había adoptado desde 1907 distintas medidas de retención de una parte de la cosecha para mejorar los precios. Desde 1924 estos esfuerzos, que se denominaron de "defensa permanente", fueron encabezados por el estado de São Paulo, pero colapsaron en octubre de 1929 por las dificultades para tener acceso al financiamiento externo necesario. Ante la caída vertical de los precios, los inventarios acumulados con la política anterior y una secuencia de cosechas excepcionales, el gobierno federal optó por una política de destrucción física de café, arrojándolo al mar o quemándolo, financiando ahora la intervención con impuestos a los productores del grano.[4] Además, desde 1931 buscó acordar

[3] Véase un análisis pormenorizado de los efectos de la Gran Depresión en América Latina en Díaz-Alejandro (1988), el volumen compilado por Thorp (1988) y Bulmer-Thomas (2003: cap. 7).
[4] Para la historia de estas intervenciones, véanse Delfim Netto (1979: caps. 2 y 3), Peláez (1973) y Wickizer (1942, cap. 10).

con Colombia un esquema para retener parte de la producción. Colombia rehusó inicialmente hacerlo y sólo firmó un acuerdo en 1936, que suspendió unilateralmente después de intervenir en el mercado durante sólo seis meses (octubre de 1936 a marzo de 1937). La regulación del mercado del grano sería promovida posteriormente por los Estados Unidos, a comienzos de la segunda Guerra Mundial, mediante el Acuerdo Interamericano de Café de 1940, cuyo origen fue esencialmente político (véase más adelante).

Otro ejemplo notorio es el del azúcar. El dramático y temprano colapso de los precios desde 1925 dio lugar, primero, a medidas para restringir la producción en Cuba, el primer exportador mundial, y posteriormente al Plan Chadbourne (encabezado por un abogado estadunidense asociado a los intereses azucareros norteamericanos en Cuba) que se firmó en Bruselas en 1931, en el que participó un grupo de exportadores que representaban poco más de la mitad de la producción mundial.[5] Su objetivo fue nuevamente reducir las exportaciones y la producción. El plan fue abandonado en 1935, después de que estos productores hubieran perdido unos 20 puntos porcentuales de participación en el mercado mundial. Sería sucedido por un arreglo más amplio, el primer Acuerdo Internacional del Azúcar, en 1937, firmado en Londres por 41 países, que incluía a algunos consumidores y sería el primero de una serie de acuerdos que regularon el mercado internacional de ese producto.

La magnitud y secuencia del choque comercial se aprecia en la parte superior de la gráfica IV.1, que resume la evolución de tres variables clave del sector externo en las siete principales economías latinoamericanas: las exportaciones reales, su capacidad de compra (que depende también de la evolución de los términos de intercambio) y las importaciones reales. La gráfica muestra un promedio no ponderado de estas variables para siete economías, pero los promedios ponderados muestran una situación muy similar. El *quantum* de exportaciones se redujo 28% entre 1929 y 1932 y, debido además a la fuerte caída de los términos de intercambio, el poder de compra de las exportaciones disminuyó 48% hasta dicho año y 51% en su punto más bajo, en 1933. La recuperación hasta 1937 fue importante, gracias a la reactivación de las economías industrializadas a partir de 1933 (Europa) y 1934 (los Estados Unidos). En 1937 el *quantum* de exportaciones ya superaba de hecho los niveles de 1929 en 16%. Sin embargo, los términos de intercambio seguían deprimidos (con algunas excepciones, como veremos más adelante), de tal forma que el poder de compra de las exportaciones seguía estando 21% por debajo de 1929. Con la nueva recesión que se produjo en los Estados Unidos en 1937-1938, y la desaceleración de las economías europeas que la acompañó, la recuperación de las exportaciones latinoamericanas se frenó y los términos de intercambio volvieron a flaquear. La parte inferior de la gráfica IV.1, que mues-

---

[5] Cuba, Java (todavía colonia holandesa) y Perú como exportadores de azúcar de caña, y Alemania, Bélgica, Checoslovaquia, Hungría, Polonia y Yugoslavia entre los remolacheros.

GRÁFICA IV.1. *Índices de comercio exterior, 1929-1945 (1929 = 100)*

A. Promedios simples base 1929, AL7

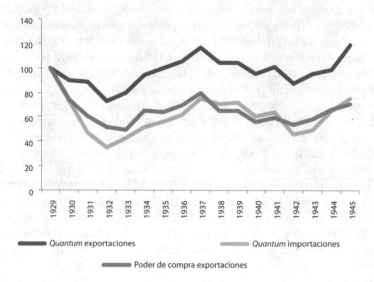

B. Promedios simples base 1929, todos los países con información

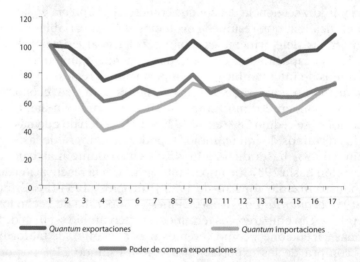

NOTAS: AL7 incluye las siete economías más grandes de la región.

Los *quantum* de exportaciones e importaciones excluyen a Panamá, Paraguay y República Dominicana.

Los de poder de compra excluyen a Bolivia, Cuba, Ecuador, Panamá, Paraguay y República Dominicana.

FUENTE: Estimado con base en datos de CEPAL (1976) para las siete principales economías, de Bulmer, Thomas (1987) para Centroamérica, Bértola (1991) para Uruguay y Santamaría (2001) para Cuba.

tra la evolución de los *quantum* de exportaciones e importaciones para un conjunto más amplio de países (nuevamente expresados como promedios simples), corrobora estas apreciaciones, aunque en este caso la recuperación entre 1933 y 1937 es un poco más débil, lo que indica que las economías más pequeñas estuvieron en promedio más afectadas.

A las perturbaciones provenientes del comercio se agregaron las tensiones generadas por la suspensión de la financiación internacional. Ante la ausencia de estadísticas sobre la balanza de capitales, la única forma de estimar la magnitud del efecto generado por el giro entre la época de bonanza de financiamiento externo y la crisis es analizar las presiones que generaron sobre la balanza comercial y las importaciones. En el punto más alto de emisiones de bonos en Wall Street, en 1926-1928, los países latinoamericanos emitieron valores por 346 millones de dólares anuales (CEPAL, 1964: cuadro 19), que representaron 13% de las exportaciones.[6] Estas emisiones se redujeron a poco más de la mitad durante los dos años siguientes (y las que se hicieron fueron esencialmente refinanciaciones) y desaparecieron del todo en 1931. Como resultado de ello, aunque entre 1926-1928 y 1931-1932 las exportaciones se redujeron en 32% en dólares nominales, las importaciones debieron reducirse en 53%. Visto a través del saldo comercial, América Latina debió destinar 23% adicional de sus exportaciones a generar el superávit comercial necesario para pagar el servicio de la deuda externa (y otras demandas no asociadas al comercio). El resultado conjunto de este factor y de la contracción de la capacidad de compra de las exportaciones fue la caída de 62% de las importaciones reales entre 1929 y 1932 (gráfica IV.1.A).

No es de extrañar, por lo tanto, que estas condiciones condujeran a una nueva ola de moratorias del servicio de la deuda externa.[7] Ésta se inició en enero de 1931, con Bolivia, pero se generalizó a la región en los meses y años siguientes. Entre los países más grandes, Argentina fue la gran excepción, debido a un acuerdo comercial celebrado con el Reino Unido que es motivo de un acalorado debate (O'Connell, 1988). Venezuela también lo fue, porque terminó de pagar su deuda externa en 1930. Muchos países pequeños continuaron con el servicio de la deuda externa, casi siempre en forma parcial (intereses y parte de las amortizaciones), en particular Honduras, Nicaragua y República Dominicana. Cuba suspendió el servicio de la deuda en 1934, pero eventualmente realizó los pagos correspondientes. Los países en moratoria hicieron pagos parciales en algunos años y compraron parte de sus propios bonos a los precios deprimidos del mercado. En todo caso, en 1935, 97.7% de los bonos en dólares emitidos por América Latina estaba en mora, si se excluyen los emitidos por Argentina. Todavía en 1945, cuando algunos países

---

[6] Todos los datos de comercio se refieren a los que utilizamos en este libro.

[7] Para un análisis detallado de estos procesos, véanse Marichal (1989: caps. 7 y 8) y Stallings (1987, cap. 2). Véase también la información y análisis muy útiles de Naciones Unidas (1955) y CEPAL (1964).

ya habían renegociado sus obligaciones, 65% de la deuda no argentina permanecía en esa situación (Naciones Unidas, 1955: cuadro xii). Como veremos más adelante, la moratoria resultó ser un buen negocio para la región.

Aunque el pago del servicio de la deuda de algunos de los países centroamericanos y caribeños demuestra la influencia estadunidense sobre ellos, la realidad es que la administración Hoover rehusó adoptar una política de defensa de los acreedores[8] y el posterior gobierno de Roosevelt se interesó mucho más en renovar el comercio y crear relaciones más cordiales con América Latina por medio de su política del "buen vecino" que en defender a los acreedores estadunidenses. Por lo demás, a nivel internacional la tendencia fue a la suspensión del servicio de la deuda, aun en países industrializados, lo que se concretó en 1932 en el cese del pago de las reparaciones alemanas, con la aceptación de las potencias victoriosas en la primera Guerra Mundial, y en la suspensión por un año del servicio de las deudas europeas con los Estados Unidos provenientes igualmente de la guerra, que se tornaría definitiva desde 1934.

Gracias a los ahorros de divisas generados por la realización de pagos menores de deuda externa, la recuperación de las importaciones reales entre 1932 y 1937 fue mucho más vigorosa que la de otros indicadores de comercio exterior: 115% *vs.* 52% del poder de compra de las exportaciones para las siete principales economías latinoamericanas y 84% *vs.* 32% para el conjunto más amplio de países. Su nivel se mantuvo, además, mejor que el de las exportaciones en los dos años siguientes de nueva recesión del comercio.

El impacto de los choques comerciales y de la evolución de la deuda externa fue diferente en los distintos países (cuadro iv.1). El choque inicial por la vía exportadora fue particularmente dramático para Chile, cuyas exportaciones de salitre desaparecieron definitivamente, al tiempo que las del cobre experimentaban una fuerte caída: el poder de compra de sus exportaciones se redujo 84% durante los tres primeros años de la crisis. Cuba se enfrentó a una situación igualmente dramática, aunque en este caso el proceso fue más temprano y gradual. Aparte de la sobreoferta mundial, el proteccionismo estadunidense resultó fatal para Cuba, que sufrió aumentos de los aranceles al azúcar en 1921 y 1922, después de la deflación mundial de 1920-1921, y posteriormente en 1930, hasta niveles que en el peor punto de la crisis presentaban más del doble del precio *(f.o.b.)* del dulce. El proteccionismo frente al azúcar cubano se moderaría algo a partir de 1934, aunque bajo un sistema de cuotas en el mercado que discriminó nuevamente en contra de la Gran Antilla. El poder de compra de sus exportaciones se redujo 76% entre 1924 y

---

[8] En 1932, el secretario de Estado Stimson declaró que ningún préstamo tenía el respaldo del gobierno de Estados Unidos: "ningún préstamo internacional ha sido hecho jamás bajo el supuesto de tener la aprobación del gobierno de los Estados Unidos en relación con el valor intrínseco del préstamo" (citado por Stallings, 1987: 79; traducción propia).

CUADRO IV.1. *Índices de comercio exterior (1929 = 100)*

	Quantum de exportaciones						Poder de compra de las exportaciones						Quantum de importaciones					
	1929	1932	1937	1939	1942	1945	1929	1932	1937	1939	1942	1945	1929	1932	1937	1939	1942	1945
América Latina (7 países)																		
Ponderado	100.0	74.8	109.3	98.3	79.0	99.7	100.0	53.4	89.1	67.8	56.9	67.3	100.0	38.0	75.9	66.6	43.0	60.3
Promedio simple	100.0	72.4	115.9	104.1	87.2	118.7	100.0	52.0	79.2	65.1	54.0	69.4	100.0	34.8	74.7	71.4	45.3	75.5
América Latina (19 países)																		
Promedio simple	100.0	74.6	103.3	96.0	88.9	108.2	100.0	60.0	79.3	72.0	63.3	72.5	100.0	39.3	72.6	71.8	50.3	73.8
Países grandes																		
Brasil	100.0	80.8	128.8	159.6	109.6	142.3	100.0	55.1	74.8	71.2	66.8	91.5	100.0	36.2	78.3	66.7	43.5	68.1
México	100.0	58.5	112.3	47.2	45.3	50.9	100.0	35.1	69.7	50.7	45.3	69.0	100.0	38.9	85.2	64.8	66.7	140.7
Cono Sur																		
Argentina	100.0	87.4	95.3	78.7	58.3	66.9	100.0	65.1	114.7	76.4	60.8	58.5	100.0	46.8	80.8	64.1	35.9	26.3
Chile	100.0	28.8	95.0	80.0	102.5	98.8	100.0	15.6	73.2	51.4	47.0	44.5	100.0	17.0	48.0	56.0	41.0	45.0
Uruguay	100.0	58.4	65.4	80.8	43.9	86.0	100.0	41.5	88.6	97.3	61.1	85.7	100.0	39.9	88.6	76.7	67.4	66.0
Andinos																		
Colombia	100.0	98.0	125.5	127.5	113.7	154.9	100.0	73.0	84.1	79.2	67.6	82.3	100.0	36.9	90.8	103.1	40.0	90.8
Perú	100.0	70.3	129.7	102.7	81.1	91.9	100.0	44.0	80.1	70.4	53.2	60.5	100.0	36.7	90.0	83.3	63.3	86.7
Venezuela	100.0	83.3	125.0	133.3	100.0	225.0	100.0	76.1	57.7	56.5	37.6	79.8	100.0	30.8	50.0	61.5	26.9	71.2
Centroamérica																		
Costa Rica	100.0	78.4	120.4	99.2	92.1	87.4	100.0	67.0	71.9	57.6	51.1	39.7	100.0	38.6	67.1	96.6	53.7	83.2
El Salvador	100.0	84.0	148.0	132.0	120.0	124.0	100.0	42.9	84.7	76.9	108.4	94.9	100.0	41.4	58.6	55.2	51.7	62.1
Guatemala	100.0	97.7	123.2	123.2	126.2	153.3	100.0	61.1	81.7	88.4	80.5	97.1	100.0	35.0	78.3	73.4	44.0	61.1
Honduras	100.0	103.0	50.5	51.5	47.7	58.1	100.0	147.8	74.0	72.1	34.4	56.2	100.0	72.0	75.8	75.8	45.5	75.8
Nicaragua	100.0	75.8	91.5	76.2	53.4	57.2	100.0	59.5	73.7	86.9	107.9	77.9	100.0	42.1	54.2	61.4	47.0	61.4
Otros																		
Bolivia	100.0	47.8	65.2	70.6	94.6	100.0	100.0	n. d.	n. d.	n. d.	n. d.	n. d.	100.0	n.d.	n. d.	n. d.	n. d.	n. d.
Cuba (1924 = 100)	134.6	81.5	86.4	86.8	n. d.	n d	51.3	23.7	41.2	34.7	n. d.	n. d	61.2	22.5	42.9	36.5	n. d.	n. d.
Ecuador	100.0	80.3	1122	108.7	144.9	126.7	100.0	n. d.	n. d.	n. d.	n. d.	n. d.	100.0	40.8	73.3	78.1	76.8	94.4

FUENTE: Véase gráfica IV.1.

1932. En el otro lado del espectro, Colombia fue tal vez el país que contó con la situación más favorable, tanto durante los años más severos de la crisis (con Venezuela) como durante la década de los treinta en general.

Casi todos los países se beneficiaron de la recuperación exportadora entre 1932 y 1937 y Argentina de una mejora sensible en sus términos de intercambio, gracias a los impactos de la sequía estadunidense sobre los precios de sus productos de exportación. La recuperación de las importaciones fue también vigorosa en casi todos los países entre 1932 y 1937, aunque por razones diferentes: gracias a la mezcla de reactivación de las exportaciones y moratoria de la deuda en el grueso de los países, y a la mejora en los términos de intercambio en Argentina y Uruguay. Unos pocos lograron continuar aumentando las importaciones entre 1937 y 1939, pero sólo Colombia tenía en este último año un nivel de importaciones reales superior al de 1929.

La comparación de los choques que experimentaron los distintos países resulta además interesante en términos de la influencia que tuvieron las políticas de diversas economías industrializadas en la región.[9] La dependencia argentina de Gran Bretaña ya había mostrado sus efectos adversos desde 1914, cuando esta economía se desaceleró, y lo hizo igualmente en los años treinta, no sólo en función de sus preferencias imperiales y su atención a la necesidad de corregir los déficit comerciales bilaterales, sino también por el mayor celo del gobierno británico en intervenir a favor de sus entidades y agentes financieros.[10] Brasil y, aún más, Colombia se beneficiaron, por el contrario, de la dependencia de los Estados Unidos, gracias a que contaban con un producto de exportación que no era objeto de intereses proteccionistas y con un gobierno que en general intervino poco en favor de sus entidades financieras. Cuba no tuvo ninguno de estos beneficios, ya que producía un artículo de exportación objeto de proteccionismo agudo en los Estados Unidos (que incluía beneficios especiales para Filipinas y Puerto Rico) y por los fuertes intereses financieros estadunidenses establecidos en la isla. Por otra parte, el bilateralismo alemán terminó por tener efectos benéficos sobre las exportaciones de varios países latinoamericanos. Brasil, Colombia y Guatemala son tres ejemplos destacados.

El activismo macroeconómico y la reactivación

La fuerte contracción del comercio y la ausencia de financiación externa hicieron inevitable la adopción de fuertes medidas de ajuste para equilibrar la balanza de pagos. Ello implicó diversas combinaciones de los instrumentos ya mencionados: devaluación, generalmente acompañada de tipos de cam-

---

[9] Un caso interesante es el ensayo de Abreu (1988), que compara los impactos de las políticas británica y estadunidense sobre Argentina y Brasil.

[10] Sobre esto último, véase Eichengreen y Portes (1989).

bio múltiples, aumento de aranceles, controles de cambios e importaciones y moratoria en el servicio de la deuda externa. Estos ajustes profundizaron los cambios en los precios relativos que se habían producido por causa de la crisis, lo que generó un fuerte incentivo para la producción interna de artículos previamente importados, en especial manufacturados. La industrialización recibió así un impulso adicional, beneficiando primordialmente a las economías (por lo general grandes) que ya habían experimentado una expansión del sector industrial durante la era de desarrollo primario-exportador. Varios países, pero especialmente algunos pequeños y medianos, también experimentaron procesos de sustitución de importaciones agrícolas y, más generalizado, fuertes restructuraciones de sus sectores agropecuarios que también respondían a los efectos de la crisis internacional sobre los cultivos de exportación.

La naturaleza del ajuste macroeconómico generó efectos en las estructuras económicas que tendrían consecuencias de largo plazo. Sin embargo, más que un cambio súbito y radical en los patrones de desarrollo de América Latina, la Gran Depresión representó una fase de transición. Por una parte, según se vio en el capítulo anterior, la industrialización y el proteccionismo ya estaban firmemente arraigados desde la fase histórica previa, pero ello no implicaba descartar la posibilidad de un nuevo crecimiento exportador. Por el contrario, la expectativa durante los años treinta fue que las exportaciones se recuperarían después de este estancamiento cíclico, como había acontecido en el pasado y como sucedió de hecho entre 1932 y 1937. A partir de entonces se experimentó de lleno el impacto del colapso en los mercados mundiales y la reorientación hacia adentro del proceso de desarrollo latinoamericano. El coeficiente de exportaciones, que venía reduciéndose pero que se había recuperado entre 1934 y 1937, colapsó entre este último año y 1949 a menos de la mitad (véase la gráfica IV.2 cuando se excluye a Venezuela). Por ello 1937, cuando se inició una nueva recesión en los Estados Unidos, puede considerarse el año de la ratificación definitiva de que la era de desarrollo primario-exportador había llegado a su fin.

En la medida en que la industrialización y la sustitución de importaciones agrícolas se convirtieron en fuentes más efectivas de crecimiento económico en medio de una economía internacional que frustró por mucho tiempo las expectativas de recuperación del comercio internacional, era natural que recibieran una atención creciente por parte de las autoridades. Esto condujo, a fines de la década de los treinta, a la creación de instituciones estatales especiales para la promoción de nuevas actividades manufactureras, en particular de bancos de desarrollo. Entre las principales economías, Chile, Colombia y México crearon sus principales bancos de desarrollo entre 1934 y 1940; según se vio en el capítulo anterior, Argentina, Brasil, Costa Rica y Uruguay ya contaban con bancos públicos importantes desde el siglo XIX o comienzos del XX. A ello se agregó la idea, todavía incipiente en la mayoría de los países durante estos años, de nacionalizar ciertos sectores "estratégicos".

GRÁFICA IV.2. *Exportaciones de bienes y servicios como porcentaje del PIB (en dólares de 2000)*

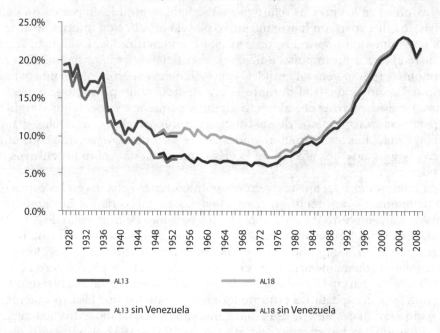

AL13 excluye a Bolivia, Cuba, Ecuador, Panamá, Paraguay y República Dominicana.
AL18 excluye a Cuba.
FUENTE: Estimado con información proveniente de las series históricas de la CEPAL.

En ese sentido, la nacionalización de la industria petrolera de México en 1938 representó el hito más importante.

Aunque fueron adoptados en medio de la emergencia, los cambios en la política macroeconómica resultarían definitivos. Por lo tanto, es en este campo, y no en el de las políticas de desarrollo como tal, donde se produjo el cambio más temprano. El abandono de la ortodoxia monetaria, aunado al alivio fiscal generado por la moratoria de la deuda externa, facilitó la adopción de políticas monetarias y fiscales expansivas, lo que favoreció la recuperación de la demanda interna. Esto fue mucho más claro en materia monetaria que fiscal, debido a la ausencia de mecanismos de financiamiento interno de los déficit públicos, incluyendo el uso todavía moderado de los créditos de los bancos centrales a los gobiernos; por ello, la forma típica de financiar los déficit en la emergencia fue con retrasos en los pagos a los funcionarios públicos y a los contratistas del Estado. La expansión monetaria estuvo acompañada, además, por la intervención directa en el mercado de crédito, que incluyó la creación de varios bancos comerciales estatales, aparte de los mencionados bancos de desarrollo. La propia devaluación cortó de cuajo la deflación de precios que caracterizó los primeros años de la crisis en el grueso de los países latinoamericanos (como del mundo entero) y que había acrecentado la carga real de las deudas adquiridas por el sector privado durante los años de bonanza; debido a esto, varios países adoptaron medidas de alivio a los deudores.

La recuperación temprana y en general exitosa de América Latina durante la Gran Depresión fue impulsada, de esta manera, por combinaciones variables, según el país, de sustitución de importaciones de productos manufactureros y agrícolas y por la recuperación de la demanda interna sobre la base de políticas macroeconómicas expansivas, especialmente de carácter monetario y crediticio.

Dentro de este patrón, el ya clásico análisis de Díaz-Alejandro (1988) sobre el impacto de la Gran Depresión en las distintas economías resulta esclarecedor. Este autor diferencia entre los países autónomos y reactivos, que adoptaron medidas activas de ajuste en materia de comercio exterior y manejo macroeconómico (en particular, devaluando el tipo de cambio), y los dependientes y/o pasivos, que no lo hicieron. El autor concluye que los primeros tuvieron en general un comportamiento macroeconómico mejor que los segundos. Así lo indican, en el primer caso, el aceptable crecimiento económico de Brasil y Colombia, después de caídas moderadas al inicio de la crisis, la capacidad de México de reiniciar el crecimiento económico después de una contracción fuerte en los primeros años de la crisis, el buen comportamiento de Costa Rica entre las economías más pequeñas e incluso la capacidad de Chile de afrontar un choque externo draconiano generando un crecimiento modesto. Cuba representa el caso opuesto y, de hecho, el de un país que dio prioridad a sus relaciones comerciales con los Estados Unidos, en condiciones por lo demás desventajosas, antes que a su autonomía macroeconómica y diversificación productiva,[11] de modo que su PIB siguió dependiendo de los volátiles ingresos de las exportaciones de azúcar.

Otros casos no corroboran, sin embargo, el contraste propuesto por Díaz-Alejandro: no se aplica a Venezuela, que no devaluó su moneda (de hecho, la revaluó, ya que no aumentó el precio del oro cuando los Estados Unidos lo hicieron en enero de 1934, aunque poco después introdujo una tasa de cambio favorable para el café y el cacao) y que tuvo, junto con Colombia y Brasil, el mejor crecimiento económico en los años treinta;[12] tampoco a Argentina y Uruguay, dos economías con políticas activas que no tuvieron un comportamiento particularmente favorable (cuadro IV.2.A). El contraste entre Argentina

[11] Véase, al respecto, Santamaría y Malamud (2001), cap. VI. Conviene recordar que, como reflejo de su crisis temprana, Cuba adoptó medidas proteccionistas ya en 1927, que generaron alguna sustitución de importaciones agrícolas e industriales, cuyo efecto fue moderado, sin embargo, debido a los tratados comerciales con los Estados Unidos de los años treinta.

[12] Lo mismo es cierto de Guatemala, pero en este caso las cifras de crecimiento económico son sospechosamente positivas, en especial porque están basadas en una fuerte expansión de la producción agropecuaria para el mercado interno.

CUADRO IV.2. *Índices de producción, 1929 = 100*

	1929	1932	1937	1939	1942	1945
A. Producto interno bruto						
América Latina (7 países)						
Ponderado	100.0	85.2	117.3	124.3	132.4	153.4
Promedio simple	100.0	83.0	118.4	127.0	130.7	157.6
Países grandes						
Brasil	100.0	95.1	129.2	136.0	141.5	171.7
México	100.0	82.3	117.3	125.6	147.6	170.7
Cono Sur						
Argentina	100.0	86.3	109.9	114.6	123.9	132.4
Chile	100.0	55.9	104.9	108.4	116.6	132.7
Uruguay	100.0	87.3	102.6	110.7	103.5	120.8
Andinos						
Colombia	100.0	104.0	127.9	144.6	150.5	168.9
Perú	100.0	78.3	114.8	117.3	116.9	133.7
Venezuela	100.0	78.8	124.4	142.6	117.9	193.0
Centroamérica						
Costa Rica	100.0	95.4	134.8	147.0	141.5	145.8
El Salvador	100.0	82.4	113.9	113.6	131.1	129.3
Guatemala	100.0	85.1	151.4	175.1	213.5	140.1
Honduras	100.0	97.5	82.4	89.6	87.3	110.2
Nicaragua	100.0	68.1	68.2	87.6	100.8	110.0
Cuba (1924=100)	88.9	56.4	112.4	92.0	90.1	126.9
EUA	100.0	73.0	98.7	102.3	156.4	195.0
Europa (12 países)	100.0	90.5	112.3	122.4	120.8	99.8
B. Producción industrial						
Países grandes						
Brasil	100.0	97.1	144.8	162.5	181.9	220.9
México	100.0	69.3	135.2	152.3	210.7	260.4
Cono Sur						
Argentina	100.0	82.5	122.9	135.2	152.9	167.0
Chile	100.0	85.0	126.0	128.9	186.5	223.4
Uruguay	100.0	87.5	113.1	131.7	138.3	150.2
Andinos						
Colombia	100.0	106.6	186.1	232.1	266.8	312.8
Perú	100.0	78.3	115.9	126.5	125.2	142.9
Venezuela	100.0	87.5	113.1	131.7	138.3	150.2
América Central						
Costa Rica	100.0	108.5	167.8	220.3	210.2	179.7
El Salvador	100.0	66.1	94.6	92.9	100.0	116.1
Guatemala	100.0	82.6	141.3	104.3	126.1	137.0
Honduras	100.0	82.6	104.3	113.0	121.7	147.8
Nicaragua	100.0	66.0	82.0	164.0	234.0	258.0

FUENTES: A. Véase anexo. B: MOXLAD.

y Brasil es particularmente interesante, ya que el segundo tuvo un crecimiento económico mucho mejor pese a que su choque externo fue más severo.

En cualquier caso, el crecimiento económico de los años treinta, aunque superó al mundial (y, como veremos en el capítulo siguiente, al que experimentaría la región en la siguiente crisis de la deuda, la de los años ochenta), fue bajo e implicó una fuerte desaceleración en relación con los años veinte: 2.1% anual entre 1929 y 1939 *vs.* 4.9% entre 1921 y 1929. Esto fue así para casi todos los países, incluso los que tuvieron un buen comportamiento relativo en los años treinta. México y Costa Rica son las únicas economías que crecieron más en la década de los treinta que en la previa.[13] Más importante que el crecimiento económico agregado fue, por lo tanto, el buen comportamiento y la creciente diversificación de la producción manufacturera que se vivió durante estos años (Haber, 2006; cuadro IV.2.B), generando lo que podemos denominar la fase "pragmática" de sustitución de importaciones. El auge de la industria textil, de alimentos procesados para el mercado interno (aceites comestibles, por ejemplo), de la producción de cemento, la refinación de petróleo, la industria farmacéutica y en algunos países la industria siderúrgica son el reflejo de esta reorientación hacia el mercado interno, como lo fue la sustitución de importaciones agrícolas. La reorientación de la infraestructura hacia carreteras en vez de ferrocarriles y los importantes planes de expansión vial que pusieron en marcha muchos países como parte de los programas de reactivación contribuyeron también a la integración del mercado interno, como lo señalan diversos estudios nacionales.

Como un todo, la contribución directa de la sustitución de importaciones fue la mayor en términos relativos de la historia (0.8 puntos porcentuales de un total de crecimiento de 2.1%) y en algunos casos más (cuadro IV.3). En Chile y Uruguay, la totalidad del modesto crecimiento estuvo asociado a este factor y en Venezuela superó ampliamente el impacto en el crecimiento de la continua expansión petrolera. El impacto fue mayor porque ayudó a aliviar la presión sobre la balanza de pagos y permitió la expansión, aunque modesta, de la demanda interna. A su vez, las exportaciones tuvieron un impacto ligeramente negativo para el conjunto del periodo, con algunas excepciones (Brasil y Venezuela), aunque sin duda tuvieron una contribución importante durante la recuperación de 1932 a 1937.

De esta manera, el fin del patrón oro dio nacimiento a las políticas macroeconómicas anticíclicas, pero la naturaleza de éstas tendría un sentido muy diferente en el centro y en la periferia de la economía mundial. En el primer caso tomaron directamente la forma de un manejo activo de la demanda agregada, que había surgido en varios países industrializados gracias a intentos pragmáticos de hacer frente a la crisis por medio del gasto público y políticas monetarias expansivas, facilitadas por el abandono de las "reglas de juego" del patrón oro. El principio de que la política económica debería aspi-

---

[13] También Guatemala, véase al respecto la nota anterior.

CUADRO IV.3. *Fuentes de crecimiento económico, 1929-1945*

	1929-1939				1939-1945			
	DI	*Export.*	*SI*	*Total*	*DI*	*Export.*	*SI*	*Total*
Brasil	1.8	0.4	0.9	3.1	3.8	−0.2	0.3	4.0
México	3.0	−1.4	0.8	2.3	6.0	0.1	−0.9	5.2
Países grandes	2.4	−0.5	0.8	2.7	4.9	0.0	−0.3	4.6
Argentina	1.0	−0.2	0.6	1.4	1.8	−0.2	0.8	2.4
Chile	−0.1	−0.3	1.3	0.8	1.9	0.5	1.0	3.4
Uruguay	0.7	−0.3	0.7	1.0	0.8	0.1	0.6	1.5
Cono Sur	0.5	−0.3	0.8	1.1	1.5	0.1	0.8	2.4
Colombia	2.9	0.3	0.6	3.8	1.6	0.4	0.6	2.6
Perú	1.2	0.0	0.4	1.6	2.4	−0.2	0.1	2.2
Venezuela	0.7	0.9	2.0	3.6	0.9	3.9	0.4	5.2
Andinos	1.6	0.4	1.0	3.0	1.6	1.4	0.4	3.3
Costa Rica	2.9	0.0	1.0	3.9	−0.2	−0.3	0.4	−0.1
El Salvador	0.2	0.3	0.7	1.3	2.3	−0.1	0.0	2.2
Guatemala	3.9	0.2	1.7	5.8	−3.9	0.3	−0.1	−3.6
Honduras	0.3	−1.7	0.3	−1.1	2.6	0.4	0.5	3.5
Nicaragua	−1.2	−0.5	0.5	−1.3	4.2	−0.8	0.5	3.9
Centroamérica	1.2	−0.3	0.8	1.7	1.0	−0.1	0.3	1.2
Ecuador	—	—	—	—	3.2	0.9	0.1	4.2
América Latina	1.6	−0.3	0.8	2.1	2.9	0.2	0.3	3.4

DI = demanda interna, Export.: exportaciones, SI: sustitución de importaciones.
Promedios simples de cada grupo al final de cada agrupación.
FUENTES: Estimación propia según series del PIB del anexo y series de comercio exterior según gráfica IV.1, todas ajustadas a precios de 2000.

rar a un manejo activo de la demanda agregada se entronizó, además, en la propia teoría económica a partir de la publicación en 1936 de la *Teoría general* de John Maynard Keynes. El activismo macroeconómico que le sucedió, cuyo objetivo central fue el intento de moderar los ciclos económicos, también se convertiría en las décadas siguientes en el elemento rector del manejo macroeconómico de los países industrializados.

En la periferia, el activismo macroeconómico tendría otros signos. La razón básica de ello es la fuente de las fluctuaciones cíclicas: mientras en los países industrializados las variaciones de la demanda agregada son la fuente básica de los ciclos, en los países en desarrollo, entre ellos los latinoamericanos, la principal fuente eran y continuaron siendo los choques externos que se transmitían desde los países industrializados hacia la periferia a través del comercio y el financiamiento internacionales. Debido a ello, el manejo anticíclico se centró en intervenciones directas en la balanza de pagos. Esto reflejaba, además, el hecho de que un manejo expansivo de la demanda durante la etapa descendente del ciclo no es viable mientras no se superen las restricciones asociadas a la disponibilidad de divisas, ya que el aumento de la demanda tiende a agravar la crisis de balanza de pagos, una lección que aprenderían y reaprenderían los países latinoamericanos durante muchas décadas. Así pues, el manejo de la demanda para amortiguar los efectos recesivos que provenían del exterior sólo era posible en la medida en que se adoptaran otros mecanismos para garantizar el ajuste de la balanza de pagos, incluyendo, en la década de los treinta, la moratoria de la deuda.

Este tipo de manejo enmarcó el debate macroeconómico durante medio siglo. Las autoridades latinoamericanas centrarían su atención en la racionalización de los egresos de divisas durante las crisis y, crecientemente, en la generación de nuevos ingresos por exportaciones, a fin de evitar el manejo procíclico de la demanda agregada que de otro modo se requeriría para reducir la presión sobre la balanza de pagos durante las crisis. Por el contrario, el Fondo Monetario Internacional, creado en 1944, presionaría en favor del manejo procíclico de la demanda (es decir, en medidas restrictivas durante las crisis), siguiendo principios que no eran muy diferentes a las "reglas del juego" del patrón oro, aunque ahora moderados por la posibilidad de reajustar los tipos de cambio y de aportar financiamiento multilateral durante las crisis.

En síntesis, mientras el eje del pensamiento keynesiano fue la estabilización de la *demanda* agregada mediante una política fiscal y monetaria activa, el manejo de los choques de *oferta* agregada de origen externo, por medio del manejo de la balanza de pagos, jugó un papel anticíclico mucho más importante en las economías latinoamericanas, cuyas perturbaciones macroeconómicas eran predominantemente de origen externo.

El impacto de la segunda Guerra Mundial

La segunda Guerra Mundial proporcionó otro gran impulso al intervencionismo en el comercio exterior y a la industrialización. La interrupción del abastecimiento de algunos productos en los mercados internacionales, como resultado de los racionamientos y escasez típicas de la guerra, generó una nueva caída en el *quantum* de importaciones (gráfica IV.1) y sirvió como justificación para la promoción de un nuevo conjunto de actividades manufactureras en los países donde el proceso de industrialización se había arraigado.

A su vez, la búsqueda de cómo garantizar el apoyo latinoamericano a los países aliados durante el conflicto llevó a los Estados Unidos no sólo a celebrar acuerdos con muchas economías latinoamericanas para fortalecer los inventarios de materias primas estratégicas (tal como lo hicieron los japoneses al inicio del conflicto), sino también a promover el Acuerdo Interamericano del Café y financiar, por medio de su Banco de Exportaciones e Importaciones, varias iniciativas de los gobiernos latinoamericanos, muchas de ellas en sectores de sustitución de importaciones. De esta manera, y de un modo algo paradójico, los Estados Unidos ayudaron a crear el Estado intervencionista latinoamericano (Thorp, 1998b). La agenda estadunidense también incluyó la creación de un Banco Interamericano de Desarrollo, una idea que algunos países latinoamericanos habían lanzado previamente. Aunque esta iniciativa no prosperó, fue una de las fuentes de las propuestas que llevó Harry Dexter White, el negociador estadunidense a Bretton Woods y que inspiró la creación del Banco Mundial (Helleiner, 2009). Después de la Revolución cubana, la idea del Banco Interamericano finalmente fructificaría, nuevamente con fuertes motivaciones políticas.

El impacto de la guerra sobre las exportaciones fue diverso. La dificultad para acceder a los mercados europeos durante varios años e incluso al mercado de los Estados Unidos durante la campaña submarina alemana en el Caribe durante 1942 y el primer semestre de 1943 afectó adversamente las exportaciones de muchos países. Pero la escasez generada por la guerra terminó siendo una ventaja para una región cuyas capacidades productivas permanecieron intactas en medio de la destrucción generada por el conflicto bélico y dio lugar a una expansión exportadora importante en los últimos años del conflicto. México se benefició de la cercanía con los Estados Unidos mediante un corto auge de exportaciones de productos manufacturados, especialmente de textiles, que no se sostuvo después (Cárdenas, 2003). Venezuela y luego Cuba se beneficiaron de tener productos estratégicos (petróleo) o escasos (azúcar). En general, aunque los precios de productos básicos comenzaron a mejorar después del choque adverso inicial, los controles de precios impuestos por los contendientes, así como el encarecimiento de las importaciones, en parte debido a los elevados costos de transporte, impidieron que mejoraran los términos de intercambio de los países latinoamericanos. Éstos habrían de mejorar significativamente sólo al finalizar el conflicto bélico.

Sin embargo, aunque los ingresos por exportaciones fueron mayores no pudieron ser gastados en importaciones, debido nuevamente a las restricciones de la guerra, y generaron una acumulación de reservas internacionales, que en algunos países, sobre todo del sur, estarían representados en parte importante por libras esterlinas inconvertibles. Esta acumulación y el ambiente general de aumento de precios y de escasez de manufacturas a nivel internacional condujeron a un proceso de inflación, pero tuvo también algunos efectos novedosos. Uno de ellos fue la emisión de títulos de los bancos centrales para frenar ("esterilizar") la expansión monetaria generada por la acumulación de reservas internacionales. Éste fue un paso adicional en el desarrollo de una banca central activa, una práctica que se arraigaría después de la segunda Guerra Mundial.

El resultado de la combinación de un crecimiento modesto de las exportaciones, la continuación de la sustitución de importaciones y, sobre todo, el ambiente macroeconómico más expansivo de estos años (una de cuyas dimensiones es la expansión monetaria ya anotada) fue una moderada aceleración del crecimiento en relación con el promedio de los años treinta (cuadro IV.3). Sin embargo, algunas de las economías dinámicas de entonces experimentaron una desaceleración.

Otro efecto interesante de la acumulación de reservas fue la provisión de fondos en divisas para financiar un gran auge de inversión en la inmediata post-posguerra, así como la compra de empresas extranjeras de infraestructura y servicios públicos. La nacionalización de los ferrocarriles británicos por parte del general Perón en Argentina, usando las libras esterlinas inconvertibles acumuladas durante la segunda Guerra, fue el caso más notable. Más allá de ello, la acumulación de estos activos internacionales, junto con la moratoria de la deuda, permitió que América Latina comenzara la posguerra con unos coeficientes de endeudamiento público extremadamente bajos.

Las renegociaciones con los acreedores estadunidenses se reiniciaron en firme al inicio de la segunda Guerra Mundial, promovidas nuevamente por razones políticas por los Estados Unidos y con el atractivo de poder acceder a los créditos del Banco de Exportaciones e Importaciones (y, después de la guerra, del Banco Mundial). El mejor arreglo fue el mexicano de 1941, que obtuvo una reducción de 90% del valor de su deuda, incluyendo aquella derivada de la nacionalización de las inversiones estadunidenses en petróleo y ferrocarriles (Marichal, 1989: cap. 8). Se trataba, sin embargo, del arreglo de una de las principales moratorias de la historia mundial. En el resto no hubo recortes de capital pero sí reducciones de intereses y no se capitalizaron los intereses no pagados.

Eichengreen y Portes (1989: cuadro 2.1) han estimado que la región pagó *ex-post* una tasa de interés efectiva de poco más de 3% sobre las deudas contratadas en los años veinte, entre cuatro y cinco puntos porcentuales menos de las condiciones bajo las cuales fueron contratados, lo que constituyó, como región, el mejor resultado entre los países con acceso al mercado de capitales antes de la crisis. Por otra parte, utilizando una metodología diferente, Jorgensen y Sachs (1989) han calculado que el valor presente de la deuda externa de Colombia, descontada a la tasa de interés de los bonos de deuda estadunidenses, tuvo un recorte de 15%, en tanto que los países que negociaron más tarde (Chile en 1948, Perú en 1953 y Bolivia en 1958) tuvieron reducciones de entre 44 y 48%. Argentina pagó, por el contrario, 25% más que el fisco estadunidense y no tuvo beneficios en términos de acceso al mercado de capitales, ni durante la década de los treinta ni después de la guerra, porque tal mercado había dejado de existir. Debe resaltarse, sin embargo, que los cálculos de Jorgensen y Sachs subestiman los beneficios para países que habían contratado obligaciones crediticias a tasas más elevadas que las de los bonos de deuda estadunidenses.

Los acontecimientos de la década de los treinta y la segunda Guerra Mundial fueron, de este modo, la semilla de una nueva época, pero el periodo de gestación fue largo y careció de una dirección clara por mucho tiempo. La maduración de este proceso estuvo estrechamente relacionada con la posición privilegiada que ocupó América Latina a principios de la posguerra. América Latina era, en efecto, una región que había evitado la guerra y experimentado, con los Estados Unidos (en este caso con la obvia excepción de los años de la Gran Depresión), la expansión más rápida a nivel mundial en el periodo de entreguerras, aumentando su participación en la producción mundial en tres puntos porcentuales, de 4.2% en 1913 a 7.2% en 1950 (véase al respecto el cuadro I.1). No es sorprendente entonces que haya optado por la profundización de su patrón de transformación.

Esto representó una diferencia notable con otras regiones del mundo en desarrollo. En particular, mientras que en las naciones independientes que surgieron del proceso de descolonización en Asia y África la industrialización fue vista como una ruptura con el orden colonial que lo precedió, en América Latina fue más bien la continuación de una estrategia que se había impuesto por la práctica y que se veía, con mucha razón, como exitosa. Ello conllevó dos paradojas, que han sido poco destacadas en los debates sobre el desarrollo latinoamericano.

La primera fue que condujo a una elección en favor de un Estado *menos intervencionista* que en otras regiones del mundo en desarrollo. Esta afirmación podría parecer peculiar a la luz de la visión que se expandió más tarde de que la excesiva presencia del Estado era uno de los problemas esenciales de la región. Sin embargo, en el periodo que sucedió a la segunda Guerra Mundial, muy contadas y matizadas excepciones (los Estados Unidos, en particular), las alternativas no se situaban entre la intervención estatal y el retorno al pasado liberal, sino entre la planeación central y la creación de economías mixtas con formas más moderadas de intervención estatal. Siguiendo a Europa Occidental, América Latina optó por este último camino, es decir, por *menos* y no por *más* intervención estatal. Reflejando también dicha tendencia, aun para Brasil, tal vez el caso más destacado en la región de montaje de un Estado desarrollista, éste no alcanzó los grados de "autonomía incorporada" *(embedded autonomy)* característicos de los mejores modelos de su género en la posguerra, los de Japón y la República de Corea (Evans, 1995). Sólo Cuba adoptaría, y mucho después, un modelo de planeación central, al cual se unirían los experimentos fallidos de la Unidad Popular en Chile a comienzos de los años setenta y de la revolución sandinista en Nicaragua a partir de 1978, ambos con más matices de economía mixta que el modelo cubano.

La segunda paradoja es que el proceso fue impulsado, especialmente en sus primeras etapas, más por fuerzas objetivas que por un fuerte impulso industrializador de las élites. Uno de los hechos objetivos es que, hasta mediados de los años sesenta, la reconstrucción del comercio internacional no ofreció grandes oportunidades a los países en desarrollo. Más aún, la industrialización se posicionó en el panorama latinoamericano en un momento en que los intereses primario-exportadores seguían siendo fuertes. No existía, sin embargo, una distinción nítida en aquellos casos en los que, siguiendo un patrón que se remonta a fines del siglo XIX, los empresarios diversificaban el riesgo invirtiendo en unos y otros sectores. La exportación de productos básicos siguió jugando un papel importante durante toda esta fase de desarrollo, entre otras razones porque la industrialización siguió dependiendo en gran medida de las divisas que generaban las exportaciones de dichos productos. Por ello, en la interpretación de Hirschman (1971), una característica distintiva de la industrialización latinoamericana en comparación con la "industrialización tardía" de los países del continente europeo analizada por Gerschenkron (1962) fue precisamente la debilidad de los intereses industriales en relación con los primario-exportadores.

El término de "industrialización por sustitución de importaciones" se ha empleado mucho para describir el periodo que abarca desde fines de la segunda Guerra Mundial hasta los años setenta del siglo XX. Sin embargo, como lo señalamos al inicio de este capítulo, ésta no es una etiqueta muy útil porque las nuevas políticas iban mucho más allá de la sustitución de importaciones e involucraban un creciente papel del Estado en muchas otras esferas del desarrollo económico y social. En segundo término, como se ha visto en el capítulo anterior, el proteccionismo y la industrialización tenían un pasado prolongado en América Latina. En tercer lugar, las exportaciones continuaron desempeñando una función fundamental, no sólo como fuente de divisas en todos los países y de financiación gubernamental en los de vocación minera, sino también de crecimiento económico de varias de las economías de la región, como se verá más adelante. De igual modo, casi todos los países medianos y grandes introdujeron mecanismos de promoción de exportaciones desde mediados de los años sesenta como un componente esencial de la estrategia de desarrollo, coincidiendo con las mayores oportunidades que comenzaba a ofrecer la economía internacional. Como resultado de ello surgió un "modelo mixto" que, como se verá, combinaba la sustitución de importaciones con la promoción de exportaciones y la integración regional. El modelo era también "mixto" en el sentido de que promovía activamente la modernización agrícola con instrumentos similares a los empleados para estimular la industrialización e incluso con un aparato de intervención mucho más elaborado.

Además de eso, a menudo no hubo una sustitución de importaciones neta durante el proceso, ni fue siempre una fuente importante y consistente de crecimiento económico. La demanda interna, por el contrario, desempeñó un papel decisivo. Eso es lo que indica, por lo demás, el cuadro IV.4, donde se

CUADRO IV.4. *Fuentes de crecimiento económico, 1945-1980*

	1945-1957				1957-1967				1967-1974				1974-1980			
	DI	*Export.*	*SI*	*Total*	*DI*	*Export.*	*SI*	*Total*	*DI*	*Export.*	*SI*	*Total*	*DI*	*Export.*	*SI*	*Total*
Brasil	6.6	0.0	0.0	6.6	4.9	0.1	0.4	5.4	10.2	0.4	-0.8	9.8	6.1	0.4	0.5	7.0
México	5.3	0.4	0.5	6.2	5.8	0.2	0.5	6.5	6.8	0.3	-0.2	6.9	6.4	0.6	0.5	6.5
Países grandes	6.0	0.2	0.2	6.4	5.4	0.2	0.4	6.0	8.5	0.4	-0.5	8.4	6.2	0.5	0.0	6.8
Argentina	4.1	0.0	-0.2	4.0	3.0	0.1	0.1	3.2	4.7	0.0	0.0	4.7	2.0	0.3	-0.5	1.8
Chile	3.8	-0.1	-0.2	3.4	3.8	0.4	0.0	4.3	2.1	0.3	-0.7	1.7	2.6	1.7	-0.5	3.8
Uruguay	4.4	-0.4	0.2	4.2	-0.6	0.3	0.3	0.0	2.5	0.1	-0.5	2.0	4.8	0.9	-1.0	4.7
Cono Sur	4.1	-0.2	-0.1	3.9	2.1	0.3	0.1	2.5	3.1	0.1	-0.4	2.8	3.1	1.0	-0.6	3.4
Colombia	4.6	0.2	0.1	4.9	4.1	0.3	0.3	4.7	6.1	0.4	-0.2	6.3	4.7	0.5	-0.3	4.8
Perú	5.5	0.6	-0.5	5.6	5.0	0.8	0.0	5.8	5.0	-0.1	-0.3	4.5	1.5	0.6	0.6	2.7
Venezuela	7.1	5.1	-1.9	10.3	2.4	1.1	2.1	5.6	5.6	00	-0.5	5.1	5.8	-1.1	-0.9	3.8
Andinos	5.7	1.9	-0.8	6.9	3.8	0.7	0.8	5.3	5.5	0.1	-0.3	5.3	4.0	00	-0.2	3.8
Costa Rica	7.1	0.6	-0.2	7.4	5.5	0.9	-0.1	6.3	6.0	1.6	-0.5	7.1	4.5	0.1	0.0	4.7
El Salvador	6.8	0.5	-0.8	6.5	4.6	0.9	0.1	5.6	3.8	0.4	0.0	4.3	0.1	0.6	-0.2	0.5
Guatemala	6.7	0.1	-1.3	5.5	3.6	0.6	0.6	4.8	5.2	1.2	0.1	6.5	5.1	0.4	-0.4	5.1
Honduras	4.1	0.5	-1.2	3.4	3.7	1.7	-0.6	4.8	3.0	0.5	-0.1	3.4	4.7	1.4	0.2	6.3
Nicaragua	5.7	2.3	-1.3	6.8	4.8	2.0	-0.5	6.3	3.9	1.3	-0.2	4.9	-2.5	-1.3	0.3	-3.5
Centroamérica	6.1	0.8	-1.0	5.9	4.4	1.2	-0.1	5.6	4.4	1.0	-0.2	5.2	2.4	0.2	0.0	2.6
Bolivia	1.5	-0.6	-0.3	0.6	3.9	0.3	0.0	4.3	5.0	0.5	0.2	5.7	3.0	-0.1	0.1	2.9
Ecuador	5.7	1.8	-0.5	7.0	3.1	1.7	-0.3	4.5	7.0	3.9	-1.9	9.1	6.2	0.6	-0.5	6.3
Panamá	2.6	0.8	-0.4	3.1	5.7	1.6	-0.3	7.0	4.6	1.9	-0.2	6.3	2.6	5.9	-3.0	5.5
Paraguay	—	—	—	—	3.5	0.5	0.0	3.9	5.4	0.5	0.0	5.9	9.4	1.0	-0.6	9.9
República Dominicana	—	—	—	—	4.1	-0.2	-0.3	3.6	8.0	1.5	-0.7	8.8	4.7	0.0	0.5	5.2
Otros	3.3	0.7	-0.4	3.6	4.1	0.8	-0.2	4.7	6.0	1.7	-0.5	7.2	5.2	1.5	-0.7	6.0
América Latina	5.2	0.5	-0.2	5.5	4.2	0.3	0.4	5.0	6.7	0.3	-0.4	6.7	5.0	0.4	-0.2	5.2

DI: demanda interna, Export.: exportaciones, SI: sustitución de importaciones.
Promedios simples de cada grupo al final de cada agrupación.

observa que la sustitución de importaciones sólo fue destacada durante el nuevo periodo de crisis de balanza de pagos (o de "estrangulamiento externo", para utilizar la terminología cepalina) que abarca desde el fin del auge de precios de productos básicos de la posguerra, que alcanzó su punto más alto durante la guerra de Corea, hasta mediados de los años sesenta (el periodo 1957 a 1967 en el cuadro, aunque la fase se inició o terminó un poco antes en algunos países). Éste fue también el periodo en que se consolidó, en varias de las economías más grandes, la segunda fase de sustitución de importaciones, orientada a la producción de bienes intermedios y de consumo duradero y, en menor medida, de bienes de capital.[14] Posteriormente tendría importancia en algunas industrias en determinadas naciones: en la automovilística, que llegó tarde a los países andinos, y en las ramas de bienes de capital en Brasil en los años setenta.

Se debe señalar, sin embargo, que la metodología que se utiliza para estimar las contribuciones de los distintos factores de demanda al crecimiento económico tiende a subestimar la importancia de las políticas de comercio exterior, ya que invariablemente los periodos en que la escasez de divisas fue menor fueron igualmente los de mayor crecimiento de la demanda interna (1945-1957 y 1967-1974). Por su parte, las políticas de manejo de balanza de pagos jugaron un papel importante para permitir un crecimiento no despreciable de la demanda interna en 1957-1967. Esta observación ratifica la que se hizo en el capítulo I al analizar el conjunto del periodo de industrialización dirigida por el Estado. Allí se señaló que la relación entre el crecimiento de los países y lo que se puede explicar con base en el dinamismo de los socios comerciales fue superior en el periodo de industrialización que en las dos fases de desarrollo liderado por las exportaciones. La fase de industrialización fue, en otras palabras, capaz de dinamizar la demanda interna dentro de las restricciones que imponía la balanza de pagos.

Por los motivos señalados, el concepto de "industrialización dirigida por el Estado" es más apropiado para caracterizar la nueva estrategia de desarrollo. En efecto, el Estado asumió un amplio conjunto de responsabilidades. En el ámbito económico, aparte de la continuada intervención en la balanza de pagos para manejar el impacto de los ciclos externos que se había impuesto desde los años de la Gran Depresión, estas responsabilidades incluyeron un papel fortalecido (incluso monopólico) en el desarrollo de la infraestructura, en la creación de bancos de desarrollo y de varios comerciales, en el diseño de mecanismos para obligar a las instituciones financieras privadas a canalizar fondos hacia sectores prioritarios (crédito dirigido), en el aliento a la empresa privada nacional mediante la protección y los contratos guberna-

---

[14] Véanse, por ejemplo, los cálculos de la contribución de la sustitución de importaciones a la profundización de la industrialización de Brasil, Colombia y México en Abreu, Bevilaqua y Pinho (2003), Ocampo y Tovar (2003) y Cárdenas (2003b). El periodo relevante corresponde en general al anotado, con algunas diferencias nacionales.

mentales y en la fuerte intervención en los mercados agrícolas de productos agropecuarios. En el ámbito social incluía un papel mayor en la provisión de educación, salud, vivienda y, en menor medida, seguridad social.

El proceso incluyó también grandes transformaciones sociales y políticas. La explosión demográfica de las décadas de los cincuenta y sesenta estuvo acompañada de un rápido proceso de urbanización (véase más adelante). Las estructuras del poder se redefinieron, por lo tanto, en el contexto de sociedades más urbanas y de nuevas relaciones entre los Estados y las crecientemente poderosas élites empresariales. Las tendencias adversas, antiguas y nuevas, de la distribución de la riqueza y el ingreso se reflejaron tanto en la explosión de tensiones rurales ancestrales como en el desarrollo de nuevos conflictos urbanos.

A fines de la década de los cuarenta y principios de la de los cincuenta, la Comisión Económica de las Naciones Unidas para América Latina (CEPAL),[15] bajo el liderazgo de Raúl Prebisch, articuló una teoría de la industrialización que tuvo grandes repercusiones en todo el mundo en desarrollo, así como en los debates teóricos y de políticas públicas a nivel internacional, sobre todo por medio de su influencia (y la de Prebisch, en particular) en la Conferencia de las Naciones Unidas sobre Comercio y Desarrollo (UNCTAD) a partir de 1964 y en las negociaciones sobre un "Nuevo Orden Económico Internacional" que la sucedieron. Sin embargo, muchos patrones, prácticas e incluso ideas precedieron a la creación de la CEPAL. Como lo ha señalado con particular claridad Love (1994: 395): "La industrialización de América Latina fue un hecho antes de que fuera una política, y una política antes de que fuera una teoría". De cualquier modo, la CEPAL produjo una defensa teórica de la nueva estrategia, junto con un sentido de identidad regional.[16]

Las ideas de la CEPAL fueron tan difundidas como criticadas, a veces más como crítica a una caricatura de sus concepciones, como por lo demás que acontecería más tarde con las reformas de mercado. Pertenecieron, además, a una familia de nuevas teorías sobre el desarrollo económico que surgieron desde los años cuarenta y que crearon, de hecho, una subdisciplina en la economía que no existía hasta entonces: la economía del desarrollo. En este sentido, las opiniones de la CEPAL respecto a la industrialización y la intervención estatal coincidieron en gran medida con la sabiduría convencional de la época, que identificaba desarrollo con industrialización. Debe destacarse, además, que el Banco Mundial apoyó, al menos hasta los años setenta, el intervencionismo estatal, invirtió en muchos proyectos de sustitución de importaciones

[15] Más tarde, de América Latina y el Caribe. A diferencia de las siglas en inglés y francés, la sigla de este organismo en español no fue modificada cuando el Caribe se unió a la organización.

[16] En su libro semiautobiográfico, Furtado (1989) proporciona una fascinante historia inicial de la CEPAL y Dosman (2008), una excelente biografía de Prebisch en el contexto de las controversias intelectuales de su época. Para una evaluación de las contribuciones de la CEPAL, véanse los ensayos de Fishlow (1985), Love (1994), Bielschowsky (1998 y 2009), Rosenthal (2004) y Rodríguez (1980 y 2006).

y hasta fines de la década de los setenta continuó defendiendo la idea de que la industrialización era esencial para el desarrollo económico (Webb, 2003). La influencia del primer economista jefe del Banco Mundial en los años setenta, otro gran teórico del desarrollo, Hollis Chenery, fue decisiva en este sentido (véase, por ejemplo, Chenery, 1979) y se reflejó, entre otros aspectos, en los primeros "Informes sobre el desarrollo mundial" producidos por el Banco a fines de dicha década. Más aún, según se ha visto, durante la segunda Guerra Mundial los Estados Unidos apoyaron la industrialización de América Latina, y los intereses privados estadunidenses y otros inversionistas extranjeros también se ajustaron a la nueva estrategia, ya que vieron las oportunidades que representaba para invertir en mercados protegidos y para la venta de bienes de capital a América Latina.

Los elementos comunes en todas estas concepciones sobre el desarrollo fueron que la industrialización era el mecanismo principal de transferencia del progreso técnico y que la estructura productiva se caracterizaba a lo largo del proceso de crecimiento por un aumento en la participación de la industria y los servicios modernos y la reducción del peso de los productos básicos, especialmente agrícolas. El elemento más específicamente cepalino fue el énfasis otorgado a la redefinición de los patrones de inserción en la economía mundial. En esta visión, que encarnó ante todo el "manifiesto latino-americano", como denominó Albert Hirschman al informe de la CEPAL de 1949 (Prebisch, 1973), la solución no era aislarse de la economía internacional, sino *redefinir la división internacional del trabajo* para que los países latino-americanos pudieran beneficiarse del cambio tecnológico que se veía, con mucha razón, como íntimamente ligado a la industrialización. En esta visión el desarrollo implicaba dejar de ser meramente un productor de productos básicos y transformarse en productor de manufacturas —es decir, una visión muy distante de la de un desarrollo autárquico (o sea, de aislamiento de la economía internacional) que han difundido las caricaturas del pensamiento cepalino—. Ello implicaba un esfuerzo explícito de la política económica por transformar las estructuras productivas y sociales, un proceso que Sunkel (1991) denominó desarrollo *desde* dentro, en lugar de *hacia* adentro. Uno de los elementos de la visión de Prebisch, que la CEPAL adoptó como su propia doctrina, fue que los términos de intercambio de los productos básicos tendían a deteriorarse inevitablemente a lo largo del tiempo, una visión que los estudios posteriores no corroboraron y, especialmente, no lo hicieron para el periodo de industrialización durante el cual la CEPAL tuvo su mayor influencia.[17]

Las políticas de industrialización variaron a lo largo del tiempo, en parte

---

[17] Como vimos en el capítulo I, los trabajos de Ocampo y Parra (2003 y 2010) muestran que hubo un deterioro sustancial de los términos de intercambio de los productos básicos a lo largo del siglo XX, pero que están asociados a dos grandes desplazamientos negativos, uno en los años veinte y otro en los ochenta. En el intermedio, que corresponde con la fase de industrialización dirigida por el Estado, no hubo una tendencia de este tipo.

para corregir sus propios excesos y en parte para responder a las nuevas oportunidades que comenzó a brindar la economía mundial desde la década de los sesenta. Como lo han destacado diversas historias del pensamiento cepalino (Bielchowsky, 1998; CEPAL, 1998; Rosenthal, 2004), desde esos años la CEPAL se volvió persistentemente crítica de los excesos de la sustitución de importaciones y defensora de un modelo "mixto" que combinara la sustitución de importaciones con la diversificación de la base exportadora y la integración regional. La CEPAL jugó, así, un papel central en la creación de la Asociación Latinoamericana de Libre Comercio (ALALC), en 1960 (más tarde Asociación Latinoamericana de Integración, ALADI), el Mercado Común Centroamericano en el mismo año y el Grupo Andino en 1969. La CEPAL presionó también en favor de reformas en el ámbito social, muchas de las cuales fueron apoyadas más tarde por los Estados Unidos bajo la Alianza para el Progreso lanzada por el presidente Kennedy a comienzos de la década de los sesenta.

La estrategia respondía también a las circunstancias propias de los primeros años de la posguerra. La marginación de América Latina de las prioridades de los Estados Unidos en la inmediata posguerra (Thorp, 1998b) se vio agravada por el hecho de que, pese a tendencias favorables a corto plazo, seguir dependiendo de las exportaciones de productos básicos no parecía ser una buena opción, en vista de las tendencias del pasado. Además, las crisis de balanza de pagos retornaron muy pronto en la posguerra y se agudizaron con el descenso cíclico de los precios de productos básicos después de la guerra de Corea, generando una sensación de que la llamada "escasez de dólares" era tanto una realidad latinoamericana como europea. A principios de la posguerra la inconvertibilidad de las monedas europeas se volvió una restricción adicional para aquellos países cuyo mercado principal era Europa. La escasez de financiamiento externo fue un elemento adicional: el poco financiamiento disponible dependió de la ayuda bilateral estadunidense (muy escasa antes de la Alianza para el Progreso e incluso después), especialmente a través del Banco de Exportaciones e Importaciones, y de los aportes de créditos también limitados del Banco Mundial.

Por otra parte, los altos niveles de protección eran todavía la regla en los países industrializados, y era claramente necesario que el comercio internacional pasara por un largo periodo de crecimiento continuo para convencer a las naciones y autoridades que habían vivido su colapso de que exportar era una opción confiable. Aunque en 1947 se firmó el Acuerdo General sobre Aranceles y Comercio (GATT), con la participación de varios países latinoamericanos,[18] la idea de una institución más fuerte para regular el comercio mundial se congeló durante varias décadas debido a que el Congreso de los Estados Unidos no ratificó la Carta de La Habana, que había aprobado la creación de la Organización Internacional del Comercio, de la cual el GATT formaba

---

[18] Brasil, Chile, Cuba, Nicaragua, Perú, República Dominicana y Uruguay fueron fundadores o miembros tempranos de dicha organización, a los cuales se sumó Argentina en 1967.

parte. Además, pronto fue evidente que los sectores en los que los países en desarrollo tenían mayor potencial de exportación (agricultura y textiles) serían excepciones a la liberalización comercial dentro del GATT, como se hizo patente cuando los Estados Unidos, apoyados por Europa Occidental, sustrajeron el comercio de productos agrícolas de las disciplinas de dicho acuerdo a mediados de los años cincuenta e iniciaron la secuencia de restricciones al comercio de productos textiles que se transformaría con el tiempo en el Acuerdo Multifibras. Todo esto fomentó el "pesimismo de las exportaciones" que caracterizó algunas visiones de posguerra y el sentimiento de que los esfuerzos de sustitución de importaciones y el estrecho manejo estatal de las escasas divisas eran esenciales para superar las persistentes restricciones de la balanza de pagos.[19]

La reconstrucción del comercio internacional en los años posteriores a la segunda Guerra Mundial tuvo lugar en torno a dos tipos de acuerdos: el GATT, que junto con la creación de la Comunidad Económica Europea (CEE) sirvió de marco para el crecimiento del comercio entre países europeos y con los Estados Unidos, y el Consejo de Asistencia Mutua Económica entre los países comunistas de Europa Central y Oriental y la Unión Soviética. Con el tiempo, sin embargo, y aunque centrado en el comercio intraindustrial entre países desarrollados y como elemento central de la "edad de oro" del crecimiento económico de estas naciones, el primero de estos procesos abrió oportunidades para las exportaciones de manufacturas desde los países en desarrollo. También se diseñaron mecanismos específicos para fortalecer la participación de los países en desarrollo en el comercio mundial, en particular el Sistema Generalizado de Preferencias (SGP) y la secuencia de acuerdos de productos básicos, que revivieron con fuerza con la caída de los precios de las materias primas básicas desde mediados de los años cincuenta. Entre ellos destacan, por su importancia para varios países latinoamericanos, nuevamente, los acuerdos cafeteros que se iniciaron de manera parcial a fines de la década de los cincuenta y se transformaron en los sucesivos acuerdos internacionales que, con breves interrupciones, regularon con cuotas el mercado cafetero entre 1962 y 1989.[20] Adicionalmente, aunque la reconstrucción del sistema financiero internacional se centró en gran medida en los países desarrollados, desde mediados de la década de los sesenta, y especialmente desde comienzos de la de los setenta, empezaron a surgir para los países en desarrollo alternativas de financiamiento diferentes a los bancos multilaterales y a los organismos bilaterales.

Después de la Revolución cubana, América Latina adquirió mayor im-

[19] De ahí surgió también la idea cepalina de la tendencia estructural a las crisis de balanza de pagos causada por la fuerte elasticidad-ingreso de la demanda de importaciones y la menor elasticidad-ingreso y precio de las exportaciones, particularmente cuando éstas son productos básicos. Detrás de estas ideas subyace el énfasis en el ajuste de la balanza de pagos que ya se había entronizado en el manejo macroeconómico de la región.

[20] Bates (1997) ha hecho el mejor análisis de la historia de las negociaciones cafeteras internacionales.

portancia en la agenda de la política exterior estadunidense. La creación del Banco Interamericano de Desarrollo (BID) en 1959 fue la manifestación más inmediata, seguida pronto por la Alianza para el Progreso, lanzada en Punta del Este, Uruguay, en 1961. Como se señaló entonces, esta última iniciativa adoptaba en gran medida el programa que la CEPAL había venido promoviendo desde la década de los cincuenta, que incluía la planeación de una economía mixta, la integración regional, la reforma agraria, la reforma tributaria con un componente importante de tributación directa y una mayor inversión en los sectores sociales. Sin embargo, el flujo de fondos fue menor que lo prometido y el carácter condicional de la ayuda estadunidense se convirtió pronto en una fuente de fricción.

FASES Y DIVERSIDAD DE LAS EXPERIENCIAS DE INDUSTRIALIZACIÓN

La industrialización latinoamericana atravesó por tres etapas diferentes durante el periodo que cubre este capítulo. La primera fue la fase "pragmática" de sustitución de importaciones inducida por la variación de precios relativos y las respuestas de política económica ante los choques externos de la década de los treinta y la segunda Guerra Mundial. Estos acontecimientos, especialmente la guerra, dieron nacimiento a los primeros planes para promover nuevas industrias y reducir la dependencia de las importaciones, sobre todo en sectores considerados "esenciales" o "estratégicos". Este último concepto resultó particularmente atractivo en los países con regímenes militares, en particular en Argentina, Brasil y, en la inmediata posguerra, en Venezuela.

La segunda, que podríamos denominar la fase "clásica" de la industrialización latinoamericana, tuvo lugar entre el fin de la guerra y mediados de los años sesenta y, como veremos, su influencia relativa fue mayor en las economías más grandes. La escasez de divisas siguió siendo uno de sus elementos determinantes. En efecto, pese a la abundancia inicial de reservas internacionales, las crisis de balanza de pagos se convirtieron en un problema recurrente en la inmediata posguerra. La evaporación de las reservas en dólares, frente a la demanda represada de importaciones, dio lugar a las primeras crisis de balanza de pagos muy poco después de terminado el conflicto bélico. Esta situación fue sucedida por una oleada generalizada de crisis de balanza de pagos a partir de la caída de los precios de los productos primarios después de la guerra de Corea, el periodo de "estrangulamiento externo" de acuerdo con la terminología cepalina. Así lo indica la gráfica IV.3, que muestra el número de países latinoamericanos con programas con el FMI, la suma de financiamiento aportado por dicho organismo a los países de la región y el monto de las reservas internacionales, estimados ambos como proporción del PIB latinoamericano. Como se puede apreciar, todos estos indicadores mostraron un deterioro entre mediados de los años cincuenta y comienzos de la década de los sesenta, pero comenzaron a mejorar desde mediados de esta última, aunque con una tendencia temprana de muchos países a mantener casi permanentemente programas con el FMI.

De acuerdo con las tendencias que se habían impuesto durante la fase "pragmática", las respuestas de política siguieron un patrón según el cual cada crisis aumentaba los niveles de protección. Pero ahora surgió una estrategia de industrialización más consciente, enmarcada generalmente en planes de desarrollo explícitos, siguiendo en este último sentido un patrón virtualmente universal en la época. La estrategia empleó una combinación variable, según el país, de viejos instrumentos, aunque empleados ahora con mayor e incluso excesiva intensidad: protección arancelaria y no arancelaria; tipos de cambio múltiples y racionamiento de divisas; bancos de desarrollo e inversiones en infraestructura. A ello se agregaron nuevos instrumentos: regulaciones en la asignación sectorial del crédito al sector privado y de las tasas de interés; incentivos fiscales; inversiones del sector público en sectores estratégicos, incluidos los servicios de energía, telecomunicaciones y algunos de transporte, pero también algunas ramas de siderurgia y química o petroquímica; subsidios de precios a los insumos otorgados a las empresas públicas que controlaban esos sectores estratégicos; "leyes de similares" (que esencialmente prohibían las importaciones de bienes que competían con la producción nacional), y requerimiento de que las industrias establecidas compraran materias primas y bienes intermedios nacionales.

Una característica esencial del modelo fue que, en lugar de modificar la estructura de protección para promover nuevas industrias, se superpusieron capas de protección nuevas a las antiguas, lo que generó un patrón "geológico" de protección que se convertiría en una característica esencial de la industrialización dirigida por el Estado en América Latina. Esto se debió, obviamente, a la economía política que caracterizaba al proceso, en la que la protección de un sector específico se consideraba una "conquista" permanente del sector que se beneficiaba con ella. Esto implicaba, por lo demás, que los incentivos nunca se consideraban temporales (es decir, para industrias "incipientes", que deberían ser retirados una vez que éstas se tornaran competitivas), y su compleja estructura hacía difícil saber cuáles eran los sectores favorecidos en términos netos. Por supuesto, el complejo sistema de protección que se construyó no estuvo exento de críticas, incluidas, según vimos, las de la propia CEPAL.

La principal idea para racionalizar la estructura de protección lanzada durante ese periodo fue la integración regional y subregional. De acuerdo con la concepción original de la CEPAL, la integración regional reduciría los costos de la sustitución de importaciones al aumentar el tamaño del mercado, un elemento crítico para alcanzar economías de escala en los sectores más avanzados de las economías más grandes, pero también para generar algún nivel de industrialización en las economías más pequeñas. Además, se esperaba que la integración impusiera cierta disciplina de mercado a los sectores protegidos, que habían alcanzado altos niveles de concentración industrial

GRÁFICA IV.3. *Indicadores de crisis de balanza de pagos, 1950-1980*

A. Programas con el FMI

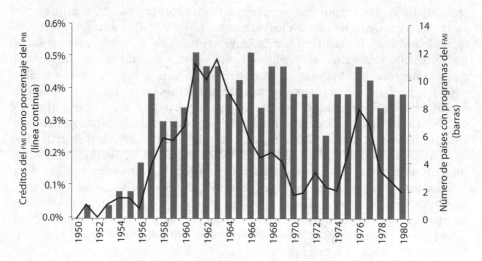

B. Reservas internacionales brutas y netas de préstamos de FMI
   como porcentaje del PIB

FUENTES: FMI, estadísticas financieras internacionales y series históricas de la CEPAL del PIB en dólares corrientes.

(e incluso monopolios) a escala nacional, y que sirviera como plataforma para el desarrollo de nuevas actividades exportadoras, en particular en el sector de manufacturas.

Sin embargo, excluyendo el Mercado Común Centroamericano, la integración regional manifestó pronto los mismos problemas de economía política que enfrentó la racionalización de la protección en general. Luego de unas cuantas rondas multilaterales exitosas a principios de la década de los sesenta, la Asociación Latinoamericana de Libre Comercio (ALALC, más tarde ALADI) enfrentó una gran oposición a la liberalización de las importaciones competitivas (es decir, aquéllas en que los productos de un país competían con los de otro país miembro). Por tanto, en sus etapas posteriores se centró en acuerdos bilaterales para facilitar las importaciones complementarias. El Grupo Andino encaró presiones similares después de su creación, en 1969, de modo que se centró en la liberalización del comercio intrarregional de importaciones complementarias. En el marco centroamericano, y especialmente en el andino, hubo también un intento de programar el desarrollo industrial en un mercado ampliado y, por lo tanto, de planificar el desarrollo de nuevas inversiones complementarias, pero esos esfuerzos fueron, casi invariablemente, ruidosos fracasos.

El "pesimismo de las exportaciones" fue también una característica de la fase "clásica", pero había considerables diferencias regionales al respecto. Con excepción de unos cuantos países (Venezuela y varias economías pequeñas, también parcialmente México), la experiencia con las exportaciones fue decepcionante en la inmediata posguerra. Sin embargo, la situación mejoró de manera significativa desde mediados de la década de los cincuenta, sobre todo para las economías pequeñas, cuyas exportaciones experimentaron un crecimiento rápido desde entonces, y para el conjunto de la región desde mediados de los años sesenta (cuadro IV.5). Curiosamente, este proceso estuvo acompañado de la fuerte desaceleración de las ventas externas de Venezuela, la economía exportadora más dinámica de la región entre los años veinte y cincuenta. En realidad, en particular en las economías centroamericanas pero también en algunas de tamaño medio como Perú, la sustitución de importaciones que se llevó a cabo se superpuso a lo que continuó siendo en esencia un modelo primario-exportador (Thorp y Bertram, 1978, parte IV). Esto también sucedió en Venezuela, donde la política de industrialización se conceptualizó como la forma de "sembrar el petróleo" (Baptista y Mommer, 1987; Astorga, 2003; Di John, 2009). Por este motivo, el colapso de la participación de las exportaciones en el PIB que se produjo a partir de 1938 fue seguido de un deterioro más lento a partir de los años cincuenta y se interrumpiría virtualmente en la década de los sesenta (véase al respecto la gráfica IV.2, cuando se excluye a Venezuela).

Las opiniones encontradas acerca de las oportunidades que ofrecían las exportaciones de productos básicos no se hicieron extensivas a la inversión externa directa (IED). Por el contrario, la promoción a la inversión por parte de

CUADRO IV.5. *Dinamismo de las exportaciones latinoamericanas (porcentajes)*

	Crecimiento real de las exportaciones de bienes y servicios (en dólares de 2000)				Coeficientes de apertura económica (exportaciones como % del PIB a dólares de 2000)			
	1945-1957	1957-1967	1967-1974	1974-1980	1945-1957	1958-1967	1968-1974	1975-1980
Países grandes								
Brasil	0.6	4.2	11.3	10.1	6.0	3.6	4.0	4.1
México	4.4	3.0	6.3	10.6	8.6	6.8	5.9	6.1
Cono Sur								
Argentina	-0.2	3.0	1.3	7.3	5.0	4.1	3.5	4.5
Chile	-1.0	4.6	3.2	13.6	13.2	11.0	10.3	17.5
Uruguay	-4.3	4.9	10	10.5	9.7	8.4	8.2	11.2
Andinos								
Colombia	16	3.9	5.4	6.0	11.2	9.3	9.0	8.8
Perú	4.8	6.7	-1.3	6.7	11.8	14.8	12.1	10.2
Venezuela	10.2	2.9	0.1	-5.1	55.2	49.0	36.7	19.2
Centroamérica								
Costa Rica	4.7	8.3	114	0.9	15.0	12.9	17.9	16.6
El Salvador	4.5	9.0	3.7	4.5	9.8	12.2	12.9	14.4
Guatemala	0.7	8.3	11.2	3.3	8.8	10.0	12.9	13.3
Honduras	3.1	8.9	2.5	6.7	21.7	23.2	30.0	27.1
Nicaragua	13.0	8.4	5.1	-5.2	21.8	31.1	33.4	37.5

Otros

Bolivia	-3.2	2.8	4.8	-1.4	17.4	11.7	12.7	11.1
Ecuador	6.2	5.7	11.9	2.0	28.8	33.6	38.9	35.7
Panamá	6.1	9.2	9.3	18.6	23.7	22.8	30.3	39.9
Paraguay	-0.8	5.2	5.2	106	11.1	11.0	116	11.6
República Dominicana	5.5	-1.0	10.7	0.1	n. d.	19.0	16.8	15.6
Promedios ponderados								
Total América Latina (18 países)	4.4	3.7	3.9	5.5	10.9	10.0	8.6	7.6
Excluyendo Venezuela	19	4.2	6.0	8.6	7.9	6.6	6.3	6.6
Economías más grandes (7 países)	4.7	3.4	3.2	5.6	10.5	9.5	7.9	6.7
Economías más pequeñas (11 países)	2.3	6.0	7.7	5.2	15.5	15.6	18.4	19.6
Promedios simples								
Total América Latina (18 países)	2.9	5.4	5.7	5.6	16.4	16.4	17.1	16.9
Excluyendo Venezuela	3.1	5.6	6.1	6.2	14.0	14.4	15.9	16.8
Economías más grandes (7 países)	3.2	4.0	3.7	7.0	15.9	14.1	11.6	10.0
Economías más pequeñas (11 países)	0.0	6.3	7.0	4.6	16.8	17.8	20.5	21.3

FUENTE: Véase cuadro IV.4.

empresas transnacionales en nuevas actividades de sustitución de importaciones se convirtió en un ingrediente central de la industrialización dirigida por el Estado en América Latina. La IED se consideraba también una fuente confiable de financiación externa privada en una economía mundial que ofrecía pocos mecanismos alternativos de este tipo. Sin embargo, muchos países de la región adoptaron simultáneamente una oposición cada vez más frontal a las formas *tradicionales* de inversión extranjera en los sectores de recursos naturales e infraestructura. Así pues, América Latina no rechazó la IED durante esta etapa pero la dirigió de acuerdo a lo que percibía como intereses nacionales. De hecho, hasta la década de los setenta la región atrajo la mayor parte de los flujos de IED que se dirigieron hacia el mundo en desarrollo (véase más adelante).

La tercera fase puede considerarse la etapa "madura" de la industrialización dirigida por el Estado. Sin embargo, la característica dominante de ese periodo fue la diversidad creciente de las tendencias regionales. Pueden diferenciarse tres grandes estrategias, que se adoptaron a veces en forma secuencial en distintos países, con el primer choque petrolero de 1973 como un importante punto de inflexión.

La primera estrategia, dominante entre mediados de la década de los sesenta y el primer choque petrolero (y también la más cercana a las opiniones de la CEPAL), fomentó de manera creciente la promoción de las exportaciones, generando lo que hemos denominado el "modelo mixto". En cierto sentido, dicho ingrediente aproximó la estrategia de las economías medianas y grandes a la que venían aplicando los países pequeños. Esta estrategia se basaba en los acuerdos de integración existentes, pero sobre todo en las nuevas oportunidades que ofrecían las crecientes exportaciones de manufacturas ligeras hacia los países industrializados.

Según patrones ya establecidos, la nueva estrategia superpuso un nuevo estrato de incentivos a las exportaciones al patrón "geológico" de protección ya existente, que incluía una combinación de incentivos fiscales (subsidios directos o tasas de cambio favorables y exenciones o devoluciones de los aranceles de sus insumos) y facilidades de crédito para las empresas exportadoras, así como requerimientos de exportación a las empresas extranjeras y la creación de zonas de libre comercio. En este último caso, el programa mexicano de maquila en la frontera con los Estados Unidos, establecido en 1965 (el mismo año en que dicho programa se puso en marcha en Taiwán), fue la primera innovación en su género. En general, los incentivos a las exportaciones estuvieron acompañados de cierta racionalización de la estructura de protección existente y del manejo de las divisas (en particular la unificación o simplificación del régimen de cambio múltiple), y de una política cambiaria más activa, incluida una tasa de cambio más flexible (el sistema de minidevaluaciones o *crawling peg*) para manejar la sobrevaluación recurrente en economías proclives a la inflación. Este último fue el sistema cambiario que introdujeron Argentina, Colombia, Chile y Brasil entre 1965 y 1968 (Frenkel y Rapetti, 2011).

Resulta interesante observar que la revaloración del papel de las exportaciones estuvo acompañado ahora de una visión más crítica de la inversión extranjera directa. La idea de que los inversionistas nacionales debían desempeñar un papel central en los nuevos sectores manufactureros había estado presente desde la segunda Guerra Mundial. En muchos casos este papel fue asumido por las empresas estatales. Sin embargo, la defensa de los inversionistas nacionales fue objeto de atención creciente en las décadas de los sesenta y setenta, a lo cual se agregó el establecimiento de límites a las regalías y las remisiones de utilidades al exterior, asociado a la opinión de que las empresas transnacionales estaban obteniendo ganancias excesivas en sus inversiones en la región. Las normas andinas fueron quizás las más representativas de estas tendencias: el estatuto andino sobre inversión extranjera (Decisión 24 de 1970) reservó, en efecto, ciertos sectores a empresas con mayoría de capital andino,[21] limitó los beneficios del mercado ampliado a empresas extranjeras y estableció restricciones a las remesas al exterior de utilidades y al pago de regalías de los inversionistas. Las nacionalizaciones de la industria del cobre en Chile y de la petrolera en Venezuela, a principios de la década de los setenta, formaron parte de otro patrón, que tenía raíces más antiguas.

Pese a ello, América Latina continuó recibiendo en 1973-1981 cerca de 70% del total de los flujos de inversión extranjera directa hacia el mundo en desarrollo (Ocampo y Martin, 2003: cuadro 3.2). La inversión extranjera siguió siendo bienvenida en el desarrollo de nuevos sectores de industrialización y exportaciones, y no pocas empresas estatales entraron en asociación estratégica con multinacionales. Por lo tanto, resulta peculiar la visión de que América Latina rechazó la inversión extranjera durante la industrialización dirigida por el Estado. Más bien la orientó en direcciones particulares. Japón y dos de los primeros tigres asiáticos, la República de Corea y Taiwán, estuvieron de hecho más cerrados a la inversión extranjera durante estos años.

La segunda estrategia consistió en una profundización mayor de la sustitución de importaciones. Perú es el mejor ejemplo de un país que, en contra de su propia tradición primario-exportadora, optó por una política más orientada hacia adentro a fines de la década de los sesenta, en contra de las tendencias regionales (Thorp y Bertram, 1978, parte IV). Debemos añadir los ambiciosos planes de inversión industrial en bienes intermedios y de capital en Brasil, México y Venezuela después del primer choque petrolero (negativo para el primero, positivo para los dos últimos), que estuvieron acompañados, en todo caso, por un impulso mayor a las exportaciones en Brasil. De estos países, el brasileño terminó por producir la estructura industrial más completa de la región (Castro, 1985).

La tercera estrategia fue un ataque frontal al papel del Estado en el des-

---

[21] Los sectores de servicios públicos, financiero, comunicaciones, transporte y comercialización interna quedaron reservados a empresas con más de 51% de capital andino. La Decisión 24 prohibió también durante 10 años la inversión en productos básicos mediante el sistema de concesiones.

Gráfica IV.4. *Participación de la industria manufacturera en el PIB, 1950-2008*

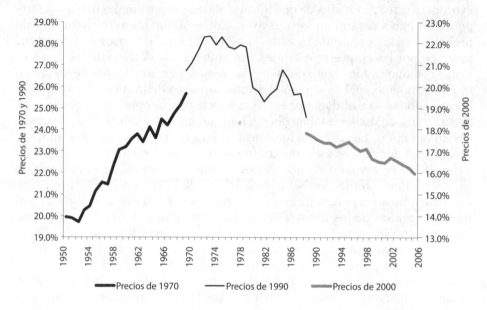

FUENTE: Estimado con base en series históricas de la CEPAL.

arrollo económico. En efecto, desde mediados de la década de los sesenta hubo un desplazamiento en los debates intelectuales hacia una concepción más liberal de las políticas económicas, en los que se daba un mayor peso al mercado en la asignación de recursos. Al igual que en el siglo XIX, la economía liberal no estuvo vinculada inicialmente con una orientación política liberal. En efecto, en los países del Cono Sur (Argentina, Chile y Uruguay), los pioneros en este campo, las grandes reformas de mercado de la segunda mitad de la década de los setenta estuvieron impulsadas por dictaduras militares. Pero aun en entornos ideológicos fuertemente liberalizantes, la crisis del petróleo condujo en estos países a fuertes incentivos estatales a la promoción de exportaciones industriales no tradicionales para equilibrar el déficit de la balanza comercial.

En parte como reflejo de esta diversidad de experiencias, la industrialización alcanzó su mayor nivel en América Latina en 1973-1974. Hasta entonces, la participación de la industria manufacturera en el PIB tuvo un aumento persistente; desde entonces, y por ello mucho antes del colapso que generó la crisis de la deuda, el coeficiente de industrialización comenzó a reducirse (gráfica IV.4). El proceso de industrialización fue, en cualquier caso, disparejo a nivel regional (cuadro IV.6). Entre los países más grandes, los mayores aumentos en la participación de la industria manufacturera en el PIB entre 1950 y 1974 se alcanzaron en Argentina, Brasil, Colombia y México; por el contrario, fueron muy inferiores en Perú y Venezuela, y marginales en Chile, donde

CUADRO IV.6. *Crecimiento y peso relativo de la industria manufacturera y el sector agropecuario (porcentajes)*

| | Industria manufacturera | | | | | Sector agropecuario | | | | |
| | Participación en el PIB (precios de 1970) | | | Crecimiento anual | | Participación en el PIB (precios de 1970) | | | Crecimiento anual | |
	1950	1974	1980	1950-1974	1974-1980	1950	1974	1980	1950-1974	1974-1980
Países grandes										
Brasil	21.9	30.6	30.2	8.7	6.7	20.7	9.3	8.6	3.7	5.3
México	17.2	23.5	23.9	8.0	6.7	18.7	9.9	8.4	3.8	3.5
Cono Sur										
Argentina	23.8	31.6	27.5	4.9	-0.6	16.0	12.4	11.6	2.6	0.7
Chile	25.6	25.9	22.2	3.4	1.2	9.7	6.8	6.6	1.9	3.2
Uruguay	18.9	22.2	22.4	2.3	4.9	138	11.2	10.2	0.7	3.1
Andinos										
Colombia	16.1	22.7	21.6	6.7	4.0	33.4	22.9	22.5	3.5	4.5
Perú	15.1	20.0	18.9	6.7	1.8	27.8	14.5	12.1	2.6	-0.3
Venezuela	12.1	16.4	17.6	7.9	5.0	8.6	6.6	6.4	5.4	3.1
Centroamérica										
Costa Rica	—	—	—	—	—	43.3	19.6	16.8	3.2	2.0
El Salvador	14.9	19.8	16.5	6.2	-2.5	59.0	39.0	41.1	3.2	1.3
Guatemala	12.0	15.7	16.7	6.1	6.1	33.1	27.9	24.8	4.2	3.1
Honduras	7.1	14.7	14.1	7.0	5.5	36.2	25.3	21.5	2.3	3.4
Nicaragua	11.5	20.7	25.1	8.8	-0.4	33.0	24.2	24.0	4.8	3.6
Otros										
Bolivia	12.7	14.1	14.5	3.7	3.4	29.3	19.7	20.0	1.6	3.1
Ecuador	12.5	17.4	21.6	7.6	10.2	28.9	17.8	13.8	4.0	1.9
Panamá	8.4	15.4	13.3	9.0	3.0	30.6	15.3	12.8	3.2	2.4
Paraguay	15.5	16.7	16.0	4.7	9.1	42.1	31.7	26.6	3.1	6.7
República Dominicana*	16.3	18.4	18.5	7.4	5.3	30.9	18.9	16.4	2.8	2.8
América Latina	19.9	27.2	26.7	7.5	5.4	20.3	11.2	10.4	3.5	4.3

* 1960 es el primer año disponible en República Dominicana.

FUENTE: Estimadas con las series históricas de la CEPAL, empalmando series en dólares de 1970 y 1990.

CUADRO IV.7. *Participación en el valor agregado industrial al final del periodo de rápida industrialización (porcentajes)*

A. Países sudamericanos y México, 1974	Brasil	México	Argentina	Venezuela	Chile	Colombia	Perú	Uruguay	Ecuador	Bolivia	Paraguay	Total
Alimentos, bebidas y tabaco	13.3	15.3	30.0	22.2	17.8	27.6	25.0	32.9	42.6	43.0	50.0	19.2
Textiles, confecciones, cuero y calzado	12.3	15.5	13.8	11.8	10.1	15.7	13.1	20.9	14.2	22.9	16.6	13.5
Otras tradicionales (madera y muebles, editoriales y otras manufacturas)	8.0	5.7	4.2	6.2	4.4	6.0	15.2	5.0	7.7	6.5	12.8	6.7
Subtotal ramas tradicionales	33.7	36.5	48.0	40.2	32.3	49.3	53.3	58.8	64.6	72.4	79.4	39.4
Minerales no metálicos	5.5	5.9	3.3	4.8	2.9	5.6	7.1	4.0	5.3	5.4	4.3	5.0
Refinerías de petróleo	3.7	3.4	5.2	14.0	3.7	3.0	9.3	12.9	2.2	7.8	4.3	4.7
Papel e industria química, excluida refinación de petróleo	19.6	20.5	12.6	16.1	14.0	23.3	8.4	14.2	16.1	7.3	5.4	17.6
Metales básicos	8.8	4.4	6.0	7.6	30.9	3.8	5.9	0.8	1.1	3.0	0.3	7.6
Equipo de transporte	7.4	14.5	10.9	7.4	6.2	4.5	7.6	1.4	0.5	0.3	0.9	9.2
Industria metalmecánica	21.4	14.9	14.0	9.9	10.0	10.4	8.3	7.9	10.0	3.8	5.4	16.4
Subtotal no tradicionales	66.3	63.5	52.0	59.8	67.7	50.7	46.7	41.2	35.4	27.6	20.6	60.6
Participación en el valor agregado industrial de América Latina	41.6	20.8	19.0	4.5	4.0	3.6	3.5	1.0	1.0	0.6	0.3	100.0

B. Centroamérica, 1975	Guatemala	Costa Rica	El Salvador	Nicaragua	Honduras	Total
Alimentos, bebidas y tabaco	47.7	49.9	42.3	53.7	52.6	48.7
Textiles, confecciones, cuero y calzado	19.9	12.3	20.9	12.3	12.2	16.4
Otras tradicionales (madera y muebles, editoriales y otras manufacturas)	6.0	12.8	5.5	6.5	14.5	8.3
Subtotal ramas tradicionales	73.6	75.0	68.7	72.5	79.2	73.4
Minerales no metálicos	4.1	3.7	5.4	4.9	6.3	4.6
Refinerías de petróleo	6.9	4.4	6.8	3.8	6.1	5.7
Papel e industria química, excluida refinación de petróleo	5.5	12.1	13.2	11.5	4.7	9.3
Industrias metálicas	9.9	4.9	6.0	7.3	3.6	7.0
Subtotal no tradicionales	26.4	25.0	31.3	27.5	20.8	26.6
Participación en el valor agregado industrial de Centroamérica	31.9	21.8	19.4	16.4	10.5	100.0

FUENTE: A CEPAL, PADI. Datos en dólares de 1994. B. CEPAL (1983). Datos en pesos centroamericanos de 1970. Excluye actividades no especificadas.

la participación manufacturera era muy alta en 1950. Pero la industrialización también avanzó rápidamente en varios países pequeños, en particular en Ecuador y varios centroamericanos, mezclada en estos casos, como se ha señalado, con una estructura primario-exportadora. Entre 1974 y 1980 la industrialización avanzó en muy pocos países: algo en México y Venezuela, entre los más grandes, y especialmente en Ecuador y Nicaragua entre los pequeños. En Brasil se redujo marginalmente su participación en el PIB, pero el crecimiento industrial siguió siendo muy dinámico.

El avance de la industrialización dependió estrechamente del tamaño de las economías, como se refleja en especial en su estructura. Así lo indica el cuadro IV.7, donde se estima la participación de distintas ramas en el valor agregado manufacturero en 1974, ordenando a los países de acuerdo al tamaño de su sector industrial. En las economías más pequeñas, las ramas más tradicionales de la industria representaban entre 60 y 80% del valor agregado industrial al final del periodo más intenso de industrialización, pero aun en Colombia y Perú representaban alrededor de la mitad. Chile y Venezuela tenían una estructura donde un solo sector tenía el papel importante (metales básicos y refinación de petróleo, respectivamente). De esta manera, sólo Brasil, México y Argentina habían alcanzado un alto grado de diversificación. Aparte de los casos de Chile y Venezuela, las estructuras productivas reflejaban el peso de ciertos sectores en los cuales los países tenían o habían adquirido ventajas competitivas, entre ellos textiles en algunas economías pequeñas (Uruguay y Bolivia, y Guatemala y El Salvador entre las centroamericanas), en las industrias de proceso (papel y químicas) en Colombia, en la de alimentos en Argentina y en la de equipo de transporte en México. Estos patrones tendrían su paralelo en las exportaciones de manufacturas de estos países, tanto durante este periodo como en la fase posterior del desarrollo.

Por último, el proceso de industrialización estuvo acompañado de la acumulación de capacidades tecnológicas locales. En algunos casos dichas capacidades vinieron de la mano de la industrialización misma, por ejemplo en la incorporación de nuevos equipos con mejor tecnología. En otros llegaron con la inversión extranjera. Más allá de lo anterior, la industrialización requirió un esfuerzo explícito de aprendizaje y adaptación de tecnología, que generó no pocas innovaciones secundarias. Las adaptaciones eran necesarias, entre otros aspectos, para poder romper cuellos de botella específicos, adecuarse a las condiciones en que estaban establecidas las empresas (menor escala de producción, utilización de materias primas locales, asistencia técnica a los proveedores de insumos) o rediseñar los productos en función de los mercados locales. Estos procesos de aprendizaje y adaptación de tecnología se hicieron desde firmas de tamaño modesto hasta las más grandes, incluidas las sucursales de las multinacionales y las empresas públicas, e involucraron, en algunas empresas de gran tamaño, la creación de departamentos específicos de investigación y desarrollo. En los casos más exitosos, las firmas correspondientes adquirieron conocimientos suficientes para vender tecnología, en forma de licencias y servicios de ingeniería, especialmente a otros países de América Latina. En un conjunto más amplio de entidades productivas, fue un elemento decisivo para la capacidad de las empresas de aprovecharse de las oportunidades que generó la exportación de manufacturas desde mediados de los años setenta.[22]

Sin embargo, los sistemas nacionales de innovación que se desarrollaron fueron incapaces de generar sólidas redes tecnológicas como las que entonces desarrollaron Japón y algunos de los primeros tigres asiáticos (especialmente la República de Corea y Taiwán), y por lo tanto no condujeron a una reducción sostenible de la brecha tecnológica con los países industrializados. Tampoco existió una política deliberada dirigida a promover los derrames tecnológicos de la inversión extranjera, lo que suponía, incorrectamente, que esos derrames se producirían en forma espontánea. Los sistemas de ciencia y tecnología desarrollados siguieron predominantemente un modelo guiado por la oferta, en el que el Estado estimulaba la creación de centros científicos y tecnológicos que sólo lograron cierto desarrollo en las empresas públicas y, como veremos, en el sector agropecuario, mientras que el sistema educativo y de investigación quedó por lo general muy poco articulado a las necesidades de un sistema productivo que, por otra parte, no demandaba grandes contingentes de equipos técnicos de alta calificación (CEPAL, 2004: cap. 6).

Sobre la estructura de la protección de las industrias con mayor contenido tecnológico existen visiones contrapuestas. En un trabajo clásico, Fajnzylber (1983) argumentó que la estructura de protección favoreció la importación de bienes de capital, reduciendo por lo tanto el desarrollo de este sector, lo que generó, a su vez, cierta discriminación hacia sectores más intensivos en tecnología. En contra de esta visión, analistas de la industrialización brasileña han señalado que en ese país, tal vez el único en el que se avanzó significativamente en este terreno, la protección de las industrias de bienes de capital encareció los costos de inversión y se tornó en un factor negativo hacia finales del periodo de industrialización (Abreu, Bevilaqua y Pinho, 2003).

EL DESEMPEÑO ECONÓMICO Y SOCIAL EN EL PERIODO
DE INDUSTRIALIZACIÓN DIRIGIDA POR EL ESTADO

Crecimiento económico

Como se señaló en el capítulo I, durante el periodo de industrialización dirigida por el Estado, América Latina logró crecer por encima de la media mun-

---

[22] Esta "microeconomía de la sustitución de importaciones" está asociada muy especialmente al trabajo de Jorge Katz (véanse, por ejemplo, Katz, 1978 y 1984, y Katz y Kosacoff, 2003). Véanse también Teitel (1993), Teitel y Thoumi (1987) sobre el tránsito de la sustitución de importaciones a la exportación en varios sectores de Argentina y Brasil, y el trabajo más reciente de Bértola et al. (2009).

GRÁFICA IV.5. *Ritmos decenales de crecimiento del* PIB *(crecimiento anual promedio en el decenio que termina en el año indicado en la gráfica)*

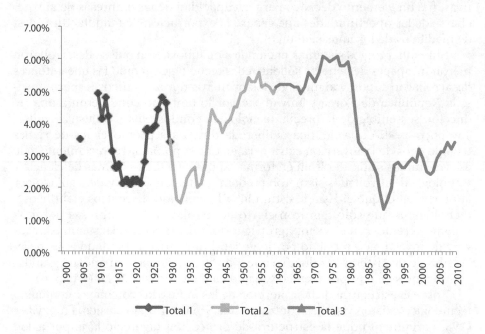

La serie 1 incluye Argentina, Brasil, Chile, Colombia, Cuba, Ecuador, México, Perú, Uruguay y Venezuela (las dos primeras observaciones excluyen, sin embargo, Cuba y Ecuador).

La serie 2 incluye todos los países, excepto Bolivia, Panamá, Paraguay y República Dominicana.

La serie 3 incluye todos los países.

FUENTE: Estimado con base en los datos del anexo.

dial y mantener el ritmo de crecimiento de los países más desarrollados, que hemos denominado "Occidente". Se trata de un desempeño destacado, ya que después de haber crecido más rápido que el mundo desde 1870, incluso durante las turbulencias internacionales que caracterizaron el periodo de entreguerras, América Latina formó parte del auge económico posterior a la segunda Guerra Mundial, también el periodo de mayor crecimiento de la economía mundial en su historia y, en particular, aquél en que las economías más industrializadas vivieron su "edad de oro" (hasta 1973).

Sin embargo, este desempeño tuvo grandes lunares, entre los que se cuentan, como se verá posteriormente, el mal desempeño de las economías que habían sido líderes hasta comienzos del siglo xx (las de Cono Sur y Cuba) e incluso la incapacidad de aquellas que experimentaron un mayor ritmo de crecimiento de reducir significativamente la brecha en relación con el mundo industrializado y, como se vio en la sección anterior, de desarrollar los sistemas nacionales de innovación necesarios para hacerlo. La incapacidad para

CUADRO IV.8. *Dinamismo económico general, 1950-1980*
(crecimientos porcentuales)

	PIB	PIB per cápita	PIB por trabajador
Brasil	7.0	4.1	3.4
México	6.6	3.4	3.4
Países grandes	6.8	3.7	3.4
Argentina	3.3	1.6	2.0
Chile	3.5	1.4	1.9
Uruguay	2.2	1.3	1.2
Cono Sur	3.0	1.4	1.7
Colombia	5.1	2.3	2.3
Perú	4.9	2.1	2.4
Venezuela	6.0	2.2	2.4
Andinos	5.3	2.2	2.4
Costa Rica	6.3	3.2	2.9
El Salvador	4.1	1.2	1.4
Guatemala	5.0	2.2	2.7
Honduras	4.3	1.3	1.9
Nicaragua	4.1	1.0	0.7
Centroamérica	4.8	1.8	1.9
Bolivia	3.2	0.9	2.4
Ecuador	6.1	3.2	4.1
Panamá	6.1	3.2	3.6
Paraguay	5.5	2.8	3.0
República Dominicana	5.8	2.7	2.6
Otros	5.4	2.6	3.1
América Latina	5.5	2.7	2.6
Promedio simple	4.9	2.2	2.5
Estados Unidos	3.6	2.2	2.8
Europa industrializada (EU12)	4.1	3.5	3.9
Mundo	4.5	2.6	

FUENTE: Series históricas de la CEPAL a precios de 2000. Fuerza de trabajo según OIT. Datos mundiales de Angus Maddison; los de productividad de EUA y EU12 de Maddison (2001: cuadro E-5).

consolidar procesos ambiciosos de integración que ayudaran a superar las limitaciones de los mercados internos debe considerarse también una seria restricción y, en cierto sentido, la gran frustración del modelo cepalino.

El PIB per cápita creció en la región a un ritmo de 2.7% anual entre 1945 y 1980, el más alto que ha experimentado para un periodo de esta duración. Además, como resultado del rápido crecimiento poblacional, la participación de América Latina en la producción mundial continuó aumentando, hasta llegar en 1980 a 9.5%, dos puntos porcentuales más que a fines de la segunda Guerra y cuatro más que en 1929 (cuadro I.1). La gráfica IV.5 muestra las tasas decenales de crecimiento económico de la región, estimado con base en totales que tienen una creciente cobertura de países. Como se puede apreciar, la tasa de crecimiento que caracterizó al periodo entre 1945 y 1980, de 5.5% anual en promedio, había sido alcanzada con anterioridad sólo de forma esporádica (en torno a 5% en el decenio previo a la primera Guerra Mundial y en los años veinte), pero nunca se había experimentado por un periodo tan prolongado, ni se volvería a experimentar durante las tres décadas posteriores a la crisis de la deuda de los años ochenta. Cabe agregar que éste fue, además, el periodo de mayor estabilidad económica de la historia (véase, al respecto, el cuadro I.5). No en vano esta fase del desarrollo regional ha sido caracterizada por Hirschman (1987) como *les trente glorieuses* y por Kuczynski y Williamson (2003: 29 y 305) como la "edad de oro" del crecimiento económico latinoamericano.

El crecimiento de la productividad también alcanzó durante estos años los ritmos más altos de la historia latinoamericana. El cuadro IV.8 estima que el PIB por trabajador aumentó a 2.7% por año entre 1950 y 1980. Astorga, Bergés y FitzGerald (2011) han señalado que la productividad laboral de las seis economías más grandes de la región experimentó tres fases definidas a lo largo del siglo xx: lento crecimiento hasta 1936, una aceleración entre este año y 1977 y un estancamiento posterior (hasta finales del siglo). Estos autores demuestran los mismos patrones en la productividad total de los factores, donde los métodos de cálculo son, sin embargo, muy variados. En todo caso, e independientemente de las metodologías de cálculo, abundantes estudios indican que la productividad total de los factores experimentó un importante crecimiento entre 1950 y 1975, sucedido por un relativo estancamiento hasta la crisis de la deuda y una caída posterior; sólo en años recientes ha comenzado a recuperarse del retroceso que experimentó durante casi tres décadas. Esto es lo que indica la gráfica IV.6, donde se resumen los datos del estudio del BID (2010).[23] Todos estos estimativos son consistentes con la percepción de que los mayores aumentos de la productividad se dieron durante los años de mayor avance del proceso de industrialización.

El crecimiento también fue destacado por el fuerte cambio en la estruc-

---

[23] Véanse los trabajos que reseñan Astorga, Bergés y FitzGerald (2011), así como Hoffman (2000) y Aravena *et al.* (2010).

GRÁFICA IV.6. *Productividad total de los factores (promedios simples, 1960 = 1)*

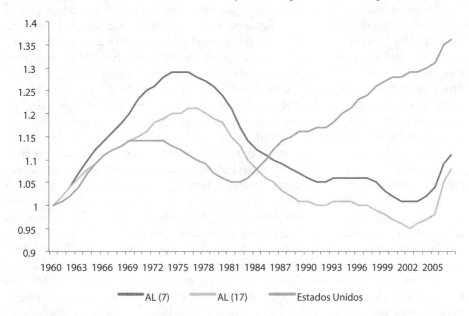

AL7: promedio de siete economías de mayor tamaño; AL17, promedio de todas las economías, con excepción de Cuba y Guatemala.
FUENTE: Datos de BID (2010) y base de datos de este estudio recogida en Daude y Fernández-Arias (2010).

tura productiva y el dinámico desarrollo institucional que lo acompañó (véase, sobre este último tema, Thorp, 1998a: cap. 5). El sector manufacturero fue el motor del crecimiento económico, según hemos visto, pero también se expandieron significativamente los servicios modernos: los financieros, la infraestructura de transporte (ahora vial y aérea más que ferroviaria) y de telecomunicaciones y servicios públicos domiciliarios (electricidad, drenaje y alcantarillado). El Estado jugó un papel directo, mediante la creación de empresas públicas, en el desarrollo de algunos sectores industriales estratégicos, pero éste fue un patrón característico sólo de algunos países, especialmente los más grandes. También jugó un papel decisivo en los principales sectores mineros (petróleo y gran minería), en muchos casos mediante la nacionalización, siguiendo la tendencia que había inaugurado México en 1938. La tendencia más generalizada en la región fue, sin embargo, la participación del Estado en el desarrollo de los servicios modernos, lo que en múltiples casos implicó la nacionalización de empresas privadas (las más importantes de ellas extranjeras) que habían sido establecidas en dichos sectores en épocas previas.

Para el conjunto de la región, el patrón temporal fue una aceleración del crecimiento económico en la inmediata posguerra, facilitada por los buenos precios de materias primas, sucedida por una desaceleración entre mediados de las décadas de los cincuenta y sesenta (cuadro IV.4) y generada por la oleada de crisis de balanza de pagos ya mencionada. A fines de la década de los sesenta y principios de la siguiente se produjo una fuerte aceleración, gracias a la cual los ritmos de crecimiento económico alcanzaron su máximo nivel entre 1967 y 1974 (6.7% por año), los mayores jamás alcanzados por América Latina. Aunque el crecimiento se detuvo después del primer choque petrolero, continuó siendo rápido al final de nuestro periodo de análisis, sobre todo si se lo compara con la fuerte desaceleración que entonces experimentaron las economías industrializadas y el conjunto de la economía mundial. Sin embargo, las crisis de balanza de pagos se hicieron nuevamente frecuentes (gráfica IV.3) y los cimientos del proceso de crecimiento se tornaron más frágiles. Esto incluye, como hemos visto, el estancamiento o retroceso del proceso de industrialización en la mayoría de los países, así como el excesivo endeudamiento externo desde mediados de la década de los setenta, un tema en el que ahondaremos en el siguiente capítulo.

Sin embargo, el crecimiento económico no fue uniforme a lo largo y ancho de la región, ni a lo largo del tiempo en los distintos países (cuadros IV.4 y IV.8). Por el lado positivo, lo más sobresaliente es el crecimiento de las dos economías más grandes, Brasil y México, cuyo desempeño fue particularmente destacado entre 1967 y 1974. Esto reflejó, sin duda, la prioridad que el patrón de desarrollo otorgó al mercado interno. Las mayores economías andinas también tuvieron un buen desempeño, particularmente Venezuela en las primeras fases de la posguerra (cuando fue, de hecho, la economía más dinámica de la región) y Colombia desde 1967.

No obstante, salvo por las experiencias más destacadas de Brasil y de México y Venezuela (estos dos durante fases más cortas), los ritmos de crecimiento no estuvieron en las ligas mayores del mundo. En particular, fueron inferiores a los de las economías asiáticas más exitosas, principalmente Japón pero también la primera generacion de tigres asiáticos (República de Corea, Hong Kong, Singapur y Taiwán). Pese a su proceso de convergencia con los países más desarrollados, Brasil solamente alcanzó 33% del PIB per cápita de "Occidente" en 1980 y México 39%, porcentajes incluso más bajos que los alcanzados previamente por los países del Cono Sur. Por otra parte, como muestra también el cuadro IV.8, el grupo de Europa industrializada (EU12), que se estaba recuperando de los desastres de la guerra, también realizó un considerable recorte de distancia con los Estados Unidos que muy pocos países latinoamericanos pudieron emular.

Por el lado negativo, sobresale el lento crecimiento en las economías más exitosas de la era del desarrollo primario-exportador: las tres economías del Cono Sur y Cuba. Desde los años de la primera Guerra Mundial, los que en los capítulos de este trabajo conforman lo que llamamos el Grupo 3 (Argentina, Chile y Uruguay) tenían los mayores niveles de ingreso per cápita, pero experimentaron un marcado proceso de divergencia desde entonces, cayendo de 88%

del PIB per cápita de Occidente en 1913 y 81% en 1929 a 71% en 1950 y 47% en 1980. En contra del patrón promedio regional, estos países tuvieron, además, su mejor desempeño en la primera fase de crecimiento de la posguerra.

En el caso de Cuba, cuyos registros no se reproducen en los cuadros mencionados, su historia hasta su revolución fue de una fuerte volatilidad en medio de un crecimiento económico extremadamente bajo, ya que el PIB per cápita en 1957 era virtualmente el mismo que el de 1916 y apenas superior al de 1905. La transición hacia una economía centralmente planificada y los vaivenes sobre el papel que habría de jugar el azúcar en la economía de la isla significaron un retroceso adicional en las primeras etapas de la revolución, del cual no comenzó a salir sino a comienzos de los años setenta; desde entonces, y hasta 1985, experimentaría el periodo de crecimiento económico más rápido y prolongado durante la revolución.[24]

La historia de las economías más pequeñas fue heterogénea. Costa Rica, Ecuador y Panamá experimentaron a largo plazo un crecimiento del PIB per cápita superior al promedio latinoamericano. A ellas habría que agregar República Dominicana y Guatemala durante el auge de 1967-1974 y Paraguay en 1974-1980. Por el contrario, Bolivia y Nicaragua tuvieron, en el conjunto del periodo, el peor desempeño regional en términos de crecimiento per cápita. En todas las economías más pequeñas el peso de las exportaciones como motor de crecimiento fue mayor que en el de las de mayor tamaño, pero ello no ayuda a explicar totalmente el comportamiento relativo de los países.[25] El crecimiento exportador fue, por ejemplo, un notorio motor en Panamá y en Ecuador (en este caso, en las últimas etapas y como resultado de los descubrimientos petroleros), pero no en Costa Rica, donde la demanda interna jugó el papel dominante. Por otra parte, el buen desempeño exportador no fue siempre clave de éxito, como lo muestra el caso de Nicaragua.

Cabe agregar que la mayoría de los países de peor desempeño tuvieron rupturas revolucionarias: Bolivia, Cuba, Chile y Nicaragua, en secuencia histórica. Los otros dos, Argentina y Uruguay, también experimentaron una historia de fuertes rupturas político-institucionales, bajo la forma de dictaduras militares, al igual que Chile después de su ensayo revolucionario. En términos más amplios, con excepción de Costa Rica y Panamá (las dos economías con buen desempeño), la región centroamericana se hundió en una fase de guerras civiles hacia el final de nuestro periodo de análisis. Colombia también estuvo sumida en su propia guerra civil (el periodo llamado simplemente "La Violencia") en la primera fase de la posguerra, la de peor desempeño económico en ese país.

[24] Veáse Santamaría (2009). Dos visiones sobre la compleja transición hacia la economía centralmente planificada se encuentran en Mesa-Lago (1981) y Rodríguez (1990).

[25] Una correlación simple entre el aporte directo de las exportaciones y el crecimiento del PIB en los dos últimos grupos del cuadro IV.4 muestra que esa correlación fue alta (superior a 0.6) en las dos primeras fases de crecimiento de la posguerra y alcanzó su nivel más alto (0.75) en 1967-1974, pero se redujo sensiblemente en 1974-1980 (a 0.4).

Otro éxito notable del proceso de desarrollo en las décadas que sucedieron a la segunda Guerra Mundial fue la capacidad de los países de la región de absorber los dos grandes choques demográficos señalados al inicio del capítulo: la aceleración del crecimiento demográfico y el rápido proceso de urbanización. La disminución de las tasas de mortalidad y la transición rezagada de la fecundidad generaron fuertes presiones demográficas, que alcanzaron su mayor intensidad entre mediados de la década de los cincuenta y de la siguiente. En su conjunto, la población aumentó a un ritmo promedio de 2.7% anual entre 1950 y 1980, aunque con diferencias importantes entre países. En particular, el grueso de las naciones de mayor desarrollo relativo en la región desde comienzos del siglo xx (las del Cono Sur y Cuba) experimentaron un menor crecimiento poblacional que en 1929-1950 (con la excepción de Chile), debido en gran medida a su transición demográfica más temprana, en tanto que el mayor crecimiento de la población tuvo lugar en Venezuela, el gran receptor de migrantes durante este periodo (cuadro iv.9). La aceleración demográfica implicó un rejuvenecimiento de la población y aumentos en las tasas de dependencia familiar, que mantuvieron a una parte importante de las mujeres fuera del mercado de trabajo. El resultado fue que la fuerza de trabajo tendió a crecer menos que la población total, particularmente durante las décadas de los cincuenta y sesenta. Con la caída de la fecundidad desde mediados de los años sesenta se iniciaría un aumento rápido de la participación laboral de la mujer y, en conjunto con la incorporación de los jóvenes nacidos en los decenios anteriores, un rápido crecimiento de la fuerza de trabajo.

La conjunción de los dos fenómenos demográficos mencionados llevó a un acelerado crecimiento de la población urbana, a ritmos promedio de 4.4% anual en su punto más alto, entre 1950 y 1970, lo que no tenía antecedentes en la historia mundial y de hecho sólo se replicaría, con posterioridad, en menor escala en otras partes del mundo en desarrollo. Cabe anotar que el nivel de urbanización ya era cercano o superior a 50% en 1930 en el Cono Sur y Cuba, en tanto que en el resto de las economías sólo alcanzaba 33% (el registro mexicano) o menos (véase el cuadro iv.9). Para 1980 este crecimiento estaba cercano a 80% en los países de urbanización temprana (un poco más bajo en Cuba), al igual que en Venezuela, y superior a 60% en los otros cuatro países de mayor tamaño (Brasil, México, Colombia y Perú). El grado de urbanización estuvo entonces correlacionado con el nivel de desarrollo, pero también con el tamaño de los países.

Agricultura, exportaciones
y desequilibrios macroeconómicos

Las críticas tradicionales al proceso de industrialización latinoamericano han resaltado tres temas: los sesgos que generó en contra de la agricultura y las exportaciones y los desequilibrios macroeconómicos que caracterizaron di-

CUADRO IV.9. *Población, tasas de crecimiento y tasas de urbanización*

	Población total (miles)				Tasas de crecimiento (%)		Tasas de urbanización (%)		
	Maddison		CEPAL		Maddison	CEPAL	CEPAL		
	1929	1950	1950	1980	1929-1950	1950-1980	1930	1950	1980
América Latina (7 países)	82039	129403	130242	291037	2.2	2.7	34.5	46.4	71.8
América Latina (19 países)	99606	156544	158107	349009	2.2	2.7	30.8	39.6	57.0
Países grandes									
Brasil	32894	53443	53975	121672	2.3	2.7	24.0	36.0	67.1
México	16875	28485	27741	69325	2.5	3.1	33.0	42.7	66.3
Cono Sur									
Argentina	11592	17150	17150	28094	1.9	1.7	57.2	65.3	82.9
Chile	4202	6091	6082	11174	1.8	2.0	49.5	59.9	79.0
Uruguay	1685	2194	2239	2914	1.3	0.9	63.0	72.5	85.1
Andinos									
Colombia	7821	11592	12568	28356	1.9	2.7	24.5	38.1	64.3
Perú	5396	7633	7632	17325	1.7	2.8	26.5	35.5	64.2
Venezuela	3259	5009	5094	15091	2.1	3.7	27.0	47.0	79.0
Centroamérica									
Costa Rica	490	867	966	2347	2.8	3.0	20.0	33.5	42.9
El Salvador	1410	1940	1951	4586	1.5	2.9	28.0	35.7	44.1
Guatemala	1753	2969	3146	7013	2.5	2.7	20.0	24.5	33.0
Honduras	930	1431	1487	3634	2.1	3.0	12.0	17.6	34.9
Nicaragua	680	1098	1295	3257	2.3	3.1	25.5	35.0	50.1
Otros									
Bolivia	2370	2766	2714	5355	0.7	2.3	24.5	30.0	45.5
Cuba	3742	5735	5920	9823	2.1	1.7	51.0	56.3	68.2
Ecuador	1928	3370	3387	7961	2.7	2.9	22.0	28.5	47.0
Panamá	506	893	860	1949	2.7	2.8	30.0	35.9	49.8
Paraguay	860	1476	1473	3198	2.6	2.6	30.0	34.6	41.6
República Dominicana	1213	2353	2427	5935	3.2	3.0	17.5	23.8	37.3

FUENTE: Series históricas de Maddison y CEPAL. Datos de urbanización de 1930 y 1950 según CELADE y BID (1996).

cho proceso. Un análisis cuidadoso no corrobora, sin embargo, la primera de estas afirmaciones, aunque sí la segunda y la tercera, aunque en estos casos sólo para un conjunto limitado de países.

En efecto, la agricultura no estuvo ausente de la trayectoria de crecimiento de la producción y la productividad y de un proceso dinámico de desarrollo institucional. A pesar de que, como corresponde a los patrones generales de crecimiento económico, su participación en el PIB se redujo, la producción agrícola creció a una tasa anual de 3.5% en 1950-1974, que se aceleró a 4.3% en 1974-1980, aunque con diferencias notorias entre distintos países (cuadro IV.6 y CEPAL y FAO, 1978). Estos ritmos fueron superiores al promedio mundial y a lo que sería característico después de 1980 (véase sobre este tema el siguiente capítulo). Por otra parte, gracias a la mezcla de cambio tecnológico y de sustracción de los excedentes de mano de obra subempleada en el campo, la productividad agrícola aumentó rápidamente entre mediados de los años cincuenta y de los ochenta.[26] Éste fue el periodo en el cual América Latina hizo la transición de una agricultura extensiva a una intensiva, apoyada, en grados diferentes en los distintos países, en el uso de semillas mejoradas, mecanización e irrigación, así como en el dinamismo generalizado de una actividad pecuaria cuasindustrial (la avicultura) (Solbrig, 2006). Mucho más preocupante que el supuesto lento crecimiento de la producción fue el creciente dualismo que caracterizó al sector en la mayoría de los países, ya que en general el dinamismo de la agricultura empresarial tuvo como correlato el atraso de la agricultura campesina, así como el atraso social en el campo (véase más adelante).

Las políticas comerciales discriminaron, sin duda, en contra de la agricultura (Anderson y Valdés, 2008). Sin embargo, esto fue fundamentalmente el resultado de los impuestos explícitos o implícitos (por ejemplo, mediante tasas de cambio diferenciales) a los productos tradicionales de exportación, especialmente al café y al azúcar y en algunos países a otros pocos productos. La contrapartida de esta discriminación en contra de productos tradicionales de exportación fue la protección a la producción agropecuaria que competía con las importaciones.[27] Esta última incluyó en muchos países la obligación de los industriales de adquirir las cosechas de ciertos cultivos o el uso de monopolios de importación públicos para evitar que las compras externas afectaran las cosechas nacionales. La sobrevaluación también pudo haber representado un sesgo en contra de la agricultura en varios momentos en distintos

[26] En su análisis de las fuentes de aumento de la productividad de las seis principales economías, Astorga, Bergés y FitzGerald (2011) encuentran también que el periodo 1936-1977 es el de mayor aumento de la productividad agrícola, tanto en relación con las primeras décadas como de las últimas décadas del siglo XX.

[27] Ésta parece una lectura más apropiada de la información que proporcionan Anderson y Valdés (2008) que la de un sesgo más generalizado contra el sector agropecuario. Véase, por ejemplo, la gráfica 1.3 de dicho estudio, que muestra que los productos que competían con las importaciones tuvieron casi siempre una protección positiva.

países, pero éste no fue un problema tan generalizado, como se verá más adelante, ni tan característico de la fase de industrialización.

Lo más importante es que el aparato de instituciones estatales creadas para apoyar la modernización del sector agropecuario incluyó servicios tecnológicos, de extensión agrícola, crédito y comercialización. Este aparato estatal fue en general más ambicioso que el diseñado para apoyar el crecimiento industrial, que recayó en gran medida en la mezcla de protección y financiamiento estatales. El contraste entre uno y otro sector es particularmente importante en el caso de los servicios tecnológicos, donde se aplicaron mecanismos eficaces para la introducción de nuevos productos agropecuarios y el mejoramiento de las prácticas de cultivo en muchos países, que contrasta con la ausencia de una política tecnológica para la industria. La política fiscal incluyó también menores aranceles para los insumos y maquinaria agrícolas y beneficios específicos para el sector agropecuario en el impuesto de renta (en países donde éste era relevante). Gracias a la expansión de la infraestructura de transporte, también la expansión de la frontera agraria desempeñó un papel importante en muchos países y notablemente en Brasil. Los resultados en materia de crecimiento indican que estos elementos positivos tendieron a predominar sobre los sesgos de la política comercial, aunque éstos se reflejaron en un peso decreciente de la agricultura de exportación y un aumento de aquella destinada al mercado interno (CEPAL y FAO, 1978).

El sesgo en contra de las exportaciones fue un fenómeno mucho más importante. En efecto, una de las mayores desventajas de la industrialización dirigida por el Estado fue su incapacidad para explotar a cabalidad los beneficios del creciente dinamismo del comercio mundial en la posguerra. Si se excluye Cuba, la participación de América Latina en el comercio mundial se redujo a poco más de 4% a comienzos de los años setenta, unos tres puntos porcentuales menos que en 1925-1929 o en la antesala de la primera Guerra Mundial; la disminución fue mucho mayor en relación con los niveles de comienzos de la posguerra, pero en ese caso reflejan más bien los bajos niveles de comercio derivados de la devastación europea y los altos precios de productos básicos de esos años y por lo tanto no resulta una comparación relevante (véase la gráfica I.3).

Visto en términos de productos, la incapacidad de participar plenamente en los beneficios de la expansión del comercio de productos primarios fue la explicación principal de este deterioro, ya que América Latina perdió una participación importante en el comercio mundial de productos básicos a lo largo del periodo de industrialización (cuadro IV.10 y Ffrench-Davis, Muñoz y Palma, 1998). En el caso de los alimentos, donde el deterioro fue particularmente agudo, una parte fundamental de la explicación fue el proteccionismo de los países industrializados y los crecientes subsidios que otorgaron a la producción y la exportación, que golpearon duramente a Argentina, Cuba y Uruguay. Sin embargo, América Latina perdió participación en las exportaciones de alimentos y de otros productos básicos incluso en relación con el

CUADRO IV.10. *Exportaciones latinoamericanas, 1953-2000*

	CUCI*	1953 (%)	1958 (%)	1963 (%)	1968 (%)	1973 (%)	1980 (%)	1990 (%)	2000 (%)
Composición de las exportaciones latinoamericanas									
Total	*0-9*	*100.0*	*100.0*	*100.0*	*100.0*	*100.0*	*100.0*	*100.0*	*100.0*
Alimentos	0+1	52.7	46.0	37.8	38.0	38.6	26.9	21.7	13.3
Materias primas excluyendo combustibles	2+4	19.4	17.3	18.4	16.2	15.4	11.9	11.9	6.9
Combustibles	3	19.6	28.1	31.4	27.0	21.2	37.5	26.1	17.0
Productos químicos	5	1.2	1.0	1.4	1.9	2.6	2.9	5.1	4.7
Maquinaria	7	0.1	0.2	0.6	1.3	4.6	6.0	11.7	35.8
Otras manufacturas	6+8	6.8	6.9	10.2	15.4	17.0	14.3	23.0	21.8
América Latina/países en desarrollo									
Total	*0-9*	*35.9*	*32.8*	*30.5*	*23.2*	*19.2*	*14.9*	*15.0*	*18.1*
Alimentos	0+1			43.2	42.1	41.1	36.9	30.9	37.5
Materias primas excluyendo combustibles	2+4			25.1	23.8	22.5	24.4	29.6	30.3

	CUCI*								
Combustibles	3	14.6	18.3	12.1	16.5	25.8	45.1		
Productos químicos	5	15.8	11.0	12.2	12.2	13.6	20.5		
Maquinaria	7	20.1	8.5	9.1	7.7	3.2	4.0		
Otras manufacturas	6+8	13.4	10.4	11.9	11.7	13.8	14.0		
América Latina/mundo									
Total	*0-9*	*5.7*	*3.7*	*4.8*	*4.7*	*5.5*	*6.8*	*8.3*	*10.1*
Alimentos	0+1	12.0	9.3	12.5	13.1	15.2	15.1	19.4	23.9
Materias primas excluyendo combustibles	2+4	11.8	9.0	8.5	7.4	8.3	9.2	9.3	11.0
Combustibles	3	9.7	11.5	9.3	11.4	18.0	27.0	20.4	19.5
Productos químicos	5	2.8	2.0	1.8	1.6	1.4	1.4	1.5	2.7
Maquinaria	7	4.9	1.2	1.1	0.7	0.2	0.2	0.1	0.0
Otras manufacturas	6+8	4.7	2.9	2.7	2.7	2.9	2.5	2.2	2.6

* Clasificación unificada del comercio internacional.
FUENTE: Naciones Unidas, *Yearbook of International Trade Statistics*, 1958, y cálculos del autor basados en UN-Comtrade.

mundo en desarrollo. La pérdida de importancia en las exportaciones de combustibles fue aún más acentuada, desplazándose este tipo de exportaciones mundiales de Venezuela y México hacia el Oriente Medio.

Dado que el crecimiento de las exportaciones fue dinámico desde los años cincuenta en muchos países pequeños (véase cuadro IV.5), la tendencia general estuvo determinada sobre todo por los más grandes. Argentina, el líder en la era de desarrollo primario-exportador, tuvo el desempeño exportador más decepcionante, que fue muy marcado hasta mediados de la década de los sesenta. Su participación en las exportaciones mundiales se redujo en 2.6% en 1925-1929 (y ligeramente inferior antes de la primera Guerra Mundial) a sólo 0.4% al final del periodo que cubre este capítulo. Cuba, el otro gran éxito de la fase primario-exportadora, que todavía en los años veinte representaba cerca de 1% del comercio mundial tuvo también un colapso de su participación en las exportaciones mundiales, tanto antes como después de su revolución. En términos relativos, las participaciones de Chile y Uruguay en el mercado mundial también se redujeron a una fracción de lo que habían sido hasta los años veinte. Es decir, entre los países líderes de comienzos del siglo XX, los grandes fracasos en materia de crecimiento económico durante este periodo lo fueron también en materia de desarrollo exportador.

La experiencia de Brasil en materia exportadora no fue mejor hasta mediados de los años sesenta, pero en este caso formaba parte de una tendencia de más largo plazo, que se remontaba a principios del siglo XX. Después de un dinamismo exportador satisfactorio, especialmente durante los años de la segunda Guerra Mundial, México también tuvo un desempeño pobre en este rubro entre mediados de la década de los cincuenta y de la de los setenta. Venezuela, la economía con mayor dinamismo exportador en las primeras décadas de la posguerra, mermó dicho dinamismo desde los años sesenta y desde entonces perdió rápidamente participación en el comercio mundial de petróleo; redujo, además, sus exportaciones de combustibles durante los años setenta como resultado de su ingreso a la Organización de Países Exportadores de Petróleo (OPEP), una entidad de la cual fue uno de sus principales promotores.

El cambio de orientación de la política económica en la década de 1960, en varios países medianos y grandes, hacia un "modelo mixto" tuvo efectos positivos en términos de dinamismo exportador. El resultado principal de este viraje fue el aumento de las exportaciones de manufacturas hacia los países industrializados y otros países de la región, producto en este último caso de los procesos de integración emergentes. Pese a estar restringida en gran medida a bienes complementarios, la integración regional fue particularmente propicia para el crecimiento del comercio intrarregional de manufacturas. Por lo tanto, en las décadas de los sesenta y setenta la participación de las manufacturas en el total de las exportaciones latinoamericanas inició una tendencia ascendente (véase el cuadro IV.10 y CEPAL, 1992). En muchos países el giro hacia el modelo mixto facilitó también el surgimiento de nuevos productos agrícolas de exportación.

Sin embargo, la incapacidad de racionalizar el complejo sistema de protección heredado del periodo "clásico" tuvo costos importantes. Para las industrias establecidas, esta protección dejó de constituir un incentivo para la inversión y se convirtió cada vez más en una fuente de rentas y de defensa contra la sobrevaluación cíclica del tipo de cambio, así como una de las explicaciones de la alta concentración industrial. El sistema de protección fue, además, parcialmente autodestructivo en términos de su objetivo explícito de reducir la dependencia de insumos y tecnología importados, ya que muchas de las actividades nuevas eran intensivas en dichos insumos. El sistema no concibió la protección como un instrumento acotado en el tiempo y careció en general de la idea de vincular los incentivos al desempeño.

El sistema de tipos de cambio múltiples convirtió el manejo del tipo de cambio en un complemento de la política comercial. La capacidad para gravar implícitamente las importaciones de productos competitivos y las exportaciones tradicionales, y para subsidiar las exportaciones no tradicionales, empleando los tipos de cambio como instrumento resultaba atractiva en términos de su conveniencia administrativa, ya que sólo exigía una decisión de los bancos centrales, que los gobiernos controlaban, en vez de un debate mucho más dispendioso en los parlamentos. Además, como establecer impuestos explícitos a las exportaciones tradicionales era políticamente difícil, en la mayoría de los países los tipos de cambio discriminatorios eran el único medio disponible para hacerlo. Sin embargo, en materia del régimen cambiario hubo mejoras considerables desde mediados de la década de los cincuenta (bajo una fuerte presión por parte del FMI) y sobre todo en la etapa "madura", cuando se simplificó o eliminó la mayor parte de los regímenes de tipos de cambio múltiples.

En contra de la visión de que la sobrevaluación fue una característica central de la industrialización dirigida por el Estado, Jorgensen y Paldam (1987) han demostrado que no hubo una tendencia de largo plazo hacia la apreciación del tipo de cambio oficial en términos reales durante el periodo 1946-1985 en ninguno de los ocho países latinoamericanos más grandes.[28] La característica más preocupante de los regímenes cambiarios de la época fue, por lo tanto, la marcada volatilidad alrededor de la tendencia de largo plazo del tipo de cambio real básico, sobre todo en las economías más proclives a la inflación, un patrón que se intentó modificar con la introducción del sistema de minidevaluaciones desde mediados de la década de los sesenta. La inestabilidad del tipo de cambio real afectó negativamente la generación de incentivos estables para nuevas exportaciones y generó una demanda adi-

---

[28] Por el contrario, de acuerdo con sus resultados, hubo devaluaciones reales a largo plazo en Brasil y Venezuela. Más importante aún, hubo devaluaciones discretas del tipo de cambio real en varios países a principios de la posguerra que tuvieron efectos permanentes (México en 1948, Perú en 1949-1950, Brasil en 1953, Chile en 1956, Colombia en 1957 y Venezuela en 1961). Ello podía reflejar que los tipos de cambio heredados de la guerra tenían un grado no despreciable de sobrevaluación, que se corrigió de esta manera.

GRÁFICA IV.7. *Inflación en América Latina (IPC, cambio porcentual anual)*

A. Mediana

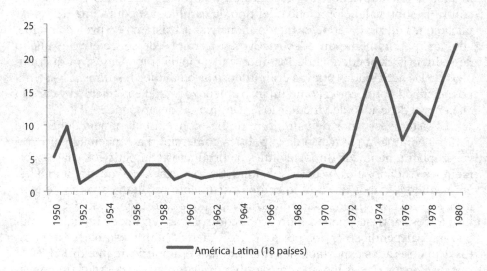

América Latina (18 países)

B. Promedio simple

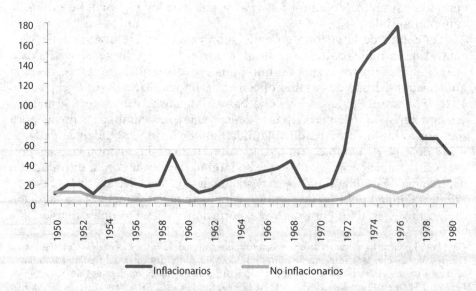

Inflacionarios   No inflacionarios

NOTA: El grupo de países inflacionarios incluye a Argentina, Brasil, Chile y Uruguay.
FUENTE: FMI, estadísticas financieras internacionales.

cional de protección por parte de los sectores que competían con las importaciones, como defensa contra la apreciación cíclica del tipo de cambio real.

Gracias al sistema de minidevaluaciones, Brasil y Colombia fueron capaces de evitar la inestabilidad de los tipos de cambio reales desde mediados o fines de los años sesenta. Lo mismo ocurriría en Chile después de sus traumas de los años setenta (la alta inflación durante la Unidad Popular, seguida de grandes desequilibrios macroeconómicos durante la primera fase del régimen dictatorial que la sucedió), aunque no en Argentina, que mantuvo su persistente inestabilidad del tipo de cambio real hasta entrado el siglo XXI.

Por otra parte, y en contra de la visión generalizada sobre la propensión inflacionaria de América Latina, es necesario resaltar que la alta inflación no fue una característica común de la región hasta los años sesenta. En realidad, como lo señaló Sheahan (1987), en los años cincuenta y sesenta sólo cuatro países, concentrados en el sur del continente (Brasil y los tres del Cono Sur), tuvieron tasas de inflación más altas que el resto del mundo; un factor importante en las tendencias inflacionarias del Cono Sur fue la fortaleza de sus movimientos sindicales. A estos casos hay que agregar a Bolivia y Paraguay durante las turbulencias políticas de los años cincuenta. Con excepción de Brasil y el Cono Sur, el resto de las naciones latinoamericanas tuvo en los sesenta tasas de inflación inferiores a las de las economías de Asia (que tienen una reputación de baja inflación) y 10 países (México, Venezuela, Paraguay, todos los centroamericanos, Cuba y República Dominicana) tuvieron niveles de inflación inferiores al promedio mundial (4%). En promedio, como lo indica la gráfica IV.7, tanto la tasa de inflación de las economías no inflacionarias como la mediana de inflación latinoamericana osciló entre 2 y 4% entre mediados de los años cincuenta y 1971. Incluso en las economías inflacionarias, la tasa de inflación tendía a retornar a niveles entre 10 y 20% después de desbordes esporádicos.

La aceleración de la inflación en los años setenta fue parte de un fenómeno de alcance mundial. Las economías no inflacionarias de América Latina nuevamente tuvieron un comportamiento favorable. En efecto, si se excluyen las economías más inflacionarias de la región (Brasil y los países del Cono Sur), el promedio simple de las tasas de inflación de los países de América Latina en 1971-1980 fue de 14.2% *vs.* 17.1% que el FMI calcula para el conjunto de países en desarrollo. Nuevamente las noticias más desfavorables se dieron en los países con tradición inflacionaria, que inauguraron la era de la inflación de tres dígitos,[29] como parte de grandes crisis políticas (los finales de los gobiernos de Allende e Isabel Perón, en Chile y Argentina, en secuencia histórica), pero también de fenómenos económicos (la fuerte indexación de precios y salarios en todos ellos). De esta manera, la explosión generalizada

---

[29] Hubo algunos episodios de este tipo con anterioridad, pero fueron todos esporádicos. Como señalamos en el capítulo anterior, también hubo episodios de este tipo durante las guerras civiles de Colombia y México de comienzos del siglo XX.

GRÁFICA IV.8. *Finanzas públicas, 1950-1985*

A. Gastos e ingresos como porcentaje del PIB (promedios simples)

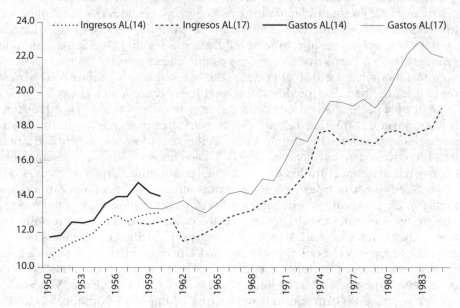

B. Balance fiscal, porcentaje del PIB, promedio simple

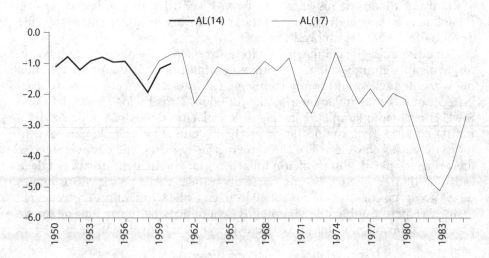

Promedios simples. Los datos de gasto de Brasil se refieren a gasto y déficit primarios.
FUENTE: MOXLAD. AL(17) excluye Bolivia y Cuba. AL(14) excluye también Nicaragua, Paraguay y Uruguay.

de la inflación fue un fenómeno característico de la década de los ochenta y puede verse, por lo tanto, más como efecto que como causa de la crisis de la deuda (véase, al respecto, el capítulo siguiente).

La evolución de las cuentas fiscales muestra también que el gasto público tendió a aumentar a largo plazo en forma casi continua, con una interrup-

CUADRO IV.11. *Participación de las empresas públicas en la actividad económica*

	Empresas públicas en actividades económicas no agrícolas (% del PIB no agrícola)			Bancos públicos en los 10 bancos más grandes (% de los activos)	
	1979-1981	*1984-1986*	*1989-1991*	*1970*	*1985*
Argentina	5.4	5.2	3.9	71.9	60.5
Bolivia	16.3	21.0	21.7	53. 1	18.5
Brasil	6.4	6.6	9.4	70.8	31.7
Chile	12.8	16.9	10.9	91.5	19.7
Colombia	7.0	14.7	10.9	57.7	53.9
Costa Rica	5.9	11.4	9.4	100.0	90.9
Ecuador	n.d.	11	12.1	100.0	40.6
El Salvador	n.d.	n.d.	n.d.	100.0	26.4
Guatemala	n.d.	n.d.	n.d.	32. 1	22.2
Honduras	5.3	6.3	6.9	49.2	29.9
México	10.2	15.3	10.8	82.7	35.6
Nicaragua	n.d.	n. d.	n.d.	90.4	63.4
Panamá	7.9	8.8	10.0	17.9	17. 1
Paraguay	4.2	7.3	4.8	55.0	48.0
Perú	7.9	11.3	5.9	87.4	26.5
República Dominicana	n.d.	n.d.	n.d.	70. 1	38 9
Uruguay	6.2	4.8	2.5	42.3	68.8
Venezuela	26.8	22.6	29.6	82.9	58.0
	Promedios ponderados			*Promedios simples*	
América Latina	9.7	10.7	9.7	69.7	41.7
África	21.3	23.0	20.4		
Asia	13.0	15.1	14.0		
Total economías emergentes	12.1	13.8	12.5		
Países socialistas				100.0	61.8
Todos los países (92)				58.9	41.6

FUENTE: Empresas públicas según Banco Mundial (1995); bancos según La Porta *et al.* (2002).

ción sólo durante los años de "estrangulamiento externo". En promedio, el gobierno central duplicó su tamaño relativo entre 1950 y 1982, de 12 a 22% del PIB. Sin embargo, esta expansión fue financiada con aumentos en los impuestos, de tal forma que los déficit fiscales fueron moderados hasta los años sesenta (gráfica IV.8). Las principales excepciones fueron nuevamente Brasil y los países del Cono Sur en las décadas de los cincuenta y sesenta, y el déficit fiscal explotó en Chile durante los años de la Unidad Popular. De este modo, el aumento del número de países con déficit fiscales fue tardío, produciéndose en la segunda mitad de los años setenta, y estuvo íntimamente asociado al auge del financiamiento externo que tuvo lugar durante esos años.

Es interesante observar que la expansión del Estado en la actividad productiva no fue particularmente amplia, salvo en algunos sectores específicos, lo que indica que se dio, en general, en las actividades más tradicionales de gasto social e infraestructura. El cuadro IV.11 muestra la importancia de las empresas públicas, medida como la participación en las actividades económicas diferentes a las agropecuarias, de acuerdo con un conocido estudio del Banco Mundial (1995). Como se puede apreciar, la participación promedio de las empresas estatales en el PIB no agropecuario era, al final del periodo que cubre este capítulo, de 10%, inferior a la del resto del mundo en desarrollo. Esto sirve para corroborar la apreciación que hicimos previamente en este capítulo: en contra de los estereotipos muy difundidos, la opción de América Latina después de la segunda Guerra Mundial fue por menos y no por más Estado. La gran excepción fue, como se ha señalado, la decisión de controlar más estrechamente los recursos mineros, incluidos los hidrocarburos. Por eso, las participaciones más altas de las empresas públicas en la actividad económica se observaron en general en países con importantes sectores petroleros y mineros.

La otra gran excepción fue el sector financiero (véase nuevamente el cuadro IV.11), donde América Latina sí tenía, en 1970, una participación estatal en la banca más alta que el promedio de los países no socialistas. En algunos casos (Argentina, Brasil y Uruguay) esta característica se remonta a la era de desarrollo primario-exportador, según se vio en el capítulo anterior. En otros, aunque tenía precedentes, se acentuó durante este periodo. Éste es, por ejemplo, el caso de Costa Rica, que nacionalizó el sector financiero en forma temprana (1948); otros países lo harían con posterioridad, como parte de giros políticos hacia la izquierda. Sin embargo, la creación de bancos de desarrollo y comerciales y de otras entidades financieras (empresas de seguros) de carácter público fue una tendencia general, al igual que la dirección del crédito hacia sectores prioritarios y el control de las tasas de interés.

¿En qué medida perjudicó lo anterior el desarrollo financiero y generó un uso subóptimo del financiamiento, tanto bancario como del mercado de capitales?[30] No es fácil responder esta pregunta porque la mayor parte de los

---

[30] Ésta es la hipótesis que ha defendido Haber (2006).

estudios internacionales comparativos cubren periodos históricos más recientes. En cualquier caso, la evidencia que mostraremos en el próximo capítulo indica que los niveles de profundidad financiera de la mayor parte de los países de América Latina eran comparables en 1980 a los de otros países de nivel de desarrollo similar. Mucho más importante fue el impacto que tuvo sobre el desarrollo financiero la mayor propensión a la inflación de Brasil y el Cono Sur. Este fenómeno terminó erosionando el liderazgo argentino en este campo y, en menor medida, el brasileño, al tiempo que los países con menor propensión inflacionaria experimentaron una creciente profundidad financiera después de la segunda Guerra Mundial (Goldsmith, 1973). La invención de la indexación financiera por parte de Brasil, a mediados de los años 1960, y su extensión a otros representó una forma de contrarrestar el efecto de los altos niveles de inflación.

De esta manera, los problemas macroeconómicos más importantes que se enfrentaron durante la etapa de industrialización dirigida por el Estado fueron las oleadas de crisis de balanza de pagos durante los años de estrangulamiento externo entre mediados de las décadas de los cincuenta y sesenta, y los que se generaron después del primer choque petrolero de 1973. Los déficit fiscales y la inflación fueron un problema recurrente en Brasil y los países del Cono Sur, pero sólo tendieron a generalizarse en la región a fines del periodo de industrialización dirigida por el Estado: en el caso de los déficit fiscales, como resultado del primer auge de financiamiento externo privado en medio siglo, y en el de la inflación, como parte de un fenómeno universal.

Un balance económico general

¿Como sopesar estos claroscuros del desempeño latinoamericano durante la etapa de industrialización dirigida por el Estado? ¿Puede entenderse que el fracaso de los países del Cono Sur, que divergieron de los países desarrollados durante este periodo, fue la antesala de la crisis que habrían de enfrentar el resto de las naciones a partir de los años ochenta? ¿O podemos sostener, por el contrario, que de no mediar la crisis de la deuda, el modelo de la industrialización dirigida por el Estado hubiera podido reorientarse para permitir la continuación de un rápido crecimiento económico? ¿Cómo entender, en general, que la historia latinoamericana está plagada, como se señaló en el capítulo I, de experiencias de "convergencias truncadas", es decir, de procesos de rápido crecimiento sucedidos por retrocesos relativos en periodos posteriores?

Lo que se deriva del análisis precedente indica que las formas particulares que adoptó el proceso de cambio estructural e industrialización permitió realizar un importante aprendizaje tecnológico y, sobre todo, alcanzar los más altos ritmos de crecimiento del PIB y de la productividad de la historia latinoamericana. Pero, como se ha señalado, este proceso también se caracterizó por retrocesos en materia exportadora en ramas tradicionales y por un limitado desarrollo de los sistemas nacionales de innovación, lo que sin duda inhibió un proceso de mayor transformación estructural. El conjunto de arreglos sociales, políticos y distributivos que convergieron en torno a la expansión del mercado interno encontraron crecientes tensiones ante la incapacidad de seguir profundizando el proceso de industrialización. Entre ellas sobresale el rechazo cada vez más frontal a la industrialización por parte de los sectores exportadores tradicionales y los enfrentamientos con la clase obrera que había producido el propio proceso, muy notoriamente en los países que se encontraban inicialmente más avanzados, los del Cono Sur. La resistencia a una integración regional más profunda, que incluyera importaciones competitivas, representó también un obstáculo importante. Puede decirse incluso que, con la excepción notoria de Brasil, la coalición industrialista nunca alcanzó la fuerza suficiente para profundizar el proceso de industrialización, en contraste con los procesos dinámicos de industrialización que estaban experimentando las economías más exitosas de Asia Oriental. A todo ello se agrega la ya anotada volatilidad estructural de un sector exportador todavía dependiente de los productos básicos, que ponía al sistema ante crisis externas frecuentes, a la cual se sumó la volatilidad financiera asociada al retorno a los mercados financieros internacionales desde los años setenta. Ambas tenían, además, una larga historia.

Argentina fue un caso extremo de la dificultad de lograr equilibrios estables en torno a las estrategias de desarrollo y el conflicto político-institucional fue, sin duda, una de las variables que contribuyó a la inestabilidad económica. Ello tornó obviamente más difícil la maduración de políticas que buscaran generar un entorno más apropiado para la innovación y el cambio estructural, fundamentales para un proceso decisivo de acortamiento de distancias respecto a los líderes de la economía mundial. En ese sentido, el caso brasileño ofrece un claro contraste, ya que allí, aun en condiciones de autoritarismo político y en contextos de una notoria desigualdad social, existió una evidente cohesión entre las élites dominantes en torno a un proyecto de desarrollo nacional con fuertes políticas productivas y científico-tecnológicas que permitieron un importante proceso de acumulación y transformación estructural.

La pregunta de qué hubiese pasado de no mediar el choque externo masivo de los inicios de 1980 es difícil de responder. Es posible sostener que el cambio de trayectoria del desarrollo latinoamericano que generó la crisis de la deuda bloqueó la transición hacia un modelo de industrialización más balanceado entre el mercado interno y el externo, como el que ya estaba emergiendo y hubiera podido evolucionar en forma más afín con los modelos que se mostraron más exitosos en Asia Oriental.

Pero también hubo otros cambios de mucha consideración que no se deben dejar de lado. En particular, a partir de 1970 hubo importantes transformaciones en el propio mundo industrializado que en muchos países se vivieron como una verdadera crisis. El agotamiento de muchos de los elementos dinámicos de la edad de oro del capitalismo y el surgimiento de nuevos paradigmas tecnológicos generaron importantes cambios económicos y sociales y contribuyeron a gestar la segunda globalización. De esta manera, los países latinoamericanos debieron enfrentar no sólo los desafíos del agotamiento, en distintos grados, de su viejo modelo industrialista y una nueva crisis de la deuda, sino también los que presentaban los nuevos cambios tecnológicos. Mientras que buena parte del aprendizaje de los países de la región había consistido en apropiarse de las tecnologías de la industrialización fordista, las nuevas tecnologías de la información generarían nuevos desafíos, como los que generó al mismo tiempo el éxito de la industrialización de Asia Oriental.

Por lo anterior, es posible sostener que a finales del periodo que analizamos (y, en el caso de los países del Cono Sur, desde antes) América Latina había logrado converger hasta donde le era posible, dada su escasa capacidad de generación de tecnología; lo que se necesitaba no era meramente la apertura hacia la economía mundial y la retracción del Estado, sino un salto en materia de desarrollo tecnológico, mediante un avance significativo de los sistemas nacionales de innovación, apoyados en un esfuerzo paralelo en materia educativa. A la postre, ello no se hizo, y la crisis de la deuda limitó las opciones para hacerlo. Y por eso, como veremos en el capítulo siguiente, el giro hacia una estrategia más liberal de desarrollo no ofreció la solución a las limitaciones que experimentó el modelo de industrialización latinoamericano.

Desarrollo social

En el ámbito social, aunque hubo precedentes en la era de desarrollo primario-exportador, la extensión de cobertura de la educación básica, el desarrollo de sistemas de salud modernos, la capacitación de mano de obra y, en menor medida, el desarrollo de sistemas de seguridad social recibieron un impulso considerable durante la industrialización dirigida por el Estado. Según se ha visto en el capítulo I, durante ese periodo los índices de desarrollo social experimentaron las tasas de mejoramiento más rápidas de toda la historia de la región. La gráfica IV.9 muestra, en efecto, que el mayor avance en los índices de desarrollo humano en relación con los países industrializados se logró entre 1940 y 1980, y se estancó en las dos últimas décadas del siglo XX. El trabajo de Astorga, Bergés y FitzGerald (2005) llega a la misma conclusión observando un conjunto algo diferente de indicadores (la tasa de alfabetización como indicador de desarrollo educativo). Además, como se señaló igualmente en el capítulo I, aunque persistieron diferencias importantes en los niveles del PIB per cápita, hubo una convergencia considerable en los índices de desarrollo humano de los países de la región.

En contra de los temores que se expresaban continuamente, la generación de empleos fue también razonablemente dinámica. La fuerza de trabajo no agrícola creció a una tasa muy rápida en el periodo 1950-1980: 4% anual,

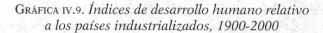

GRÁFICA IV.9. *Índices de desarrollo humano relativo*
a los países industrializados, 1900-2000

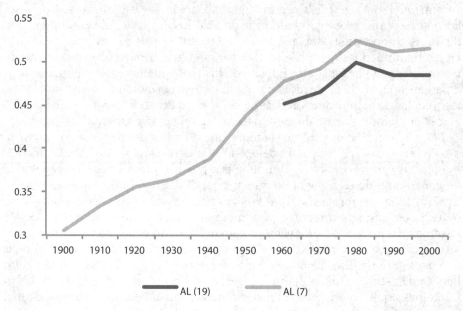

FUENTE: Véase capítulo I.

superior a la de Estados Unidos en el periodo 1870-1910. Aunque esto se reflejó en una informalidad laboral creciente en las ciudades, la disminución
del empleo en la agricultura tradicional fue aún más acelerada, lo que generó
en el conjunto de la región una reducción del subempleo total (urbano y rural): de 46% en 1950 a 38% en 1980. El empleo urbano avanzó durante estos
años de 44 a 67 por ciento.

García y Tokman (1984) distinguen tres patrones de evolución de los indicadores laborales en los distintos países de la región (cuadro IV.12).[31] En
los del Cono Sur el empleo urbano era predominante y el subempleo total reducido en 1950; aunque el subempleo aumentó hasta 1980 en Argentina y
Uruguay, como reflejo del lento dinamismo de estas economías, se mantuvo
muy por debajo del promedio regional. El segundo grupo se caracterizó por
el aumento acelerado del empleo urbano y la fuerte reducción del subempleo
total en estos años; incluye las dos economías más grandes, al igual que las
dos economías andinas más exitosas (Colombia y Venezuela) y las dos centroamericanas más desarrolladas (Costa Rica y Panamá). Este grupo coincide,
en general, con las economías que lograron los mayores avances durante el

[31] Véase también el trabajo previo de PREALC (1981) en el cual se basan estos autores y que
clasifica a algunos países en forma diferente.

CUADRO IV.12. *Importancia relativa del empleo urbano y cobertura del subempleo (porcentaje del empleo total en cada país)*

	Empleo no agrícola		Informal urbano		Agrícola tradicional		Subempleo total	
	1950	1980	1950	1980	1950	1980	1950	1980
Grupo A								
Argentina	72.0	84.9	15.2	21.4	7.6	6.8	22.8	28.2
Chile	62.9	77.2	22.1	21.7	8.9	7.4	31.0	29.1
Uruguay	77.8	82.3	14.5	19.0	4.7	8.0	19.2	27.0
Grupo B								
México	34.5	61.5	12.9	22.0	44.0	18.4	56.9	40.4
Panamá	46.7	66.4	11.8	14.8	47.0	22.0	58.8	36.8
Costa Rica	42.0	69.5	12.3	15.3	20.4	9.8	32.7	25.1
Venezuela	51.1	79.4	16.4	18.5	22.5	12.6	38.9	31.1
Brasil	39.2	68.1	10.7	16.5	37.6	18.9	48.3	35.4
Colombia	39.2	64.9	15.3	22.3	33.0	18.7	48.3	41.0
Grupo C								
Guatemala	30.6	42.7	14.0	18.9	48.7	37.8	62.7	56.7
Ecuador	33.3	54.2	11.7	28.6	39.0	33.4	50.7	62.0
Perú	36.0	57.5	16.9	19.8	39.4	31.8	56.3	51.6
Bolivia	24.1	41.1	15.0	23.2	53.7	50.9	68.7	74.1
El Salvador	32.2	47.5	13.7	18.9	35.0	30.1	48.7	49.0
América Latina	44.1	67.1	13.5	19.4	32.6	18.9	46.1	38.3

FUENTE: García y Tokman (1984).

periodo de industrialización dirigida por el Estado. El tercer grupo, conformado por el resto de economías andinas y centroamericanas, muestra un avance más limitado del empleo urbano e incluso, en tres países, un aumento de la informalidad total.

El rápido proceso de migración rural-urbana que caracterizó a este periodo refleja la generación interna de un excedente de mano de obra y, puede decirse, de una "oferta ilimitada de mano de obra", para utilizar la terminología tradicional de W. Arthur Lewis. La excepción fueron, por supuesto, los países del Cono Sur, que ya habían alcanzado niveles de urbanización y formalización del empleo muy elevados.

Estos excedentes de mano de obra también tuvieron importantes consecuencias para la migración internacional. Aunque algunos países continuaron atrayendo a migrantes europeos (en particular Venezuela durante su prolongado auge petrolero), las antiguas corrientes migratorias internacionales perdieron dinamismo después de la segunda Guerra Mundial. La proporción de residentes latinoamericanos nacidos fuera de la región experimentó una declinación de largo plazo desde la década de los sesenta, como resultado de la muerte de antiguos inmigrantes y la migración de retorno. Al mismo tiempo, la migración intrarregional aumentó, con Argentina y Venezuela como los principales polos de atracción, sobre todo para los habitantes de los países vecinos. Más importante a largo plazo fue que dio inició la emigración hacia los países industrializados. Entre 1970 y 1980 el total de emigrantes de América Latina y el Caribe censados en los Estados Unidos aumentó de 1.6 a 3.8 millones,[32] pero el flujo seguramente fue mayor; la proximidad geográfica fue determinante del peso relativo de estas corrientes migratorias.

Los resultados en cuanto a la reducción de la pobreza y, sobre todo, a la distribución del ingreso fueron ambiguos, pero desafortunadamente hay grandes vacíos en los datos referentes a este tema. La pobreza disminuyó en la mayoría de los países durante el periodo de industrialización dirigida por el Estado. La primera estimación global de la CEPAL acerca de la pobreza, disponible para 1970, indica que 40% de los hogares latinoamericanos era pobre; esta cifra bajó a 35% en 1980 (alrededor de 40% de la población, dado el mayor tamaño de las familias pobres), un porcentaje que sólo se alcanzó nuevamente un cuarto de siglo más tarde, a mediados de la primera década del siglo XXI (véase el capítulo V). Los cálculos de Londoño y Székely (2000: cuadro 2) muestran una tendencia aún más favorable en la década de los setenta: una reducción de la pobreza moderada de 43.6% en 1970 a 23.7% en 1982, y de la pobreza extrema, de 19.2% en 1970 a 10.2% en su punto más bajo, en 1981. Estos cálculos pueden representar, sin embargo, una sobreestimación de las tendencias favorables experimentadas durante estos años. Basado en inferencias indirectas, Prados de la Escosura (2007) ha calculado que el grueso

---

[32] Estimado con base en CEPAL (2006b) para los países latinoamericanos, excluyendo Haití.

de la reducción de la pobreza que se logró a lo largo de todo el siglo xx se produjo entre 1950 y 1980.[33]

La distribución del ingreso continuó siendo muy desigual en la mayoría de los casos y experimentó patrones opuestos en los distintos países.[34] En amplio contraste con su pobre desempeño económico, la distribución mejoró en los países del Cono Sur, en parte como continuación de tendencias que venían desde antes. En el caso de Uruguay hubo un primer episodio de leve caída de la desigualdad a partir de los años veinte, asociado al deterioro de los términos de intercambio posterior a la primera Guerra Mundial y, en menor medida, a cambios sociopolíticos. La caída más fuerte se produjo, sin embargo, entre 1944 y mediados de la década de los cincuenta, cuando el fuerte incremento de los términos de intercambio, que habría conducido a un aumento de la desigualdad, fue contrarrestado por las políticas industrializadoras, los consejos de salarios que regularon la contratación laboral en el sector privado y la expansión del sector público (Bértola, 2005). El caso argentino muestra similitudes con el uruguayo, aunque su dinámica en los años veinte puede hacer pensar que la caída de la desigualdad en esa década, si existió, fue más leve. Al igual que en el caso uruguayo, hay indicios de que la desigualdad cayó de manera importante paralelamente al avance de la industrialización. La desigualdad disminuyó al interior de los sectores asalariados (Bértola, 2005) y una tendencia más general puede notarse utilizando las relaciones entre salarios y PIB per cápita, particularmente entre 1929 y 1950, para luego mantenerse estable hasta el inicio de la liberalización económica y la dictadura política de fines de la década de los setenta (Prados de la Escosura, 2005). En Chile la desigualdad continuó creciendo hasta la década de los veinte (Rodríguez Weber, 2009) y la reversión de la tendencia se produjo posteriormente, reflejando los cambios sociales asociados al surgimiento de un fuerte movimiento sindical, junto con el quiebre definitivo de la primera globalización. Recordemos que los niveles históricos de desigualdad de Chile parecen haber sido siempre más elevados que los del Río de la Plata.

La falta de información homogénea no nos permite ser categóricos acerca del momento en que se revirtieron estas tendencias, exceptuando el caso uru-

---

[33] En efecto, de acuerdo con este autor, la pobreza se redujo en seis países (Argentina, Brasil, Chile, Colombia, Uruguay y México) de 71% en 1913 a 27% en 1990; de esta reducción, 30 puntos porcentuales (es decir, poco más de dos terceras partes) tuvieron lugar entre 1950 y 1980. Véanse también los cálculos de evolución de la pobreza para países individuales en Altimir (2001).

[34] Las anotaciones que siguen están basadas en una bibliografía parcial, cuyos principales aportes son trabajos comparativos de Altimir (1996 y 1997), Frankema (2009), Londoño y Székely (2000) y Székely y Montes (2006) y cuyas apreciaciones no son necesariamente consistentes entre sí; así como en diversos estudios nacionales, algunos de los cuales se citan en el texto. La recopilación estadística realizada por el World Institute for Development Economic Research (WIDER) de la Universidad de las Naciones Unidas proporciona la mejor recopilación de información sobre tendencias distributivas, pero la calidad y comparabilidad de los datos, sobre todo los disponibles antes de 1980, es debatible. Véase un resumen de las tendencias que proporcionan estos datos desde los años cincuenta en Frankema (2009: cuadro I.I).

guayo, para el que la información parece indicar que la tendencia a la mejoría se detuvo a mediados de la década de los cincuenta, quedando relativamente constante hasta el momento del golpe de Estado de 1973, cuando se produjo un aumento drástico de la desigualdad. En Argentina y Chile la reversión de la tendencia favorable fue más tardía, quizás sólo de principios de los años setenta, y se produjo en circunstancias políticas y económicas similares: cruentas dictaduras militares que debilitaron los movimientos sindicales tradicionalmente fuertes de esos países y abandonaron de forma radical la estrategia de industrialización. Cabría agregar que en el otro caso de desarrollo económico temprano, el de Cuba, y como reflejo de su pasado esclavista, la distribución del ingreso fue muy desigual, hasta que la revolución generó el cambio distributivo más radical de la historia latinoamericana.

Fuera del Cono Sur los grandes excedentes de mano de obra en el campo mantuvieron deprimidos los salarios rurales y las fuertes migraciones a las ciudades operaron como un mecanismo que mantuvo también bajos los salarios de los trabajadores urbanos menos calificados. A su vez, la escasez de mano de obra más calificada, generada, entre otros factores, por el rezago que mostró el desarrollo de los sistemas educativos en la mayoría de los países, operó en el sentido de tender a elevar las remuneraciones de la mano de obra calificada. El hecho de que el sindicalismo tendió a concentrarse en los sectores más formales de la economía (el gobierno y los sectores industriales y de servicios más modernos) apoyó la tendencia al aumento de la desigualdad, aunque también amplió la base de beneficiarios de la industrialización. El proceso operó, así, con un sesgo a favor de los trabajadores formales de las ciudades, de los propietarios de capital y de los grandes propietarios rurales.

A medida que se absorbieron en las ciudades los grandes excedentes de mano de obra y aumentó la mano de obra con mayores niveles de educación, estas presiones dejaron de operar en un sentido adverso a la distribución del ingreso. Por eso, varios países experimentaron una mejoría distributiva desde mediados de los años sesenta (Costa Rica y México) o comienzos de la de los setenta (Colombia y Venezuela). Esta tendencia no fue, sin embargo, generalizada, como lo reflejan las tendencias distributivas adversas de Brasil durante la fase final de la industrialización dirigida por el Estado. En ese país, como en los del Cono Sur, la sucesión de gobiernos militares contribuyó al deterioro distributivo. Esto indica que, aparte de los factores asociados a la disponibilidad relativa de mano de obra, el régimen político y su relación con las instituciones laborales también jugaron un papel importante en la evolución de distribución del ingreso. En particular, dichos factores institucionales operaron por varias décadas en un sentido favorable en el Cono Sur y desfavorable después (Frankema, 2009). El predominio de tendencias distributivas favorables en un mayor conjunto de países se reflejó en una mejoría en la distribución del ingreso de América Latina en los años setenta (Londoño y Székely, 2000), que desafortunadamente no duraría por mucho tiempo.

Los beneficios del desarrollo se concentraron en los sectores de altos ingresos, pero también llegaron a un "sector" o "clase media" que incluía a la población urbana empleada por el Estado y por empresas privadas grandes y medianas y a algunos empresarios pequeños. Sin embargo, la magnitud de esa "clase media" variaba considerablemente entre países al final del periodo de industrialización, de acuerdo con su nivel de desarrollo, y en algunos era francamente pequeña. Ese sector intermedio de la sociedad fue el beneficiario del emergente Estado de bienestar, cuyas prestaciones, especialmente en el caso de la seguridad social (salud y pensiones, en particular, y unos pocos beneficios contra la cesantía), se concentraron en los trabajadores del sector formal de la economía. El modelo "bismarckiano" que se desarrolló, según el cual el acceso a la seguridad social estaba atado a un empleo formal, fue el elemento decisivo en este resultado. Los trabajadores urbanos que no recibían estos beneficios, y especialmente los rurales, se beneficiaron de esfuerzos más generales de expansión de los servicios sociales, especialmente en educación y salud. El resultado de ello fue un Estado de bienestar segmentado (Ocampo, 2004, ensayo 3) o truncado (Ferreira y Robelino, 2011), para utilizar dos denominaciones alternativas que ha recibido.

Los esquemas pioneros de la primera ola de la seguridad social que se había introducido en los países del Cono Sur desde la fase previa de desarrollo recibieron un impulso nuevo como resultado del Informe Beveridge de 1942 en Gran Bretaña y de otros esquemas de seguridad social que se impulsaron en el mundo industrializado. Brasil también había tenido un desarrollo temprano en esta materia, pero con un acceso mucho más limitado. Como resultado de este impulso, varios países experimentaron lo que se puede llamar una segunda ola de reformas en seguridad social en las décadas de los cuarenta y cincuenta: Colombia, Costa Rica, México, Perú y Venezuela. La más notable fue la de Costa Rica, cuyas reformas desde los años cuarenta la acercaron a una situación más parecida a la del Cono Sur, en un país con menores niveles de desarrollo y urbanización. En el resto de los países llegaría más tarde y en forma aún más débil.[35] Además, en todos los casos el sistema estuvo segmentado en términos de beneficios y fragmentado institucionalmente en múltiples esquemas y fondos, dentro de un modelo estratificado en el cual tenían clara preferencia los militares, los funcionarios públicos y los sectores laborales con fuerte organización sindical (Mesa-Lago, 1978).

Una de las tipologías más conocidas sobre los Estados de bienestar distingue entre tres modelos básicos de seguridad social: el socialdemócrata, que tiende a que el Estado proporcione, por fuera del mercado, beneficios universales y homogéneos, que se basan en una carga tributaria relativamente alta; el corporativo, en el cual la fuerza de los distintos sectores sociales se refleja

---

[35] El trabajo clásico sobre el origen de la seguridad social en América Latina es el de Mesa-Lago (1978). La obra más reciente de Haggard y Kaufman (2008) proporciona un interesante análisis de los orígenes y avances del Estado de bienestar en América Latina en una perspectiva comparativa (véase en particular el capítulo 2 de dicha obra).

en beneficios diversos y en el que el acceso a los beneficios se produce a través de un jefe de familia que tiene un empleo estable en el sector formal, y el liberal, donde la política de protección se enfoca hacia los sectores más pobres, en tanto el resto de la población enfrenta los riesgos sociales a través del mercado (Esping-Andersen, 1990). En esta perspectiva, el modelo dominante en América Latina fue el corporativo, pero, como se ha visto, con muy altos grados de segmentación y un elemento importante de exclusión asociado a la ausencia de beneficios para los trabajadores informales, cuyo peso en el grueso de los países era muy importante. En Costa Rica, Chile y Uruguay el sistema avanzó con el tiempo en la dirección del primer modelo, pero en forma siempre incompleta debido a la segmentación que mantuvo. Cuba adoptaría un esquema del primer tipo después de la revolución, en el marco de una economía socialista. En el caso de Chile, además, las reformas que llevaría a cabo la dictadura militar no sólo eliminarían parte de estos elementos, sino que introducirían otros del esquema liberal. Donde los sistemas tenían cobertura más limitada (es decir, fuera del Cono Sur, Costa Rica y Cuba), éstos eran fuertemente duales o incluso excluyentes (Filgueira, 1997).

Los beneficios de la modernización rural se concentraron en manos de los grandes terratenientes, reproduciendo una distribución muy desigual del ingreso y la riqueza en el campo, cuyas raíces históricas eran profundas. Hubo varias reformas agrarias, las más ambiciosas de las cuales estuvieron asociadas a grandes cambios sociales y políticos: México en la década de los treinta, Bolivia y la fallida de Guatemala en la de los cincuenta, Cuba a comienzos de la de los sesenta, Chile y Perú en la de los sesenta y principios de la siguiente y Nicaragua en la década de los ochenta.[36] Las tres últimas fueron revertidas posteriormente. Otros procesos, muchos de ellos inducidos por la Alianza para el Progreso en la década de los sesenta, fueron menos ambiciosos. Sin embargo, con la notable excepción de Cuba, aun las reformas agrarias más radicales no alcanzaron a la mayoría de la población campesina y no eliminaron el dualismo estructural que caracteriza a los sectores agrarios latinoamericanos. La más antigua, la mexicana, dejó de lado a la mitad de la población campesina y 57% de la tierra (De Janvry, 1981: cap. 4). La que le sigue, la boliviana, dejó de lado a 61% del campesinado y 82% de la tierra, en particular por haber dejado al margen de la reforma la región del oriente de dicho país, que posteriormente fue objeto de un fuerte desarrollo empresarial y es hoy el centro de una gran disputa por la alta concentración de la tierra. En su mejor momento, las reformas de Chile y Perú sólo abarcaron a 20 y 32% del campesinado. El resto de los países apenas rasguñó la estructura de la propiedad de la tierra, que siguió siendo altamente desigual (Frankema, 2009: cap. 3).

En cualquier caso, algunos pequeños productores rurales se beneficiaron

---

[36] Véase un análisis detallado de la historia de las reformas agrarias en la región, en Choncol (1994).

producIendo alimentos para las ciudades y gracias a la colonización interna en aquellos que contaban con espacios abiertos, promovidos en algunos países como parte, pero en realidad como sustituto de una verdadera reforma agraria (Brasil, Colombia y Venezuela son los casos más destacados de dicho patrón). Pero, sobre todo, muchos campesinos se beneficiaron de la migración hacia las ciudades, donde, pese a las bajas e incluso inhumanas condiciones de vida de los barrios más pobres, alcanzaron niveles de independencia que les habían sido negados bajo las formas coercitivas de movilización del trabajo típicas de muchas zonas rurales de América Latina del pasado. Eventualmente tuvieron también acceso a mayores servicios de educación, salud o agua potable.

La desaparición gradual de las formas más serviles de relaciones laborales y sociales, características de las zonas rurales, fue de este modo uno de los principales resultados del proceso de urbanización. A ella contribuyeron también los procesos de reforma agraria, aun en los países donde fueron relativamente débiles. A la larga, el debilitamiento y, en muchos casos, la eventual desaparición de estas relaciones serviles debe considerarse como uno de los logros históricos más importantes de la región en materia de equidad durante esta etapa del desarrollo. Como hemos visto, sin embargo, este avance se produjo en medio de la reproducción de los altos niveles de desigualdad heredados del pasado y, pese a algunos avances, de la persistencia de altos niveles de pobreza en la mayoría de los países.

V. LA REORIENTACIÓN HACIA EL MERCADO

Introducción

La crisis de la deuda externa de América Latina de los años ochenta representó el final de una larga fase, de poco más de un siglo, durante la cual la región había experimentado un avance relativo en la economía mundial. Generó, además, un quiebre radical en las tendencias de política económica que habían predominado desde la década de los treinta. El rápido proceso de industrialización ya se había interrumpido a mediados de los años setenta, pero la crisis de la deuda consolidó esta tendencia. Los esfuerzos de apertura al mercado, que habían sido parciales y localizados en unas pocas economías, se generalizaron desde mediados del decenio de los ochenta. Las reformas orientadas a ampliar las esferas de acción del mercado echaron raíces profundas, hasta que la primera década del siglo XXI vio aparecer una nueva divergencia entre los patrones de política económica de los distintos países, debido al surgimiento en muchos de ellos de tendencias políticas y sociales que revalorizaron el papel del Estado.

El periodo que analizamos en este capítulo cubre dos fases diferentes. La primera, que corresponde a los años ochenta, fue de franco retroceso y fue denominada con razón por la CEPAL como la "década perdida". La segunda fue de crecimiento, pero en medio de fuertes fluctuaciones, ya que se produjeron dos crisis adicionales: la de fin del siglo XX, que fue compartida con otras economías "emergentes", y la de la Gran Recesión mundial de 2008-2009, cuyo epicentro fueron los Estados Unidos. El crecimiento, de 3.3% entre 1990 y 2010, muy inferior a 5.5% que se había experimentado en las tres décadas y media previas a la crisis de la deuda, ha estado acompañado, por lo tanto, de un ciclo económico muy pronunciado. Por otra parte, la fuerte desaceleración del crecimiento poblacional que se había iniciado en el periodo anterior se hizo persistente. La población total aumentó a un ritmo anual de 1.7% entre 1980 y 2010, un punto porcentual menos que en 1950-1980, pero en continua caída, de tal manera que ya se acercaba a 1% al final del periodo que analizamos. Ello permitió un crecimiento de la producción por habitante un poco más favorable.

Este capítulo analiza las transformaciones acontecidas en las economías latinoamericanas desde el estallido de la crisis de la deuda de los años ochenta. Dada la estrecha relación entre los eventos macroeconómicos de fines del decenio de los setenta y la crisis, el análisis inicial de este tema complementa las consideraciones del capítulo previo. Después de analizar los orígenes e implicaciones de la crisis de la deuda se adentra en las reformas de mercado y su principal éxito: la inserción más dinámica en la economía mundial. El capítulo concluye con una consideración de los resultados en materia de crecimiento económico y desarrollo social. El trasfondo de todos estos procesos son las grandes transformaciones que experimentó la economía mundial durante la segunda globalización, algunos de cuyos elementos ya se habían insinuado desde los años sesenta. Los más destacados han sido el acceso a un mercado financiero internacional altamente volátil, que ha dado lugar a crisis frecuentes en todo el mundo, el crecimiento dinámico del comercio internacional y, en menor escala, la creciente migración internacional de mano de obra.

LA CRISIS DE LA DEUDA Y LA DÉCADA PERDIDA

El modelo de industrialización dirigida por el Estado comenzó a recibir críticas desde los años sesenta, tanto de la ortodoxia económica como de la izquierda política.[1] Desde la primera se le criticó la falta de disciplina macroeconómica y las ineficiencias que generaba una estructura de protección arancelaria y paraarancelaria muy elevada y, en general, el excesivo intervencionismo estatal. Desde la segunda se le criticó su incapacidad de superar la dependencia externa y, sobre todo, de transformar las estructuras sociales desiguales heredadas del pasado. Aunque sin compartir necesariamente los puntos de vista de la izquierda política, Hirschman (1971: 123) expresó de manera brillante una idea de esta naturaleza: "Se esperaba que la industrialización cambiara el orden social, y todo lo que hizo fue producir manufacturas".

El modelo enfrentó en su fase madura muchas tensiones, tanto económicas como sociales y políticas. La creciente conflictividad social se manifestó de manera más temprana en los países del Cono Sur, aquellos que experimentaron más tempranamente las transformaciones sociales y la desaceleración del ritmo de crecimiento económico. Las oportunidades que los momentos de crecimiento presentaban para ampliar el bienestar y los beneficios sociales fueron aprovechadas por fuertes movimientos sociales y políticos, algunos de corte más socialista y otros de raigambre populista. Sin embargo, ante los frecuentes cambios de condiciones externas y de crisis de balanza de pagos, los ajustes redundaban en un creciente descontento y resistencia, ya sea por parte de los sectores populares que pugnaban por mayores mejoras, o de las élites, que veían cómo su rentabilidad se veía amenazada por la expansión de las regulaciones estatales. El desenlace autoritario no se hizo esperar.

De manera lúcida, Fishlow (1985: 165) expresó la conexión entre conflicto social y la transición a economías de mercado en medio de la oleada de autoritarismo militar del sur del continente: "Los instintos militares son intervencionistas. Pero los líderes militares pueden racionalizar conveniente-

---

[1] Véanse, por ejemplo, las revisiones del debate realizadas en distintos momentos por Hirschman (1971), Fishlow (1985) y Love (1994).

mente la represión política en nombre de la flexibilidad necesaria en los precios y en los salarios. El objetivo no es una adaptación a una determinada estructura económica sino la reconstrucción radical de la sociedad civil". De este modo, la transformación hacia economías de mercado surgió inicialmente de una manera defensiva, como una reacción frente a lo que se veía como una expansión del mundo socialista. En esto el patrón latinoamericano se diferencia del de los países industrializados, donde la transformación, que había comenzado después de la elección de Margaret Thatcher en Gran Bretaña en 1979 y de Ronald Reagan en los Estados Unidos en 1981, fue claramente ofensiva: un reflejo de la confianza de la empresa privada de que podía vivir sin el manto protector del Estado e incluso la convicción en amplios círculos empresariales de que la intervención estatal se había convertido en un obstáculo a su desarrollo. La actitud ofensiva vendría en América Latina más tarde, especialmente en la última década del siglo xx.

Fuera del Cono Sur, aunque el conflicto social también se acrecentó no tuvo relación clara con la transición hacia economías de mercado. En Centroamérica, que se transformó en el epicentro de los conflictos en los años ochenta, las confrontaciones tenían un carácter más rural y provenían de la concentración de la tierra y, tal vez, del modelo primario-exportador antes que de su peculiar combinación con una débil industrialización dirigida por el Estado. En Colombia el conflicto interno tenía vieja data y había estado asociado también en su origen a problemas rurales, pero la nueva fase que se vivió desde mediados de la década de los ochenta tuvo otro cariz: la incidencia del tráfico ilícito de drogas, que vendría a financiar todas las formas de violencia: la propia, la paramilitar y la guerrillera (al menos, en este último caso, la de la organización guerrillera más grande). Los problemas de violencia asociados al tráfico de estupefacientes se extenderían dramáticamente hacia México y Centroamérica en la primera década del siglo xxi.

En materia económica, ya vimos en el capítulo anterior que la indisciplina macroeconómica fue menos generalizada de lo que se señala a menudo y, en particular, que hasta mediados de los años setenta fue un problema de Brasil y el Cono Sur más que del conjunto de la región. Sin embargo, la tendencia al desequilibrio externo, que sí había sido general desde vieja data, tendió a agudizarse hacia el final de la fase de industrialización dirigida por el Estado en casi todos los países, debido al comportamiento tanto de la balanza comercial como de las crecientes demandas de recursos para inversión (en realidad, como nos enseña la teoría económica, dos facetas de un mismo problema). Estos desequilibrios se vinieron a satisfacer con el creciente financiamiento externo, pero éste terminó siendo la espada de Damocles del modelo, debido a la volatilidad que estuvo asociada con dichos recursos.

La gráfica v.1 muestra la primera de estas tendencias. Como se puede apreciar, hasta bien avanzado el proceso de industrialización, el crecimiento fue compatible con pequeños superávit comerciales (generados, como se ha visto en el capítulo anterior, con un aparato masivo de intervención en la balanza

GRÁFICA V.1. *Crecimiento económico y balance comercial*

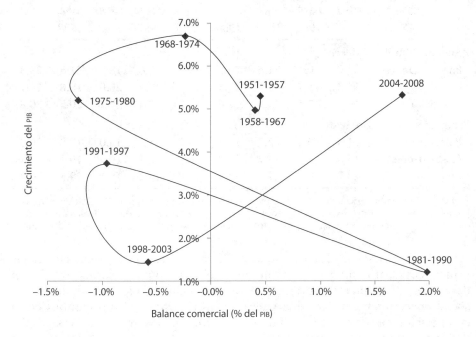

FUENTE: Series históricas de la CEPAL.

de pagos). Incluso puede decirse que el pequeño déficit que se produjo en 1967-1974 no era problemático, dada la espectacular aceleración del crecimiento que tuvo lugar durante esos años. Sin embargo, no fue posible mantener el crecimiento entre 1974 y 1980 a ritmos no muy diferentes a los anteriores a 1967 sin generar un creciente déficit comercial.

El crecimiento estuvo asociado también a progresivos requerimientos de inversión, que eran difíciles de enfrentar con las endémicamente débiles tasas de ahorro nacionales. La tasa de inversión había oscilado entre 19 y 22% del PIB hasta mediados de los años setenta, con su punto bajo durante 1958-1967, los años que la CEPAL denominó de "estrangulamiento externo" (véase el capítulo anterior). Sobre estos niveles se elevó a 25% durante la fase final de esta etapa de desarrollo (cuadro V.1). Lo que esto indica es que el mayor financiamiento externo de los años setenta se reflejó en un aumento de la tasa de inversión (que sin duda incluyó algunos elefantes blancos en unos países), en claro contraste con eventos posteriores en los que el mayor financiamiento externo generó un aumento en los niveles de consumo.

La industrialización dirigida por el Estado enfrentó también otras restricciones: aquellas asociadas a la tendencia a abrumar al Estado con responsabilidades fiscales sin otorgarle al mismo tiempo recursos adecuados para ha-

Cuadro v.1. *Formación bruta de capital fijo*

	1950-1957	1958-1967	1968-1974	1975-1980	1981-1990	1991-1997	1998-2003	2004-2008	2008-2010
Promedio simple, % del PIB									
Países grandes	23.9	20.1	21.6	24.3	19.1	19.6	18.3	21.5	23.3
Países pequeños	14.2	15.7	18.1	21.5	17.0	19.2	20.0	19.8	19.1
América Latina	19.1	17.6	19.5	22.6	17.8	19.4	19.4	20.5	20.8
Promedio ponderado, % del PIB									
Países grandes	21.0	19.5	22.2	25.1	18.9	18.2	18.0	19.9	20.9
Países pequeños	15.8	16.8	17.7	22.2	16.9	18.6	19.3	19.1	18.7
América Latina	20.7	19.1	21.9	24.9	18.8	18.2	18.1	19.8	20.7

FUENTE: Series históricas de la CEPAL, a precios constantes. Los datos de Costa Rica están disponibles a partir de 1951, los de El Salvador de 1962, los de Nicaragua de 1960 y los de Uruguay de 1955. Los promedios se refieren a todos los países para los cuales hay información disponible.

cerlo. Como lo señaló FitzGerald (1978), esto se reflejó en tres tendencias principales: *1.* una tendencia al aumento del gasto público como proporción del PIB, pero con una proporción menor destinada a programas de bienestar social en comparación con los países industrializados; *2.* un cambio en la composición de la estructura tributaria en contra de los impuestos a la propiedad y el ingreso, y en favor de los impuestos indirectos y los salarios, y, en consecuencia, *3.* crecientes necesidades de endeudamiento para financiar las transferencias al sector privado, en lugar de aquellas asociadas a las políticas sociales redistributivas. Este problema se hizo particularmente evidente en la segunda mitad de los años setenta, cuando el acceso generalizado de los países latinoamericanos al financiamiento externo generó un aumento de los déficit fiscales, que tornaron muy vulnerables las cuentas públicas ante un eventual giro desfavorable de este tipo de financiamiento, que finalmente se produjo.

Sin embargo, es improbable que en ausencia de la crisis de la deuda alguna economía latinoamericana se hubiese derrumbado por el mero peso de las ineficiencias que generaba la industrialización dirigida por el Estado o de estas tensiones de carácter macroeconómico. Aún más, es poco claro por qué no se podría haber adoptado o profundizado una estrategia más equilibrada, como ya lo venían haciendo los países más pequeños desde mediados de la década de los cincuenta y la mayoría de los países medianos y grandes desde mediados de los años sesenta. En efecto, según se vio en el capítulo anterior, la región ya había comenzado a explotar las oportunidades que comenzó a brindar el creciente comercio mundial y había evolucionado hacia una mezcla de protección con promoción de exportaciones. De hecho, en la bibliografía de los años setenta varios países latinoamericanos, entre los que destaca Brasil, eran presentados internacionalmente como ejemplos de éxito exportador, al lado de los tigres asiáticos.

De esa manera se hubiese podido converger hacia un modelo de desarrollo más parecido al que habían seguido varios países de Asia Oriental: igualmente dirigido por el Estado, con rasgos también proteccionistas, aunque
con mayor énfasis en la construcción de una base exportadora sólida y, en la
mayoría de esos casos, con una clara preferencia por la inversión nacional
sobre la extranjera. En todo caso, la escala y velocidad de los acontecimientos se encargaron de descartar tal opción. También hemos señalado en el capítulo anterior que ésta no era la única trayectoria posible. Los países del Cono
Sur ya habían mostrado un patrón alternativo, de lento crecimiento con mejora distributiva y, como se acaba de mencionar, creciente conflictividad social.

Sin embargo, independientemente de estas tendencias de largo plazo, lo
que resultó fatal para el paradigma precedente fue el agudo ciclo de auge y
contracción de la financiación externa privada, que se inició en forma modesta en algunos países a mediados de la década de los sesenta, se generalizó en la
región a lo largo de la de los setenta y terminaría en la crisis de la deuda de
los años ochenta. Este ciclo fue la repetición de fenómenos similares del pasado, el último de los cuales había sido de auge y colapso del financiamiento
externo de los años veinte y comienzos de los treinta. Las fuentes de financiamiento externo fueron, sin embargo, diferentes: los créditos sindicados de
la banca comercial internacional remplazaron ahora el papel que habían jugado los bonos emitidos en los mercados internacionales de capitales en la
década de los veinte.

Una característica sobresaliente del cuarto de siglo transcurrido después
de la segunda Guerra Mundial había sido la ausencia de volúmenes importantes de financiación externa privada y el monto más bien modesto de las
oficiales. Como lo indica la gráfica v.2, las transferencias netas de recursos
desde el exterior[2] fueron ligeramente negativas durante las décadas de los cincuenta y sesenta. En el contexto de los choques externos recurrentes, la carencia de medios adecuados para financiar los déficit de la balanza de pagos,
incluidos los recursos muy modestos del FMI, reforzó obviamente la tentación de recurrir a políticas proteccionistas como mecanismo de ajuste. Los
países que tuvieron acceso más temprano a la financiación externa privada
(México y Perú, en particular) también desarrollaron en forma precoz problemas de sobreendeudamiento.

La nueva fase de auge de financiamiento externo de América Latina fue
parte de un proceso más amplio de reconstrucción de un mercado internacional de capitales que se había iniciado en la década de los sesenta (el entonces
denominado mercado de eurodólares). La característica más destacada de
este proceso fue la competencia entre un creciente número de grandes bancos
nacionales transformados en internacionales por colocar recursos en el mer-

---

[2] Esta transferencia se define como el saldo de la cuenta de capitales menos el servicio de la
deuda (pagos de intereses por la deuda externa y dividendos remitidos al exterior por las empresas extranjeras).

GRÁFICA V.2. *Transferencia neta de recursos*
(porcentaje del PIB a precios corrientes)

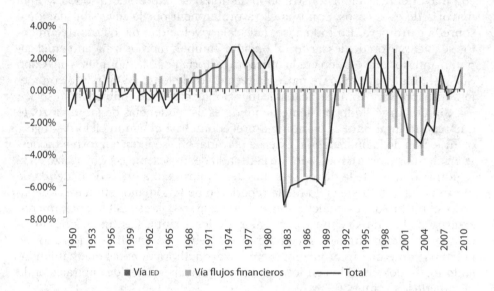

FUENTE: Series históricas de la CEPAL.

cado mundial, generalmente en la forma de créditos sindicados a tipos de interés variables, que se modificaban con la tasa LIBOR (London Interbank Offer
Rate) de tres o seis meses. Esta modalidad de financiamiento facilitó la participación de bancos de tamaño más modesto y menor experiencia internacional, que confiaron casi ciegamente en las evaluaciones crediticias de los grandes bancos que lideraron el proceso (y obtuvieron jugosas comisiones). Al atar
la tasa de interés a la del mercado interbancario, en el que los bancos activos
en el mercado internacional obtenían sus recursos, se reducían los riesgos que
enfrentaban los acreedores. Eso se hacía obviamente a costa de desplazar los
riesgos de variaciones en dichas tasas a los deudores, lo que, como veremos, se
materializó de manera dramática desde fines de 1979 y resultó fatal a la postre. Esos bancos operaban en un ambiente desregulado que experimentó su
primer tropiezo temporal a fines de 1974 debido a las grandes pérdidas por
operaciones de cambios de algunos bancos, especialmente del Banco Herstatt
de Alemania Occidental y el Franklin National Bank de los Estados Unidos.
El reciclaje de petrodólares le dio un gran impulso a dicho mercado en los
años siguientes y se reflejó en el abundante financiamiento que recibió la región en la segunda mitad de la década de los setenta (Devlin, 1989: cap. 2).

La dinámica de la competencia oligopolística entre los grandes bancos por colocar recursos, y de esta manera ganar o al menos conservar su participación en el mercado, se caracterizó por un aumento rápido del financiamiento externo, apalancado por los recursos adicionales que aportaban los bancos pequeños y generalmente con márgenes pequeños sobre la tasa LIBOR (entre uno y dos puntos porcentuales, siendo más frecuente lo primero hacia el final del auge). La gran liquidez del mercado de eurodólares y las tasas de interés reales bajas, a veces negativas, de la década de los setenta, y su coincidencia con altos precios de los productos básicos (en particular, pero no exclusivamente, el petróleo), generaron grandes incentivos para usar en gran escala la financiación disponible (Devlin, 1989; Ffrench-Davis, Muñoz y Palma, 1998). En efecto, América Latina absorbió más de la mitad de la deuda privada que fluyó hacia el mundo en desarrollo en 1973-1981 (Ocampo y Martin, 2003: cuadro 3.2). Mientras tanto, continuó siendo la región del mundo en desarrollo que atraía los mayores flujos de IED.

La contrapartida de dicho financiamiento fueron los crecientes déficit comerciales y fiscales que ya hemos mencionado. Además, las instituciones financieras nacionales que intermediaron fondos externos acumularon crecientes riesgos, tanto crediticios como cambiarios. Este problema estuvo asociado, sin embargo, a una tendencia nueva: la liberalización financiera interna, que fue más problemática en los países del Cono Sur, donde las reformas de mercado acontecieron en forma temprana. La capacidad de los controles de cambios para evitar las fugas de capitales una vez que se desencadenó la crisis jugó también un papel importante. Dicha fuga se produjo a lo largo y ancho de la región, pero fue masiva en Argentina, México y Venezuela, los países que carecían de controles importantes de los movimientos de capital.

El peso de los déficit externos y fiscales y de las fragilidades de los sistemas financieros jugó un papel decisivo al determinar el efecto relativo que tuvo la crisis de la deuda de los años ochenta en los distintos países. Esto indica que la dinámica *macroeconómica,* más que las deformaciones en la estructura productiva generadas por el modelo anterior, fue el factor decisivo. Por eso el problema se dio tanto en las economías más reguladas (*v. gr.,* Brasil) como en las más liberalizadas (las del Cono Sur) e incluso en materia financiera predominantemente en estas últimas, generando algunas de las crisis financieras nacionales más dramáticas de la historia (véase más adelante). Además, el hecho de que las economías exportadoras de América Latina hubiesen enfrentado dificultades similares para manejar el agudo ciclo financiero externo de los años veinte y treinta, y que las economías ya más liberalizadas enfrentaran fenómenos similares en la década de los noventa (véase más adelante), indica que la propensión al auge y la crisis como resultado de la inestabilidad del financiamiento externo es un fenómeno general y ciertamente no una característica particular de la industrialización dirigida por el Estado.

Por este motivo, los choques externos jugaron el papel central en la dinámica de la crisis (CEPAL, 1996: cap. 1). El punto de inflexión fue la decisión tomada a fines de 1979 por la Junta de la Reserva Federal de los Estados Unidos de elevar notoriamente las tasas de interés (denominado el "choque Volcker", en nombre del entonces presidente de la Reserva Federal) para cortar de cuajo la aceleración de la inflación que venía experimentando dicho país. Esto tuvo un efecto directo sobre el servicio de la deuda, ya que, como lo señalamos, gran parte de la deuda externa latinoamericana estaba contratada a tasas de interés flotantes. A ello se agregó un fuerte deterioro de los precios reales de las materias primas. Ambos choques adversos *durarían casi un cuarto de siglo*, un hecho que generalmente no se tiene en cuenta en los análisis correspondientes y que, además, sólo puede decirse hoy, con el beneficio del tiempo (gráfica v.3).

En efecto, las tasas reales de interés de los Estados Unidos, que habían sido muy bajas hasta los años sesenta y se tornaron negativas a mediados de la década de los setenta, aumentaron bruscamente a fines de esta última y permanecerían altas hasta fines del siglo, especialmente en el caso de las tasas de interés de largo plazo. Este patrón fue aún más marcado en el caso de las tasas relevantes para América Latina. En efecto, la tasa de interés real efectiva para el endeudamiento externo de la región osciló entre -1 y 2% entre 1975 y 1980 (si se estima como un punto porcentual por encima de la tasa LIBOR promedio de tres meses y con base en la tasa de inflación corriente). Incluso, si se tienen en cuenta los aumentos que hubo con posterioridad (lo que en la gráfica v.3 se llama tasa *ex-post*),[3] alcanzó sólo 4% en promedio durante esos años y un máximo de 6% en 1981-1982. Por el contrario, cuando se retornó al mercado de capitales en los años noventa y la tasa de referencia pasó a ser la de los bonos del Tesoro de los Estados Unidos de 10 años, la tasa de interés real tendió a oscilar por encima de 10%, cuando se adicionan los márgenes de riesgo *(spreads)* correspondientes. De esta manera, la región sólo comenzó a beneficiarse de tasas de interés similares a las de 1975-1980 durante el auge financiero internacional de 2005-2008.

Por otra parte, la caída de precios de productos básicos significó un quiebre de largo plazo, que duraría también hasta mediados de la primera década del siglo XXI (Ocampo y Parra, 2003 y 2010). En su punto más bajo, entre 1992 y 2001, los precios reales de los productos básicos se colocaron 37% (y en años puntuales más de 40%) por debajo del nivel promedio de los años setenta, que fue de hecho ligeramente inferior al promedio de 1945-1980. A estos dos factores adversos de larga duración se agregó, a comienzos de los años ochenta, una fuerte desaceleración económica en el mundo industrializado y una abierta recesión en los Estados Unidos.

No había precedentes históricos de un periodo tan largo de altas tasas de

---

[3] Esta tasa de interés real *ex-post* fue calculada como la tasa anual promedio durante el año en que se contrató un crédito y los seis posteriores (suponiendo una madurez típica de los créditos de siete años), utilizando como tasa nominal la tasa LIBOR + 1 y como deflactor el índice de precios al consumidor de los Estados Unidos.

GRÁFICA V.3. *Tasas de interés y precios de productos básicos, 1963-2010*

A. Tasas de interés reales

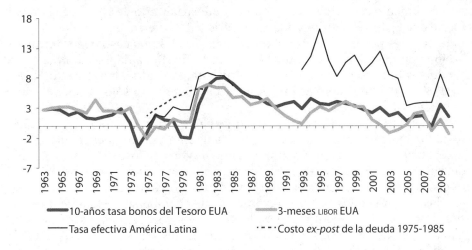

— 10-años tasa bonos del Tesoro EUA   — 3-meses LIBOR EUA
— Tasa efectiva América Latina   - - - Costo *ex-post* de la deuda 1975-1985

B. Precios reales de productos básicos no petroleros (1980 = 100)

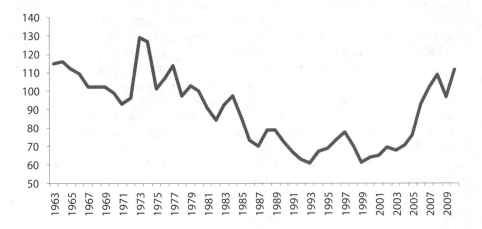

FUENTES:
   A. Estimado con base en datos de Global Financial Data, Inc. para las tasas LIBOR; de la Reserva Federal de los Estados Unidos para las tasas del Tesoro y de Data Stream para calcular la tasa efectiva de América Latina. En este último caso la tasa efectiva se estima como LIBOR + 2 en 1975-1985 y el rendimiento de los bonos latinoamericanos según J. P. Morgan a partir de 1993 (para 1993-1997 se estimaron con los datos del rendimiento de los bonos del Tesoro y el EMBI latinoamericano). En todos los casos se utiliza como deflactor el índice de precios al consumidor de los Estados Unidos.
   B. Datos actualizados con base en las fuentes indicadas en Ocampo y Parra (2010).

interés internacionales.[4] Las recesiones en los países industriales sí tenían antecedentes, así como una disminución abrupta y de larga duración de los términos de intercambio. En el primer caso, sin embargo, la desaceleración del crecimiento económico en el mundo industrializado de 1982 fue algo más fuerte que la de 1975 y, por ende, la peor de la posguerra, que sólo sería superada después por la Gran Recesión de 2008-2009. En el caso de los términos de intercambio, el precedente era lejano: la fuerte caída de los precios de productos básicos de los años veinte y treinta. Por tanto, la magnitud de los riesgos *ex-post* que debió asumir América Latina no era sólo inesperada sino también difícil de prever.

La dinámica de la deuda se tornó explosiva *con posterioridad* al fuerte impacto generado por el alza de las tasas de interés. Los coeficientes de endeudamiento externo venían aumentando en forma sostenida pero pausada durante la década de los setenta y, en promedio, eran aún moderados en 1980 (menos de 30% del PIB en promedio y poco más de dos veces las exportaciones), gracias sin duda a los factores favorables que acompañaron el auge. Ello fue sucedido por un aumento acelerado de dichos coeficientes en los años siguientes, como resultado del gran aumento de las tasas de interés, la caída de los precios de productos básicos y la aún más pronunciada caída del PIB latinoamericano medido en dólares, debido, en este último caso, a la mezcla de la fuerte recesión con las devaluaciones masivas desencadenadas por la aguda escasez de divisas. En poco más de un lustro los coeficientes de endeudamiento externo de América Latina se habían duplicado y, como reflejo de los factores de larga duración mencionados, sólo regresaron a los niveles previos a la crisis en la primera década del siglo XXI (gráfica V.4).

La situación se tornó crítica debido a la persistencia de las condiciones adversas y a las débiles respuestas de las políticas internacionales frente a la crisis de la deuda latinoamericana (y de algunas otras partes del mundo en desarrollo). El efecto conjunto del cese abrupto y prolongado de la financiación externa, que duró casi una década, y las crecientes obligaciones del servicio de la deuda fue un choque externo masivo que transformó las transferencias netas de recursos, de cuantías positivas equivalentes a 2 o 3% del PIB a negativas en torno a 6% del PIB (gráfica V.2).

Díaz-Alejandro (1988b: 310) resumió todos estos acontecimientos de forma magistral:

> lo que pudo haber sido una recesión grave pero manejable se ha convertido en una gran crisis de desarrollo, sin precedente desde principios de la década de los treinta, debido principalmente al derrumbe de los mercados financieros interna-

[4] Puede decirse, sin embargo, que la deflación que caracterizaba a las crisis internacionales hasta los años treinta generaba un alza de la tasa de interés real en el corto plazo. Sin embargo, esta alza era estrictamente temporal (tres años en una crisis fuerte, como la de los años treinta) y, en la medida en que las tasas de interés nominales se reducían como resultado de la crisis, las tasas reales disminuían también rápidamente e incluso se tornaban negativas en términos reales.

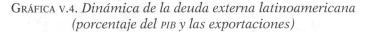

GRÁFICA V.4. *Dinámica de la deuda externa latinoamericana (porcentaje del PIB y las exportaciones)*

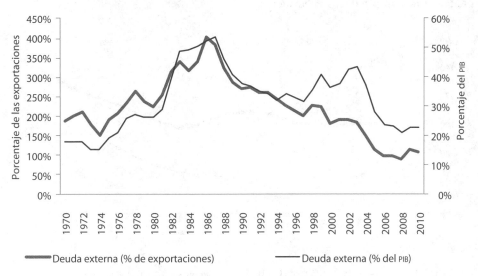

FUENTE: Cálculos de los autores con base en datos de deuda del Banco Mundial y el PIB nominal y las exportaciones de las series históricas de la CEPAL. Los datos para el año 2010 fueron actualizados con base en la tasa de crecimiento de la deuda del Banco Mundial.

cionales y a un cambio abrupto de las condiciones y las reglas de los préstamos internacionales. Las interacciones no lineales entre este choque externo insólito y persistente y las políticas internas riesgosas o defectuosas condujeron a una crisis de gran profundidad y duración, una crisis que no podrían haber generado ni los choques ni la mala política económica por sí solos.

Así pues, una característica que, según se ha visto en el capítulo I, es inherente a los ciclos de financiamiento internacional, su gran inestabilidad, fue el elemento decisivo. En forma por demás paradójica, ¡esa inestabilidad contribuyó tanto a determinar la suerte de la era de desarrollo primario-exportador como la de la industrialización dirigida por el Estado!

Una comparación con la década de los treinta ayuda a comprender cuán crítica fue la transferencia negativa de recursos del exterior durante los años ochenta. Como lo muestra la gráfica V.5.A, las oportunidades para aumentar las exportaciones y su poder de compra fueron mucho mayores en el decenio de los ochenta que en el de los treinta. De esta manera, la gran diferencia con la Gran Depresión fue un choque masivo y prolongado de la cuenta de *capitales*, que a la larga no tuvo una respuesta internacional adecuada y, por lo tanto, hundió a la región en la peor crisis de su historia.

Frente al gran riesgo de quiebra de los bancos internacionales, y especial-

GRÁFICA v.5. *Una comparación de las crisis de las décadas de 1930 y 1980*

A. Poder de compra de las exportaciones

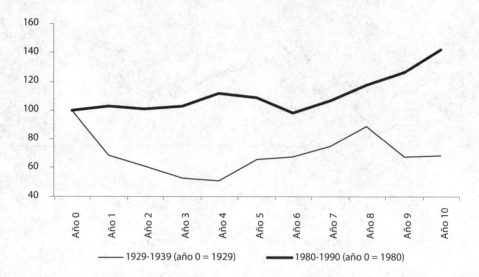

B. Balanza comercial como porcentaje de las exportaciones
(en comparación con el valor de los años 1929 y 1980)

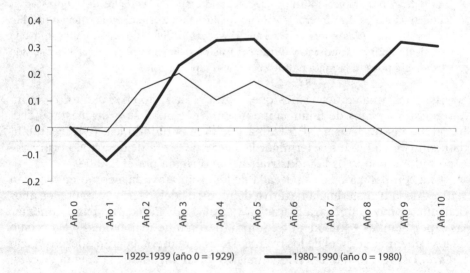

FUENTE: Cálculos de los autores con base en datos de la CEPAL (1976) para los años treinta y series históricas de la CEPAL para los años ochenta.

mente de los estadunidenses, sobreexpuestos en América Latina (la deuda latinoamericana era equivalente a 180% del capital de los nueve bancos estadunidenses más grandes), los gobiernos de los Estados Unidos y otros países industrializados presionaron al FMI y los bancos multilaterales de desarrollo para acudir al rescate, movilizando recursos de financiamiento mayores que en el pasado. Los montos que aportaron fueron, en todo caso, modestos en comparación con los efectos de la masiva reversión de las transferencias de recursos privados y llegaron con una condicionalidad "estructural" sin precedentes (reformas de mercado y ajustes fiscales en muchos casos draconianos). Según vimos en el capítulo anterior, en los años treinta la moratoria de la deuda fue la solución para el grueso de los países, como por lo demás había sido la respuesta común en todas las crisis previas de endeudamiento externo. A medida que avanzó la década de los ochenta las "moratorias silenciosas" de carácter temporal, en la forma de atrasos en el pago del servicio de la deuda comercial y bilateral y, en poquísimos casos, multilateral, se hicieron más frecuentes, en parte debido a las tensiones internas que comenzaron a generar una crisis demasiado prolongada, en un contexto, por lo demás, de resurgimiento democrático en la región (Altimir y Devlin, 1993). Sin embargo, la fuerte presión de las naciones industrializadas y los organismos multilaterales impidió que los países de América Latina decretaran moratorias firmes y, en cambio, presionaron a los países deudores a llegar a acuerdos de renegociación bastante favorables a los bancos comerciales. Con el Plan Brady de 1989 llegarían algunas cancelaciones de la deuda, pero en magnitudes moderadas y demasiado tarde, después de que la crisis de la deuda había causado estragos.

Como resultado de lo anterior, mientras en los años treinta las economías latinoamericanas sólo tuvieron que incrementar su superávit comercial de manera temporal, en los ochenta se vieron obligadas a generar grandes superávit comerciales durante casi una década (gráfica v.5.b). El efecto neto de todo ello fue que, si bien el impacto inicial de la Gran Depresión sobre el PIB per cápita de las economías latinoamericanas fue más severo, la recuperación posterior fue enérgica y desde 1937 se superó en forma sistemática el PIB per cápita previo a la crisis; después de la crisis de los años ochenta esto sólo aconteció a partir de 1994, es decir, con un rezago de una década y media.

En la evolución de la crisis de la deuda pueden distinguirse tres fases diferentes.[5] Hasta septiembre de 1985 hubo ajustes macroeconómicos masivos, basados en el supuesto inicial de que la crisis era sólo de naturaleza temporal (es decir, de liquidez más que de solvencia) y que el financiamiento voluntario retornaría rápidamente.[6] Hubo también un eficaz cartel de acreedores,

---

[5] Véanse, entre muchos otros, Devlin (1989), Altimir y Devlin (1993) y Ffrench-Davis, Muñoz y Palma (1998). Devlin divide, sin embargo, cada una de las dos primeras fases en dos subperiodos de renegociación de la deuda. Las condiciones de las distintas fases de negociación se detallan en el quinto capítulo de Devlin (1989) y en las sucesivas entregas del *Estudio económico de América Latina y el Caribe* de la CEPAL durante esos años.

[6] Cline (1984) proporcionó tal vez la versión más conocida de este punto de vista, y la visión

apoyado por los gobiernos de los países industrializados, que, como lo señalamos, veían graves riesgos en sus sistemas financieros. Por el contrario, pese al surgimiento de posiciones más radicales, entre las que destacan la adoptada por Alan García en 1985, de limitar el servicio de la deuda a 10% de los ingresos por exportaciones, y de ensayos débiles de asociación de los deudores (el llamado Consenso de Cartagena de 1984 fue el más importante), nunca se presentó realmente la posibilidad de que se conformara un "cartel de deudores", lo que seguramente habría hundido a la banca privada internacional, y especialmente a la de los Estados Unidos, en una fuerte crisis. Las medidas adoptadas resultaron ser, por lo tanto, muy eficaces para evitar una crisis financiera en los Estados Unidos, pero enteramente inapropiadas para manejar la crisis de la deuda latinoamericana. Más aún, debido a la naturaleza asimétrica de las negociaciones, los países latinoamericanos terminaron "nacionalizando" grandes porciones de la deuda externa privada. De esta manera, América Latina puede verse como la víctima de una forma de manejar lo que fue también una crisis bancaria estadunidense, un hecho que curiosamente no se reconoce con toda claridad en los estudios existentes.[7] La mayor paradoja fue, por lo tanto, que mientras los bancos estadunidenses arrojaban utilidades, América Latina se hundía en la peor crisis económica de su historia (Devlin, 1989).

En septiembre de 1985 se inició una segunda fase, con el anuncio del primer plan Baker, que incluyó un ajuste estructural encabezado por el Banco Mundial, mejores condiciones financieras y modestos recursos adicionales. La insuficiencia del paquete condujo, dos años más tarde, a un segundo plan Baker, que añadió recompras de deuda, bonos de salida con bajas tasas de interés y canjes de deuda. La fase final llegó en marzo de 1989 (es decir, casi siete años después de iniciada la crisis) con el plan Brady, que incluyó una modesta reducción de los saldos de la deuda y fue sucedida poco después por un renovado acceso al financiamiento externo privado. El involucramiento de los Estados Unidos durante estas dos últimas fases tuvo un giro en relación con la primera, ya que las autoridades trataron de ofrecer soluciones a una crisis que ya se visualizaba claramente como de solvencia, en un contexto en el cual los países latinoamericanos comenzaron a mostrar señales de cansancio con las soluciones existentes.

Aunque los planes Baker y especialmente el Brady condujeron finalmente a reducciones de los coeficientes de endeudamiento externo (gráfica v.4), la tendencia a la elevación de dichos coeficientes ya había sido revertida por los grandes superávit comerciales y de cuenta corriente, a costa de una "década perdida" en términos del crecimiento económico, que en total representó

de que la crisis sería superada si había una recuperación adecuada de las economías industrializadas.

[7] En efecto, no deja de ser un contrasentido que esta crisis no se registre en las bases de datos de crisis financieras como una crisis bancaria de los Estados Unidos, como efectivamente lo fue. Véase, por ejemplo, la base de datos del FMI (Laeven y Valencia, 2008).

una caída de poco más de 8% del PIB por habitante. La participación de América Latina en el PIB mundial, que había venido aumentando durante más de un siglo, bajó 1.5 puntos porcentuales y su producción por habitante cayó ocho puntos porcentuales en relación con la de los países industrializados y 22 puntos porcentuales en relación con el promedio mundial (cuadro I.1).

La recesión fue inicialmente muy severa. El PIB de la región se contrajo por tres años consecutivos y con especial rigor en 1983, cuando se sintió plenamente el peso de la moratoria mexicana de agosto del año anterior, que se considera de manera generalizada como el inicio de la crisis de la deuda (véase la gráfica V.9). En 1984-1987 hubo una recuperación moderada, pero las dificultades resurgieron hacia fines de la década. Pocos países pudieron reiniciar un crecimiento económico estable en la segunda mitad del decenio de los ochenta; en general, los que lo hicieron fueron países con coeficientes de endeudamiento externo moderados (Colombia) o donde los préstamos externos oficiales alcanzaron montos relativamente cuantiosos (Chile y Costa Rica). Como veremos más adelante, el retroceso del ingreso por habitante se dio en un contexto de una fuerte pérdida de importancia relativa de la industria manufacturera.

Los costos sociales de la crisis fueron masivos. Como veremos más adelante, la incidencia de la pobreza aumentó en forma muy marcada entre 1980 y 1990, de 40.5 a 48.3% de la población. El deterioro en la distribución del ingreso en varios países agravó los altos patrones históricos de desigualdad que ya caracterizaban a América Latina y revirtió los avances logrados hasta los años setenta en varios casos y en el conjunto de la región. En general, ello fue de la mano de caídas en los salarios reales del sector formal, de manera muy marcada en ciertos países, y de una creciente informalidad laboral. El rápido ritmo de progreso de los índices de desarrollo humano que había caracterizado al periodo de la industrialización dirigida por el Estado cambió por una tasa de progreso mucho más moderada e incluso por alguna reversión (véase el capítulo I y más adelante).

Los masivos ajustes fiscales, del tipo de cambio y monetarios tensaron estructuras económicas ya vulnerables. La depreciación del tipo de cambio real, que era necesaria para apoyar el reajuste del sector externo, estuvo acompañada invariablemente del aumento de la inflación, en magnitudes que América Latina no había conocido antes, pese a la historia inflacionaria de algunos países. La inflación había tendido a acelerarse en los años setenta, como parte de un proceso internacional, y dos países habían inaugurado la era de la inflación de tres dígitos, como parte de fuertes crisis políticas (Chile y Argentina). Sin embargo, las explosiones inflacionarias fueron un *efecto* más que una causa de la crisis de la deuda. Su manifestación más aberrante fueron los episodios de hiperinflación que experimentaron cinco países entre mediados de la década de los ochenta y principios de la siguiente (Argentina, Bolivia, Brasil, Nicaragua y Perú). Otras tres naciones experimentaron en algún año una inflación de tres dígitos (México, Uruguay y Venezuela). En el lado opuesto, sólo un país, Panamá (la única economía entonces dolarizada), evitó una inflación superior a 20%. En su conjunto, como lo indica la gráfica v.6, la mediana y media de las tasas de inflación aumentaron fuertemente hasta alcanzar en 1990 cerca de 40% y más de 1000%, respectivamente, antes de comenzar a reducirse en los años noventa. Las crisis del sector financiero también fueron masivas, sobre todo en los países del Cono Sur, donde generó costos fiscales y cuasifiscales equivalentes a 40 o 50% del PIB.[8]

Los problemas de distribución interna de recursos para hacer frente a la crisis estuvieron asociados estrechamente a la necesidad de hacer transferencias al gobierno para el servicio de la deuda externa y para pagar los costos del colapso de los sistemas financieros nacionales. Estas transferencias se pudieron realizar más fácilmente en los países en que el Estado tenía acceso directo a divisas provenientes de las exportaciones (básicamente por medio de empresas estatales que exportaban petróleo y minerales) y, por ende, donde los gobiernos se beneficiaron directamente de la devaluación. En otros hubo un severo "problema de transferencia interna": cómo transferir recursos fiscales al Estado para el servicio de la deuda pública, cuyo servicio en moneda nacional se elevó con las devaluaciones y que resultó particularmente difícil de manejar (CEPAL, 1996; Altimir y Devlin, 1993).

El ajuste también involucró una reducción masiva de la inversión (seis puntos porcentuales en relación con el pico alcanzado en 1975-1980, según lo indica el cuadro v.1), pese al aumento del ahorro interno. En este último caso el problema de la "transferencia interna" exigía reducir los ingresos reales de los receptores de salarios (los sectores sociales con mayor propensión a consumir) o, lo que fue más común, obligarlos a realizar un "ahorro forzoso" mediante la inflación. En un contexto de conflicto distributivo creciente, esto se reflejó en la mencionada explosión inflacionaria, así como en los elevados costos sociales del ajuste.[9] Por otra parte, la tasa de inversión demoraría un cuarto de siglo (hasta el auge de 2004-2008) en alcanzar los niveles de antes de mediados de la década de los setenta, aunque nunca se han vuelto a alcanzar los de la segunda mitad de esa década (cuadro v.1). Existe, además, un consenso en que obligar a los gobiernos a reducir la inversión en infraestructura como parte de los programas de ajuste tuvo un impacto adverso sobre el crecimiento a largo plazo (Easterly y Servén, 2003).

[8] Véase, al respecto, la base de datos de Laeven y Valencia (2008), en la que se hace evidente que las crisis financieras de tres países del Cono Sur de comienzos de los años ochenta se encuentran entre las más costosas de las tres últimas décadas, en realidad sólo comparables a algunas de Asia Oriental durante la crisis asiática de 1997.

[9] Sobre las distintas dimensiones de la transferencia interna, incluyendo la ya mencionada transferencia fiscal, véase Frenkel y Rozenwurcel (1990).

GRÁFICA v.6. *Inflación en América Latina (IPC, cambio porcentual anual)*

A. Mediana

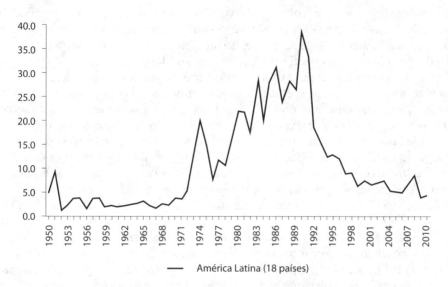

B. Media (cambio porcentual anual en logaritmos naturales)

FUENTE: FMI, estadísticas financieras internacionales.

Las ideas y la práctica de las reformas de mercado

Una diferencia esencial entre el nuevo y el viejo paradigmas fue la relación entre las ideas y la práctica. Según se vio en el capítulo anterior, en el caso de la industrialización dirigida por el Estado la teoría expresada por la CEPAL llegó en una etapa avanzada del proceso, para dar sustento teórico y mayor racionalidad y coherencia a una práctica que ya llevaba un par de décadas, y en algunos casos, más. En el nuevo paradigma, por el contrario, las ideas vinieron primero como una ofensiva intelectual e incluso abiertamente ideológica que, aunque tenía precedentes, tomó pleno vuelo en los años setenta. El caso más paradigmático y temprano de lo anterior fue, por supuesto, la ofensiva de la Escuela de Chicago en Chile desde la década de los cincuenta, cuyos resultados se plasmarían bajo el régimen de Pinochet, dándole un sello distintivo a un gobierno que careció inicialmente de modelo económico alguno (Valdés, 1995). Algunos textos de difusión, entre los que se destaca el de Balassa *et al.* (1986), jugaron un papel importante en este proceso a nivel regional.

Desde los años ochenta hubo además un apoyo institucional explícito a las nuevas políticas a nivel internacional, a través del Banco Mundial, que desempeñó un papel central presionando en favor de "reformas estructurales", así como del Fondo Monetario Internacional en los aspectos más específicos del ajuste macroeconómico. Hubo también efectos de demostración provenientes del mundo industrializado, sobre todo de las corrientes ideológicas y políticas en las cuales se basó el ascenso al poder de Thatcher y Reagan.

El impacto de estos factores externos también contrasta con la transición hacia el paradigma de industrialización dirigida por el Estado que, aunque influida por corrientes externas de pensamiento y prácticas de políticas del mundo industrializado, surgió claramente desde dentro. Por eso, mientras el documento que mejor sintetizó la visión del periodo anterior fue el "manifiesto latinoamericano" surgido de la CEPAL, el que plasmó con más claridad el nuevo paradigma fue el decálogo del "Consenso de Washington" que formuló John Williamson (1990) para sintetizar la agenda de reformas que las instituciones financieras internacionales consideraban que debían adoptar los países latinoamericanos (más que sus propias ideas). El concepto de "Consenso de Washington" muy pronto superó este decálogo original para hacerse casi sinónimo de reformas de mercado. El eje se había desplazado definitivamente hacia el pensamiento económico generado desde las economías industriales y especialmente desde los Estados Unidos.

El mapa regional muestra, en cualquier caso, la diversidad de respuestas nacionales, aun durante los años más activos de las reformas. Stallings y Peres (2000), quienes analizaron con detalle la experiencia de ocho países de la región (nueve si se agrega Jamaica), distinguen entre los reformadores "agresivos" y los "cautelosos", con Argentina, Bolivia, Chile y Perú entre los primeros, y Brasil, Costa Rica, Colombia y México entre los segundos. El primer grupo se caracterizó por haber realizado amplias reformas en un periodo breve de tiempo, mientras el segundo las hizo en un lapso de varios años y avanzó a un ritmo desigual en los distintos campos. De acuerdo con esta clasificación, tal vez la mayoría de los países de América Latina debería catalogarse en el segundo grupo. De hecho, en muchos casos el concepto de "neoliberal", que han utilizado muchos analistas, no resulta el más apropiado para calificar las reformas, ya que éstas mantuvieron grados de intervención estatal que resultan antagónicos con las ideas del pensamiento económico más ortodoxo. Por eso en este libro preferimos usar el término más genérico de "reformas de mercado".[10] Esta diversidad indica, por lo demás, que el proceso de transformación no puede entenderse simplemente como una imposición externa: fue realmente el producto de decisiones nacionales que, además, a diferencia de los primeros experimentos del Cono Sur, ésos sí claramente neoliberales, fueron adoptadas ahora por regímenes políticos democráticos. De hecho, y por primera vez en la historia latinoamericana, al menos como fenómeno regional, el liberalismo económico coincidió con el liberalismo político.

Las reformas de mercado propiamente dichas, orientadas a liberalizar los mercados y reducir el alcance del sector público en la economía, coincidieron con las políticas de estabilización macroeconómica adoptadas para corregir los déficit externos y fiscales y controlar la explosión inflacionaria que la propia crisis de la deuda había generado. Esta coincidencia ha introducido una gran confusión en el análisis de los procesos de reformas. Los reformadores más agresivos introdujeron las medidas más importantes de liberalización conjuntamente con planes de estabilización macroeconómica (Chile a mediados de los años setenta, Bolivia a mediados de los ochenta y Argentina y Perú a comienzos de los noventa), pero este patrón dista mucho de ser general. La necesidad de diferenciar estos dos conjuntos de políticas es esencial, ya que no hay una relación unívoca entre ellas; es posible, en otras palabras, alcanzar la estabilidad macroeconómica en economías con grados limitados de liberalización y, a su vez, las economías liberalizadas pueden mantener importantes desequilibrios macroeconómicos.

La cronología y diversidad de los procesos de reforma se pueden visualizar con los cálculos de índices de reformas estructurales elaborados por Morley *et al.* (1999). Este estudio indica que hubo dos fases de reformas. La primera tuvo lugar en los años setenta, fue gradual, muy desigual en los distintos países y experimentó un retroceso durante la primera etapa de la crisis de la deuda. La segunda fase, que también ha sido objeto de mediciones por parte de Lora (2001), fue, por el contrario, acelerada y mucho más gene-

---

[10] El concepto de "liberal" se utiliza, además, en sentidos muy diferentes en distintos países. En el lenguaje anglosajón, por ejemplo, es más bien sinónimo de intervención del Estado, y ése es el sentido en el cual lo han practicado algunas corrientes liberales en América Latina. Por eso algunos prefieren usar el concepto de "neoconservador" para referirse a las reformas de mercado.

ralizada, por lo cual la dispersión regional en los niveles de liberalización económica se redujo, especialmente en el primer lustro de la década de los noventa. Ambos estudios muestran, además, que las reformas más amplias y generalizadas se dieron en materia comercial y financiera. Por el contrario, y como lo señalamos más adelante, hubo menor uniformidad en materia de privatizaciones y reformas mucho más limitadas en el frente laboral.

La naturaleza de los cambios fue, además, muy diferente en una y otra fases de reformas, lo que se puede ilustrar especialmente con las reformas comerciales, el área donde hubo actividad importante en ambas etapas. Durante la primera, y con la excepción notable de Chile, se trató en gran medida de racionalizar el engorroso régimen de protección arancelaria y paraarancelaria heredado de la etapa de industrialización dirigida por el Estado. En abierto contraste, la segunda fase abarcó una reducción rápida y radical del nivel y dispersión de los aranceles y la virtual eliminación de los controles cuantitativos a las importaciones. En los países que tenían un sistema de elevados subsidios a las exportaciones, el proceso incluyó también la reducción de dichos subsidios. Durante la segunda fase de las reformas la apertura comercial fue, además, acelerada (entre uno y tres años en los distintos países), lo que implicó que, casi como una ironía de la historia, la apertura comercial chilena de los años setenta, que en su momento fue considerada en extremo acelerada, terminó siendo "gradual" para los patrones latinoamericanos posteriores.

Las diferencias entre uno y otro periodos reflejan también visiones conceptuales contrapuestas. Durante el primero prevaleció una visión moderada y gradualista del proceso de apertura comercial, de acuerdo con la cual era conveniente impulsar el dinamismo exportador primero, para evitar los efectos recesivos y adversos sobre la balanza de pagos de la apertura a las importaciones, así como darle al aparato productivo un tiempo apropiado para adaptarse a las nuevas políticas. Por el contrario, durante el segundo terminó por predominar la visión de economía política según la cual la velocidad del proceso era la garantía de que no sería revertido con posterioridad. El gradualismo quedó reducido, de este modo, a algunos sectores específicos, en especial a determinados renglones agropecuarios sensibles y a la industria automovilística, en este último caso en el marco de los procesos de integración sudamericanos.

Tanto en materia de disciplina macroeconómica como de la liberación de las fuerzas de mercado, las propuestas de reformas variaron a lo largo del tiempo. En el terreno macroeconómico la idea que se popularizó en los años setenta, y especialmente en los años ochenta, fue la de "garantizar precios correctos" *(get the prices right)*, una expresión que se refería, en particular, a colocar la tasa de cambio en un nivel de equilibrio y dejar que las tasas de interés reflejaran las fuerzas del mercado. La expresión también se empleó para referirse a la necesidad de no discriminar los productos agrícolas a través de la regulación de los precios por parte del Estado, así como de fijar precios de servicios domiciliarios que cubrieran sus costos de prestación para evitar pérdidas en las empresas públicas que en general continuaban prestando dichos servicios. Más tarde el énfasis se desplazó hacia el mantenimiento de bajos niveles de inflación, bajo la rectoría de autoridades monetarias preferiblemente autónomas. En muchos planes antiinflacionarios, el objetivo de reducir el ritmo de aumento de los precios se logró, sin embargo, utilizando el tipo de cambio como "ancla" de los precios, ya sea frenando o congelando abiertamente la tasa de cambio, con lo cual se producía una evidente sobrevaluación de las monedas nacionales, en clara contradicción con el objetivo de garantizar "precios correctos" y, por ende, de corregir el "sesgo antiexportador" y el "sesgo contra la agricultura" de los tipos de cambio sobrevaluados.

La baja inflación exigía también mantener unas finanzas públicas sanas, tarea que resultó más difícil de lograr. En los años ochenta esta labor se entendió como la necesidad de reducir el gasto público y, por ende, reordenar las prioridades correspondientes. Los ajustes fiscales fueron, en efecto, masivos: el gasto público de los gobiernos nacionales se redujo en un promedio de poco más de cinco puntos del PIB a lo largo de la década, o sea, poco más de la cuarta parte del gasto del gobierno central (gráfica v.7). La tarea de sanear las finanzas públicas también se entendió como la de mejorar la estructura tributaria, lo que en la práctica se interpretó por mucho tiempo como fortalecer el impuesto al valor agregado y reducir las tasas de tributación directa. Desde fines de los años noventa se reflejó también en la formulación de metas fiscales explícitas de distinta naturaleza (superávit primario o equilibrio presupuestal, pero también en restricciones al aumento del gasto público), como parte de un conjunto más amplio de reglas de responsabilidad fiscal, que abarcaban también a las autoridades fiscales regionales o locales en sistemas federales o descentralizados.

Como ya lo señalamos, la liberalización comercial y la consecuente integración a la economía mundial con base en las ventajas comparativas existentes, así como la apertura a la inversión extranjera directa, con pocas excepciones (la más importante es la de la industria petrolera en México), figuraron desde temprano en la agenda de reformas. El objetivo de fijar aranceles bajos se logró, de este modo, en mucho mayor medida que en la etapa clásica de desarrollo primario-exportador. Se inició, además, una oleada de acuerdos de libre comercio, bajo el liderazgo de México y Chile, que en realidad rompía con las visiones más ortodoxas (véase más adelante). Un proceso simultáneo e importante fue la suscripción en 1993 del Tratado de Marrakesh, que creó la Organización Mundial de Comercio (OMC), en la cual participan todos los países latinoamericanos,[11] que no sólo estableció mayores disciplinas en ma-

---

[11] No fue así en el caso del viejo GATT. Sólo Brasil, Chile, Cuba, Nicaragua, Perú, República Dominicana y Uruguay fueron miembros tempranos de dicha organización. Argentina se agregó en 1967, Colombia en 1981 y México en 1986. El resto sólo lo hizo en la antesala de la creación de la OMC o cuando firmaron el nuevo acuerdo.

GRÁFICA v.7. *Finanzas públicas del gobierno central*

A. Ingresos y gastos (porcentaje del PIB, promedios simples)

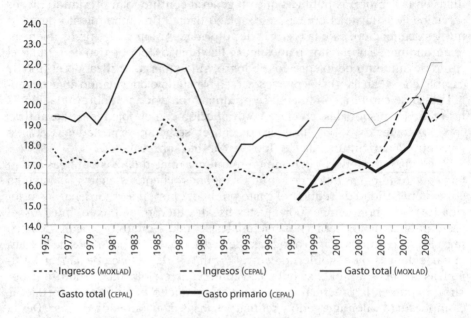

B. Balance fiscal (porcentaje del PIB, promedios simples)

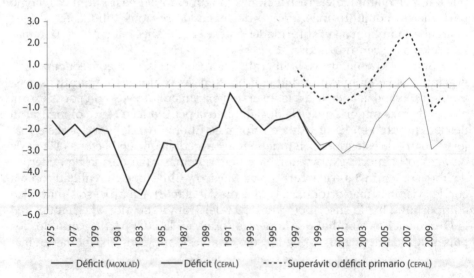

FUENTE: MOXLAD y CEPAL. Los datos de MOXLAD excluyen a Bolivia y Cuba, y los de Brasil se refieren a gasto primario. Los de CEPAL excluyen a Cuba, El Salvador, Guatemala, Paraguay y Panamá.

teria de normas comerciales, como extensión del viejo GATT, sino también creó nuevas en servicios y propiedad intelectual. La liberalización comercial estuvo acompañada, asimismo, del desmonte de los aparatos de intervención estatal en el desarrollo productivo, que se habían diseñado en la etapa anterior no sólo para promover el desarrollo manufacturero sino también el agrícola. Esta visión quedó encarnada en un lema que se repitió en varios contextos: "la mejor política industrial es no tener ninguna política industrial". En la aplicación de este precepto se tendió a dejar de lado un elemento de intervención sobre el que existe un mayor consenso, la política tecnológica, en la cual también se había avanzado muy poco durante la fase anterior de desarrollo. Las políticas que a pesar de todo se pusieron en marcha en este campo tendieron a enfocarse en diseñar mecanismos de apoyo a la demanda de recursos para investigación y desarrollo, creando una serie de fondos que han tendido a ser utilizados por quienes ya mostraban características innovadoras, con lo cual desaparecieron las prioridades sectoriales como tales.

La apertura comercial estuvo acompañada de la eliminación de la mayor parte de los sistemas de control de cambios internacionales y por la liberalización financiera interna. Esta última incluyó la liberalización de las tasas de interés, la eliminación de la mayoría de las formas de crédito dirigido establecidas durante el periodo anterior y la reducción y simplificación de los encajes (depósitos obligatorios en el banco central) a las cuentas bancarias. La privatización de un conjunto amplio de empresas públicas fue el tercer elemento de esta agenda de reformas estructurales, así como la apertura a la inversión privada en los sectores de servicios públicos domiciliarios, aunque en este caso el proceso fue más gradual e incompleto, ya que varios países mantuvieron empresas estatales en varios sectores (véase más adelante). La desregulación más general de las actividades privadas (que incluyó, por ejemplo, la eliminación de controles de precios, la simplificación de trámites y de barreras de entrada) figuró finalmente en la agenda, aunque se reconoció la necesidad de regular los servicios públicos domiciliarios privatizados, corregir prácticas monopólicas en todos los sectores y fortalecer la regulación y su pervisión financiera (denominada regulación y supervisión prudencial), para evitar que la acumulación de riesgos excesivos en las entidades correspondientes pusieran en riesgo los ahorros del público y la estabilidad de los sistemas financieros nacionales (estabilidad sistémica). Esta nueva agenda regulatoria avanzó, sin embargo, en forma lenta e irregular, y en el caso de la regulación y supervisión financiera sólo después de fuertes crisis financieras nacionales.

Los temas sociales no figuraron de manera prominente en la agenda inicial de reformas de mercado. En el decálogo original de Williamson, por ejemplo, el gasto en educación y salud sólo se mencionaba como prioridad del gasto público. En las propuestas de reforma del sector social que impulsó el Banco Mundial desde los años ochenta figuraron, sin embargo, tres ideas que tuvieron amplia difusión: descentralización, focalización del gasto público social en los más pobres y apertura de espacios a la participación de agentes privados en la provisión de servicios sociales.[12] La primera era parte de una agenda de reformas políticas y por lo tanto difícilmente se puede considerar como parte de las reformas de mercado. En el desarrollo social hubo, en cualquier caso, un reconocimiento del papel esencial del Estado e incluso un llamado a que concentrara su actividad en este frente. Un tema que cruzaba esta agenda con la de saneamiento fiscal era el régimen de pensiones. En esta materia, la introducción de un régimen de ahorro individual adoptado por Chile a comienzos de la década de los ochenta, para sustituir el antiguo régimen de reparto, se difundió en la región y más allá (especialmente en algunos países de Europa Central y Oriental), pero no todos los reformadores siguieron esta tendencia.

La oleada de reformas coincidió también con la reconstitución de formas alternativas de pensamiento, que incidieron en las modalidades que adoptaron esas reformas. En esta materia, el documento de la CEPAL sobre "Transformación productiva con equidad" (CEPAL, 1990) fue un hito, al que se agregaron otros tantos aportes en los años siguientes (véase Rodríguez, 2006). Fuera de la CEPAL, la renovación del pensamiento más heterodoxo se denominó "neoestructuralismo" (véase, por ejemplo, la recopilación de Sunkel, 1991). Las nuevas propuestas giraron en torno a cuatro temas predominantes: *1.* la conveniencia de mantener unas políticas macroeconómicas más activas, de carácter anticíclico, para evitar en particular los desequilibrios que se generan en la fase ascendente de los ciclos de financiamiento externo y ampliar el espacio para políticas expansivas durante la descendente; *2.* la conveniencia de combinar apertura externa con regionalismo abierto; *3.* políticas productivas y tecnológicas activas, diseñadas ahora para economías abiertas, que promovieran la innovación y la competitividad sistémica, y *4.* colocar la equidad en el centro del desarrollo (véanse, en particular, CEPAL, 2000; Ffrench-Davis, 2005; Ocampo, 2004a). Con el tiempo varios de estos objetivos terminaron por ocupar un puesto destacado en la agenda de las instituciones que promovieron las reformas, en particular del Banco Mundial. Ése fue el caso del papel de las políticas sociales y de las tecnológicas, así como, después de la crisis financiera internacional de 2007-2008, el de las políticas macroeconómicas anticíclicas, que también acogió como principio el Fondo Monetario Internacional. Chile fue el único país latinoamericano en adoptar una regla fiscal claramente anticíclica antes de dicha crisis, en 2001.

La diversidad y la influencia de algunas visiones alternativas fueron evidentes tanto en los modelos de manejo macroeconómico como en el alcance y la velocidad de algunas de las reformas estructurales. En el frente macroeconómico, las principales novedades fueron los experimentos de ajuste antiinflacionario de corte heterodoxo de Argentina, Brasil y México de fines de los años ochenta (de los cuales sólo el último fue a la larga exitoso), así como

---

[12] Véase un repaso de las principales ideas en materia de política social, en contraste con las visiones de las fase industrialista previa, en Filgueira *et al.* (2006).

los encajes al endeudamiento externo que introdujo Chile en 1991 y Colombia en 1993. En varios países hubo además un rechazo inicial a las formas más radicales de liberalización económica. En algunos se produjo una abierta y exitosa oposición política a la privatización de empresas públicas (Costa Rica y Uruguay) y en otras el proceso avanzó manteniendo varias de estas empresas, particularmente en los sectores de servicios públicos domiciliarios y en la producción petrolera y minera, e incluso, en el caso mexicano, conservando como norma constitucional la nacionalización del sector petrolero. También en el sector financiero sobrevivieron muchos bancos de desarrollo y estatales de primer piso. De hecho, sólo tres países fueron realmente radicales en materia de privatizaciones: Argentina, Bolivia y Perú. Es paradigmático que incluso el país que se anticipó a las reformas, Chile, mantuvo sus empresas públicas en la producción de cobre y petróleo, así como su banco de desarrollo y un banco estatal de primer piso. Como resultado de estas tendencias, y pese a la privatización de muchas empresas, la participación de las empresas públicas en el PIB no agropecuario prácticamente no se redujo en la región durante la década de los noventa; la participación del sector público en el sector financiero sí lo hizo, pero se mantuvo en niveles altos en varios países (véase el cuadro IV.11).

Conviene resaltar, además, que muchas de las reformas estructurales más radicales que tuvieron lugar en la década de los ochenta fueron más el efecto colateral de las políticas de corto plazo, adoptadas para manejar la crisis, que de una clara estrategia de largo plazo; la crisis macroeconómica sirvió así como palanca para evadir la oposición política a las reformas estructurales.

Por otra parte, hubo elementos relativamente comunes en la región que en cierto sentido eran contrarios a las visiones más neoliberales. Los casos más destacados se dieron en el gasto público social y en materia laboral. En el primer caso, el gasto social tuvo un mejor comportamiento que el gasto público total durante la década perdida (con diferencias notorias entre los países) e inició desde los años noventa una tendencia ascendente de carácter general, que arrastró en la misma dirección al gasto público total. Para mantener déficit fiscales moderados, esta expansión del gasto estuvo acompañada de un aumento en los niveles de tributación (véase la gráfica V.7). En el segundo, la desregulación de los mercados de trabajo fue muy limitada durante la fase más activa de reformas y a comienzos del siglo XXI se experimentó un retorno a mayor regulación laboral en varios países (Murillo *et al.*, 2011). Uno y otro son reflejos importantes de la coincidencia de las reformas económicas con el resurgimiento democrático en la región.

Otro ingrediente que provino claramente del mundo político fue el apoyo a la integración económica regional, que entraba en abierto contraste con las visiones ortodoxas que reclamaban la apertura comercial unilateral. Los hitos en este proceso fueron la creación de Mercosur en 1991 y la revitalización simultánea de la Comunidad Andina y del Mercado Común Centroamericano. Esos dos acuerdos de integración regional habían experimentado un virtual colapso a principios de los años ochenta. La apertura comercial siguió, en este sentido, un proceso de "regionalismo abierto", como lo bautizó la CEPAL (1994). México y Chile, las dos economías que estaban por fuera de acuerdos formales de integración, lideraron la suscripción de acuerdos de libre comercio con países de la región, pero generaron una "neoortodoxia" en materia de liberalización comercial suscribiendo también tratados de libre comercio con países industrializados, un proceso que en las visiones ortodoxas tradicionales genera distorsiones en el comercio.

La suscripción de acuerdos comerciales de este tipo se inició con el Tratado de Libre Comercio de América del Norte en 1993 (TLCAN o NAFTA, por sus siglas en inglés). Su carácter distintivo fue la inclusión de muchas nuevas áreas en los acuerdos, que aparte de profundizar aquellas que ya eran parte de la OMC (servicios y propiedad intelectual), incluyeron normas de inversión y reglas sobre compras gubernamentales. El fracaso, nunca declarado, de las negociaciones para crear una Zona de Libre Comercio de las Américas, lanzada en la primera Cumbre de las Américas de Miami en 1994, condujo a una profunda división entre los países que terminaron negociando bilateralmente (o, en el caso de Centroamérica y República Dominicana, plurilateralmente) acuerdos de libre comercio con los Estados Unidos y aquellos que rehusaron hacerlo (los miembros de Mercosur y algunos países andinos). Esta división desencadenó además, a mediados de la primera década del siglo XXI, una profunda crisis en la Comunidad Andina. Las negociaciones con la Unión Europea han resultado, por su lado, lentas (sólo México y Chile lograron culminarlas en forma temprana), y más recientemente se han suscrito acuerdos con algunos países asiáticos.

Vale la pena resaltar, finalmente, que la diversidad se amplió aún más a comienzos del siglo XXI, en gran medida como reflejo del triunfo de movimientos políticos de izquierda que se consideran abierta o moderadamente contrarios a las reformas de mercado. La "media década perdida" que se desencadenó durante la crisis de fin de siglo fue un punto de inflexión. A partir de entonces se hizo evidente, no sólo en América Latina sino en el mundo entero y en las propias agencias financieras internacionales, un mayor pragmatismo y la incorporación de nuevos temas en la agenda, en especial los relativos a la equidad y el desarrollo institucional. El tono mesiánico con el que se anunciaron las reformas (Balassa *et al.*, 1986; Edwards, 1995) y las primeras evaluaciones en exceso positivas que se hicieron de ellas, curiosamente coincidentes con el momento en que se desencadenaba la media década perdida (Banco Mundial, 1997; BID, 1997), fueron sucedidos por un espíritu más crítico y por visiones mucho más matizadas.[13] Sin embargo, las normas de liberalización adoptadas bajo la égida del Consenso de Washington sólo

---

[13] Véanse, en particular, Kuczynski y Williamson (2003) y Banco Mundial (2006), así como la revisión del debate sobre el Consenso de Washington de Birdsall, De la Torre y Valencia Caicedo (2011).

se han revertido, parcialmente, con posterioridad, aun en los países que retornaron a esquemas más intervencionistas de manejo económico.

De hecho, se aprecia heterogeneidad entre los regímenes de izquierda que surgieron durante la primera década del siglo xxi (el de Venezuela en 1998).[14] Algunos mezclan una relativa ortodoxia macroeconómica con una política social y especialmente laboral más activa; esta última incluye fuertes aumentos del salario mínimo, apoyo al sindicalismo e incluso el retorno a negociaciones salariales tripartitas (Argentina, Brasil y Uruguay). Otros regímenes de izquierda son, claramente, más estatistas (ya sea en términos de propiedad o de fuerte regulación y tributación), notablemente en los sectores de hidrocarburos (Argentina, Bolivia, Ecuador y Venezuela). Sin embargo, aun en el caso del más agresivo en términos de ampliación del Estado (Venezuela), la fuerte oleada de nacionalizaciones ha sido tardía e incompleta (a partir de 2009, con una serie de nacionalizaciones más estratégicas en 2007), en contraste con los modelos socialistas (e incluso desarrollistas) del pasado. Bolivia y Venezuela han introducido también procesos de reforma agraria (también Brasil, pero en este caso precede al triunfo de la izquierda). Venezuela y, en menor medida, Argentina son los únicos que se desvían notablemente de la ortodoxia macroeconómica.

En materia de apertura externa, Argentina, Ecuador y Venezuela han revertido total o parcialmente la liberalización comercial. Brasil no lo ha hecho, pero le ha agregado una fuerte política industrial. En materia comercial, el sello más claro y uniforme de la izquierda ha sido, sin embargo, su fuerte rechazo a los tratados de libre comercio y el apoyo a la integración regional. En este último caso existen, sin embargo, lunares importantes, entre ellos los fuertes roces comerciales bilaterales entre Argentina y Brasil y la decisión de Venezuela de retirarse de la Comunidad Andina. Este último país ha impulsado al mismo tiempo una serie de iniciativas específicas de cooperación, muchas de ellas bilaterales, que se enmarcan dentro de la Alternativa Bolivariana para los Pueblos de Nuestra América (ALBA).

Como lo refleja el análisis del proceso de reformas, la apertura externa ha sido quizás el elemento común y persistente de éstas. Es también una esfera donde los procesos de reforma se intersecan claramente con los que se asocian a la segunda globalización. Por eso merece que enfoquemos la atención en él.

[14] Véanse diversos análisis de este tema, en particular los aportes al libro de Levitsky y Roberts (2011) y Tussie (2009). Como lo anota la primera de estas obras, en términos políticos también ha habido una diferencia notable entre los países que aceptan el funcionamiento de la democracia liberal (Argentina, Brasil y Uruguay) y los que han tenido un espíritu refundacional en materia de instituciones políticas, que generalmente ha coincidido con una mayor concentración del poder (Venezuela y, en menor medida, Bolivia y Ecuador).

La integración creciente a la economía mundial

La apertura externa generó cambios sustanciales en la inserción externa de las economías latinoamericanas. Como resultado de ella, los niveles de apertura son los más altos de la historia, las estructuras exportadoras de bienes y servicios se han transformado, aunque siguiendo patrones diferentes en los distintos países y subregiones, y las industrias manufactureras y sectores agropecuarios afectados por la apertura han experimentado un fuerte proceso de restructuración, que no en pocos casos ha implicado la desaparición de empresas y ramas productivas. Los mercados intrarregionales han aumentado su peso relativo, aunque sujetos a fuertes fluctuaciones cíclicas. Las empresas transnacionales tienen, además, una presencia mucho mayor que en el pasado y las empresas latinoamericanas más exitosas se han regionalizado y algunas han entrado a jugar en las ligas mundiales, las llamadas translatinas.

A nivel agregado, el resultado más importante de los procesos de liberalización comercial fue el aumento de los coeficientes de apertura externa, que muestran un ascenso claro desde mediados de los años sesenta y una fuerte tendencia ascendente desde mediados de los setenta. Los cálculos correspondientes, que se reproducen en la gráfica v.8, excluyen a Venezuela, cuyas exportaciones de petróleo han sido muy dependientes desde los años setenta de los mecanismos de control de la oferta del crudo creados por la OPEP. Mientras el aumento del coeficiente de exportaciones sólo fue interrumpido por la Gran Recesión mundial de 2008-2009, el de las importaciones muestra un comportamiento cíclico pronunciado: aumentos fuertes durante los periodos de auge y reducción o estancamiento durante las tres grandes crisis del ciclo —la década perdida de los años ochenta, la media década perdida de fines del siglo XX y comienzos del XXI (a la cual nos referiremos también como crisis de fin de siglo) y la reciente Gran Recesión—. Una mirada a la gráfica IV.2 muestra que el grado de apertura exportadora alcanzó a la vuelta del siglo los niveles de 1928-1929, y éstos fueron sistemáticamente superados desde la primera década del siglo XXI. De esta manera, se puede decir que en materia comercial las economías latinoamericanas nunca han sido tan abiertas como hoy.

Además, ese patrón lo ha experimentado el grueso de los países (cuadro v.2). Las excepciones más importantes son Venezuela, entre los países más grandes (para el coeficiente de exportaciones, aunque no para el de importaciones), y tres países pequeños (Honduras, Panamá y República Dominicana), que ya tenían elevados coeficientes de apertura a mediados de los años setenta. El aumento en los coeficientes de apertura ha sido, sin embargo, dispar. En tal sentido, sobresalen los incrementos de la apertura exportadora de Chile y México, entre los países de mayor tamaño, y de Costa Rica, Honduras y Paraguay, entre los más pequeños.

Un hecho que se ha ignorado en los análisis sobre la apertura comercial

CUADRO V.2. *Coeficientes de apertura económica (porcentaje del PIB a dólares de 2000)*

	Coeficientes de exportaciones					Coeficientes de importaciones				
	1975-1980	1981-1990	1991-1997	1998-2002	2003-2008	1975-1980	1981-1990	1991-1997	1998-2002	2003-2008
Países grandes y medianos										
Argentina	4.5	6.0	8.0	11.5	14.2	3.9	3.8	9.1	10.4	10.6
Brazil	4.1	6.1	7.7	10.0	14.5	6.3	4.3	8.1	11.1	12.5
Chile	17.5	23.3	26.4	30.9	35.5	18.4	17.7	23.9	28.7	38.3
Colombia	8.8	9.5	14.3	16.8	17.0	9.1	10.0	14.2	16.3	20.3
Mexico	6.1	10.4	17.1	26.7	28.9	6.2	7.4	16.1	27.7	31.4
Peru	10.2	10.0	11.8	16.0	19.7	10.4	10.1	16.5	18.8	20.6
Venezuela, RB	19.2	20.0	24.6	29.2	23.0	18.5	13.3	13.4	17.5	20.7
Países pequeños										
Bolivia	11.1	9.9	14.9	17.5	24.9	21.6	18.8	23.3	25.5	33.0
Costa Rica	16.6	19.4	31.4	46.5	51.8	24.9	20.1	35.6	47.3	52.3
Ecuador	35.7	32.5	35.1	38.7	46.1	30.1	22.0	28.8	37.1	49.8
El Salvador	14.4	14.4	17.0	26.4	29.9	16.2	17.2	25.9	40.5	49.5
Guatemala	13.3	13.0	18.7	25.7	30.6	22.8	17.4	24.6	38.5	47.2
Honduras	27.1	31.4	28.9	50.6	65.0	30.7	29.3	35.4	61.0	78.4
Nicaragua	37.5	22.6	19.5	30.1	45.0	23.2	27.3	35.4	54.7	63.8
Panama	39.9	58.0	77.4	67.6	67.4	44.5	57.5	81.4	71.9	65.3
Paraguay	11.6	17.6	46.2	41.2	52.2	16.9	22.4	53.6	46.1	52.8
Rep. Dominicana	15.6	16.6	30.7	35.9	33.5	19.1	16.2	33.1	44.0	35.3
Uruguay	11.2	12.5	15.6	16.9	21.5	16.6	19.4	31.4	46.5	51.8

FUENTE: Estimado con base en series históricas de la CEPAL.

GRÁFICA v.8. *Coeficientes de apertura externa*
(porcentaje del PIB en dólares de 2000; excluye a Venezuela)

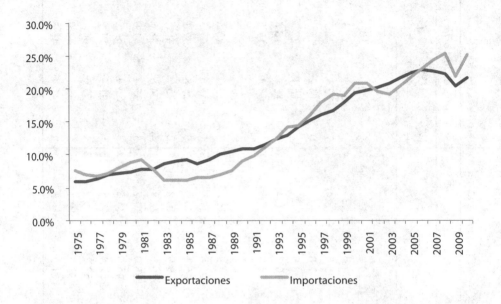

FUENTE: Series históricas de la CEPAL.

latinoamericana es que el fuerte aumento en los coeficientes de apertura refleja tanto el buen ritmo de crecimiento de las exportaciones como el lento
crecimiento económico posterior a 1980, un tema sobre el cual ahondaremos
en la sección siguiente. En efecto, como lo hemos señalado en el capítulo anterior, el crecimiento de las exportaciones se había acelerado desde mediados
de los años sesenta y en varias de las economías más pequeñas desde antes,
cuando el modelo clásico de desarrollo hacia dentro fue sustituido por un
"modelo mixto", que combinaba sustitución de importaciones con promoción de exportaciones e integración regional. Dicha aceleración se percibe a
nivel agregado en el cuadro v.3, donde se muestra que el ritmo de crecimiento
real de las exportaciones de bienes y servicios de la región fue de 8.6% en
1974-1980, si se excluye Venezuela. El crecimiento de este periodo está sesgado por el fuerte aumento de las exportaciones petroleras mexicanas, pero
aun así el promedio simple del ritmo de crecimiento exportador (excluyendo
nuevamente a Venezuela) superó 6% anual desde los años sesenta y sólo descendió en forma marcada durante la década perdida.

Los ritmos de crecimiento exportador de 1990-1997 y 2003-2008 fueron,
en todo caso, superiores a los alcanzados antes de la década perdida. El ritmo

CUADRO V.3. *Crecimiento real de las exportaciones de bienes y servicios en porcentajes (ritmos anuales en dólares de 2000)*

	1960-1967	1967-1974	1974-1980	1980-1990	1990-1997	1997-2003	2003-2008	2008-2010
Promedios ponderados								
Excluyendo a Venezuela	4.6	6.0	8.6	5.5	9.5	6.2	6.5	0.8
Total América Latina (18 países)	4.1	3.9	5.5	5.2	9.0	5.4	6.2	0.3
Países grandes y medianos (7)	3.7	3.2	5.6	5.7	9.0	5.5	5.9	0.3
Países pequeños (11)	6.7	7.7	5.2	2.7	9.4	4.7	7.8	−0.2
Promedios simples								
Excluyendo a Venezuela	6.1	6.1	6.2	3.9	8.7	5.6	7.9	0.3
Total América Latina (18 países)	5.9	5.7	5.6	3.9	8.5	5.1	7.5	−0.4
Países grandes y medianos (7)	3.8	3.7	7.0	4.6	8.1	4.8	6.4	−1.4
Países pequeños (11)	7.3	7.0	4.6	3.4	8.8	5.3	8.3	0.3

FUENTE: Estimado con base en series históricas de la CEPAL.

de crecimiento exportador experimentó, sin embargo, una desaceleración durante la crisis de fin de siglo, como reflejo, según veremos, del comportamiento del comercio intrarregional. Esto indica que la reducción del "sesgo antiexportador" del régimen de protección sólo fue marginalmente superior, en términos de su impacto sobre las exportaciones, que la mayor "neutralidad de incentivos" que se logró con el modelo mixto, y fue claramente inferior en términos de generar un crecimiento económico dinámico. Esto refuerza, por lo tanto, la observación anterior sobre los coeficientes de apertura: su fuerte incremento hasta comienzos del siglo XXI refleja tanto o más el lento crecimiento económico que el mayor dinamismo exportador.

La expansión exportadora ha estado acompañada por un cambio notable en su estructura, como parte de un proceso similar en el conjunto del mundo en desarrollo.[15] Entre los factores que explican dichas transformaciones a nivel mundial se cuentan: la continua acumulación de capacidades productivas y tecnológicas, especialmente en Asia Oriental; la ruptura de las cadenas productivas (o cadenas de valor), que permite dividir la producción de un mismo bien en distintas localidades, incluido su ensamble final; el fuerte incentivo que genera, en este contexto, la existencia de grandes diferenciales sala-

[15] Véase al respecto Lall (2001), cap. 4; Akyüz (2003), cap. I; Ocampo y Vos (2008), cap. III.

riales, que hace rentable desplazar las fases del proceso productivo más intensivas en mano de obra de mediana y baja calificación hacia los países en desarrollo, y el crecimiento del comercio de servicios, facilitado en varios casos por la revolución de las tecnologías de la información y las comunicaciones. Las empresas transnacionales han sido uno de los agentes más importantes en esta dinámica, tanto por su control sobre las cadenas de valor como por su activa participación en la internacionalización de los servicios, que incluye la presencia comercial en otros países.

En términos generales, los productos básicos y las manufacturas basadas en el procesamiento de recursos naturales han tendido a perder peso dentro de las exportaciones de los países en desarrollo, al tiempo que ha aumentado el de las manufacturas, tanto de baja y media como especialmente de alta tecnología. En el caso del ensamble, debe tenerse en cuenta, sin embargo, que la actividad productiva que se realiza tiene un contenido tecnológico simple, que contrasta a veces con la clasificación de los bienes que se transan, que puede ser de media o alta tecnología (por ejemplo, el ensamble automovilístico y de equipos informáticos, respectivamente).

La fragmentación de los procesos productivos involucra también una elevada importación de partes y piezas. Cuando se ensamblan en zonas francas con incentivos tributarios de diverso tipo (incluido el impuesto sobre la renta) el proceso productivo tiene muchas veces el carácter de un verdadero "enclave". Estos enclaves pueden ser muy sofisticados en términos de los bienes que producen —o generalmente ensamblan—, pero eso no los exime de dicha caracterización.

Otra característica del comercio internacional en las últimas décadas han sido los crecientes flujos comerciales entre países en desarrollo, generalmente de carácter intrarregional, pero también interregional. En este último caso, en América Latina sobresale el comercio con China y, en menor medida, con otros países de Asia Oriental. Como veremos, estas dos modalidades de comercio "sur-sur" han tenido impactos radicalmente diferentes sobre la estructura exportadora latinoamericana. Este proceso ha estado acompañado, además, a partir de 2004, por el auge de precios de materias primas, generado en particular por el dinamismo de la economía china, que ha tenido una repercusión mucho más generalizada en las zonas del mundo en desarrollo con una estructura productiva donde pesan más los recursos naturales.

América Latina ha sido parte del patrón general de transformación de las estructuras exportadoras del mundo en desarrollo. Como lo indica el cuadro v.4, la pérdida de importancia de los productos básicos y el peso creciente de las exportaciones de bienes manufacturados de media y alta tecnología fueron acelerados entre 1990 y 1997 y continuaron, aunque a un menor ritmo, durante la crisis de fin de siglo. Entre 2003 y 2008 el cambio operó en el sentido inverso, hacia el mayor peso de los productos básicos y manufacturas basadas en recursos naturales, una tendencia que sin duda está inflada en parte por los altos precios de materias primas. Esta "re-primarización" de la

CUADRO V.4. *Composición de las exportaciones de bienes de América Latina, 1990-2008*

	1990	1997	2003	2008
Productos básicos	51.1	31.8	30.1	38.0
Manufacturas basadas en recursos				
naturales	19.7	17.4	15.7	19.1
Agropecuarias	9.2	8.7	8.5	7.9
Otras	10.5	8.7	7.2	11.2
Subtotal bienes basados en recursos				
naturales	70.8	49.1	45.9	57.1
Manufacturas de tecnología baja	9.6	12.5	12.0	7.6
Textiles, confecciones y calzado	5.2	6.4	5.6	3.0
Otros productos	4.4	6.1	6.3	4.6
Manufacturas de tecnología media	15.8	24.6	25.4	20.9
Industria automovilística	4.2	9.2	9.5	7.6
Industrias de proceso	6.1	5.3	5.1	5.7
Industrias de ingeniería	5.6	10.1	10.7	7.7
Manufacturas de alta tecnología	2.6	10.8	14.8	11.4
Electrónica y eléctrica	1.5	9.4	12.5	9.4
Otras	1.0	1.5	2.3	2.0
Subtotal productos de media y alta				
teconolgía	18.4	35.5	40.2	32.3
Otras	1.2	2.9	2.0	3.0

FUENTE: Estimados de acuerdo con la base de datos de comercio de las Naciones Unidas (UN-Comtrade).

estructura exportadora regional contrasta con la continuada diversificación de las estructuras exportadoras de los países asiáticos.

Este proceso ha operado de manera desigual en distintas partes de la región, tendiendo a generar dos patrones básicos de especialización que se ajustan aproximadamente a una división regional "norte-sur" (CEPAL, 2001a; Ocampo y Martin, 2004; Ocampo, 2004a: cap. 1). El patrón del "norte" se caracteriza por una importante diversificación hacia exportaciones de productos manufacturados con elevados contenidos de insumos importados (en su forma extrema, maquila), que se dirigen principalmente al mercado estadunidense. Este patrón se combina en las economías centroamericanas con una exportación creciente de servicios de turismo y, en varias de ellas, con un componente también importante de bienes primarios y manufacturas basadas en recursos naturales (en Costa Rica, también de mayor contenido tecnológico). El patrón del "sur" ha experimentado, por el contrario, menos transformaciones en las últimas décadas, y se caracteriza por la combinación de exportaciones extrarregionales de productos básicos y manufacturas basadas en recursos naturales (muchas de ellas también intensivas en capital) con un comercio intrarregional mucho más diversificado, en el cual tienen una presencia importante las manufacturas con mayores contenidos tecnológicos. Brasil es un caso intermedio, ya que tenía un patrón mucho más diversificado que el de otros países sudamericanos antes de la apertura,[16] que incluye algunas manufacturas y servicios de alta densidad tecnológica, pero muestra cambios más bien lentos desde entonces. A estos dos patrones básicos de especialización hay que agregar un tercero, que caracteriza a Panamá y a las economías caribeñas (República Dominicana y Cuba, que no se incluye en el cuadro), donde predominan las exportaciones de servicios.

El cuadro v.5 muestra los patrones de países individuales, incluidas las exportaciones de servicios. Su análisis resalta algunos matices importantes en relación con los grandes patrones mencionados. Si enfocamos la atención primero hacia la exportación de bienes, lo más común ha sido la diversificación hacia manufacturas intensivas en recursos naturales, que ha sido marcada en la mitad de los países de la región; Chile y Perú, en Sudamérica, y El Salvador y Honduras en Centroamérica son los casos más destacados de dicha tendencia. Le siguen en importancia las manufacturas de tecnología media, cuyo contenido específico varía, sin embargo, de país en país; México, Colombia, Argentina y Costa Rica son los ejemplos más notorios en este caso. Por el contrario, no ha sido frecuente la diversificación hacia productos de baja tecnología, donde se observa más bien la pérdida de importancia de las exportaciones de textiles y confecciones en un amplio grupo de países. Las excepciones importantes son El Salvador y Guatemala, donde dichas exportaciones han ganado un peso importante. Por otra parte, sólo México y Costa Rica penetran de manera significativa en la exportación de productos de alta tecnología, aunque con un alto contenido de ensamble en ambos casos.

El cuadro v.5 también muestra la heterogeneidad, tanto de la región sudamericana como centroamericana. En la primera, Argentina, Colombia y Uruguay tienen, después de Brasil, la estructura exportadora más diversificada, en tanto que el resto se acerca a la tipología más pura del modelo del "sur". En cuatro países la exportación de productos básicos sigue representando más de la mitad de las exportaciones (Bolivia, Ecuador, Paraguay y Venezuela), en tanto que en Chile y Perú lo más destacado, como ya se señaló, es el creciente peso de manufacturas basadas en recursos naturales. En Centroamérica la diversidad es aún mayor: Costa Rica y El Salvador muestran la mayor diversificación, en tanto que lo contrario acontece en Nicaragua. Nótese que los

---

[16] De hecho, en 1990 las estructuras exportadoras de Brasil y México no eran tan diferentes de acuerdo con esta clasificación, salvo por la mayor importancia de las manufacturas basadas en recursos naturales en el primer caso y los servicios de turismo en el segundo.

países que tuvieron un avance industrial más importante en la etapa de industrialización dirigida por el Estado son aquellos que tienen en general una estructura exportadora más diversificada. Éste es el caso de Brasil y México, seguidos por Argentina y Colombia, entre los países más grandes, y El Salvador y Guatemala entre los más pequeños. Costa Rica ha sido el ganador más claro en términos de diversificación. En cualquier caso, la diversificación hacia actividades ajenas a los recursos naturales es la excepción más que la regla. En 2008 sólo un puñado de países (México, Costa Rica, El Salvador y República Dominicana) tenía una estructura exportadora en la cual los recursos naturales y las manufacturas asociadas a ellos aportaban menos de la mitad de las exportaciones de bienes.

El dinamismo de la exportación de servicios ha sido algo menos notorio, y de hecho la región ha perdido participación en el comercio mundial de servicios en las dos últimas décadas (véase, al respecto, CEPAL, 2007b: cap. III). Los patrones nacionales son, sin embargo, muy diversos. Hay tres economías que pertenecen al tercer patrón de especialización, en el que predominan los servicios: Panamá, que exporta servicios de transportes y financieros, y Cuba y República Dominicana con servicios de turismo. En casi todas las economías centroamericanas ha habido también un importante crecimiento de las exportaciones de turismo. Brasil y, en menor medida, Argentina y Uruguay destacan por el dinamismo de sus exportaciones de servicios con mayor contenido tecnológico (incluidos en "otros servicios"). Otras dos economías sudamericanas tienen un peso importante de exportación de servicios: Paraguay (energía eléctrica) y Chile (servicios de transporte, en gran medida como subproducto de sus exportaciones de productos agropecuarios de alto valor agregado). México y los países andinos han sido los de peor desempeño en términos de articulación con el creciente comercio mundial de servicios, aunque en el caso mexicano las exportaciones de turismo tenían un peso importante desde el inicio del periodo. Un tema interesante, que no figura en estas evaluaciones, es el de las industrias culturales (música, cine, televisión), en las que algunos países de la región están teniendo una presencia importante.

El comercio intrarregional ha hecho una contribución significativa al dinamismo de exportaciones de manufacturas, pero le ha aportado también un elemento desfavorable: su alta inestabilidad en Sudamérica. En efecto, el comercio intrarregional aumentó su participación en las exportaciones de bienes de la región entre 1990 y 1997. Sin embargo, en los casos del Mercosur y la Comunidad Andina retrocedió durante la crisis de fin de siglo y nuevamente durante la Gran Recesión mundial de 2008-2009 y se ha mantenido desde fines de los años noventa en un nivel inferior al de 1997 en estos dos procesos de integración (cuadro v.6). Por el contrario, el comercio intrarregional ha avanzado en forma sostenida en el Mercado Común Centroamericano y este proceso de integración experimentó una contracción más moderada que el resto del comercio latinoamericano durante la Gran Recesión.

CUADRO v.5. Composición de las exportaciones de bienes y servicios, por país, 1990 y 2008 (porcentajes)

	México		Costa Rica		El Salvador		Guatemala		Honduras		Nicaragua		Panamá		República Dominicana		Brasil	
	1990	2008	1990	2008	1990	2008	1990	2008	1990	2008	1990	2008	1990	2008	1990	2008	1990	2008
Productos básicos	37.4	18.8	41.2	17.3	29.9	7.1	44.5	25.4	65.5	32.9	62.8	47.1	13.7	12.8	3.0	4.9	21.6	26.1
Manufacturas basadas en recursos naturales	8.3	7.6	7.5	10.9	5.7	14.7	15.9	19.9	9.8	18.6	13.5	17.3	5.2	2.0	3.7	9.7	26.7	25.0
Manufacturas de baja tecnología	5.4	9.4	9.0	9.9	12.1	44.4	7.3	22.5	3.7	6.4	3.1	2.1	2.7	0.9	10.0	18.8	13.1	6.0
Manufacturas de media tecnología	21.3	32.1	4.3	12.3	4.9	8.7	4.8	9.8	0.9	10.9	1.8	3.6	1.0	0.2	6.6	14.0	22.9	20.7
Manufacturas de alta tecnología	3.4	24.5	2.2	19.4	2.6	5.0	3.9	2.7	0.1	0.9	0.1	0.6	0.7	0.3	0.1	5.6	3.9	6.0
Otros bienes	0.6	1.6	6.3	0.4	0.2	1.4	0.1	0.3	0.2	3.3	3.7	4.2	0.6	0.3	46.9	0.0	1.2	2.7
Total bienes	76.5	94.1	70.5	70.1	55.4	81.4	76.6	80.5	80.2	72.9	85.0	75.0	23.8	16.4	70.2	53.0	89.3	86.6
Servicios																		
Transporte	2.6	0.0	4.6	2.7	10.7	6.3	1.5	2.7	6.1	1.3	1.7	2.8	41.0	44.4	0.7	3.5	3.8	2.4
Viajes	16.0	4.4	13.8	16.5	10.3	7.6	7.8	11.1	4.2	19.1	3.1	17.3	12.0	20.2	25.5	39.8	3.9	2.5
Otros	4.9	1.6	11.1	10.7	23.6	4.8	14.2	5.7	9.5	6.7	10.3	4.9	23.2	18.9	3.5	3.8	2.9	8.5
Total servicios	23.5	5.9	29.5	29.9	44.6	18.6	23.4	19.5	19.8	27.1	15.0	25.0	76.2	83.6	29.8	47.0	10.7	13.4

	Argentina		Bolivia		Chile		Colombia		Ecuador		Paraguay		Perú		Uruguay		Venezuela	
	1990	2008	1990	2008	1990	2008	1990	2008	1990	2008	1990	2008	1990	2008	1990	2008	1990	2008
Productos básicos	38.5	37.0	48.4	58.4	52.6	41.8	52.5	47.4	74.3	72.4	58.9	59.3	37.3	26.1	40.8	39.7	81.4	92.6
Manufacturas basadas en recursos naturales	24.4	21.8	34.8	238.2	21.2	36.1	10.5	15.3	7.6	14.5	6.0	14.8	29.1	37.4	10.0	15.3	4.0	1.3
Manufacturas de baja tecnología	10.0	3.7	2.9	3.2	1.9	1.4	10.8	10.9	0.9	2.0	3.8	3.1	11.8	7.6	19.7	9.3	3.7	0.7
Manufacturas de media tecnología	8.8	17.4	0.1	1.0	2.4	4.3	5.1	11.4	0.4	3.7	0.8	1.4	2.1	2.0	6.7	6.0	4.4	2.6
Manufacturas de alta tecnología	1.5	2.4	0.0	0.0	0.5	0.4	0.4	2.1	0.2	0.4	0.0	0.7	0.3	0.2	0.5	1.4	0.2	0.1
Otros bienes	0.3	3.0	0.1	1.9	3.5	2.3	1.7	3.2	0.1	0.4	0.1	0.0	0.0	16.2	0.8	1.1	0.2	0.2
Total bienes	83.5	85.2	86.3	93.2	82.2	86.3	80.9	90.3	83.5	93.4	69.6	79.4	80.6	89.5	78.6	72.9	93.8	97.5
Servicios																		
Transporte	7.8	2.2	4.4	0.9	6.9	8.3	5.8	3.0	7.4	1.8	5.4	3.5	0.0	2.4	7.8	8.2	2.4	0.9
Viajes	6.1	5.7	5.4	3.7	5.1	2.1	4.9	4.4	5.8	3.7	6.2	2.0	-1.7	5.7	11.0	12.9	2.6	1.1
Otros	2.6	6.8	3.8	2.2	5.8	3.3	8.5	2.3	3.3	1.0	18.8	15.1	21.1	2.4	2.7	6.0	1.2	0.6
Total servicios	16.5	14.8	13.7	6.8	17.8	13.7	19.1	9.7	16.5	6.6	30.4	20.6	19.4	10.5	21.4	27.1	6.2	2.5

FUENTE: Estimados de acuerdo con la base de datos de comercio de las Naciones Unidas (UN-Comtrade) y con la base de datos de comercio de servicios de la CEPAL.

CUADRO v.6. *Exportaciones intrarregionales como porcentaje de las exportaciones totales*

	Mercosur				Comunidad Andina				Mercado Común Centroamericano			
	1990	1997	2003	2008	1990	1997	2003	2008	1990	1997	2003	2008
Productos primarios	13.4	22.9	18.8	17.8	12.2	11.5	13.5	12.9	5.4	6.1	11.8	13.9
Bienes industrializados	20.1	44.0	31.2	39.8	27.7	42.6	43.7	51.1	55.5	50.7	48.7	48.4
Basados en recursos naturales	16.2	29.7	21.2	25.8	17.9	32.4	39.0	38.4	44.4	50.2	63.5	63.7
De baja tecnología	15.7	38.5	28.9	43.4	35.5	51.9	42.9	71.3	50.6	42.4	57.8	50.5
De tecnología media	27.4	59.6	45.4	51.5	42.2	67.9	49.6	61.9	78.5	67.8	55.0	54.5
De alta tecnología	25.8	48.8	26.9	41.8	70.5	84.7	69.1	65.8	86.5	45.6	22.0	19.2
Otras transacciones	8.2	9.4	5.9	5.3	32.2	10.8	7.5	5.6	14.1	32.1	33.5	58.4
Total	*17.7*	*36.0*	*26.2*	*29.8*	*16.1*	*23.7*	*21.9*	*21.1*	*23.2*	*28.5*	*37.0*	*39.3*

FUENTE: CEPAL.

El mayor contenido de manufacturas del comercio intrarregional, y especialmente de aquellas de media y alta tecnología, era una característica destacada desde la década de los noventa y era muy pronunciada en 1990, en especial en la Comunidad Andina y el Mercado Común Centroamericano. Este hecho resalta las ventajas del comercio intrarregional en términos de profundización del proceso de industrialización, sobre todo para las economías de menor tamaño relativo. Este patrón tendió a profundizarse en la Comunidad Andina y en el Mercosur durante el auge de los años noventa, pero no en el Mercado Común Centroamericano, como reflejo en este último caso de las exportaciones de alta tecnología de Costa Rica hacia terceros mercados. Nótese que durante el auge de los noventa los tres procesos de integración también ampliaron el mercado para exportaciones de manufacturas intensivas en recursos naturales y de bajo contenido tecnológico, excepto en este último caso en Centroamérica, donde ya era alto. El retroceso relativo del comercio intrarregional durante la crisis de fin de siglo significó, por ello, un golpe para las exportaciones de manufacturas de los dos procesos de integración sudamericanos.

En el comercio con otras regiones del mundo en desarrollo sobresale, como ya lo señalamos, el que hace América Latina con China, que también compite en terceros mercados, de manera notable en el estadunidense (Gallagher y Porzecanski, 2010). Este comercio ha tenido impactos muy diversos sobre la región. El efecto más positivo ha sido la oportunidad que ha creado el gigante asiático para las exportaciones intensivas en recursos naturales de Sudamérica, aunque concentrada en unos pocos productos: petróleo, soya, cobre y sus productos, y mineral y desechos de hierro. Por otra parte, China ha venido aumentando de manera significativa sus exportaciones hacia América Latina, esencialmente compuestas de manufacturas, con lo cual la región ha acumulado un importante déficit comercial con el gigante asiático. Éste es, en particular, el caso de los países que no tienen una exportación importante de productos básicos, entre los que destaca México. China ha representado también una competencia creciente para las exportaciones de manufacturas de la región, entre las que destacan las mexicanas. Los beneficios para las economías latinoamericanas han sido, por lo tanto, ambivalentes y el comercio con China ha contribuido, de este modo, a la reprimarización de la estructura exportadora y productiva latinoamericana.

El efecto indirecto más importante es el impacto positivo que tuvo China sobre los precios de productos básicos, particularmente a partir de 2004, en el contexto de un auge económico mundial. El quiebre de dicha tendencia positiva se produjo a mediados de 2008 y se profundizó con la Gran Recesión; la rápida recuperación china generó, sin embargo, una recuperación igualmente rápida de estos precios. Sin embargo, en el caso de los productos agrícolas el auge que se produjo a partir de 2004 fue más una recuperación, y sólo parcial en el caso de los productos de la agricultura tropical, de la fuerte caída que habían experimentado los precios reales de estos productos durante las dos décadas precedentes. De esta manera, el auge fue mucho más de precios de los productos energéticos y mineros que de los agrícolas. Los grandes ganadores fueron, por lo tanto, los países donde pesan más los primeros renglones: Venezuela y Chile, seguidos por Perú, Bolivia, Ecuador y Colombia (Ocampo, 2007). Sin embargo, el creciente mercado de biocombustibles estableció una conexión directa entre los mercados de ambos grupos de productos.

La especialización comercial y la naturaleza de las corrientes de IED han estado estrechamente ligadas. De esta manera, el patrón de especialización del "norte" ha atraído a empresas transnacionales que participan activamente en las redes internacionales de producción integrada, mientras que en América del Sur la inversión se ha concentrado en los servicios y los recursos naturales. En este proceso hubo un cambio notorio en el origen de los capitales, en el que destaca la importante expansión de las transnacionales españolas hacia la región, y estuvo acompañado, como ya se ha señalado, por la transformación de algunas grandes empresas latinoamericanas en actores del mundo de las transnacionales. Las translatinas más grandes provienen de Brasil y México, y algunas de ellas participan activamente en los mercados globales, pero existe también un mundo de translatinas de menor tamaño y de un origen más diversificado que son actores importantes en los mercados intrarregionales.

La IED experimentó un aumento notable en los años noventa y alcanzó su máximo nivel, en términos de transferencia neta de recursos, entre mediados de dicha década y los primeros años del siglo XXI (véase la gráfica V.2). Durante este auge una parte importante de la inversión involucró la adquisición de empresas existentes, tanto estatales, que así se privatizaban, como, crecientemente, privadas, dentro del proceso mundial de fusiones y adquisiciones. Esto implica que su contribución a la acumulación de activos productivos fue menos notable de lo que indican los flujos financieros correspondientes. Aunque los flujos de entrada se han mantenido altos (2.8% del PIB latinoamericano durante el auge de 2004-2008), los crecientes egresos por remesas de utilidades de las empresas y las crecientes inversiones de empresas (y empresarios) latinoamericanos en el exterior (1.8 y 0.9% del PIB en igual periodo) debilitaron la transferencia neta de recursos a través de la inversión extranjera de manera notable durante la primera década del siglo XXI.

La emigración de la mano de obra hacia los países industriales, sobre todo a los Estados Unidos, es otra característica prominente de las nuevas formas de la integración a la economía mundial. Las corrientes de trabajadores latinoamericanos hacia los Estados Unidos, que se habían acelerado al final del periodo de la industrialización dirigida por el Estado, se convirtieron en un torrente, inducido tanto por factores de expulsión (la crisis de la deuda de los años ochenta y las guerras civiles en Centroamérica, así como la media década perdida) como de atracción. Por tanto, el número de inmigrantes de origen latinoamericano y caribeño que vive en los Estados Unidos aumentó de 3.8 millones en 1980 a 7.4 millones en 1990, a 14.4 millones en 2000 y a 18.6 millones en 2008, según los censos de población de dicho país; a esta cifra puede añadirse otro 40% si se toman en cuenta a los migrantes indocumentados.[17] También ha habido corrientes a otros destinos, sobre todo a Europa Occidental (con España, un país históricamente de emigración hacia América Latina, transformado en el destino más importante), Canadá y Japón. El número de emigrantes latinoamericanos y caribeños a España aumentó de 0.4 a 2.4 millones entre 2000 y 2009 (de 0.2 a 1.8 millones si excluimos a los que tenían nacionalidad española), en tanto que a otros destinos extrarregionales sumaban, hacia fines de la primera década del siglo XXI, otros dos millones. La década de los noventa presenció también la renovación de moderadas corrientes de migración intrarregional. Costa Rica y, en menor medida, Chile se han convertido en polos de atracción importantes, y Argentina ha continuado siéndolo; por el contrario, la migración colombiana hacia Venezuela, el flujo migratorio más importante en la región andina, prácticamente se interrumpió desde la crisis de la deuda y no se ha renovado desde entonces.

Un resultado importante de estos hechos ha sido el rápido aumento de las remesas monetarias como fuente de divisas para América Latina. Tales

---

[17] Véanse CEPAL (2006b) y Canales (2011). Los datos se refieren solamente a los países incluidos en este libro (excluyen, por lo tanto, a Haití). Los estimativos de migrantes a España y a otros destinos provienen de datos suministrados a los autores por la División de Población de la CEPAL. Para un análisis detallado de los procesos migratorios, tanto desde el punto de vista de los países de origen como del de los receptores, véase Martínez Pizarro (2011). Según el Pew Hispanic Center de los Estados Unidos, el total de inmigrantes indocumentados era 28% del total de inmigrantes en 2010 (véase http://www.pewhispanic.org/).

remesas aumentaron de cerca de 0.3% del PIB latinoamericano a comienzos de los años ochenta a cerca de 2% antes de la Gran Recesión de 2008-2009. Los montos relativos son mucho mayores en economías pequeñas, especialmente de Centroamérica, República Dominicana y Ecuador. Al debilitar, al menos transitoriamente, los factores de atracción, la Gran Recesión generó un quiebre en esta tendencia, que se reflejó en los propios flujos migratorios y en una caída de 15% de las remesas en 2009, porque no se había revertido plenamente hasta 2012.

COMPORTAMIENTO MACROECONÓMICO

Sin duda, y con algunos retrocesos posteriores de países individuales, el avance económico más importante de la década de los noventa fue el aumento de la confianza en las autoridades macroeconómicas que se generó gracias a la disminución de las tasas de inflación y el mejoramiento de la situación fiscal. Si se tiene en cuenta la larga trayectoria inflacionaria de algunas economías sudamericanas, la explosión inflacionaria más generalizada que tuvo lugar durante la década perdida y los grandes desequilibrios fiscales que habían caracterizado a las economías latinoamericanas a fines de la década de los setenta y comienzos de la de los ochenta, los logros en materia de estabilización de precios y fiscal son, sin duda, notables. A nivel de política macroeconómica, ambos objetivos, inflación baja y solidez fiscal, se aceptan hoy ampliamente, aun por parte de movimientos políticos que en el pasado subestimaron su importancia. En el caso de la inflación, también se ha reflejado en el mayor poder otorgado a los bancos centrales, que en un conjunto amplio de países operan de forma autónoma.

El avance en la lucha contra la inflación ha sido más uniforme y perdurable. Todavía a comienzos de los años noventa la inflación de un dígito era excepcional, e incluso estaba por producirse la última hiperinflación del ciclo que había iniciado a mediados de los años ochenta: la brasileña de 1993-1994. La inflación, sin embargo, comenzó a reducirse en forma sistemática desde comienzos de los años noventa, y ya desde 1997, y especialmente desde 2001, la tasa de inflación de un dígito se convirtió en la regla en la región. Las excepciones más importantes han sido Venezuela y Argentina y, de manera temporal, Brasil y Uruguay (durante los fuertes procesos de ajuste experimentados durante la media década perdida). Durante 2008 la oleada de inflación mundial de alimentos afectó negativamente a un conjunto amplio de países latinoamericanos. Conviene resaltar, en cualquier caso, que las tasas promedio de inflación durante la primera década del siglo XXI se han mantenido entre 6 y 10%, un nivel más alto que en los países industrializados.

Por otra parte, los déficit de los gobiernos centrales se redujeron apreciablemente en la segunda mitad de los años ochenta y han fluctuado desde entonces entre 1 y 3% del PIB, con un comportamiento cíclico: más bajos durante los auges (entre 1 y 2% del PIB durante el de los años noventa y en torno a 1%

durante el de 2004-2008) y más altos al inicio de las crisis (en torno a 3% al inicio de la de fin de siglo y en 2009). El avance, sin embargo, ha sido menos persistente y generalizado que en materia de inflación. En particular, casi todos los países han tenido episodios de déficit superiores a 3%, sobre todo durante las crisis; de manera más estable, los que han tenido déficit superiores a ese 3% han sido Bolivia entre 1998 y 2005 y Colombia entre 1996 y 2006. Algunos han experimentado crisis de endeudamiento, resaltan Argentina y Ecuador a comienzos del siglo XXI, y los niveles de deuda pública se mantuvieron por encima de 60% del PIB hasta el auge de 2004-2008, cuando experimentaron una reducción relativamente generalizada, hasta colocarse en torno a 30% del PIB, o menos, desde 2007.

Es importante resaltar, sin embargo, que estos resultados han sido consistentes con el incremento del gasto público y, como veremos en la sección siguiente, del gasto público social en particular. En efecto, el gasto primario (es decir, excluido el pago de intereses sobre la deuda pública) de los gobiernos centrales aumentó de un promedio cercano a 13% del PIB a comienzos de la década de los noventa a 19% en 2008 y poco más de 20% en 2010. En una perspectiva de más larga duración, este aumento puede verse como una reversión de la fuerte reducción que tuvo lugar durante la década perdida, de tal manera que el gasto público total como proporción de la actividad económica no es muy diferente hoy al que había alcanzado la región antes de la crisis de la deuda (gráfica v.7). El aumento ha sido, además, relativamente generalizado y ha exigido, por lo tanto, un aumento en los ingresos del gobierno. Las comparaciones con la OCDE muestran, no obstante, que la estructura de ingresos públicos ha continuado dependiendo mucho más que en el mundo industrializado de impuestos indirectos, y especialmente del impuesto al valor agregado, así como de ingresos provenientes de recursos naturales, en tanto que la tributación directa (a las personas) y las contribuciones a la seguridad social siguen siendo significativamente más bajas (Santiso y Zoido, 2011).

Estos avances contrastan con lo que ha acontecido en materia de crecimiento económico, que ha tenido dos características sobresalientes si se compara con los patrones típicos durante la etapa de industrialización dirigida por el Estado: un ciclo económico mucho más pronunciado y un crecimiento más lento a largo plazo (véanse gráfica v.9 y cuadro i.5). La mayor estabilidad de precios y fiscal ha coincidido, por lo tanto, con la mayor *inestabilidad* de la producción. Ésta refleja la mayor vulnerabilidad externa de las economías latinoamericanas en relación con el patrón típico durante la fase histórica previa. Por otra parte, la segunda de estas características indica que, con excepciones nacionales y el auge regional más amplio a mediados del primer decenio del siglo XXI, no se ha materializado hasta ahora la expectativa de los reformadores de que la apertura externa y los progresos en materia de manejo macroeconómico se reflejarían en un crecimiento económico vigoroso.

Desde 1990 se han experimentado dos grandes ciclos completos, y a la publicación de este libro estamos en medio de un tercero. La fase ascendente

GRÁFICA V.9. *Ciclo económico latinoamericano: crecimiento del* PIB,
1951-2010

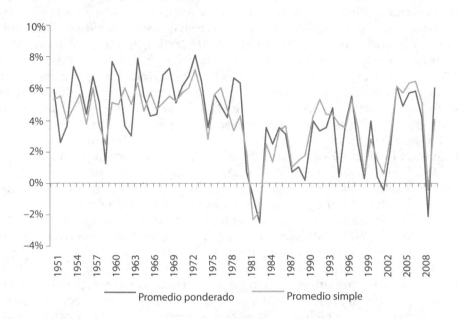

Promedio ponderado   Promedio simple

FUENTE: Series históricas de la CEPAL y estudio económico de América Latina.

del primero se desencadenó gracias al renovado acceso a los mercados internacionales de capitales a comienzos de los años noventa. Las transferencias
netas de recursos a través de la cuenta de capitales, que habían sido negativas
desde la crisis de la deuda, volvieron a ser nuevamente positivas (gráfica V.2).
Con el tropiezo temporal que representó la crisis que estalló en México a fines
de 1994, la abundancia de financiamiento externo siguió apoyando el crecimiento económico hasta que la crisis en las economías emergentes, que se
inició en Asia Oriental en 1997 y se extendió a Rusia y al grueso del mundo
en desarrollo en 1998, lo interrumpió brusca y fuertemente, con la excepción
de los flujos de inversión extranjera directa. Su efecto regional fue la fuerte desaceleración o abierta recesión de un conjunto amplio de economías, especialmente en Sudamérica, y una nueva media década perdida en materia de
desarrollo económico.

El segundo ciclo se caracterizó por un auge extraordinario entre 2004 y
2008, de hecho el más importante que han tenido las economías latinoamericanas desde el que se experimentó en 1967-1974. Este hecho es aún más
notorio cuando se mira el promedio no ponderado de las tasas nacionales de

crecimiento e indica que esta fase reciente de rápido crecimiento fue menos dependiente de las dos grandes economías de la región. El auge estuvo basado ahora, no sólo en un nuevo auge de financiamiento externo, sino también en su combinación inusual con una bonanza excepcional de precios de productos básicos y altos niveles de remesas de trabajadores migrantes. Este conjunto de factores favorables se debilitó desde 2007 (menor crecimiento de las remesas) y mediados de 2008 (interrupción del auge de precios de productos básicos) y se transformó en un fuerte choque externo negativo, como parte de la crisis financiera internacional que explotó en septiembre de 2008 y la Gran Recesión mundial que la sucedió. Ya a lo largo de ese año varias economías de la región habían experimentado una desaceleración importante y todas entraron en una fuerte desaceleración o una abierta recesión en el último trimestre. El efecto total fue una contracción de la economía latinoamericana de 2.1% en 2009, la peor desde la crisis de la deuda. El conjunto de factores adversos comenzó a revertirse a mediados de 2009, generando una fuerte renovación del crecimiento, a 6% en 2010. Este último año puede considerarse el inicio de una fase ascendente, aunque experimentó una desaceleración importante en 2011 y 2012, en medio de las incertidumbres que continuaron rondando a la economía mundial después de la Gran Recesión.

La mayor apertura externa ha tenido como resultado, por lo tanto, economías que son muy vulnerables frente a los choques externos, positivos o negativos. La política macroeconómica ha reforzado frecuentemente estos fuertes movimientos cíclicos. Las políticas fiscales, al igual que las monetarias y crediticias, han mostrado una tendencia procíclica en la mayoría de los países de la región. En efecto, las fases de choques externos favorables han tendido a estar acompañadas por un aumento del gasto público, una mayor disponibilidad de crédito, incluso a tasas de interés más moderadas, y una apreciación de las monedas. Por el contrario, los choques externos desfavorables han tendido a generar una desaceleración del gasto público, una reducción del financiamiento y una depreciación de las monedas; hasta la crisis de fin de siglo XX se caracterizaron, además, por un aumento de las tasas de interés. Como veremos, este conjunto de comportamientos no sólo tiende a transmitir internamente los ciclos externos sino también a generar una propensión a crisis financieras nacionales después de periodos de auge del financiamiento externo e interno.

En años recientes ha habido algún avance hacia políticas anticíclicas, pero esta transición sigue siendo incompleta. En particular, durante el auge de 2004-2008 hubo un menor aumento del endeudamiento externo y mayor acumulación de reservas internacionales, así como en algunos pocos casos (el más importante es el ya mencionado de Chile) un manejo fiscal anticíclico, pero las políticas macroeconómicas siguieron siendo fundamentalmente procíclicas (Ocampo, 2007 y 2011; BID, 2008b). Durante la Gran Recesión de 2008-2009 la política macroeconómica adoptó un patrón anticíclico más claro, en particular en materia monetaria y crediticia y, en algunos países, fiscal.

Otro de los efectos del comportamiento cíclico ha sido la inestabilidad de los tipos de cambio real. Este problema ha sido mucho más acentuado en las economías sudamericanas y refleja no sólo los mayores choques que experimentan estas economías, como resultado de la volatilidad de los flujos de capital y de la alta dependencia de exportaciones intensivas en recursos naturales, sino su preferencia por tipos de cambio más flexibles. El resultado de ello es que los sectores que competían con importaciones experimentaron el doble efecto de la apertura externa y la revaluación de las monedas durante el auge de 1990-1997, tornando más difícil su transición hacia el nuevo modelo de desarrollo. A su vez, en estas economías la mayor inestabilidad de los tipos de cambio reales ha vuelto más difícil el surgimiento de sectores exportadores que no se benefician de las ventajas comparativas estáticas asociadas a los recursos naturales.

Los niveles menores de inflación y la renovación del crecimiento económico en los años noventa facilitaron el avance de la profundización financiera, medida tanto a través del crédito que el sistema financiero proporciona al sector privado como, más recientemente, de la capitalización bursátil (cuadro v.7). Como se puede observar, los niveles de desarrollo financiero prevalecientes en 1980 se encontraban entre los promedios de los países de ingreso medio-bajo y medio-alto a los que pertenecen casi todas las naciones latinoamericanas, pero más cerca al segundo de estos promedios. Después del franco retroceso que se experimentó durante la década perdida, se reinició la trayectoria ascendente, manteniéndose en el rango mencionado pero, curiosamente, mostrando de nuevo rezagos en relación con los países de ingreso medio-alto en la primera década del siglo xxi.

Como en el pasado, existen grandes diferencias en el desarrollo financiero de los distintos países, aunque éstas tienen signos diferentes a los anteriores. Argentina ya no figura como líder, ni tampoco el país que se encontraba adelante en 1980, Venezuela. El liderazgo lo tienen ahora indisticutiblemente Chile y Brasil, y más el primero que el segundo. A ello se podría agregar Panamá, que es estrictamente un centro financiero internacional, Honduras en materia de crédito y Perú en cuanto a capitalización bursátil. La liberalización financiera ha contribuido sin duda a este resultado, pero cabe resaltar que uno de los países de mayor desarrollo financiero (Brasil) continúa teniendo una fuerte presencia de instituciones financieras gubernamentales, que siguen siendo importantes en muchos otros países. Durante la Gran Recesión el uso de estas instituciones financieras públicas como instrumento de reactivación fue un componente importante de las políticas anticíclicas de varios países de la región y del mundo en desarrollo en general.

Como ya lo señalamos, la liberalización financiera se dio en medio de un evidente déficit de regulación prudencial. Este hecho, en medio de los ciclos pronunciados del financiamiento externo y su transmisión a las economías nacionales, se tradujo en una gran frecuencia de crisis de los sistemas financieros nacionales, como de hecho había acontecido ya durante la crisis de la

CUADRO v.7. *Indicadores de desarrollo financiero (porcentaje del PIB)*

	Crédito al sector privado									Capitalización bursátil			
	1965	*1970*	*1975*	*1980*	*1985*	*1990*	*1997*	*2003*	*2008*	*1990*	*1997*	*2003*	*2008*
Argentina	10.5	19.9	15.4	18.7	12.7	12.9	20.4	11.9	14.0	2.7	17.8	55.6	30.4
Bolivia	6.1	7.8	10.3	14.4	4.9	19.9	52.3	46.9	33.1		2.8	17.2	15.3
Brasil				25.7	22.2	24.0	40.7	28.2	54.5	6.7	27.2	32.6	113.4
Chile	9.0	7.0	4.7	30.7	53.2	46.9	61.5	73.3	86.5	36.8	83.6	90.9	132.5
Colombia	17.9	21.0	26.7	25.2	32.9		34.4	24.9	43.0	3.2	17.2	15.2	56.1
Costa Rica	28.1	23.6	25.9	26.5	17.8	14.6	12.9	28.4	44.2		6.3	13.8	8.1
Ecuador	16.4	17.0	16.1	16.9	26.0	12.9	27.0	18.8	26.1		8.6	6.9	10.2
El Salvador	19.1	19.6	24.0	24.4	37.0	23.2	37.7	42.1	41.0		4.3	12.1	37.3
Guatemala	12.3	12.6	11.6	14.7	18.1	12.5	17.8	22.5	34.9				
Honduras	11.9	22.3	28.8	28.3	31.4	29.4	34.4	35.3	54.6				
México	25.0	30.4	29.2	15.7	11.0	14.5	20.7	15.8	23.5	10.5	32.8	17.8	51.5
Panamá	14.2	27.7	59.8	47.9	45.7	37.8	67.6	77.6	80.6		17.6	23.5	28.9
Paraguay	8.0	19.0	17.2	17.8	13.5	13.2	29.0	19.8	18.1		4.4	3.3	
Perú	17.2	15.7	18.4	9.4	12.6	4.8	21.7	21.3	19.8	3.3	25.3	24.1	109.8
República Dominicana	7.2	11.1	23.9	27.5	24.7	23.8	20.4	28.2	19.3				
Uruguay	14.6	7.0	10.3	28.7	32.2	25.0	25.2	56.8	22.6		1.1		0.7
Venezuela	24.8	26.5	34.9	50.8	49.1	23.1	10.3	8.7	26.6	10.3	14.4	4.7	
Promedios simples													
América Latina	15.1	18.0	22.3	24.9	26.3	21.2	31.4	32.9	37.8	10.5	18.8	24.4	49.5
Países de ingreso medio-bajo	13.9	15.7	16.7	22.6	23.3	24.7	29.9	28.2	37.7	12.7	18.9	21.1	60.4
Países de ingreso medio-alto	19.2	23.2	27.2	31.1	34.4	32.0	33.7	36.0	50.3	29.2	31.9	32.7	73.8

FUENTE: Beck y Demirgüç-Kunt (2009).

deuda de los años ochenta. Por ello, dos terceras partes de los países de la región (12 de 18, excluida Cuba) experimentaron crisis financieras nacionales en los años noventa o comienzos de la primera década del siglo XXI (Laeven y Valencia, 2008). Estas crisis absorbieron cuantiosos recursos fiscales y cuasifiscales y afectaron el funcionamiento de los sistemas financieros. Sin embargo, gracias al fortalecimiento de la regulación prudencial que tuvo lugar después de las sucesivas crisis y a los avances en materia de política anticíclica, la crisis de 2008-2009 fue la primera de las últimas décadas en que no hubo ninguna crisis financiera nacional. Este resultado está en abierto contraste con lo que aconteció en los países industrializados durante la crisis reciente y con la propia historia económica de América Latina después de periodos de auge del financiamiento externo (véase el capítulo I).

El menor crecimiento económico desde 1990, en comparación con el de la fase de industrialización dirigida por el Estado, se percibe también en la gráfica V.9. El ritmo de crecimiento promedio de América Latina entre 1990 y 2008, que puede considerarse como representativo de la fase de reformas económicas, ha sido, en efecto, de 3.4% anual, más de dos puntos porcentuales inferior a 5.5% característico del periodo 1950-1980; la inclusión de los años 2009 a 2012 haría reducir la primera de estas cifras a 3.3%. La fotografía que proporciona la gráfica V.10 es aún más elocuente. Para el periodo reciente, esta gráfica compara el crecimiento del PIB por trabajador de los distintos países latinoamericanos en ambas fases, lo que es una buena aproximación a la evolución de la productividad laboral promedio de las economías.[18] Esta comparación es mucho más apropiada que la del PIB per cápita, ya que las tendencias demográficas tendieron a deprimir dicho indicador durante la fase de industrialización dirigida por el Estado, debido a la creciente dependencia demográfica que caracterizó a muchos países en las décadas de los cincuenta y sesenta, en tanto que favoreció con un "bono demográfico" el periodo de reformas, es decir, con una decreciente dependencia demográfica.

Por encima de la línea diagonal se encuentran los países cuya productividad laboral ha crecido más rápidamente durante el periodo de reformas que durante la fase de industrialización dirigida por el Estado. Por debajo de ella están los que han crecido más lentamente en el segundo periodo. Como se puede apreciar, el primer grupo sólo incluye a Chile y a República Dominicana, las dos economías más dinámicas de las dos últimas décadas, y a Uruguay, que creció a ritmos más lentos que los anteriores en ambas fases; Argentina se encuentra cerca de la diagonal, pero su situación es más bien similar a la de Uruguay, de ritmos de crecimiento no muy dinámicos en ambos lapsos. El resto de los países (14 en total) muestra un ritmo de crecimiento inferior durante la fase de reformas que durante el periodo de mayor interven-

---

[18] Estrictamente hablando, la medida utilizada estima una productividad no ajustada por cambios en las tasas de desempleo abierto, pero en tal sentido capta mejor el grado de utilización de la fuerza laboral.

GRÁFICA v.10. *Productividad laboral: 1990-2010* vs. *1950-1980*

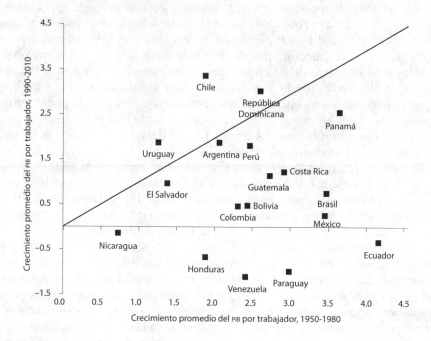

FUENTES: Series históricas de la CEPAL. Población económicamente activa: 1950-1980 según la CEPAL; 1990-2010 según OIT.

cionismo estatal. Entre las peores localizadas en este grupo se encuentran las dos economías más grandes de la región, Brasil y México, así como Ecuador, Paraguay y Venezuela, y en una situación también muy desventajosa Bolivia, Colombia y Honduras.

Los diversos estudios que se han hecho sobre la evolución de la productividad total de los factores corrobora estas apreciaciones. Aunque con diversas metodologías de cálculo, estos análisis muestran un crecimiento lento o incluso un continuado retroceso de dicha productividad después de 1990, en contraste con el dinamismo que mostró esta variable durante la fase de industrialización dirigida por el Estado (BID, 2010; Aravena *et al.*, 2010; Palma, 2011). La gráfica IV.6 resume los datos estimados por el reciente estudio del BID (2010): después del aumento experimentado hasta mediados de los años setenta, la productividad total retrocedió fuertemente durante la crisis de la deuda y mostró muy escaso dinamismo, e incluso un ligero retroceso, entre 1990 y 2005 (el último año estimado por el trabajo). La ampliación de la brecha de productividad con los Estados Unidos ocurre totalmente después de 1980 y continúa durante la fase de reformas económicas. Los datos nacionales de dicho estudio muestran que sólo Chile y República Dominicana tienen aumentos importantes de productividad en 1990-2005, que además superan los de 1960-1974.

Las razones de este comportamiento deficiente de la productividad han sido objeto de debates. Lo primero que se debe resaltar es que estos indicadores agregados de productividad captan la gran asimetría entre su evolución positiva en un grupo de empresas y sectores exitosos y el aumento simultáneo de la subutilización de recursos productivos, especialmente de la mano de obra. La productividad aumentó efectivamente en las empresas y sectores dinámicos (agroindustriales, mineros y servicios modernos de telecomunicaciones, financieros y de transportes); la creciente integración en la economía mundial, la inversión extranjera directa, el surgimiento de las translatinas y las privatizaciones desempeñaron un papel importante en ese proceso. Pero al mismo tiempo aumentó la informalidad laboral, deprimiendo en particular la productividad del sector servicios, donde se refugian los trabajadores informales. Como resultado de ello, hoy hay más empresas de clase mundial en la región, muchas de ellas transnacionales (o translatinas), pero también hay un creciente número de empresas pequeñas y microempresas de baja productividad; es decir, aumentó el dualismo al interior de las economías (heterogeneidad estructural, en la terminología tradicional de la CEPAL). Esto indica que las expectativas de que el aumento de la productividad que experimentaron los sectores internacionalizados se difundiría al resto de la economía y se reflejaría en un crecimiento económico acelerado no se materializaron, sino que, por el contrario, llevaron a una mayor dispersión de los niveles de productividad de distintos sectores y empresas al interior de las economías.

Durante los años más activos de las reformas la manera en que se dio el proceso de liberalización contribuyó, sin duda, a este resultado. La tendencia dominante a nivel microeconómico fue la propensión de las empresas a adoptar estrategias "defensivas" de adaptación al nuevo contexto (es decir, restructuraciones organizativas, productivas y de comercialización con baja inversión) en lugar de estrategias "ofensivas" (en las que se combinan estas restructuraciones con aumentos sustanciales de la inversión en nuevos equipos y tecnologías, así como alianzas estratégicas). Como resultado de ello, el proceso de "destrucción creativa" schumpeteriano que se puso en marcha parece haber tenido más elementos destructivos que creativos: mano de obra, capital, capacidades tecnológicas y, a veces, la tierra, desplazados de los sectores y empresas afectados por los procesos de restructuración productiva, no fueron absorbidos adecuadamente por los sectores en expansión. La creciente integración a la economía mundial facilitó la adquisición de equipos y productos intermedios importados, que contribuyeron a aumentar la productividad de muchas empresas, pero a costa de la destrucción de las cadenas productivas preexistentes. Como resultado del predominio de los procesos defensivos de restructuración la tasa de inversión promedio se mantuvo en niveles bajos durante la fase de auge de 1990-1997 y sólo repuntó durante el auge de 2004-2008, aunque, como vimos, permanenció por debajo del pico alcanzado en 1975-1980 (cuadro v.1).

El proceso de restructuración productiva que se puso en marcha se caracterizó, además, por una desindustrialización precoz, es decir, por una reducción del peso de las manufacturas en la producción y la generación de empleo a niveles del PIB por habitante más bajos de los que caracterizan dicho proceso en los países industrializados (Palma, 2005). La gráfica IV.4 muestra que este proceso fue muy marcado tanto durante la década perdida como en los dos decenios posteriores. El cuadro v.8 indica, a su vez, que la producción industrial se estancó durante la década perdida (como resultado del avance en algunos países y retrocesos en otros) y luego creció muy lentamente en las

CUADRO V.8. *Dinamismo de los sectores productivos en porcentajes (ritmos anuales de crecimiento)*

	Sector agropecuario		Industria manufacturera		Servicios dinámicos*	
	1980-1990	1990-2008	1980-1990	1990-2008	1980-1990	1990-2008
Argentina	1.3	2.8	−2.1	3.3	0.0	5.1
Bolivia	1.7	3.0	−0.7	3.8	0.6	4.7
Brasil	2.5	3.8	−0.2	2.2	3.7	3.0
Chile	6.0	5.0	2.6	3.9	2.5	6.1
Colombia	3.0	2.2	2.9	2.2	3.5	4.2
Costa Rica	3.1	3.7	2.2	5.3	4.1	6.8
Cuba	—	−2.3	—	0.3	—	2.2
Ecuador	4.2	4.4	3.0	0.4	2.9	4.2
El Salvador	−1.4	2.3	−0.9	4.1	—	3.5
Guatemala	1.3	2.9	−0.1	2.7	2.6	6.4
Honduras	2.7	3.1	3.0	4.5	5.1	7.2
México	1.2	2.0	2.0	2.9	3.4	4.3
Nicaragua	−0.7	3.7	−2.8	4.2	−1.2	4.3
Panamá	2.9	3.8	0.7	1.9	2.1	6.7
Paraguay	4.0	4.3	2.2	1.1	4.3	3.5
Perú	2.2	4.6	−1.9	4.8	0.6	5.2
República Dominicana	0.4	2.7	2.1	4.9	4.5	7.0
Uruguay	−0.2	2.9	−1.0	2.0	2.8	3.2
Venezuela	2.0	2.5	1.9	1.9	2.3	3.8
América Latina	2.3	2.9	0.1	2.7	3.1	4.1

* Transporte, comunicaciones, financieros y servicios a las empresas.
FUENTE: Series históricas de la CEPAL, a precios de 1990 y 2000, respectivamente.

dos décadas siguientes (compárense las cifras de crecimiento con las del cuadro IV.6). Entre los sectores industriales que tuvieron mejor desempeño destacan la maquila, algunas industrias procesadoras de recursos naturales, la industria automovilística (favorecida en el caso de México por el acceso al mercado estadunidense y en Sudamérica por mecanismos especiales de protección en el marco de los procesos subregionales de integración) y ramas orientadas al mercado interno durante los periodos de auge de la demanda (tales como las de materiales de construcción, bebidas y procesamiento de alimentos). Las más afectadas fueron industrias más tradicionales intensivas en mano de obra (vestuario, calzado y manufacturas de cuero, muebles, etc.), con excepción de las vinculadas a la maquila.

Un hecho destacado en la industria manufacturera fue también el rezago con relación a la frontera tecnológica mundial. Esto tuvo lugar en los sectores intensivos no sólo en mano de obra e ingeniería, sino incluso en los que lo son en recursos naturales, como lo reflejan las comparaciones de los niveles de productividad latinoamericanos con los de los Estados Unidos. Además, se dio en un contexto de escasa capacidad de generación tecnológica, no sólo en comparación con las economías industrializadas más diversificadas y las asiáticas de rápido crecimiento, sino también con respecto a economías desarrolladas intensivas en recursos naturales. Esto se refleja en la menor participación de las industrias intensivas en ingeniería, los niveles muy limitados de investigación y desarrollo y los casi irrisorios niveles de patentamiento de innovaciones tecnológicas en relación con todos esos grupos de economías (CEPAL, 2007a; Cimoli y Porcile, 2011). El atraso de los sistemas nacionales de innovación característico de la fase anterior de desarrollo siguió siendo, por lo tanto, muy marcado e incluso mostró algún deterioro.

La agricultura se sostuvo mejor durante la década perdida pero su ritmo de crecimiento, tanto en dicha década como posteriormente, ha sido inferior al que era típico antes de la crisis de la deuda: 2.9% en 1990-2008 *vs.* 3.5% en 1950-1974. De esta manera, la eliminación del supuesto "sesgo en contra de la agricultura" del régimen comercial anterior no tuvo los efectos favorables que esperaban los defensores de las reformas de mercado, incluso en un contexto en que la reducción sustancial o eliminación de la discriminación contra los sectores agroexportadores coincidió con un aumento en la protección a la agricultura que compite con las importaciones en varios países (Anderson y Valdés, 2008). El debilitamiento de los mecanismos de apoyo interno al sector agropecuario (tecnológicos, financieros y de comercialización), como resultado de la restructuración de los aparatos estatales durante los procesos de reforma, predominó en muchos casos (incluso en la mayoría) sobre las ventajas de la eliminación del sesgo contra este sector en materia comercial. A su vez, las apreciaciones periódicas del tipo de cambio operaron, como en el periodo anterior, como un sesgo en contra de la agricultura.

Este comportamiento agregado de la producción agropecuaria refleja, sin embargo, experiencias muy diversas. La agricultura ha crecido más dinámicamente en Bolivia, Chile, Paraguay, Perú y Uruguay en décadas recientes que en la fase de industrialización dirigida por el Estado, pero lo contrario ha acontecido en Colombia, Guatemala, México, Nicaragua y Venezuela, y creció en forma muy similar en ambos periodos en Brasil (compárense las cifras del cuadro v.8 con las del iv.6). Algunas de las actividades más dinámicas de este sector siguieron tendencias de largo plazo e independientes del proceso de reformas. Lo más destacable en este sentido es el vigoroso desempeño de los cultivos de soya en varias economías sudamericanas y de la producción avícola en un grupo más amplio de países.

En su conjunto, los sectores más dinámicos fueron los servicios modernos, es decir, los servicios públicos domiciliarios, de transporte, financieros y a las empresas (cuadro v.8). Estos sectores continuaron creciendo durante la crisis de la deuda y han sido los más dinámicos a partir de 1990. Su participación en el PIB latinoamericano ha aumentado cerca de ocho puntos porcentuales desde 1980. Una diferencia notable de estos sectores en relación con la fase de industrialización dirigida por el Estado es su mayor dependencia de empresas privadas, en muchos casos transnacionales. Por lo general, la minería creció también rápidamente en aquellos países que cuentan con buenos recursos, pero las actividades extractivas han aumentado más aceleradamente que las de procesamiento de los minerales, que generan más valor agregado. Al igual que en el caso de los servicios modernos, la minería se ha visto favorecida por reformas institucionales destinadas a abrir mayores espacios a la participación privada y a la inversión extranjera directa. En el caso de los recursos mineros, así como de la propiedad intelectual, uno de los rasgos importantes de las reformas ha sido la mayor protección de los derechos de propiedad en general.

El dinamismo exportador tampoco parece haber contribuido a un crecimiento económico dinámico. Un hecho destacado por la CEPAL (2001a), y más recientemente por Palma (2009 y 2011), ha sido que la participación en los mercados mundiales ha aumentado en ramas exportadoras donde los mercados internacionales son relativamente poco dinámicos, en abierto contraste con los patrones de Asia Oriental. El trabajo de Hausmann (2011) indica, a su vez, que las actividades en que se ha especializado América Latina ofrecen menores posibilidades de generar nuevas actividades productivas y mejoras en la calidad de los productos, dos elementos que se consideran esenciales para un rápido crecimiento económico. En los términos de ese autor, la región ha tendido a especializarse en una parte del "espacio de productos" que ofrece menores posibilidades de cambio tecnológico.

Según lo señalamos en la sección anterior, muchos de los sectores exportadores más exitosos, sobre todo en las manufacturas, tienden a tener altos componentes importados y, en el caso extremo de la maquila, contienen sólo una baja proporción de valor agregado nacional. Lo que esto significa es que pueden existir diferencias notables entre el incremento de las exportaciones de manufacturas, que se estiman por el valor bruto, y del PIB (es decir, del *valor agregado*) manufacturero. De hecho, como lo muestra Akyüz (2003: cap. I, especialmente cuadro 1.5), el aumento de la participación de América Latina en el comercio mundial de manufacturas coincidió, durante las últimas décadas del siglo XX, con una *disminución* de su participación en el valor agregado manufacturero mundial. Esto último es lo que indican, por lo demás, los datos del Banco Mundial: la participación de América Latina en el valor agregado de manufacturas en el mundo se redujo de 7.2% en 1980 a 6.2% en 2007 y fue aún más marcada en relación con la producción de los países en desarrollo (es decir, excluidos los países de altos ingresos de la OCDE), que disminuyó de 31.2 a 18.0% en el mismo periodo.[19] El contraste es particularmente notorio en el caso de México. En este país el gran dinamismo de exportaciones de manufacturas después de 1980, y especialmente a partir de la suscripción del TLCAN, coincidió con un lento dinamismo del crecimiento de la producción (valor agregado) manufacturera: 3.0% en 1994-2008, según los datos de la CEPAL que siven para elaborar el cuadro V.8, apenas ligeramente superior a 2.2% de 1980-1994 y muy inferior a 8% que registra el cuadro IV.6 para 1950-1974.

La manera en que se combinaron estos distintos factores en los diferentes países fue variada y contribuye a explicar la baja correlación que existe entre el crecimiento del PIB y el de las exportaciones de distintos países de la región para el conjunto del periodo 1990-2010 (gráfica V.11). El fuerte crecimiento exportador de México, por ejemplo, produjo un ritmo de crecimiento del PIB muy inferior al de Costa Rica o Chile, así como de Perú y República Dominicana. Esto parece demostrar que la combinación de los limitados encadenamientos productivos internos y los efectos destructivos de la apertura (por ejemplo, la desarticulación de cadenas productivas preexistentes) prevaleció en México, en tanto que el desarrollo de las nuevas industrias exportadoras de Costa Rica tuvo un efecto importante de creación neta de capacidades productivas y en Chile los efectos destructivos de la apertura se produjeron con anterioridad, en la década de los setenta. Los efectos de destrucción de capacidades productivas generados por la apertura a las importaciones parecen haber sido relativamente más importantes en los países de mayor tamaño, lo que posiblemente contribuye a explicar el lento dinamismo de Brasil, Colombia, México y Venezuela en relación con el patrón regional.

El contraste entre el éxito relativo de la internacionalización de las economías de América Latina y los lentos ritmos de crecimiento económico es, sin duda, uno de los efectos paradójicos de las reformas de mercado que se han llevado a cabo en la región. Este hecho ha terminado por poner nuevamente sobre la mesa el tema de las políticas industriales, o de desarrollo productivo más en general, y su relación con los procesos de desarrollo tecnológico, obviamente para las economías abiertas de hoy. Entre las instituciones

---

[19] Estos datos han sido estimados con la base de datos de los indicadores de desarrollo mundial del Banco Mundial.

GRÁFICA v.11. *Relación entre el crecimiento de las exportaciones y del PIB,*
1990-2010

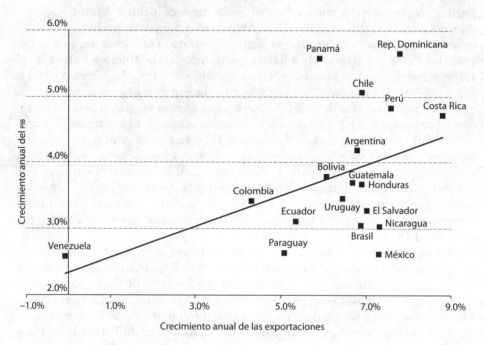

FUENTE: Estimado con series históricas de la CEPAL.

internacionales, a la CEPAL le cabe el mérito de haber mantenido su foco sobre este tema en momentos en que los reformadores reclamaban, como ya hemos señalado, que "la mejor política industrial es no tener ninguna política industrial" (véanse, al respecto, CEPAL, 1990, 2000 y 2008).

Desde los años noventa ha habido avances en algunas políticas de carácter horizontal (no selectivas), como las zonas francas, el apoyo a las micro, pequeñas y medianas empresas, la difusión de tecnologías de información y comunicaciones y el diseño de nuevos fondos de investigación y desarrollo, un tema sobre el cual volveremos más adelante. A ello debe agregarse el apoyo a algunas cadenas productivas y conglomerados *(clusters)* productivos locales. Todas estas políticas están enmarcadas dentro de un concepto de estrategias de "competitividad" (un término que no carga con los sesgos negativos que adquirió el concepto de políticas industriales) y se dirigen en gran medida a apoyar las ramas existentes más que a diversificar la base productiva. Sobrevivieron además algunas políticas sectoriales del pasado, como el apoyo al sector automovilístico en varios países sudamericanos o a la industria forestal en otros. En algunos casos el apoyo a la inversión de empresas individuales ha jugado una función importante, especialmente la atracción de INTEL a Costa Rica, de empresas mineras a Perú y de papeleras a Uruguay (Peres, 2012).

Desde comienzos del nuevo siglo hubo un retorno más generalizado a políticas sectoriales en Argentina, Brasil y México y, posteriormente, en Chile y Colombia. Sin embargo, sólo con el lanzamiento en 2008 de la política de desarrollo productivo (PDP) de Brasil y la instrumentación simultánea de una política para crear nuevas capacidades productivas en torno a los descubrimientos petroleros de dicho país, puede decirse que la política industrial y, más en general, la agenda de desarrollo productivo retornó en forma vigorosa a la región. En los otros países, las políticas siguen siendo limitadas en este campo y los incentivos que reciben los empresarios son débiles y complejos, y ciertamente no han desencadenado la misma respuesta que logró la protección y otros incentivos utilizados durante la fase anterior de desarrollo.

Las nuevas propuestas en materia de desarrollo productivo han tendido a otorgar mayor importancia a las políticas científico-tecnológicas, un tema sobre el cual había habido escaso desarrollo aun durante la fase de industrialización dirigida por el Estado. Las reformas de mercado también se expresaron en cambios en las políticas existentes en este campo. En los años noventa comenzó en la mayoría de los países un proceso de abandono progresivo de las políticas de oferta propias de la fase anterior de desarrollo y su reorientación hacia un modelo encaminado a responder a las demandas provenientes del sector productivo. Los principales instrumentos, de carácter "horizontal" y, por ende, con un efecto teóricamente neutral sobre distintos sectores productivos, eran los fondos ofrecidos a quienes demandaran recursos para inversiones innovadoras, los sistemas de información y asesoramiento a las empresas que quisieran innovar y los mecanismos de control y certificación de calidad, especialmente para productos de exportación. A ello se agregó el énfasis en la defensa de la propiedad intelectual para favorecer la IED, que se veía como portadora de progreso técnico. La liberalización comercial y la sobrevaluación cambiaria en varios países de la región favorecieron, por otra parte, la introducción de tecnología incorporada en los abaratados bienes de capital.

Estas políticas contribuyeron a acentuar la heterogeneidad ya mencionada de las estructuras productivas, ya que la propia lógica de la cofinanciación condujo a que los beneficiarios de las políticas fueran quienes ya tenían capacidades y trayectorias innovadoras. Por otra parte, los recursos disponibles para investigación y desarrollo siguieron siendo muy escasos; en promedio, sólo aumentaron de 0.54% del PIB en 1998-2002 a 0.57% en 2002-2006 y 0.63% en 2007 (CEPAL, 2010: cuadro III.9). Entre los países latinoamericanos, solamente Brasil alcanza 1% del PIB y la mayoría se ubica muy por debajo del promedio regional, que es apenas una fracción (una cuarta o quinta parte) de los indicadores correspondientes a países que invierten fuertemente en materia de desarrollo tecnológico (Finlandia, los Estados Unidos o Corea del

Sur) y la mitad de los que caracterizan a China o España. En América Latina, además, el esfuerzo descansa mucho más en financiamiento gubernamental, a diferencia de los países líderes en materia de innovación, que descansan más en aportes del sector privado. Esto coincide con un rezago aún mayor en otros indicadores (número de científicos o publicaciones científicas por millón de habitantes, o participación en las patentes otorgadas a nivel mundial; CEPAL, 2008: cuadro III.1).[20]

De cualquier manera, en medio de este modelo dominante funcional a las reformas de mercado, en distintos países se fueron registrando avances muy importantes en el desarrollo de enfoques más sistémicos de la innovación. En la década de los noventa Colombia y Costa Rica desarrollaron sistemas institucionales más integrados, que buscaban una mayor interacción entre políticas de oferta y demanda de tecnología y la participación de los distintos sectores y regiones. Sin embargo, estos esfuerzos se debilitaron en Colombia a fines de los noventa, para renacer una década más tarde. En Argentina, Brasil y México se avanzó en el desarrollo de fondos sectoriales, que constituyeron importantes experiencias de combinación de políticas sectoriales con el desarrollo de diversos instrumentos tendientes a capturar las necesidades de la demanda e incentivar la participación del sector privado en las inversiones en investigación y desarrollo. En tanto los modelos de Argentina y México estuvieron más orientados hacia una perspectiva de demanda, el caso brasileño se acercó más al modelo sistémico de Colombia y contó, como ya se señaló, con recursos mucho más sustanciales.

LOS EFECTOS SOCIALES DE LAS TRANSFORMACIONES ECONÓMICAS

Los efectos sociales de la década perdida fueron devastadores en materia de pobreza. Para el conjunto de América Latina, la pobreza aumentó de 40.5 a 48.3%, jalonada por el aumento de casi 12 puntos porcentuales de la pobreza a nivel urbano y por un aumento adicional de la ya alta incidencia de este problema en zonas rurales (gráfica v.12). El canal más importante fue el deterioro en los ingresos reales de los trabajadores y el colapso del empleo formal, inducido por la fuerte recesión y el proceso inflacionario que la acompañó. La distribución del ingreso experimentó en general un deterioro, que se concentró en la fase más aguda de la crisis (cuadro v.9).

Los ajustes fiscales que se llevaron a cabo durante la década perdida terminaron también por recortar el gasto público social, aunque, como se ha visto, en cuantía más modesta que el gasto público total. El gasto social, en efecto, tendió a reducirse ligeramente como proporción del PIB durante estos años, a lo cual se agregó la propia contracción del PIB per cápita. El resultado

---

[20] Para un análisis más extenso de este tema, véanse CEPAL (2008), caps. III y IV, y CEPAL (2010), cap. III.

GRÁFICA v.12. *Incidencia de la pobreza*

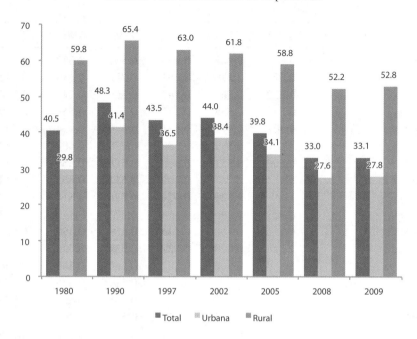

FUENTE: CEPAL.

neto fue una caída de 9% del gasto social per cápita en 1982-1989 en relación con los niveles de comienzo de la década. Los gastos en seguridad social fueron los más protegidos (Cominetti y Ruiz, 1998). Sin embargo, esta situación refleja un conjunto heterogéneo de experiencias, desde las de países que mantuvieron una tendencia ascendente durante los años ochenta hasta los que experimentaron un verdadero colapso.[21] Cabe señalar, sin embargo, que pese a esos recortes, durante la década perdida continuó el avance de los indicadores de condiciones de educación, salud y otros. No obstante, los aparatos públicos de provisión de servicios sufrieron un impacto fuerte, que se reflejó en pérdidas de capital humano y de la calidad de los servicios.

La historia posterior, con las reformas económicas, muestra contrastes importantes en la evolución de distintos indicadores sociales. La evolución más positiva ha sido el persistente aumento del gasto público social desde comienzos de los años noventa. Como el proceso de reformas ha coincidido con

---

[21] Los datos de Cominetti y Ruiz (1998) permiten clasificar a Brasil, Colombia, Costa Rica, Honduras, Panamá y Uruguay dentro del primer grupo y a Guatemala, Ecuador, El Salvador, Nicaragua, Perú, República Dominicana y Venezuela dentro del segundo. El resto de los países experimentó una caída inicial seguida de una recuperación.

CUADRO V.9. *Distribución del ingreso en América Latina*
(coeficiente de Gini)

	1980	1986	1992	1998	2002	2008
Argentina	0.398	0.427	0.450	0.502	0.533	0.463
Brasil	0.574	0.580	0.601	0.592	0.583	0.542
Chile	0.529	0.561	0.547	0.555	0.548	0.518
Paraguay	0.533	0.558	0.527	0.571	0.566	0.519
Uruguay	0.402	0.412	0.421	0.440	0.454	0.445
Bolivia		0.572	0.582	0.578	0.601	0.572
Colombia	0.600	0.582	0.564	0.588	0.556	0.556
Ecuador			0.499	0.511	0.565	0.534
Perú		0.529	0.474	0.526	0.514	0.480
Venezuela	0.423	0.446	0.413	0.472	0.475	0.435
Costa Rica		0.440	0.446	0.459	0.498	0.487
El Salvador		0.000	0.527	0.534	0.523	0.469
Guatemala		0.562	0.582	0.560	0.545	0.536
Honduras			0.515	0.519	0.555	0.553
Nicaragua			0.563	0.538	0.502	0.523
Panamá	0.480	0.518	0.555	0.554	0.564	0.548
México		0.480	0.541	0.547	0.538	0.505
República Dominicana		0.509	0.531	0.505	0.490	0.483
Promedio						
Todos	0.492	0.513	0.519	0.531	0.534	0.509
Para países con datos para 1986	0.000	0.513	0.517	0.532	0.533	0.506
Para países con datos para 1980	0.492	0.510	0.510	0.534	0.535	0.503

FUENTE: Gasparini *et al.* (2009).

la fase democrática más prolongada de la historia latinoamericana, la ampliación del gasto público social y la mayor cobertura de servicios sociales básicos que ha sido posible gracias a ello pueden considerarse como verdaderos "dividendos democráticos". Por otro lado, los indicadores relativos al mercado de trabajo y distribución del ingreso muestran dos fases diferentes. La primera fue de deterioro y abarcó los años de recuperación entre 1990 y 1997 y la media década perdida. La segunda, que coincide con el auge económico de comienzos del siglo XXI, fue de mejoría de ambos indicadores.[22]

---

[22] La bibliografía sobre estos temas es muy amplia. Sobre los años noventa, véanse CEPAL (2001b), Behrman *et al.* (2001) y Székely (2001). Sobre la mejoría distributiva reciente, véanse Cornia (2010), Gasparini y Lustig (2011) y la recopilación de López-Calva y Lustig (2010).

Como un todo, para el conjunto de la región la segunda fase no logró revertir plenamente el deterioro distributivo acumulado desde 1980 (véase el cuadro v.9) y, como veremos, tampoco el que experimentaban los mercados de trabajo desde 1990. La Gran Recesión frenó algunas de las tendencias favorables de los años de auge, pero el impacto parece que fue, en general, moderado.

Gracias al auge que antecedió a la Gran Recesión, los niveles de pobreza, que habían disminuido a un ritmo muy lento desde 1990, cayeron más de 10 puntos porcentuales entre 2002 y 2008. Sólo en 2004 se logró reducir la pobreza a niveles inferiores a los de 1980, lo que indica que en materia de reducción de la pobreza ¡no hubo una década sino un cuarto de siglo perdido! Más aún, el número absoluto de pobres se mantuvo en torno a 200 millones de personas durante los años noventa y aumentó a 220 millones durante la media década perdida, antes de disminuir unos 40 millones durante el auge de comienzos del siglo XXI. La distribución de las personas pobres experimentó, además, cambios importantes a lo largo de estas décadas: la incidencia de la pobreza y la indigencia siguió siendo mucho más alta en las zonas rurales, pero en números absolutos hubo una tendencia a la urbanización de la pobreza.

Aunque el auge de 2004-2008 logró revertir en gran medida las tendencias distributivas del primer periodo, no aconteció lo mismo con los indicadores del mercado de trabajo. A ello se agrega la alta volatilidad del crecimiento económico, que ha acrecentado la inseguridad económica que enfrentan los países latinoamericanos. Por ello, la tendencia en materia social ha sido hacia el desarrollo humano con mayor precarización laboral e inseguridad económica. Esta última se refleja tanto en el riesgo de pérdida de empleo y los altos niveles de rotación laboral, si se trata de un trabajador asalariado, como de pérdida de ingreso, si es un trabajador del sector informal.

Es importante destacar que estas transformaciones tuvieron lugar en medio de la maduración de los procesos de transición demográfica y urbanización, que generaron una decreciente presión de la oferta laboral en la primera década del siglo XXI, especialmente en las zonas urbanas. La desaceleración de la fecundidad, que se había iniciado a mediados de la década de los sesenta, se reflejó en un crecimiento de 1.7% de la población total entre 1980 y 2010, un punto porcentual menos que en 1950-1980, pero además con una desaceleración continua, de tal forma que al finalizar la primera década del siglo XXI el crecimiento demográfico era sólo ligeramente superior a 1% anual. La desaceleración del crecimiento demográfico fue generalizada, aunque más fuerte en aquellos países que habían experimentado una explosión demográfica en el periodo previo y con un cierto rezago de varios países centroamericanos (Guatemala, Honduras y Nicaragua) y en Bolivia y Paraguay, así como en Costa Rica, cuya población engrosó con los flujos inmigratorios intrarregionales (compárense los datos del cuadro v.10 con los del IV.9). Por otra parte, el proceso de urbanización se consolidó de tal forma que la tasa de urbanización ya es superior a la mitad en todos los países y alcanza casi tres cuartas partes en la región en su conjunto, con un sesgo hacia mayores tasas

CUADRO v.10. *Tasas de crecimiento de la población y tasas de urbanización*

	Población total		Tasa de creci- miento (%)	Tasa de urbanización (%)	
	1980	*2010*	*1980-2010*	*1980*	*2010*
América Latina (19 países)	349 009	572 479	1.7	57.0	72.7
Países grandes					
Brasil	121 672	199 992	1.7	67.1	85.0
México	69 325	110 056	1.6	66.3	78.0
Cono Sur					
Argentina	28 094	40 519	1.2	82.9	93.1
Chile	11 174	17 094	1.4	79.0	87.5
Uruguay	2 914	3 363	0.5	85.1	92.4
Andinos					
Colombia	28 356	47 859	1.8	64.3	78.5
Perú	17 325	28 861	1.7	64.2	73.4
Venezuela	15 091	28 807	2.2	79.0	93.6
Centroamérica					
Costa Rica	2 347	4 695	2.3	42.9	66.0
El Salvador	4 586	7 453	1.6	44.1	60.3
Guatemala	7 013	14 362	2.4	33.0	57.2
Honduras	3 634	7 614	2.5	34.9	50.5
Nicaragua	3 257	5 825	2.0	50.1	58.3
Otros					
Bolivia	5 355	10 426	2.2	45.5	66.4
Cuba	9 823	11 236	0.4	68.2	77.4
Ecuador	7 961	14 200	1.9	47.0	65.0
Panamá	1 949	3 497	2.0	49.8	68.7
Paraguay	3 198	6 451	2.4	41.6	61.4
República Dominicana	5 935	10 169	1.8	37.3	68.6

FUENTE: Series históricas de la CEPAL.

en las economías más grandes, un patrón que ya era perceptible en la fase anterior de desarrollo.

El crecimiento en la oferta laboral fue muy fuerte desde los años setenta, debido al doble impacto del crecimiento todavía rápido de la población en edad de trabajar y de la mayor participación laboral femenina, favorecida en este último caso por los efectos positivos de la menor dependencia demográfica. Este efecto conjunto se mantuvo hasta fines del siglo xx. Según el CELADE (2006: cuadro 11), el crecimiento de la oferta laboral fue todavía de 3.1% anual en la última década del siglo, un ritmo no muy diferente a 3.3% que esta misma entidad estima para el periodo 1970-1990. Durante la primera década del siglo XXI, sin embargo, la maduración del proceso de transición demográfica y del aumento de la participación laboral femenina fue una desaceleración importante del crecimiento en la oferta laboral, que se redujo a 2.2% anual.

La menor dependencia demográfica, y con ello el crecimiento más rápido de la población económicamente activa en relación con la población total, que se genera durante la larga fase de transición demográfica que ha vivido América Latina en las últimas décadas representa, como lo señala una amplia bibliografía, una oportunidad: un "bono demográfico", como se le denomina corrientemente. Sin embargo, los beneficios de este "bono" no son automáticos, ya que la economía debe generar suficiente empleo para hacerlo efectivo. Por ese motivo fue despilfarrado durante las dos últimas décadas del siglo XX, aunque tuvo efectos positivos sobre los niveles de pobreza. De hecho, de acuerdo con Ros (2009), la disminución de la relación de dependencia familiar es el factor que más ayuda a explicar el comportamiento de la pobreza en los distintos países latinoamericanos en el periodo 1990-2006. Durante el auge que se experimentó en la primera década del siglo XXI se sintieron con mayor fuerza los efectos positivos de este "bono demográfico", por lo cual el aumento del PIB per cápita en 2003-2008 fue similar al de 1967-1974 (en torno a 4% anual), pese a que el crecimiento del PIB total continuó siendo inferior al de dicho periodo.

El pobre desempeño del mercado de trabajo hasta comienzos de la primera década del siglo XXI fue devastador. Este hecho es el resultado de factores económicos, en particular del lento crecimiento ilustrado en la sección anterior y de los efectos que tuvieron las reformas de mercado sobre la generación de empleo. Aún más, los datos muestran que en la década de los noventa la tasa de crecimiento del empleo fue inferior a la de la segunda mitad del decenio de los ochenta; el desempleo creció, proliferó el empleo en el sector informal y el alza de los salarios reales favoreció sobre todo a los trabajadores calificados (Stallings y Weller, 2001). Vale la pena aclarar que este fenómeno se presentó aun durante los años de crecimiento económico de la década de los noventa (hasta 1997), mostrando el impacto negativo neto de las reformas económicas sobre la creación de empleo. Estas tendencias adversas se agudizaron durante la media década perdida de 1998-2002. En un contexto de expansión continua de la participación laboral femenina (la tasa de participación masculina se mantuvo estable, alrededor de 74%, mientras que la femenina aumentó ocho puntos porcentuales, de 38.4% en 1991 a 46.5% en 2002), el resultado fue una explosión de la tasa de desempleo y de la informalidad laboral (cuadro v.11).

El deterioro laboral durante la fase inicial de las reformas se concentró en Sudamérica, mostrando una incidencia decisiva de los distintos patrones de inserción internacional de las economías latinoamericanas señalados previamente. En efecto, según lo indica el cuadro v.11, la disminución de la tasa de ocupación y el aumento en el desempleo en Sudamérica coincidió con una mejoría de ambos indicadores en México y Centroamérica. Este contras-

CUADRO V.11. *Indicadores laborales, 1990-2008 (porcentajes)*

	Tasa de desempleo				Tasa de ocupación				Informalidad			
	1990	1997	2002	2008	1990	1997	2002	2008	1990	1997	2002	2008
América del Sur	6.4	8.2	12.8	8.1	53.9	52.5	50.0	54.3	42.2	45.9	47.5	41.6
Argentina	7.4	14.9	19.7	7.9	37.6	38.4	45.9	54.2	44.4	41.3	42.4	39.0
Bolivia	7.3	4.4	8.7	7.0	47.6	50.2	53.0	52.7	62.8	65.6	66.7	62.7
Brasil	4.3	5.7	11.7	7.9	58.9	55.2	48.7	52.5	49.3	46.7	46.2	40.2
Chile	7.8	6.1	9.8	7.8	48.5	50.9	48.4	51.7	38.9	34.3	31.8	30.0
Colombia	10.5	12.4	17.6	11.5	52.2	52.5	53.4	55.3	27.3	30.7	39.3	39.8
Ecuador	6.1	9.3	8.6	6.9	45.8	52.0	52.9	56.0	54.5	54.0	56.4	54.9
Paraguay	6.6	7.1	14.7	7.4	—	—	54.6	58.2	55.3	62.9	61.7	55.7
Perú	8.3	9.2	9.4	8.4	56.2	—	62.0	62.4	—	61.9	63.3	59.0
Uruguay	8.5	11.5	17.0	7.9	52.2	51.1	49.1	57.7	36.8	42.4	45.7	42.7
Venezuela	10.4	11.4	15.8	7.4	52.5	56.5	57.8	59.9	39.1	48.1	56.5	49.8
México y Centroamérica	5.1	5.4	4.7	5.3	50.9	54.7	54.8	57.0	42.5	43.9	48.9	43.9
Costa Rica	5.4	5.9	6.8	4.8	50.6	50.6	51.8	53.9	36.9	39.5	40.3	36.9
El Salvador	10.0	7.5	6.2	5.5	—	47.1	48.0	59.0	52.0	52.5	54.4	56.4
Guatemala	6.3	5.1	5.4	4.4	—	—	—	—	54.6	64.4	57.7	56.1
Honduras	7.8	5.8	6.1	4.1	—	50.6	49.7	49.4	53.3	54.3	56.7	42.9
México	2.7	3.7	3.9	4.9	50.4	56.7	55.5	57.5	43.6	44.0	47.1	43.3
Nicaragua	7.6	14.3	11.6	8.0	—	—	49.5	50.1	49.3	60.7	59.8	57.6
Panamá	20.0	15.5	16.5	6.5	47.1	52.0	54.1	60.3	32.3	33.5	38.4	35.6
República Dominicana	19.6	15.9	16.1	14.1	44.2	44.2	46.2	47.7	—	—	54.3	49.9
América Latina	6.0	7.5	10.5	7.2	53.3	53.0	51.2	55.2	42.3	45.3	47.9	42.3

NOTA: Los datos de los diferentes años son los más aproximados disponibles.
Las tasas de desempleo y ocupación fueron actualizadas con el Estudio Económico de América Latina y el Caribe, 2008-2009. La tasa de informalidad se actualizó con Panorama Social 2010, dado que el indicador no estaba disponible en el estudio anterior.
FUENTE: CEPAL, División de Desarrollo Económico para Desempleo y Ocupación; Panorama Social para Informalidad.

te entre los patrones del "norte" y los del "sur" fue particularmente notorio en el sector manufacturero. En los primeros el empleo en el sector manufacturero aumentó a una tasa media anual de 4.3% y representó 13% de todos los trabajos que se generaron; por el contrario, en los países del sur el empleo en dicho sector se contrajo 0.1% al año (Stallings y Weller, 2001). La industria maquiladora explica una parte clave de este comportamiento, dada su importancia en el dinamismo manufacturero del norte de la región durante los años noventa. Para 1999 los empleos en las maquiladoras representaban entre 10 y 40% del total de empleos en el sector manufacturero en los países del norte (en algunos, particularmente México y República Dominicana, ya era importante desde comienzos de dicha década).

El deterioro laboral fue generalizado durante la media década perdida, ya que afectó por igual a ambas subregiones. El patrón típico de deterioro sudamericano fue, sin embargo, por la vía del desempleo abierto, en tanto que en México como en Centroamérica se produjo por la vía de la informalidad.

En marcado contraste con las tendencias que habían predominado hasta comienzos del siglo XXI, el auge que experimentó la economía latinoamericana entre 2004 y 2008 tuvo un impacto mucho más positivo en Sudamérica, tanto en materia de reducción del desempleo abierto como de crecimiento del empleo formal. Las disminuciones más pronunciadas en la tasa de desempleo se dieron, en efecto, en cinco países sudamericanos (Argentina, Colombia, Paraguay, Uruguay y Venezuela), así como en Panamá, las naciones que en periodos anteriores habían mostrado los registros más altos de esta variable. Una razón importante de este resultado fue, por supuesto, el auge de los precios de productos básicos, que favoreció en este caso al patrón de especialización del "sur". La recesión que se inició a fines de 2008 frenó, como es obvio, estas tendencias positivas, pero su impacto fue mucho menor que durante las dos crisis previas.

Cabe destacar que, pese a sus efectos positivos, el auge de 2004-2008 no logró corregir el fuerte deterioro de la calidad de los puestos de trabajo que se acumuló entre 1990 y comienzos del siglo XXI. En efecto, todavía en 2008 la tasa de desempleo y la informalidad laboral permanecían por encima de los niveles de 1990. Este hecho se corrobora en el cuadro v.12, que compara la tendencia desde 1990 de cuatro variables indicativas de las condiciones del mercado de trabajo. Como se puede apreciar, sólo Chile muestra una mejoría sistemática de todos los indicadores. En el resto de países hay un deterioro a largo plazo de uno o varios de ellos. Dada la alta dependencia que existe entre empleo formal y el acceso a la seguridad social, uno de los efectos desafortunados de las tendencias laborales ha sido el retroceso en materia de cobertura a la seguridad social en más de la mitad de los países para los cuales existe información. Estos datos refuerzan la afirmación de Tokman (2007 y 2011) según la cual ha habido un avance de la economía informal durante estas décadas, una categoría que abarca tanto la informalidad como los trabajadores asalariados del sector formal en condiciones de precariedad labo-

CUADRO V.12. *Cambio en las condiciones del mercado laboral
en América Latina, 1990-2008**
(puntos porcentuales del indicador correspondiente)

	Desempleo abierto	Informalidad	Remuneración	Cobertura de la seguridad social
Argentina	0.5	−4.5	3.0	n.d.
Bolivia	−0.6	−0.3	−0.7	−4.2
Brasil	3.6	−9.1	0.1	−0.7
Chile	0.0	−8.9	2.1	−0.8
Colombia	1.0	−0.5	0.9	n.d.
Costa Rica	−0.6	0.2	0.7	0.4
Ecuador	0.8	2.9	1.0	−6.0
El Salvador	−4.5	5.4	−0.1	3.6
Guatemala	−0.2	3.5	0.1	2.8
Honduras	−3.7	−9.4	−0.2	n.d.
México	2.2	0.1	−0.5	−18.9
Nicaragua	0.4	9.1	−0.7	−7.9
Panamá	−13.5	3.6	0.3	−4.7
Paraguay	0.8	1.2	0.7	3.0
Perú	0.1	−1.8	0.1	12.2
República Dominicana	−4.3	−4.2	0.6	n.d.
Uruguay	−0.6	6.0	−0.2	4.4
Venezuela	−3.1	10.7	−0.6	3.8

* La variación corresponde al último dato disponible contra el primero. Los años varían para los países de acuerdo a la disponibilidad de información.
FUENTE: CEPAL, Panorama Social, anexos estadísticos.

ral (sin acceso a la seguridad social[23] e incluso sin contrato de trabajo). De acuerdo con sus estimativos (Tokman, 2011), la economía informal se expandió de 58.8 a 64% del empleo urbano entre 1990 y 2008.[24]

Las tendencias distributivas adversas que caracterizaron los años noventa y la media década perdida también muestran un cierto patrón norte-sur y pueden reflejar, por lo tanto, la forma en que los patrones de especialización incidieron sobre los mercados de trabajo. En efecto, como lo indica el cuadro v.9, el deterioro entre 1990 y comienzos del siglo XXI fue más acentuado en Sudamérica. Sin embargo, no fue generalizado: si bien fue fuerte el que ex-

[23] Sobre cobertura a la seguridad social, véase también Uthoff (2011).
[24] Para el periodo 1990-2005, García (2007) estima, a su vez, que más de 55% del incremento del empleo total en América Latina se ha explicado por el empleo informal.

perimentaron Argentina, Ecuador y Venezuela, fue más moderado en Bolivia y Uruguay, y mejoró ligeramente en Brasil. En el norte de la región el deterioro distributivo se comenzó a revertir en México desde mediados de los años noventa y coincidió con la mejoría distributiva en algunos países centroamericanos. Aunque tampoco los patrones del norte fueron uniformemente favorables, como lo refleja el deterioro distributivo de Costa Rica y Honduras.

Por otra parte, hay que destacar que, como algunos países con una mejor distribución del ingreso han experimentado un deterioro en las dos últimas décadas (Argentina, Costa Rica y Uruguay, en particular), en tanto que otros con mala distribución han experimentado una mejoría (notablemente Brasil, pero también Chile y varios centroamericanos), ha habido una cierta convergencia regional hacia niveles intermedios de desigualdad. Por lo demás, pese a la mejoría reciente, América Latina sigue siendo, junto con el África subsahariana, la región más desigual del mundo y, de hecho, los niveles promedio de desigualdad siguen estando ligeramente por encima de los de 1980 en los países para los cuales se cuenta con información.

Los efectos de las reformas estructurales sobre la distribución del ingreso han sido objeto de muchos debates. Las reformas generaron, sin duda, perdedores y ganadores, pero su impacto distributivo neto tuvo a veces signo opuesto en distintos países (véase, por ejemplo, Ganuza *et al.*, 2002), como lo tuvieron distintas reformas, sin que haya consenso sobre la materia.[25] El efecto más generalizado fue el aumento en las brechas salariales por calificación de mano de obra que se produjo en el grueso de los países de la región en los años noventa, con la importante excepción de Brasil. Varios autores apoyan la tesis de Morley (2000), de acuerdo con la cual la liberalización comercial fue el factor que más contribuyó a ampliar la brecha de remuneraciones. Entre los factores que contribuyeron a este resultado se cuentan la reducción en los aranceles a bienes de capital, la complementariedad entre inversión en maquinaria y equipo y demanda de la mano de obra calificada y la revaluación de las monedas (que abarataron equipos y aumentaron los costos de la mano de obra en dólares, con efecto adverso sobre sectores más intensivos en mano de obra). Por otra parte, la generación de empleo en los sectores exportadores fue insuficiente para compensar la destrucción de puestos de trabajo en los sectores que antes estaban protegidos y que tuvieron que aumentar la productividad para sobrevivir, racionalizando, al menos inicialmente, los costos laborales. La creación de los nuevos puestos de trabajo tendió, además, a ser inferior en términos de ingresos y estabilidad laboral (Lora, 2011). Debe señalarse, sin embargo, que otros autores consideran que el aumento en la brecha de remuneraciones respondió más a sesgos tecnológicos (mayor demanda

---

[25] Behrman *et al.* (2001) han argumentado, por ejemplo, que la liberalización financiera tuvo efectos regresivos que fueron más importantes que los efectos progresivos y moderados de la liberalización comercial. Morley (2000) ha señalado, por el contrario, que la liberalización comercial tuvo efectos adversos que dominaron los efectos favorables de la liberalización financiera.

de mano de obra calificada asociada a las nuevas tecnologías) que a los efectos de las reformas económicas, lo que explica por qué dicha tendencia es relativamente generalizada en el mundo.

La reciente reducción en la desigualdad ha sido analizada por Cornia (2010), Gasparini *et al.* (2011) y Gasparini y Lustig (2011), entre otros. En ella parecen haber incidido tanto los efectos coyunturales como los estructurales, así como los de la política social y quizás la política llana y simple. Entre los factores coyunturales se cuentan la reversión de los fuertes impactos distributivos adversos que experimentaron varios países durante la media década perdida y la reducción en la brecha rural-urbana generada por el fuerte incremento de los precios de productos agropecuarios. El auge económico generó, además, como se ha señalado, un aumento significativo en las oportunidades de empleo que se enfrentó a la mencionada reducción del crecimiento en la oferta laboral y las oportunidades que ha brindado, al norte de la región, la migración de mano de obra hacia los Estados Unidos y Europa.

Entre los factores favorables de carácter más permanente el más importante es la reversión del aumento en la brecha de ingresos entre trabajadores calificados y no calificados. La política educativa contribuyó a este resultado, tanto por medio del aumento en los años de educación en la población como de la reducción en algunas dimensiones de la desigualdad educativa. De acuerdo con Cornia (2010), esto último es el factor que más ha incidido en una mejor distribución del ingreso en la primera década del siglo XXI.

La ampliación de los nuevos esquemas de transferencias en ingresos, entre los que destacan las llamadas transferencias condicionadas[26] y otros mecanismos de asistencia social, ha contribuido también a la mejora distributiva, pero su impacto ha sido más modesto. La explicación básica es que estos esquemas involucran montos de recursos que son unas pocas décimas del ingreso nacional de los distintos países y en varios de ellos tienen una cobertura limitada. Esto es evidente en los dos países más grandes de la región, donde los mecanismos de transferencias se han desarrollado de manera más notoria. Según Gasparini y Lustig (2011), el programa Oportunidades explica poco menos de una quinta parte de la mejoría distributiva en México durante la primera década del siglo XXI, en tanto que el conjunto más amplio de transferencias que tiene Brasil contribuyó a dos quintas partes de la mejoría experimentada en dicho país, pero con una contribución importante tanto de los mecanismos de seguridad social (es decir, del Beneficio de Prestação Continuada, un sistema no contributivo de pensiones) como de Bolsa Familia, el mecanismo de subsidios condicionados, ahora integrado a otros programas de reducción de la pobreza.

Lo anterior indica que, aunque los gastos en asistencia social son alta-

---

[26] Bajo este mecanismo, los hogares pobres reciben una transferencia del Estado si llevan a sus hijos en edad escolar al colegio y las madres embarazadas acuden a los controles médicos correspondientes.

mente redistributivos, su monto es relativamente reducido, y por ello los mayores efectos redistributivos del gasto público están asociados al alcance de las políticas sociales fundamentales (Ocampo, 2008). Los de mayor cobertura, como los de educación primaria y, crecientemente, secundaria, así como los de salud pública, son los que tienen un fuerte impacto redistributivo. Los de cobertura intermedia, como los de vivienda y saneamiento, son también ligeramente progresivos. Por el contrario, aquellos servicios que llegan a una proporción reducida de la población, como los de educación superior y seguridad social, son regresivos, aunque generalmente menos que la distribución general del ingreso.

El cambio en los regímenes laborales puede haber tenido también alguna incidencia en materia distributiva, como parte de las transformaciones políticas que experimentó la región y especialmente el ascenso al poder de varios movimientos de izquierda. Pese a que, como se ha señalado, no hubo una gran liberalización de los mercados de trabajo, el deterioro distributivo previo se dio en el contexto de debilidad de los movimientos sindicales y de una política salarial (en particular, en materia de salario mínimo) adversa a los trabajadores. Por el contrario, la primera década del siglo XXI se caracterizó por una relación más amistosa con los movimientos sindicales y por el aumento del salario mínimo en varios países. Las reformas laborales también cambiaron de signo en varios de ellos, hacia una mayor protección (Murillo *et al.*, 2011).

Esta incidencia de la política social en la distribución del ingreso muestra, con rezago, el elemento más positivo de las tendencias sociales de las dos últimas décadas: el aumento consistente del gasto público social. De acuerdo con la información de la CEPAL, éste se elevó de 13% del PIB en 1990 a 16.1% en 1998. Después de una desaceleración a la vuelta de siglo, como reflejo del impacto de la media década perdida, el dinamismo del gasto social se renovó y alcanzó 18.9% del PIB en 2008. Más aún, en la medida en que el PIB ha aumentado, en algunos periodos de forma dinámica, el gasto social también lo ha hecho. A lo largo de las dos décadas el aumento fue, además, más marcado en los países que se encontraban inicialmente rezagados, por lo cual las diferencias en los montos relativos de gasto social como proporción del PIB de los distintos países de la región tendieron a reducirse. Tanto a comienzos de la década de los noventa como en 2008 Argentina, Brasil, Costa Rica y Uruguay tenían niveles de gasto superiores a lo que señalaba el patrón regional. Los mayores avances se lograron en Brasil y Colombia, entre los países más grandes, y El Salvador y Paraguay, entre los más pequeños.

El resultado del aumento en el gasto social fue un avance continuo en un conjunto amplio de indicadores de condiciones de educación, salud y de cobertura de servicios de drenaje y alcantarillado, entre otros, con diferencias obviamente importantes entre los distintos países. Los avances en todos estos campos han continuado situando a la región por encima del promedio del mundo en desarrollo y en niveles comparables o superiores a otras regiones del mundo con ingresos por habitante similares (Asia Oriental), aunque con excepciones notables de ciertos países en algunos indicadores de salud (por ejemplo, mortalidad materna) (cuadro v.13). Este progreso se refleja igualmente en la evolución de los índices de desarrollo humano, aunque según se vio en el capítulo I estos avances han sido algo inferiores a los que se lograron durante la etapa de industrialización dirigida por el Estado.

Sin embargo, estos avances no deben sobreestimarse. En materia educativa, por ejemplo, la deserción escolar continúa siendo un reto para la universalización de la educación primaria, la distribución del acceso a la educación terciaria no ha mejorado e incluso se ha deteriorado en varios países y existen serios problemas de calidad de la educación en todos los niveles. En materia de salud subsisten también inmensos problemas, asociados a las altas tasas de mortalidad materna en algunos países, así como al manejo deficiente de algunas enfemedades transmisibles (VIH/sida, malaria y tuberculosis) y de enfermedades crónicas no transmisibles y de creciente incidencia (cardiovasculares, diabetes y cáncer), y en algunos países a los efectos sobre los indicadores de salud de los altos niveles de violencia. Además, pese a los avances en materia de vivienda, una proporción no despreciable de ella sigue estando construida con materiales de mala calidad y un conjunto aún amplio de la población carece todavía de conexión a la red de saneamiento (BID, 2008a).

La dimensión de la política social que muestra los menores avances o incluso abierto retroceso es, sin duda, la seguridad social, en su definición más amplia (cobertura contra los riesgos de vejez, salud, desempleo y otros). En esta materia existe un claro contraste entre la industrialización dirigida por el Estado y las últimas décadas. La primera se caracterizó, como se vio en el capítulo anterior, por el desarrollo de un Estado de bienestar segmentado, que cubría fundamentalmente a los trabajadores del sector formal de la economía. La etapa más reciente se caracteriza por el estancamiento e incluso retroceso de estos mecanismos de seguridad social, al tiempo que han mejorado sensiblemente la asistencia social, en particular los subsidios condicionados y los programas de nutrición y de empleo mínimo (Ferreira y Robalino, 2011). En el caso de la seguridad social, el problema esencial se deriva de su vínculo con un empleo formal (lo que en el capítulo anterior denominamos el "modelo bismarkiano" o corporativo), que no responde a las realidades de los mercados laborales en las últimas décadas, especialmente la creciente prevalencia de la informalidad y la fuerte rotación de empleos.

En este campo, los países de la región se dividen en tres grupos, de acuerdo con Uthoff (2011). El primero se caracteriza por tener sectores informales muy grandes y lo conforman Bolivia, Ecuador, El Salvador, Guatemala, Honduras, Nicaragua, Perú y Paraguay. Dichos países tienen una estructura de edad relativamente joven y un número considerable de dependientes jóvenes e informales. La cobertura de la seguridad social de las personas empleadas es inferior a 30%. El segundo grupo lo conforman Colombia, México, República Dominicana, Panamá y Venezuela. La fecundidad ha disminuido

CUADRO V.13. *Avance en indicadores de desarrollo del milenio (porcentajes)*

	América Latina y Caribe		Asia Oriental		Países en desarrollo	
	1990	2007	1990	2007	1990	2007
Bajo peso, niños menores de 5 años	13	6	17	7	33	26
Proporción de desnutrición en la población total[1]	13	8	16	10	20	17
Tasa neta de escolaridad						
Primaria	86.7	94.9	98.0	95.2	79.6	88.1
Secundaria[2]	58.7	70.2	60.7	69.0	45.4	52.6
Terciaria[3]	21.5	31.3	13.3	24.2	10.9	17.4
Relaciones niñas a niños						
Primaria	97.0	97.0	94.0	99.0	87.0	95.0
Secundaria[2]	106.0	107.0	97.0	101.0	90.0	94.0
Terciaria[2]	113.0	119.0	55.0	96.0	78.0	96.0
Tasa de mortalidad niños menores de 5 años (por 1000)	55	24	45	22	103	74
Tasa de mortalidad materna[4] (por 100 000 nacimientos)	180	130	95	50	480	450
Nacimientos atendidos por personal calificado	68	87	71	98	47	61
Población con acceso[5]						
Agua potable	84	92	68	88	71	84
Facilidades sanitarias	68	79	48	65	41	53

[1] Los datos de desnutrición de la población se refieren a 1990-1992 y 2008, los últimos disponibles.

[2] Los datos de secundaria se refieren a 1999-2000 y 2006, y, en caso de la tasa de escolaridad de Asia, incluyen a Japón.

[3] La tasa de escolaridad terciaria es bruta; utilizar la neta no es pertinente debido a las dificultades de determinar apropiados grupos de edades dada la gran variación que hay en la duración de los diferentes programas en este nivel de educación. Los datos se refieren a 1999-2000 y 2006.

[4] El dato de 2007 corresponde a 2005, que es el último disponible.

[5] El dato de 2007 corresponde a 2005, que es el último disponible.

FUENTES: Base de datos de las Naciones Unidas sobre Objetivos de Desarrollo del Milenio. Educación secundaria y terciaria según UNESCO.

en estos países, lo que se refleja en grandes cambios en su estructura de edades, y la cobertura de la seguridad social de las personas empleadas es cercana a 50%. Finalmente, países como Argentina, Brasil, Chile, Costa Rica y Uruguay conforman el conjunto que tiene una estructura con poblaciones de mayor edad y un gran número de dependientes adultos mayores y jóvenes, ambos económicamente inactivos. La cobertura de la seguridad social de las personas empleadas es superior a 60%. Éstos son los países que tienen un Estado de bienestar potencial. Según vimos en el capítulo anterior, son también los que comenzaron más pronto la transición hacia modernos sistemas de bienestar.

Lo anterior indica que los sistemas de seguridad social exclusivamente contributivos, como los que se desarrollaron durante la industrialización dirigida por el Estado, son excluyentes. Por otra parte, frente a la limitada capacidad estatal de proveer bienestar, las empresas y las familias han buscado la manera de hacerlo por sí mismas o a través de mecanismos de mercado. La inclusión explícita del sector privado en los sistemas de seguridad social potencia la capacidad del mercado hacia los fines que persigue la seguridad social, pero ese resultado también es excluyente. Por ello, existe un consenso en que los avances en esta materia tendrán que basarse en un pilar de gasto público no contributivo financiado con recursos públicos generales y en el diseño de sistemas novedosos para incorporar a la economía informal.[27] Ésta es, por lo tanto, el área de política social donde todos los modelos de desarrollo que ha seguido la región han dejado los mayores vacíos.

[27] CEPAL (2006a), Levy (2008) y Uthoff (2010), entre otros, han propuesto reformas de este tipo.

A *modo de conclusión*
LA HISTORIA Y LOS RETOS
DEL DESARROLLO LATINOAMERICANO

INTRODUCCIÓN

A lo largo de esta obra se han discutido con especial énfasis cuatro aspectos de la historia económica de América Latina. El primero han sido los logros en materia de desarrollo, con sus claroscuros en el plano comparativo internacional. El segundo ha sido el de la inestabilidad económica, asociada a sus formas de especialización internacional, donde todavía predominan los recursos naturales, y al acceso inestable al financiamiento internacional. El tercero ha sido la lenta gestación de las instituciones políticas y económicas modernas y las grandes variaciones en las políticas económicas y en los modelos de desarrollo que las han acompañado. El cuarto es el de la desigualdad, terreno en el que América Latina presenta problemas más serios que otras regiones. Recapitulemos los vínculos entre estos aspectos.

DESARROLLO Y DESIGUALDAD

No hay duda de que la región ha avanzado en su desarrollo. Ello se refleja en el avance de la producción por habitante, la mejora en los indicadores de desarrollo humano y la reducción en los niveles de pobreza. Pero este proceso ha sido desigual a lo largo del tiempo y de la geografía regional.

La periodización que hemos utilizado en este libro nos sirve para estudiar los ritmos de este proceso a lo largo de los dos siglos analizados. Hemos diferenciado cuatro fases principales: *1.* las décadas posteriores a la Independencia del grueso de los países; *2.* la fase de desarrollo primario-exportador en el marco de la llamada primera globalización, que cubre las últimas décadas del siglo XIX y las tres primeras del XX; *3.* la industrialización dirigida por el Estado (término que preferimos al incorrecto de industrialización por sustitución de importaciones), que se enmarca entre dos grandes crisis: la Gran Depresión de los años treinta y la "década perdida" del decenio de los ochenta, y *4.* la etapa de reformas de mercado desde la década de los ochenta, que coincide a nivel internacional con la segunda globalización. Dada la diversidad de América Latina, estas fases no se inician ni culminan simultáneamente en todos los países, por lo que una periodización más precisa puede ser diferente en algunos casos.

En términos generales, la primera fase fue de retroceso en relación con lo que hoy es el mundo industrializado, aunque de avance en relación con el grueso de las regiones que hoy se consideran parte del mundo en desarrollo.

313

La última fase también fue de retroceso relativo, ahora no sólo con el mundo industrializado, sino también con respecto al promedio mundial y, especialmente, a los países en desarrollo de Asia.

Por el contrario, durante la fase de desarrollo primario-exportador América Latina fue, con la Europa central y meridional, una de las regiones de la periferia de la economía mundial que lograron insertarse de forma más temprana al proceso de crecimiento económico, lo que la convirtió en una especie de "clase media" del mundo. Durante la industrialización dirigida por el Estado la economía latinoamericana siguió creciendo más que el promedio y aumentando su participación en la producción mundial. Sin embargo, ni en una ni en otra etapas de éxito relativo América Latina logró recortar más que marginalmente la distancia que ya la separaba en 1870 del mundo desarrollado, e incluso durante la "edad de oro" del mundo industrializado, entre 1950 y 1973, se rezagó en relación con Europa Occidental. Si nos concentramos en la segunda y en la cuarta, que coinciden con los procesos modernos de globalización, se puede decir que América Latina fue ganadora durante la primera globalización, pero no se ha podido beneficiar durante la segunda, sino que incluso ha perdido terreno en términos relativos.

En materia social, los progresos vinieron con más rezago. El lastimoso estado de la educación a comienzos del siglo XX, incluso en los países que lideraron el desarrollo regional, es una muestra de ello. Los indicadores de desarrollo humano comenzaron a mejorar hacia la tercera década del siglo XX y tuvieron sus mayores avances durante la etapa de industrialización dirigida por el Estado y han mostrado durante las fases de reformas económicas un estancamiento en relación con el mundo industrializado, aunque con un continuado avance en educación. En materia de reducción de la pobreza, los mayores avances durante el siglo XX se dieron nuevamente durante la industrialización dirigida por el Estado. Después de un cuarto de siglo (y no sólo una década) perdido en esta materia a partir de los años ochenta, lo más promisorio es el avance sustancial que se experimentó en reducción de la pobreza entre 2002 y 2008, que coincidió con una mejoría en la distribución del ingreso en un conjunto amplio de países. Los datos existentes, todavía incompletos, indican que estas mejorías se han mantenido, en general, en años más recientes.

La historia de la desigualdad interna es compleja y diversa, y por lo demás no sigue un patrón único en la región. La herencia colonial de sociedades altamente segmentadas económica y socialmente sigue pesando sobre el desarrollo regional, algo en lo que hizo hincapié la teoría estructuralista latinoamericana desde los años cincuenta y que ha señalado el nuevo institucionalismo en épocas más recientes. El hecho, resaltado una y otra vez, de que los países latinoamericanos tienen la peor distribución del ingreso del mundo es la demostración más patente de ello. Pero la mera referencia a la herencia colonial sirve de poco, porque los procesos que median entre el colapso colonial y el presente también han sido importantes y no han jugado de la misma manera en los distintos países.

Algunos de estos procesos han sido adversos en materia distributiva y han tenido efectos más o menos uniformes en la región: la primera globalización tuvo efectos distributivos desfavorables; la crisis de la deuda de los años ochenta también los tuvo, y lo mismo puede decirse de los efectos iniciales de la liberalización económica de fines del siglo xx. Para los países con fuertes excedentes de mano de obra, la presión hacia abajo que éstos generaron durante una buena parte del siglo xx tuvo también efectos negativos en materia distributiva. A ello se ha sumado el sello adverso que han dejado muchas dictaduras militares.

Pero también ha habido fuerzas positivas. A la postre, las mayores ganancias en materia de igualdad social han sido la abolición de la esclavitud, que ocurrió de forma muy tardía en algunos países (Brasil y Cuba), y la más lenta erosión de las formas serviles de trabajo rural que predominaban incluso a comienzos del siglo xx en el grueso de los países latinoamericanos y siguieron teniendo incidencia por mucho tiempo. La urbanización sirvió mucho para dar nuevas oportunidades a poblaciones rurales que habían vivido bajo el signo de la fuerte segmentación social que caracterizaba a las sociedades rurales de la región. El avance tardío de la educación fue también una fuerza igualadora, que se ha materializado en varios países en la mejora distributiva de comienzos del siglo xxi. Este avance ha sido, sin embargo, incompleto, como se refleja en los rezagos y desigualdades en términos de la calidad de la educación a la cual tiene acceso el grueso de los latinoamericanos.

Otros procesos con efectos favorables sobre la equidad han tenido resultados menos homogéneos en la región. La gran migración europea a los países del Cono Sur, aunque presionó inicialmente los salarios a la baja, tuvo a la larga efectos distributivos favorables, entre otras cosas porque los inmigrantes trajeron consigo habilidades, conocimientos y, especialmente, instituciones (entre las que destaca el sindicalismo) que contribuyeron a difundir los beneficios de los procesos de desarrollo. Su impacto más benéfico se obtuvo durante las primeras fases de la industrialización dirigida por el Estado, pero estas ganancias serían posteriormente revertidas en los años sesenta y setenta por cruentas dictaduras que debilitaron los mecanismos institucionales que habían servido de base a la mejoría de la equidad. Otros países han tenido giros institucionales hacia la equidad, muy notablemente los que tuvieron lugar en Costa Rica a mediados del siglo xx o en Cuba con su revolución. Las reformas agrarias, de muy diverso alcance, hicieron en general menos de lo esperado en materia de redistribución de la tierra, pero ayudaron a erosionar las formas serviles de trabajo rural. El agotamiento de los excedentes de mano de obra rural mezclado con la mejora en los niveles educativos permitió también mejoras distributivas en algunos países en los años sesenta y setenta.

¿Cuál ha sido el resultado neto de dichas tendencias sobre la distribución del ingreso y de la riqueza? La historia es diversa y no existe la información para corroborarlo con plenitud, pero es posible hablar de cuatro fases. La primera fue de deterioro, hasta comienzos del siglo xx o incluso después en economías con excedentes de mano de obra. A ella sucedió una de mejoría, que se produjo tempranamente (desde la década de los veinte) en el Cono Sur por los factores institucionales mencionados, más tarde (en los años sesenta o setenta) en otros (Colombia, Costa Rica, México y Venezuela), pero nunca se dio en algunos países (Brasil). La tercera fase, de deterioro, la inauguraron nuevamente los países del Cono Sur, pero se generalizó a fines del siglo xx con la década perdida y las reformas de mercado. Finalmente, unas dos terceras partes de los países han experimentado una mejora distributiva en la primera década del siglo xxi, o quizás desde un poco antes. A largo plazo, puede decirse que la desigualdad en la distribución del ingreso en América Latina, aparte de ser estructuralmente alta, lo cual es ampliamente reconocido, es quizás peor hoy que cuando comenzó el proceso de rápido crecimiento económico en la segunda mitad del siglo xix. De hecho, y pese a la mejora distributiva de comienzos del siglo xxi, el nivel promedio de desigualdad sigue siendo peor que el de 1980.

La desigualdad también es evidente en la forma en que se difundió el desarrollo en la geografía regional. Aun durante las décadas de pobre desempeño posteriores a la Independencia hubo avances en algunos países: los del Cono Sur y quizás en otras partes (Costa Rica y algunas regiones exitosas dentro de ciertos países, como el norte de México y Antioquia en Colombia), y un crecimiento extensivo en las dos economías que mantuvieron la oprobiosa institución de la esclavitud, en parte porque no hubo allí una ruptura colonial propiamente dicha (Brasil y Cuba). Durante la segunda de las etapas mencionadas, estas tendencias a la divergencia en el desarrollo se profundizaron, al menos hasta la primera Guerra Mundial. Para entonces los países del Cono Sur, y en menor medida Cuba, habían logrado ampliar sus ventajas en relación con el resto. Desde entonces se inició un proceso de convergencia regional, producto tanto del éxito tardío de otros países como del rezago que comenzaron a experimentar los líderes, que de cualquier modo dejó atrás a algunas naciones (Bolivia y Nicaragua son los casos más destacados). Este proceso de convergencia regional se detuvo durante la década perdida de los años ochenta y en los últimos decenios retornó la tendencia divergente.

En síntesis, se puede sostener que el panorama de la equidad ha sido sombrío: tanto porque aumentaron las diferencias en relación con los países desarrollados como por mantenerse altas y tal vez crecientes las desigualdades internas. Solamente en la desigualdad entre países latinoamericanos se nota cierta disminución en el largo plazo.

Inestabilidad macroeconómica, desarrollo institucional y modelos de desarrollo

El rezago de los líderes de la región después de la primera Guerra Mundial es una demostración de otro hecho destacado del desarrollo latinoamericano:

la existencia de importantes vaivenes en el proceso de desarrollo. Uno de ellos es la tendencia de los países latinoamericanos a experimentar prolongadas fases de rápido crecimiento, que reducen por un tiempo la brecha de ingresos con los países industrializados pero son sucedidas por grandes retrocesos relativos. A este patrón lo hemos denominado convergencia truncada o alternancia de regímenes de convergencia y divergencia. Cuba es quizás el caso más temprano y destacado: después de haber sido uno de los grandes éxitos exportadores del siglo xix y comienzos del xx, experimentó un virtual estancamiento de su ingreso por habitante desde mediados de la segunda década del siglo xx. La historia del Cono Sur es similar: un gran avance hasta la primera Guerra Mundial y retroceso relativo posterior. Esto fue particularmente notorio en Argentina, uno de los grandes éxitos de desarrollo a nivel mundial durante la primera globalización. Le sigue en la lista Venezuela, el mayor éxito latinoamericano entre las décadas de los veinte y sesenta, gracias a su despegue petrolero y su capacidad de "sembrar" parcialmente sus beneficios, que ha sido sucedido por un fuerte retroceso relativo posterior. Brasil y México, los grandes éxitos de la industrialización dirigida por el Estado, siguieron esta ruta poco después, con un retroceso relativo pronunciado desde la década de los ochenta. Puede decirse quizás que la ausencia de "milagros" pero también de grandes crisis, y por lo tanto la capacidad de tener un desarrollo pausado pero estable, es el curioso secreto de Colombia. Este patrón de mayor estabilidad también está presente, aunque con menor fuerza, en Costa Rica y Panamá, dos de los tres países pequeños más exitosos a largo plazo; el tercero es Uruguay, pero en este caso en medio de grandes vaivenes en el proceso de desarrollo.

Como se puede percibir en las consideraciones anteriores, las historias del desarrollo y la desigualdad en la distribución del ingreso no han sido paralelas. En los países del Cono Sur, por ejemplo, las mayores fuerzas hacia la equidad en la distribución del ingreso se dieron durante la fase en que experimentaron un rezago relativo en materia de desarrollo económico. Pero a veces los periodos de retroceso han generado efectos distributivos adversos; el caso más destacado es la década perdida. Asimismo, en algunas ocasiones los periodos de éxito han sido de deterioro distributivo (la primera globalización en el grueso de los países y el "milagro" brasileño, por ejemplo), pero en otros han coincidido crecimiento y equidad (como en el auge económico de 2004-2008 y quizás durante años más recientes).

Los vaivenes más frecuentes y generalizados han estado asociados a la vulnerabilidad externa de las economías latinoamericanas y la volatilidad del crecimiento económico que ha resultado de ella. El factor que ha tenido efectos permanentes a lo largo de los dos siglos que hemos analizado ha sido la dependencia de productos básicos, sujetos a una fuerte volatilidad de los precios, que además se ha agudizado en algunas coyunturas históricas de alcance mundial: entre la primera Guerra Mundial y la Gran Depresión y desde comienzos o mediados de los años setenta. A ello se agrega la volatilidad aún más pronunciada que ha resultado del acceso muy irregular y fuertemente procíclico al financiamiento externo, que ha generado algunos de los ciclos más pronunciados: en particular, el auge de la segunda mitad de los años veinte, sucedido por la dura contracción y moratoria virtualmente generalizada de la deuda externa de la década de los treinta y el auge de la segunda mitad de la de los setenta, sucedido por la década perdida de los años ochenta. Esta última ha sido la crisis más severa que ha experimentado América Latina como región, no sólo por la intensidad y durabilidad de algunas de las perturbaciones en los mercados internacionales (la elevación de las tasas de interés relevantes y la caída de los precios de productos básicos, que perduraron durante poco más de dos décadas), sino también porque la región debió enfrentar un verdadero cartel de acreedores respaldados por los principales países industrializados y organismos financieros internacionales, que implicó que ésta fuera la primera vez en que no se hizo uso (excepto por periodos breves) del principal mecanismo para manejar las crisis financieras que se había utilizado en el pasado: la suspensión del servicio de la deuda.

Por último, esta inestabilidad ha estado acompañada por aquellas de carácter institucional y por grandes cambios en las políticas y los modelos de desarrollo. La inestabilidad institucional fue uno de los fenómenos más graves en las décadas que sucedieron a la Independencia, que en algunos países se superaron más adelante en el siglo XIX, aunque recurriendo con excesiva frecuencia a regímenes autoritarios. Las rupturas revolucionarias o la fuerte conflictividad social fueron una característica destacada de todos los países que experimentaron un lento crecimiento durante la industrialización dirigida por el Estado. Apareció después como un fenómeno relativamente generalizado en la región centroamericana (con excepción de Costa Rica y Panamá) en los años setenta y ochenta. Además, como ya lo había indicado la experiencia de fines del siglo XIX, que se reiteraría a lo largo del XX, el recurso a regímenes autoritarios ha sido frecuente a lo largo de la historia. Una forma de decirlo es que el triunfo del liberalismo económico, mucho más gradual y lento que el de las expectativas que se generaron a raíz de la Independencia, ciertamente no coincidió con el triunfo del liberalismo político, excepto (y con debilidades) en un puñado de naciones. Por eso, un hecho que se debe destacar es que desde los años ochenta la región ha vivido por primera vez la inédita coincidencia de liberalismo económico y liberalismo político.

Los grandes cambios en los modelos de desarrollo han sido tal vez el tema más destacado en la historiografía económica tradicional sobre América Latina. Aunque siguiendo las tipologías más tradicionales, esta obra ha mostrado importantes matices. Se ha mostrado que en varias de las principales economías, en la etapa primario-exportadora el desarrollo exportador no se concibió como antagónico a la industrialización moderna promovida mediante aranceles altos. En efecto, América Latina tuvo entonces, con los Estados Unidos y Australia, los aranceles más elevados del mundo. Aunque la razón fue esencialmente fiscal, muchos países de la región no pudieron resistir la tentación de usar los aranceles también con motivos de protección. En cualquier caso, el cambio estructural que se produjo durante esta etapa de desarrollo fue muy moderado y dejó a América Latina con un inmenso rezago educativo y muy bajos niveles de industrialización, participando sólo de forma marginal y tardía en lo que se ha llamado la Segunda Revolución industrial, después de haber estado al margen de la primera.

Durante la etapa de industrialización dirigida por el Estado, América Latina se aproximó más al modelo de economía mixta europeo y por eso fue menos estatista que el resto del mundo en desarrollo, un hecho que se ignora a menudo. Además, hemos señalado que en varios países medianos y, sobre todo, pequeños el proceso de industrialización se instaló sobre lo que siguió siendo en lo fundamental un modelo primario-exportador. Aun en los más grandes, los sectores primario-exportadores siguieron jugando un papel importante, por lo cual los intereses industrialistas nunca alcanzaron la hegemonía que habían tenido en los procesos de desarrollo tardío europeos o los que tendrían más recientemente en Asia Oriental. Por último, en la fase reciente, aparte de acciones de apertura al comercio y a los capitales extranjeros, existen muchos matices en la forma en que se dio la liberalización económica, por lo que hemos preferido hablar de "reformas de mercado", con una amplia variedad regional, antes que de un modelo "neoliberal" uniforme.

Muchas de las consideraciones previas dejan claro que la "leyenda negra" sobre la fase de industrialización dirigida por el Estado que ha tejido la economía ortodoxa está basada más en percepciones ideológicas que en una observación de los resultados económicos y sociales de dicho modelo. Ésta no sólo ha sido la etapa de crecimiento más rápida y estable por un periodo prolongado, sino también una fase de fuerte reducción de la pobreza y avance en materia de desarrollo humano. También hemos argumentado que la crisis de la deuda no fue tanto el resultado de los problemas que generó dicho modelo de desarrollo sino del ciclo financiero externo agudo que experimentó la economía latinoamericana en los años setenta y ochenta. El hecho de que las economías del Cono Sur, que ya habían iniciado el ciclo de liberalización económica, hayan sido las más afectadas es tal vez la mejor demostración de ello. Pero tampoco se puede crear un mito en torno a los éxitos del modelo de industrialización dirigida por el Estado o pensar en la ilusa idea de volver a un pasado que respondió en sus orígenes al colapso de la primera globalización más que cualquier otro factor y que, por lo tanto, resultaría anacrónico bajo la segunda globalización que vivimos hoy.

La principal deficiencia de dicho modelo fue su incapacidad de crear una base tecnológica sólida, incapacidad que tiene profundas raíces, ya que se remonta al rezago industrial experimentado durante la primera globalización, a los retrasos educativos acumulados y los todavía mayores en construir una base científico-tecnológica propia. A ello se agregó, desde mediados del decenio de los setenta, la reversión del proceso de industrialización en una etapa todavía temprana del desarrollo, que se reflejó en un freno e incluso una reversión de la tendencia ascendente de los niveles de productividad que venía experimentando el grueso de las economías latinoamericanas; esa reversión tuvo lugar pese al avance de empresas y sectores específicos bajo las reformas de mercado. En nuestra interpretación, el truncamiento temprano de los procesos de convergencia de los países líderes de la región tiene su origen fundamental en estos fenómenos de carácter estructural. A ello habría que agregar que en los países del Cono Sur el fuerte contraste entre la orientación hacia el mercado interno y la debilidad del desarrollo exportador resultó fatal durante la industrialización dirigida por el Estado, en tanto que en el otro caso de convergencia truncada, Cuba, el problema fue posiblemente el opuesto, es decir, la excesiva orientación exportadora.

El "sesgo antiexportador" afectó a muchas de las economías más grandes durante la industrialización dirigida por el Estado, pero fue un problema reconocido y dio lugar, desde mediados de la década de los sesenta, a un "modelo mixto" que combinaba protección con diversificación de las exportaciones e integración regional. El avance exportador ha sido, por lo demás, el gran éxito de la fase de reformas de mercado, pero uno cuyos beneficios en materia de desarrollo general siguen sin materializarse plenamente.

Cabría agregar que, en contra de la validez parcial del concepto de "sesgo antiexportador", no encontramos bases sólidas para afirmar que la fase de la industrialización dirigida por el Estado haya generado un "sesgo contra la agricultura" o una indisciplina macroeconómica generalizada. El crecimiento de la agricultura fue de hecho superior para el conjunto de la región durante esa fase del desarrollo de lo que ha sido con posterioridad bajo las reformas de mercado, pero esta comparación en realidad promedia experiencias muy diversas en uno y otro casos. Sobre la indisciplina macroeconómica, hemos mostrado que la propensión a la inflación era una característica casi exclusiva del Cono Sur y Brasil hasta comienzos de los años setenta y que la indisciplina fiscal sólo se generalizó en la fase de abundancia de financiamiento externo de la segunda mitad de dicha década. Por ello, el desborde inflacionario fue más un efecto que una causa de la crisis de la deuda de la década de los ochenta. Los logros en ambas materias son, por supuesto, un éxito del manejo macroeconómico de las dos últimas décadas, que ha sido un avance histórico neto para Brasil y el Cono Sur, pero más bien un retorno a lo que era típico hasta la década de los sesenta para el resto de los países.

Los retos a la luz de la historia

De estas consideraciones históricas se derivan al menos cuatro conclusiones importantes para el futuro. La primera se refiere a los logros en manejo macroeconómico. Lo conseguido en materia de inflación y sostenibilidad fiscal debe consolidarse, pero también es evidente que queda el inmenso desafío de manejar la histórica vulnerabilidad externa de las economías latinoamericanas. La respuesta a la crisis global de 2008-2009 fue positiva en muchos sentidos para América Latina: no hubo crisis financieras externas o internas ni desbordes inflacionarios. Sin embargo, no se pudo evitar una fuerte contracción inicial del PIB regional, afortunadamente superada muy pronto, con lo cual la región (y en especial Sudamérica) volvió a experimentar un crecimiento positivo en 2010 y 2011. Y más aún, el auge que precedió a la crisis mundial reciente, así como el retorno de los capitales y de precios altos de productos básicos desde mediados de 2009, han mostrado que todavía falta mucho en materia de manejo de la bonanza, evitando en particular la tendencia cíclica a la revaluación de las monedas (que resulta particularmente ilógica en economías con vocación exportadora), al aumento del gasto público cuando los recursos son abundantes y, aún más, al rápido crecimiento del crédito y del gasto privado que caracterizan a estos periodos.

La segunda lección se refiere al crecimiento económico, que ha sido frustrante en el grueso de los países latinoamericanos durante la fase de reformas de mercado. La historia indica que el objetivo de alcanzar altas tasas de crecimiento no se logrará únicamente con una macroeconomía sana ni con la mera especialización acorde con las ventajas comparativas estáticas. Se requieren también políticas productivas activas, un tema que fue explícitamente excluido de la agenda de los gobiernos durante la fase de reformas de mercado. Y más aún, se requiere un salto en el diseño de políticas tecnológicas activas, un área donde hubo también un déficit claro durante la fase de industrialización dirigida por el Estado. Este esfuerzo debe estar complementado con la consolidación de los logros en materia educativa y la reversión de sus falencias, especialmente en materia de calidad y de articulación con las necesidades de transformación del sistema productivo.

La tercera conclusión se relaciona con el desarrollo institucional y en especial con una de sus dimensiones, que ha sido objeto de largas polémicas históricas: la relación entre Estado y mercado. Más allá de esta tensión, un aspecto particular del desarrollo latinoamericano es la tendencia al rentismo, que alternativamente ha oscilado de la dependencia de las rentas de los recursos naturales a las que proporciona la relación privilegiada con el Estado. La educación y el desarrollo tecnológico, los dos hechos destacados en el párrafo anterior, son la manera más apropiada de superar esta característica acentuada de las instituciones latinoamericanas. Para ello, la experiencia internacional enseña que una combinación adecuada entre Estado y mercado es esencial, pero también que no hay un diseño único para lograr sinergias positivas entre uno y otro.

En contra de las visiones de las últimas décadas, las mayores debilidades en este campo se presentan quizás en el desarrollo de las capacidades del Estado, un proceso que no deja de tener antecedentes en las épocas tempranas de la construcción de las repúblicas latinoamericanas. Los mayores logros se obtuvieron durante la fase de industrialización dirigida por el Estado, aun cuando el Estado que se construyó entonces fue muchas veces víctima de sus ineficiencias y de su debilidad ante el peso de diversos grupos corporativos.

Es evidente que en este campo América Latina acumuló un atraso, no sólo en relación con los países industrializados sino también con los asiáticos, donde la tradición de desarrollo estatal tiene raíces históricas profundas. Que es posible avanzar lo demuestra la historia. Allí donde las políticas ponen su acento se logran avances importantes, como los de los aparatos de provisión de servicios sociales y de promoción del desarrollo productivo durante la etapa de industrialización dirigida por el Estado, o los ministerios de Hacienda y el aparato de asistencia social durante la fase de reformas de mercado, o los bancos centrales durante ambas. La agenda de reforma del Estado, especialmente en relación con la educación y el desarrollo tecnológico, debe estar, por lo tanto, en el centro de atención hacia el futuro.

La última conclusión, y la más importante, se refiere a la enorme deuda social que ha acumulado América Latina a lo largo de la historia. La herencia colonial de alta desigualdad económica y social, que analizaron los clásicos de la historiografía económica latinoamericana, se ha reproducido y, en algunos casos, ampliado en las etapas posteriores, que le han impreso nuevas dimensiones. Durante las últimas décadas los retrocesos en este último frente han sido más frecuentes y en materia de reducción de la pobreza se perdió un cuarto de siglo antes de que retomara una dirección positiva entre 2002 y 2008. Más aún, el contraste entre estos resultados y los avances en materia de desarrollo humano indican que los logros en la política social no son suficientes para lograr avances en materia de equidad si el sistema económico produce y reproduce altos niveles de desigualdad en la distribución del ingreso.

Aquí yace, sin duda, la principal deuda histórica de América Latina. El retorno de la agenda de la equidad social, el nuevo discurso de "cohesión social" y las tendencias positivas observadas en este campo en la primera década del siglo XXI son signos promisorios. El futuro nos dirá si ellos materializaron o no en el inicio de la corrección de la mayor aberración histórica del desarrollo latinoamericano. De cualquier forma, y siguiendo las enseñanzas de la historia, los avances en este plano no serán duraderos si no se articulan con las necesarias transformaciones educativas, tecnológicas y productivas que hagan posible una inserción más dinámica de América Latina en la economía mundial, de la mano de una profundización de su integración económica y social.

APÉNDICE ESTADÍSTICO

Series de PIB y PIB per cápita por países:
Para la construcción de estas series se procedió de la siguiente forma:

En primer lugar se tomaron los datos extraídos de la página web de Angus Maddison (http://www.ggdc.net/maddison/, última consulta del 30 de julio de 2010) sobre población, PIB y PIB per cápita del año 1990, expresados estos dos últimos en dólares de paridad de poder de compra (dólares internacionales Geary-Khamis) de ese mismo año 1990. De esta forma obtenemos un punto de comparación internacional de estas variables en ese año.

1950-2008. A partir de esa serie de 1990, los valores para el periodo 1950-2008 fueron estimados a partir de las variaciones del producto y el producto per cápita que proporciona la CEPAL (2009), *América Latina y el Caribe. Series históricas de estadísticas económicas 1950-2008*, CEPAL, Santiago de Chile (http://www.eclac.cl/publicaciones/xml/1/37041/LCG2415e.pdf).

Antes de 1950. Para los años anteriores a 1950 las series se construyeron utilizando las tasas de crecimiento proporcionadas en el ya citado trabajo de Maddison. Sin embargo, en algunos casos hemos usado series alternativas, cuando hemos considerado que eran mejores que las de Maddison. Los casos corregidos son los siguientes:

Para el presente trabajo se estimaron series de PIB y PIB per cápita para los países de América Latina intentando completar, de acuerdo a la información disponible, la mayor cantidad de años del periodo 1820-2008.

Argentina, 1900-1949: Maddison; 1875-1899, PIB: Cortés Conde y Harriague (1996). Población: Vázquez Presedo (1988).

Brasil, 1912-1949: Maddison; 1870-1911: Goldsmith (1986).

Chile, 1830-1949: Pontificia Universidad Católica de Chile (http://www.economia.puc.cl/cliolab/produccion).

Colombia, 1905-1949: Ocampo; años específicos entre 1820-1904 existe información disponible del proyecto GRECO (1999), y Kalmanovitz y López (2009).

Cuba, 1929-1949: Maddison; 1830-1928: Santamaría (2009).

Perú, 1870-1950: Estimaciones proporcionadas por Bruno Seminario, basadas en Seminario, B. y Beltrán A. "Perú: crecimiento y cambio estructural en el siglo XX", *El Laberinto del Minotauro*, http://sites.google.com/site/lbseminario/

Venezuela: estimaciones propias con base en 1900-1949: Maddison; 1830-1899: Baptista (2006).

PIB y PIB per cápita total de América Latina para antes de 1950:
Dado que no es posible contar con información para todos los países de América Latina antes de 1950, fue necesario realizar algunos supuestos para estimar el PIB total y el PIB per cápita de los años utilizados como series: 1820, 1870, 1913, 1929 y 1940.

En primer lugar se utilizó la información de la población total de países de Maddison. Con esta información se calculó la población total de los grupos 1, 2 y 3 de acuerdo al cuadro I.2. en cada uno de estos años base. El PIB per cápita de cada uno de estos tres grupos de países, obtenido a partir de los países para los que existe información, se le aplicó a la población total de cada grupo, y se obtuvo un PIB total del grupo. Finalmente, la suma del PIB de todos los grupos se dividió entre la población total para obtener el PIB per cápita de América Latina.

Cuadro 1. pib de América Latina
(millones de dólares internacionales Geary-Khamis de 1990)

País	Argentina	Bolivia	Brasil	Chile	Colombia	Costa Rica	Cuba	Ecuador	El Salvador	Guatemala
1870	2673		6935	2554	1740		1418			
1871			7063	2561	1778					
1872			7417	2754	1817					
1873			7321	2937	1857					
1874			7578	2816	1898					
1875	3583		7852	3049	1940					
1876	3660		7691	3017	1983					
1877	4035		7627	2921	2026					
1878	3839		8141	3098	2071					
1879	4005		8367	3569	2116					
1880	3925		8141	4011	2163					
1881	3988		8351	4152	2210		1484			
1882	5023		8705	4498	2259					
1883	5629		8624	4525	2309					
1884	6030		9396	4565	2360					
1885	7068		8882	4429	2411					
1886	7098		9075	4617	2464					
1887	7580		8930	4940	2494					
1888	8796		8753	4744	2524					
1889	9650		8994	4867	2554					
1890	8852		10056	5220	2585					
1891	8379		10909	5646	2616					
1892	10004		9702	5533	2647					
1893	10601		8463	5808	2679					
1894	12217		8656	5713	2711					
1895	13548		10523	6113	2744		2198			
1896	14983		9750	6148	2777					
1897	12158		9847	6012	2810					
1898	13183		10330	6740	2844					
1899	15507		10378	6783	2878					
1900	13682		10249	6609	2912		1650	592		
1901	14851		11456	6774	2947		2435	619		
1902	14543		12260	7070	2983		2277	647		
1903	16634		12341	6673	3019		3053	677		
1904	18417		12373	7219	3055		3574	708		
1905	20846		12646	7212	3091		4156	739		
1906	21892		13226	7776	3179		3715	773		
1907	22353		15060	8187	3389		3362	808		
1908	24536		13564	9056	3578		3812	853		
1909	25766		14996	9102	3767		4262	901		
1910	27641		16090	10131	3981		4024	951		
1911	28133		16154	9857	4178		4015	1004		
1912	30439		17860	10248	4383		4394	1060		
1913	30747		18149	10436	4574		5215	1121		
1914	27549		17753	8819	4748		4853	1170		
1915	27703		18549	8535	4968		5594	1223		
1916	26903		19090	10463	5223		6636	1267		
1917	24720		20410	10688	5438		4924	1311		

Honduras	México	Nicaragua	Panamá	Paraguay	Perú	República Dominicana	Uruguay	Venezuela	Total
	5 906				2 193		738	942	29 103
					2 328		761	966	
					2 388		945	991	
					2 398		965	1 017	
					2 274		884	1 043	
					2 130		765	1 078	
					2 112		854	1 115	
					2 123		888	1 154	
					2 134		969	1 193	
					1 672		865	1 234	
					1 542		953	1 312	
					1 553		919	1 394	
					1 566		1 030	1 482	
					1 658		1 235	1 575	
					1 739		1 245	1 674	
					1 750		1 430	1 718	
					1 718		1 511	1 762	
					1 730		1 365	1 808	
					1 777		1 703	1 855	
					1 814		1 573	1 904	
	11 272				1 824		1 454	1 922	
					1 837		1 596	1 941	
					1 799		1 646	1 961	
					1 802		1 799	1 980	
					1 760		2 019	1 999	
	13 626				1 775		2 007	2 011	
					1 904		2 127	2 022	
					2 081		2 065	2 034	
					2 216		1 918	2 045	
					2 339		1 984	2 057	
	17 664				2 463		2 003	2 079	
	19 167				2 643		2 050	2 031	
	17 812				2 788		2 399	2 194	
	19 807				2 977		2 480	2 356	
	20 152				3 077		2 545	2 285	
	22 247				3 303		2 288	2 242	
	22 000				3 567		2 522	2 078	
	23 281				3 790		2 792	2 064	
	23 256				3 862		3 060	2 191	
	23 946				3 927		3 099	2 253	
	24 144				3 995		3 345	2 311	
	24 316				4 081		3 245	2 454	
	24 464				4 224		3 960	2 522	
	24 636				4 365		3 845	2 892	117 031
	24 801				4 339		3 203	2 511	
	24 968				4 713		3 038	2 571	
	25 135				5 201		3 141	2 409	
	25 304				5 393		3 465	2 792	

CUADRO 1. *PIB de América Latina*
(millones de dólares internacionales Geary-Khamis de 1990) [continúa]

País	Argentina	Bolivia	Brasil	Chile	Colombia	Costa Rica	Cuba	Ecuador	El Salvador	Guatemala
1918	29271		19995	10824	5740		4474	1358		
1919	30347		22634	9286	6217		4906	1419		
1920	32561		24866	10490	6642	735	5956	1483	1279	2032
1921	33391		25385	9092	7024	720	5665	1536	1283	2231
1922	36035		27134	9425	7500	784	5718	1590	1359	2106
1923	40032		28692	11352	7978	724	7438	1646	1417	2316
1924	43137		28673	12208	8431	829	7059	1704	1515	2504
1925	42953		28788	12739	8886	826	6274	1764	1411	2456
1926	45013		29404	11678	9735	913	5718	1821	1668	2480
1927	48211		31539	11466	10612	829	6150	1916	1466	2643
1928	51224		35172	14046	11391	872	6618	2023	1719	2702
1929	53560		35250	14780	11801	835	6274	2135	1722	3016
1930	51347		33151	12414	11699	876	5910	2216	1765	3145
1931	47780		32410	9780	11513	865	4965	2230	1582	2933
1932	46212		33539	8264	12276	796	3984	2244	1419	2567
1933	48364		36153	10183	12966	948	4310	2294	1611	2593
1934	52208		39178	12293	13782	836	5062	2344	1664	2933
1935	54514		40250	13001	14119	905	5922	2404	1832	3390
1936	54883		44114	13640	14866	966	6903	2486	1791	4657
1937	58880		45557	15508	15097	1126	7932	2566	1961	4567
1938	59126		47461	15687	16080	1193	6151	2657	1822	4693
1939	61370		47932	16016	17066	1228	6492	2747	1955	5282
1940	62385		48408	16658	17436	1178	5643	2928	2124	6034
1941	65582		51799	16469	17728	1319	7581	2943	2078	6357
1942	66351		49880	17234	17764	1182	6358	3067	2258	6440
1943	65828		56826	17726	17837	1180	7048	3455	2448	4293
1944	73300		58941	18060	19043	1069	8090	3501	2322	4162
1945	70932	4962	60519	19621	19936	1218	8961	3515	2226	4226
1946	77266	5051	66903	21301	21852	1346	9762	3934	2261	5006
1947	85844	5139	69268	19002	22701	1602	11178	4370	2844	5076
1948	90610	5250	74576	22163	23346	1693	9930	4968	3624	5248
1949	89380	5360	79364	21685	25384	1762	10791	5058	3291	5741
1950	90487	5470	84172	22753	25664	1834	12111	5497	3387	6191
1951	94004	5856	89402	23737	26464	1883	13114	5609	3588	6278
1952	89273	6033	96347	25092	28133	2111	13563	6258	3817	6408
1953	94004	5462	99418	26401	29844	2432	11916	6475	3918	6645
1954	97885	5576	110471	26512	31908	2453	12521	7089	4041	6767
1955	104799	5871	116464	26477	33155	2736	13090	7416	4215	6934
1956	107710	5522	120254	26625	34500	2658	14290	7663	4469	7565
1957	113290	5340	130058	29420	35269	2884	16349	7951	4720	7992
1958	120204	5467	139968	30545	36136	3242	16349	8169	4769	8366
1959	112441	5449	147359	30382	38747	3361	14593	8559	4983	8778
1960	121296	5683	161610	32385	40401	3654	14752	9034	5185	8992
1961	129908	5802	178592	33934	42457	3722	14963	9497	5368	9379
1962	127846	6126	186745	35542	44755	3925	15188	9964	6010	9710
1963	124813	6542	189264	37790	46226	4195	15412	10174	6269	10637
1964	137670	6801	196782	38631	49077	4349	15650	10927	6853	11130
1965	150285	7135	202287	38944	50843	4705	15888	11285	7221	11615

[326]

Honduras	México	Nicaragua	Panamá	Paraguay	Perú	República Dominicana	Uruguay	Venezuela	Total
	25 474				5 425		3 672	2 757	
	25 645				5 606		4 149	2 557	
959	25 817	822			5 662		3 618	3 050	
970	25 990	853			5 896		3 806	3 153	
1 055	26 606	781			6 404		4 353	3 218	
1 048	27 518	836			6 845		4 583	3 688	
979	27 075	886			7 490		5 022	4 243	
1 182	28 750	978			7 688		4 826	5 446	
1 193	30 475	850			8 469		5 268	6 542	
1 310	29 144	854			8 618		6 026	7 289	
1 473	29 317	1 082			9 174		6 345	8 107	
1 459	28 183	1 209			10 133		6 398	9 131	194 855
1 554	26 410	977			8 972		7 271	9 232	
1 587	27 296	914			8 246		6 014	7 411	
1 422	23 207	823			7 930		5 583	7 051	
1 334	25 843	1 035			8 822		4 883	7 662	
1 292	27 592	940			10 016		5 814	8 121	
1 235	29 637	955			10 955		6 156	8 651	
1 257	32 002	760			11 481		6 448	9 439	
1 201	33 062	824			11 637		6 564	10 755	
1 271	33 603	852			11 820		7 082	11 549	
1 307	35 402	1 059		1 837	11 884		7 083	12 166	
1 396	35 895	1 157		1 739	12 114		7 099	11 614	242 637
1 393	38 826	1 266		1 767	12 126		7 221	11 346	
1 273	41 585	1 219		1 871	11 848		6 621	9 854	
1 275	43 137	1 337		1 910	12 035		6 679	10 684	
1 305	46 660	1 324		1 951	13 068		7 513	13 089	
1 607	48 114	1 330	1 546	1 883	13 552		7 729	15 802	
1 729	51 292	1 445	1 571	2 067	14 074		8 490	18 833	
1 841	53 041	1 449	1 637	1 797	14 470		9 082	22 373	
1 880	55 233	1 575	1 540	1 817	14 948		9 390	24 738	
1 906	58 264	1 546	1 575	2 123	16 076		9 725	26 073	
1 967	64 028	1 802	1 583	2 088	17 340	2 523	10 090	26 494	385 482
2 055	68 980	1 925	1 569	2 105	18 760	2 823	10 911	29 586	408 648
2 100	71 723	2 251	1 653	2 101	19 930	3 050	10 861	31 740	422 445
2 227	71 920	2 305	1 754	2 210	20 994	3 011	11 526	33 703	436 165
2 086	79 109	2 520	1 816	2 274	22 348	3 185	12 184	36 949	467 693
2 210	85 832	2 689	1 921	2 444	23 413	3 384	12 348	40 229	495 628
2 311	91 700	2 687	2 022	2 503	24 419	3 719	12 563	44 478	517 661
2 406	98 646	2 914	2 233	2 648	26 068	3 955	12 690	49 643	554 479
2 541	103 893	2 924	2 251	2 812	25 919	4 167	12 233	50 303	580 259
2 601	107 000	2 968	2 395	2 810	26 871	4 192	11 891	54 260	589 639
2 661	115 685	3 008	2 539	2 787	30 142	4 241	12 322	56 421	632 798
2 735	121 388	3 234	2 814	2 979	32 368	4 146	12 672	59 277	675 234
2 873	127 059	3 586	3 046	3 078	35 072	4 851	12 380	64 638	702 393
2 966	137 210	3 976	3 306	3 207	36 370	5 168	12 444	69 066	725 036
3 145	153 254	4 441	3 453	3 342	38 770	5 513	12 697	75 790	778 273
3 469	163 192	4 864	3 769	3 532	40 683	4 828	12 849	80 236	817 630

CUADRO 1. PIB de América Latina
(millones de dólares internacionales Geary-Khamis de 1990) [concluye]

País	Argentina	Bolivia	Brasil	Chile	Colombia	Costa Rica	Cuba	Ecuador	El Salvador	Guatemala
1966	151255	7647	210019	43286	53506	5033	16759	11561	7738	12255
1967	155258	8130	220140	44692	55718	5318	18717	12355	8158	12758
1968	161929	8823	244741	46292	59024	5768	17628	12853	8423	13877
1969	175757	9218	269060	48014	62626	6085	17411	13152	8716	14535
1970	185218	9700	275667	49001	66514	6541	16759	14002	8976	15365
1971	192186	10192	306936	53390	70478	6985	18064	14879	9322	16222
1972	196178	11004	343582	52742	75883	7556	18935	17024	9892	17412
1973	203525	11635	391577	49807	80985	8139	20676	21336	10373	18593
1974	214527	11977	423507	50292	85638	8590	21764	22711	10927	19778
1975	213254	12853	445391	43799	87628	8770	22852	23979	11246	20164
1976	213229	13446	491071	45340	91771	9254	23505	26191	11814	21654
1977	226846	14114	515304	49810	95588	10078	24594	27902	12615	23345
1978	219536	14404	540912	53903	103684	10710	26117	29741	13286	24511
1979	234941	14423	577476	58367	109261	11239	26770	31318	12731	25666
1980	238357	14225	636265	63005	113727	11323	26117	32855	11232	26628
1981	225435	14357	609203	66919	116316	11067	28293	34150	10058	26805
1982	218314	13731	614290	57826	117419	10261	28946	34556	9424	25854
1983	227291	13118	596282	56205	119268	10555	29777	33581	9569	25194
1984	231835	13039	628482	59514	123264	11402	30843	34992	9697	25313
1985	215722	12914	677825	60685	127094	11484	31403	36512	9756	25164
1986	231120	12592	728592	64081	134496	12120	31433	37643	9775	25199
1987	237107	12919	754280	68307	141717	12697	30678	35391	10021	26092
1988	232617	13302	753822	73301	147476	13133	31815	39113	10209	27108
1989	216481	13806	778281	81041	152511	13877	32031	39214	10307	28177
1990	212518	14446	743765	84038	159042	14370	31087	40267	10805	29050
1991	235000	15207	751426	90736	162814	14696	27763	42358	11191	30114
1992	257574	15457	747368	101876	169902	16041	24548	42999	12036	31571
1993	272314	16117	784139	108994	179604	17230	20896	43127	12923	32811
1994	288207	16870	830011	115215	188849	18045	21045	45156	13704	34134
1995	280007	17658	865037	127460	198673	18752	21563	45945	14581	35823
1996	295482	18429	883640	136909	202758	18918	23253	47049	14830	36883
1997	319449	19341	913465	145953	209713	19974	23900	48955	15460	38492
1998	331748	20314	913788	150668	210908	21651	23938	49990	16039	40415
1999	320517	20401	916110	149522	202041	23431	25419	46841	16592	41969
2000	317988	20913	955559	156234	207951	23853	26923	48154	16949	43484
2001	303969	21265	968107	161510	212486	24110	27780	50724	17239	44498
2002	270853	21793	993840	165038	217712	24810	28176	52878	17643	46218
2003	294788	22384	1005236	171502	227753	26399	29245	54769	18048	47388
2004	321406	23318	1062658	181862	238375	27523	30932	59151	18382	48882
2005	350908	24349	1096235	191973	252012	29143	34397	62701	19037	50475
2006	380616	25517	1139766	200785	269509	31702	38548	65138	19782	53191
2007	413552	26682	1204361	210182	289846	34173	41347	66760	20542	56525
2008	441502	28323	1266536	217880	300127	35103	43050	71100	20803	58380
2009	445255	29274	1258370	214215	304484	34650	43674	71357	20152	58694
2010	486045	30482	1352620	225350	317600	36096	44503	73913	20439	60321

Honduras	México	Nicaragua	Panamá	Paraguay	Perú	República Dominicana	Uruguay	Venezuela	Total
3 676	174 503	5 024	4 055	3 585	44 102	5 474	13 280	82 112	854 871
3 844	185 445	5 374	4 402	3 901	45 771	5 659	12 735	85 420	893 795
4 123	200 532	5 446	4 709	4 037	45 933	5 671	12 938	89 862	952 611
4 137	213 213	5 786	5 106	4 215	47 662	6 291	13 723	93 609	1 018 319
4 139	227 970	5 865	5 461	4 434	50 453	6 958	14 369	100 766	1 068 159
4 304	237 480	6 058	5 986	4 687	52 562	7 714	14 387	103 860	1 135 692
4 552	257 637	6 193	6 262	5 001	54 071	8 516	14 163	107 244	1 213 847
4 911	279 302	6 590	6 601	5 376	56 978	9 615	14 215	113 952	1 314 185
4 850	296 369	7 526	6 761	5 833	62 247	10 192	14 662	120 862	1 399 013
4 954	312 999	7 514	6 869	6 253	64 364	10 721	15 521	128 195	1 447 326
5 474	326 266	7 906	6 981	6 706	65 626	11 442	16 140	139 439	1 533 255
6 042	337 499	8 567	7 059	7 439	65 892	12 012	16 329	148 812	1 609 849
6 647	365 342	7 896	7 751	8 284	66 077	12 269	17 188	151 995	1 680 253
6 957	398 788	5 805	8 099	9 225	69 914	12 825	18 249	154 024	1 786 080
7 003	431 984	6 073	9 331	10 280	73 050	13 847	19 344	150 962	1 895 607
7 181	469 880	6 398	10 190	11 176	76 276	14 440	19 711	150 506	1 908 363
7 081	466 929	6 346	10 735	11 066	76 437	14 685	17 860	151 533	1 893 294
7 015	447 336	6 639	10 253	10 734	66 791	15 365	16 814	143 021	1 844 808
7 320	463 485	6 535	10 531	11 064	70 007	15 557	16 631	141 085	1 910 597
7 627	475 505	6 268	11 051	11 503	71 593	15 227	16 876	141 358	1 965 568
7 682	457 655	6 204	11 446	11 504	78 209	15 763	18 371	150 560	2 044 446
8 145	466 148	6 161	11 239	12 002	84 830	17 358	19 828	155 953	2 110 874
8 521	471 954	5 394	9 735	12 765	77 750	17 733	19 827	165 032	2 130 605
8 889	491 768	5 300	9 887	13 505	68 682	18 513	20 045	150 889	2 153 205
8 898	516 692	5 297	10 688	13 923	64 979	17 503	20 105	160 648	2 158 121
9 187	538 508	5 287	11 695	14 267	66 807	17 668	20 816	176 279	2 241 818
9 704	558 049	5 307	12 654	14 755	66 520	19 526	22 468	186 962	2 315 316
10 309	568 934	5 287	13 344	15 332	69 690	20 936	23 065	187 477	2 402 526
10 174	594 054	5 463	13 725	15 904	78 625	21 418	24 744	183 072	2 518 415
10 589	557 419	5 786	13 965	16 771	85 394	22 595	24 386	190 307	2 552 711
10 968	586 144	6 153	14 357	16 838	87 545	24 206	25 746	189 930	2 640 038
11 516	625 838	6 397	15 285	17 342	93 554	26 144	27 046	202 031	2 779 853
11 850	657 320	6 635	16 407	17 443	92 938	27 977	28 273	202 625	2 840 926
11 626	682 014	7 101	17 050	17 184	93 788	29 855	27 468	190 527	2 839 458
12 295	726 965	7 393	17 513	16 609	96 555	31 544	27 072	197 552	2 951 507
12 629	726 727	7 611	17 614	16 952	96 762	32 115	26 156	204 257	2 972 512
13 104	732 337	7 669	18 006	16 944	101 620	33 974	23 270	186 169	2 972 052
13 699	742 518	7 862	18 763	17 594	105 718	33 888	23 777	171 731	3 033 062
14 553	772 308	8 280	20 175	18 322	110 979	34 332	26 587	203 134	3 221 160
15 434	797 023	8 634	21 626	18 846	118 555	37 513	28 348	224 094	3 381 304
16 460	835 398	8 971	23 470	19 664	127 732	41 516	30 332	246 217	3 574 313
17 505	863 215	9 254	26 179	20 993	139 045	45 034	32 632	268 054	3 785 881
18 245	876 402	9 509	28 828	22 216	152 617	47 401	35 437	280 871	3 954 329
17 857	823 758	9 370	29 749	21 362	153 915	49 038	36 352	271 638	3 893 163
18 352	869 067	9 789	31 969	24 470	167 387	52 839	39 430	266 462	4 127 133

País	Argentina	Bolivia	Brasil	Chile	Colombia	Costa Rica	Cuba	Ecuador	El Salvador	Guatemala
1870	1 468		694	1 320	676		1 065			
1871			694	1 303	679					
1872			718	1 380	683					
1873			697	1 450	686					
1874			707	1 368	690					
1875	1 635		718	1 459	693					
1876	1 638		691	1 422	697					
1877	1 769		672	1 356	700					
1878	1 643		704	1 417	704					
1879	1 671		710	1 608	707					
1880	1 604		677	1 781	711					
1881	1 594		683	1 816	714		1 161			
1882	1 950		699	1 939	718		—			
1883	2 116		680	1 923	721		—			
1884	2 187		726	1 913	725		—			
1885	2 449		675	1 829	729		—			
1886	2 366		697	1 880	732		—			
1887	2 410		650	1 984	728		—			
1888	2 647		626	1 879	725		—			
1889	2 690		634	1 902	721		—			
1890	2 416		694	2 012	718		—			
1891	2 278		737	2 148	714		—			
1892	2 667		639	2 077	710		—			
1893	2 766		544	2 152	707		—			
1894	3 117		544	2 090	703		—			
1895	3 378		645	2 208	700		1 591			
1896	3 586		585	2 193	696		—			
1897	2 823		577	2 118	693		—			
1898	2 974		590	2 346	689		—			
1899	3 395		579	2 332	686		—			
1900	2 875		557	2 245	683		1 195	594		
1901	3 006		609	2 274	679		1 698	606		
1902	2 835		639	2 346	676		1 531	618		
1903	3 122		628	2 189	672		1 971	631		
1904	3 330		618	2 341	669		2 212	643		
1905	3 630		621	2 312	666		2 464	656		
1906	3 671		634	2 465	671		2 107	669		
1907	3 610		707	2 566	702		1 835	683		
1908	3 816		623	2 807	728		1 981	703		
1909	3 860		675	2 789	751		2 128	724		
1910	3 988		710	3 070	779		1 981	746		
1911	3 909		697	2 954	802		1 898	768		
1912	4 073		753	3 037	826		1 981	792		
1913	3 962		758	3 058	845		2 327	815		
1914	3 446		720	2 555	861		2 139	832		
1915	3 385		737	2 445	883		2 411	848		
1916	3 226		743	2 963	911		2 652	857		
1917	2 911		778	2 992	930		1 877	865		

Honduras	México	Nicaragua	Panamá	Paraguay	Perú	República Dominicana	Uruguay	Venezuela	Total
	651				840		2 106	570	790
					882		2 104	577	
					895		2 542	584	
					890		2 512	591	
					835		2 236	596	
					774		1 876	606	
					759		2 033	616	
					755		2 050	626	
					751		2 171	637	
					582		1 882	647	
					531		2 011	677	
					530		1 866	707	
					528		2 009	739	
					554		2 315	772	
					575		2 245	811	
					573		2 482	822	
					556		2 519	834	
					554		2 190	846	
					563		2 625	858	
					569		2 333	869	
	976				566		2 074	867	
					564		2 212	864	
					546		2 216	862	
					541		2 354	860	
					523		2 567	857	
	1 093				521		2 481	850	
					553		2 554	843	
					597		2 408	837	
					628		2 173	830	
					654		2 184	824	
	1 319				680		2 143	821	
	1 415				721		2 157	791	
	1 301				751		2 485	844	
	1 432				792		2 526	895	
	1 441				808		2 550	853	
	1 573				857		2 255	832	
	1 539				914		2 447	767	
	1 611				959		2 663	756	
	1 592				965		2 872	797	
	1 622				969		2 856	814	
	1 635				973		3 029	827	
	1 648				982		2 856	869	
	1 659				1 003		3 388	887	
	1 672				1 024		3 197	1 010	1 559
	1 684				1 005		2 564	870	
	1 696				1 078		2 386	885	
	1 709				1 175		2 423	826	
	1 722				1 203		2 625	952	

CUADRO 2. *PIB per cápita (dólares internacionales Geary-Khamis de 1990) [continúa]*

País	Argentina	Bolivia	Brasil	Chile	Colombia	Costa Rica	Cuba	Ecuador	El Salvador	Guatemala
1918	3 389		746	2 994	963		1 656	874		
1919	3 451		827	2 538	1 022		1 740	891		
1920	3 624		890	2 833	1 071	1 596	2 013	909	1 089	1 193
1921	3 622		890	2 425	1 110	1 527	1 227	918	1 074	1 296
1922	3 794		932	2 482	1 161	1 662	1 824	927	1 110	1 211
1923	4 067		966	2 952	1 211	1 501	2 306	937	1 138	1 318
1924	4 232		946	3 133	1 254	1 680	2 118	946	1 189	1 410
1925	4 090		931	3 226	1 296	1 637	1 835	956	1 081	1 369
1926	4 168		931	2 917	1 392	1 771	1 635	965	1 249	1 369
1927	4 336		979	2 824	1 487	1 608	1 719	994	1 082	1 443
1928	4 478		1 070	3 410	1 564	1 657	1 814	1 024	1 232	1 460
1929	4 557		1 051	3 536	1 589	1 555	1 688	1 055	1 216	1 613
1930	4 257		968	2 925	1 544	1 598	1 551	1 065	1 221	1 665
1931	3 873		928	2 269	1 489	1 548	1 278	1 044	1 080	1 519
1932	3 675		941	1 887	1 556	1 397	1 007	1 023	962	1 294
1933	3 779		994	2 289	1 611	1 632	1 069	1 023	1 077	1 273
1934	4 012		1 055	2 717	1 679	1 412	1 232	1 023	1 098	1 418
1935	4 122		1 062	2 826	1 686	1 501	1 412	1 023	1 193	1 605
1936	4 082		1 141	2 914	1 740	1 573	1 620	1 033	1 151	2 162
1937	4 305		1 155	3 255	1 732	1 771	1 833	1 044	1 244	2 069
1938	4 249		1 179	3 235	1 808	1 844	1 398	1 054	1 142	2 086
1939	4 328		1 166	3 243	1 873	1 835	1 453	1 065	1 210	2 304
1940	4 342		1 154	3 312	1 868	1 733	1 244	1 109	1 298	2 571
1941	4 491		1 207	3 214	1 854	1 910	1 647	1 091	1 255	2 649
1942	4 470		1 136	3 301	1 814	1 659	1 361	1 113	1 339	2 625
1943	4 364		1 264	3 332	1 778	1 631	1 485	1 222	1 443	1 720
1944	4 778		1 280	3 332	1 853	1 434	1 680	1 207	1 345	1 633
1945	4 546	1 800	1 284	3 552	1 894	1 587	1 829	1 181	1 274	1 624
1946	4 868	1 811	1 386	3 786	2 026	1 729	1 950	1 289	1 280	1 878
1947	5 311	1 822	1 402	3 316	2 055	2 001	2 184	1 392	1 592	1 852
1948	5 480	1 840	1 474	3 798	2 063	2 059	1 898	1 539	1 995	1 864
1949	5 267	1 857	1 533	3 652	2 189	2 087	2 017	1 524	1 782	1 979
1950	5 204	2 045	1 544	3 755	2 161	1 930	2 108	1 607	1 739	1 955
1951	5 293	2 146	1 588	3 844	2 165	1 923	2 241	1 606	1 798	1 926
1952	4 925	2 167	1 660	3 982	2 237	2 091	2 273	1 747	1 866	1 911
1953	5 085	1 923	1 662	4 100	2 305	2 334	1 957	1 761	1 865	1 928
1954	5 195	1 922	1 792	4 026	2 394	2 280	2 015	1 877	1 872	1 910
1955	5 460	1 981	1 834	3 929	2 416	2 463	2 065	1 912	1 899	1 904
1956	5 512	1 824	1 838	3 859	2 441	2 315	2 209	1 922	1 956	2 021
1957	5 697	1 726	1 931	4 162	2 423	2 430	2 479	1 941	2 008	2 079
1958	5 943	1 729	2 019	4 216	2 410	2 642	2 434	1 939	1 969	2 118
1959	5 468	1 686	2 065	4 090	2 508	2 650	2 129	1 975	1 996	2 164
1960	5 803	1 721	2 199	4 253	2 539	2 783	2 113	2 026	2 015	2 158
1961	6 115	1 718	2 359	4 346	2 589	2 739	2 112	2 069	2 024	2 191
1962	5 924	1 774	2 393	4 437	2 648	2 789	2 108	2 108	2 198	2 208
1963	5 695	1 853	2 354	4 601	2 654	2 879	2 093	2 090	2 224	2 355
1964	6 186	1 884	2 376	4 590	2 735	2 885	2 070	2 179	2 356	2 399
1965	6 651	1 931	2 375	4 521	2 751	3 022	2 048	2 184	2 402	2 437

Honduras	México	Nicaragua	Panamá	Paraguay	Perú	República Dominicana	Uruguay	Venezuela	Total
	1 734				1 195		2 731	936	
	1 747				1 220		3 028	864	
1 312	1 760	1 224			1 216		2 583	1 024	
1 290	1 772	1 270			1 247		2 657	1 052	
1 348	1 786	1 145			1 334		2 973	1 068	
1 290	1 819	1 226			1 404		3 062	1 215	
1 176	1 762	1 279			1 512		3 281	1 384	
1 369	1 842	1 412			1 528		3 079	1 756	
1 334	1 922	1 209			1 657		3 282	2 084	
1 449	1 810	1 215			1 660		3 668	2 298	
1 594	1 793	1 539			1 740		3 773	2 527	
1 544	1 696	1 694			1 892		3 716	2 813	1 956
1 610	1 562	1 369			1 650		4 155	2 809	
1 611	1 586	1 263			1 492		3 381	2 230	
1 414	1 325	1 136			1 412		3 087	2 102	
1 300	1 449	1 409			1 545		2 657	2 262	
1 247	1 520	1 261			1 726		3 111	2 376	
1 169	1 603	1 246			1 858		3 241	2 507	
1 167	1 707	965			1 916		3 341	2 700	
1 095	1 734	1 019			1 910		3 344	3 029	
1 138	1 732	1 041			1 909		3 551	3 200	
1 149	1 794	1 245		1 696	1 889		3 566	3 302	
1 195	1 788	1 328		1 569	1 895		3 536	3 081	1 993
1 172	1 882	1 436		1 559	1 865		3 557	2 953	
1 045	1 962	1 351		1 612	1 792		3 224	2 515	
1 038	1 981	1 448		1 608	1 790		3 217	2 668	
1 036	2 085	1 401		1 605	1 910		3 578	3 194	
1 256	2 060	1 377	2 044	1 514	1 948		3 635	3 757	
1 320	2 134	1 449	2 085	1 625	1 989		3 944	4 350	
1 373	2 145	1 408	2 129	1 381	2 010		4 166	5 007	
1 371	2 170	1 500	1 959	1 365	2 042		4 255	5 334	
1 350	2 225	1 430	1 965	1 558	2 159		4 350	5 405	
1 353	2 283	1 564	1 854	1 419	2 289	1 071	4 501	5 310	2 442
1 374	2 391	1 626	1 794	1 393	2 415	1 164	4 821	5 698	2 518
1 364	2 414	1 846	1 844	1 356	2 502	1 220	4 747	5 872	2 531
1 406	2 348	1 834	1 908	1 390	2 569	1 167	4 977	5 988	2 542
1 279	2 504	1 945	1 924	1 395	2 665	1 196	5 196	6 303	2 651
1 315	2 633	2 011	1 981	1 461	2 720	1 230	5 199	6 593	2 732
1 335	2 725	1 947	2 029	1 458	2 763	1 308	5 221	7 005	2 775
1 348	2 839	2 044	2 178	1 504	2 872	1 345	5 200	7 513	2 890
1 381	2 894	1 985	2 133	1 555	2 779	1 370	4 944	7 319	2 942
1 370	2 886	1 952	2 205	1 514	2 803	1 333	4 741	7 594	2 907
1 359	3 021	1 916	2 272	1 463	3 058	1 304	4 849	7 601	3 033
1 352	3 071	1 998	2 446	1 523	3 192	1 233	4 924	7 691	3 147
1 374	3 114	2 150	2 573	1 533	3 360	1 395	4 750	8 081	3 182
1 372	3 257	2 314	2 710	1 555	3 385	1 438	4 716	8 323	3 193
1 409	3 524	2 508	2 750	1 578	3 505	1 484	4 758	8 812	3 332
1 508	3 636	2 663	2 914	1 624	3 574	1 259	4 765	9 008	3 405

País	Argentina	Bolivia	Brasil	Chile	Colombia	Costa Rica	Cuba	Ecuador	El Salvador	Guatemala
1966	6597	2023	2399	4916	2813	3136	2113	2172	2484	2502
1967	6677	2101	2450	4971	2845	3218	2315	2253	2524	2536
1968	6866	2228	2654	5045	2929	3394	2142	2274	2511	2686
1969	7345	2274	2845	5132	3024	3485	2082	2259	2508	2738
1970	7623	2336	2843	5140	3128	3650	1975	2335	2500	2817
1971	7783	2396	3089	5500	3233	3802	2098	2409	2519	2894
1972	7811	2524	3376	5339	3400	4020	2159	2677	2599	3022
1973	7966	2604	3758	4957	3546	4230	2313	3258	2653	3140
1974	8256	2616	3970	4925	3665	4362	2394	3370	2723	3251
1975	8074	2740	4077	4222	3665	4345	2476	3456	2735	3229
1976	7948	2798	4390	4307	3750	4467	2512	3668	2804	3381
1977	8329	2868	4499	4666	3817	4737	2596	3797	2923	3557
1978	7941	2858	4612	4981	4047	4898	2729	3933	3011	3645
1979	8372	2796	4810	5320	4169	5002	2775	4027	2827	3726
1980	8367	2695	5178	5660	4244	4902	2724	4109	2454	3772
1981	7794	2660	4844	5920	4246	4660	2933	4155	2173	3704
1982	7434	2491	4773	5036	4194	4201	2977	4091	2021	3485
1983	7622	2329	4528	4817	4170	4203	3034	3871	2041	3312
1984	7658	2267	4668	5019	4220	4415	3113	3928	2055	3247
1985	7020	2197	4929	5034	4261	4327	3141	3995	2050	3151
1986	7411	2095	5192	5227	4418	4446	3116	4016	2030	3082
1987	7491	2102	5271	5479	4561	4535	3009	3682	2056	3118
1988	7243	2117	5169	5780	4653	4569	3086	3971	2066	3166
1989	6645	2148	5240	6281	4718	4703	3075	3888	2055	3216
1990	6433	2197	4920	6401	4826	4747	2957	3903	2119	3240
1991	7017	2261	4888	6789	4847	4736	2621	4015	2163	3282
1992	7589	2247	4784	7484	4964	5045	2302	3987	2290	3362
1993	7918	2289	4942	7862	5151	5288	1948	3916	2421	3413
1994	8274	2341	5151	8166	5318	5407	1952	4019	2531	3469
1995	7940	2394	5287	8888	5495	5483	1990	4013	2660	3558
1996	8280	2440	5318	9406	5510	5395	2136	4040	2679	3580
1997	8849	2500	5414	9887	5600	5554	2187	4136	2770	3652
1998	9087	2564	5335	10072	5537	5871	2183	4160	2853	3748
1999	8684	2514	5269	9869	5216	6204	2311	3842	2933	3803
2000	8526	2517	5416	10185	5282	6175	2440	3896	2979	3849
2001	8068	2501	5407	10405	5313	6112	2511	4051	3015	3844
2002	7120	2506	5471	10514	5360	6165	2541	4171	3073	3895
2003	7677	2516	5455	10808	5523	6436	2632	4270	3134	3896
2004	8292	2564	5686	11340	5697	6588	2779	4560	3182	3920
2005	8968	2620	5786	11846	5938	6852	3087	4780	3282	3949
2006	9632	2689	5936	12263	6266	7323	3457	4911	3397	4059
2007	10363	2754	6191	12707	6651	7760	3708	4980	3513	4209
2008	10952	2872	6447	13040	6787	7865	3861	5186	3542	4241
2009	10935	2918	6347	12696	6787	7663	3917	5151	3415	4160
2010	11820	2987	6762	13229	6982	7876	3997	5278	3447	4172

onduras	México	Nicaragua	Panamá	Paraguay	Perú	República Dominicana	Uruguay	Venezuela	Total
1 553	3 766	2 668	3 046	1 605	3 767	1 383	4 874	8 913	3 465
1 582	3 876	2 768	3 211	1 700	3 801	1 386	4 630	8 974	3 528
1 653	4 061	2 720	3 334	1 713	3 709	1 348	4 663	9 141	3 663
1 616	4 184	2 801	3 514	1 743	3 743	1 451	4 909	9 217	3 816
1 573	4 335	2 752	3 654	1 787	3 853	1 559	5 111	9 596	3 902
1 591	4 375	2 754	3 893	1 843	3 903	1 680	5 100	9 558	4 045
1 636	4 598	2 728	3 963	1 919	3 904	1 804	5 016	9 536	4 216
1 715	4 831	2 813	4 068	2 015	4 001	1 982	5 034	9 788	4 451
1 645	4 972	3 113	4 057	2 134	4 252	2 046	5 189	10 029	4 623
1 631	5 100	3 014	4 017	2 231	4 277	2 097	5 479	10 279	4 668
1 747	5 168	3 074	3 978	2 333	4 244	2 183	5 674	10 797	4 827
1 869	5 199	3 231	3 923	2 523	4 146	2 236	5 708	11 124	4 949
1 992	5 479	2 888	4 203	2 737	4 048	2 231	5 969	10 974	5 045
2 020	5 829	2 061	4 286	2 968	4 171	2 277	6 295	10 754	5 241
1 971	6 164	2 095	4 824	3 218	4 248	2 403	6 630	10 213	5 441
1 959	6 556	2 147	5 149	3 399	4 327	2 451	6 714	9 887	5 358
1 873	6 378	2 072	5 305	3 268	4 231	2 439	6 044	9 681	5 203
1 799	5 988	2 112	4 957	3 077	3 610	2 497	5 654	8 893	4 963
1 821	6 084	2 026	4 981	3 079	3 697	2 476	5 557	8 543	5 034
1 841	6 123	1 896	5 117	3 110	3 695	2 373	5 601	8 334	5 075
1 800	5 784	1 835	5 190	3 024	3 946	2 407	6 059	8 641	5 175
1 853	5 787	1 783	4 993	3 067	4 185	2 599	6 499	8 713	5 241
1 882	5 757	1 529	4 237	3 173	3 752	2 603	6 458	8 980	5 190
1 907	5 895	1 471	4 217	3 268	3 245	2 665	6 489	8 002	5 148
1 857	6 085	1 437	4 466	3 281	3 008	2 471	6 465	8 313	5 067
1 865	6 229	1 401	4 788	3 277	3 033	2 447	6 648	8 910	5 170
1 917	6 340	1 372	5 075	3 305	2 962	2 653	7 123	9 239	5 247
1 983	6 348	1 333	5 244	3 352	3 046	2 792	7 257	9 063	5 352
1 908	6 512	1 345	5 284	3 395	3 377	2 804	7 732	8 662	5 516
1 938	6 005	1 394	5 270	3 498	3 606	2 904	7 568	8 818	5 500
1 961	6 205	1 453	5 308	3 433	3 639	3 056	7 936	8 623	5 596
2 014	6 508	1 482	5 540	3 459	3 831	3 243	8 280	8 991	5 798
2 028	6 719	1 510	5 829	3 405	3 751	3 410	8 601	8 844	5 833
1 949	6 862	1 588	5 940	3 284	3 733	3 578	8 311	8 158	5 742
2 018	7 214	1 627	5 985	3 110	3 793	3 718	8 159	8 302	5 883
2 030	7 134	1 651	5 907	3 110	3 752	3 723	7 868	8 427	5 844
2 064	7 127	1 641	5 929	3 046	3 892	3 875	7 000	7 543	5 767
2 115	7 171	1 661	6 065	3 102	4 001	3 804	7 157	6 835	5 811
2 203	7 401	1 727	6 406	3 168	4 151	3 794	8 007	7 945	6 095
2 290	7 570	1 778	6 750	3 198	4 383	4 082	8 535	8 616	6 318
2 394	7 851	1 823	7 203	3 275	4 667	4 451	9 113	9 308	6 595
2 495	8 022	1 856	7 904	3 433	5 022	4 758	9 781	9 967	6 897
2 549	8 059	1 882	8 560	3 568	5 450	4 939	10 590	10 213	7 118
2 445	7 498	1 831	8 693	3 371	5 435	5 041	10 828	9 718	6 931
2 464	7 832	1 889	9 198	3 819	5 844	5 361	11 706	9 434	7 272

CUADRO 3. *Volatilidad del PIB de América Latina, del PIB de su mundo relevante y de sus términos de intercambio, 1870-2008 (porcentajes)*

	Volatilidad asociada a la tendencia					Volatilidad del componente cíclico					Volatilidad total				
	1870-1913	1914-1944	1945-1980	1980-2008	Total	1870-1913	1914-1944	1945-1980	1980-2008	Total	1870-1913	1914-1944	1945-1980	1980-2008	Total
PIB Total															
Argentina	3.0	2.6	1.3	3.1	2.9	5.6	3.3	2.7	3.8	4.1	8.6	5.9	4.1	6.9	6.9
Brasil	1.4	1.4	1.7	1.1	2.3	4.3	3.1	1.8	2.4	3.1	5.6	4.5	3.5	3.5	5.4
Chile	1.8	3.5	1.8	2.6	2.6	3.2	8.3	3.5	3.1	4.8	5.0	11.9	5.3	5.6	7.4
Colombia	1.3	1.5	0.6	1.4	1.7	0.5	1.9	1.3	1.3	1.3	1.8	3.3	1.9	2.7	2.9
Costa Rica		2.2	1.4	1.7	2.4		5.3	2.8	2.2	3.5		7.5	4.2	4.0	5.9
Cuba	7.0	4.2	2.2	4.5	4.6	8.3	10.5	4.5	3.4	7.0	15.3	14.7	6.7	7.9	11.6
El Salvador		1.5	2.7	3.3	2.7		5.0	4.6	1.9	4.0		6.5	7.2	5.2	6.7
Guatemala		5.2	1.6	1.7	3.1		8.6	2.4	1.1	4.8		13.8	4.0	2.8	7.9
Honduras		3.4	1.6	1.3	2.4		4.7	2.5	1.4	3.0		8.1	4.0	2.7	5.4
México	1.4	2.6	0.7	1.2	2.5	2.5	2.8	1.6	2.2	2.3	3.9	5.4	2.3	3.5	4.8
Nicaragua		3.4	3.6	3.2	3.7		8.1	4.6	2.4	5.3		11.5	8.3	5.6	9.0
Perú	1.7	2.3	1.3	3.1	2.4	1.1	4.1	1.8	4.2	3.2	2.9	6.4	3.1	7.3	5.6
Uruguay	2.4	3.0	1.9	2.9	2.6	6.2	6.1	1.9	3.7	4.9	8.6	9.1	3.8	6.6	7.4
Venezuela	1.7	6.0	3.5	2.9	4.3	2.6	7.0	2.2	3.8	4.1	4.3	13.0	5.7	6.7	8.4
Promedio no ponderado	2.4	3.1	1.8	2.4	2.9	3.8	5.6	2.7	2.6	3.9	6.2	8.7	4.6	5.1	6.8
Mundo relevante															
Argentina	0.5	1.6	0.8	0.6	1.3	0.7	2.4	1.5	1.1	1.6	1.2	4.1	2.3	1.7	3.0
Brasil	1.2	2.9	3.0	1.1	2.4	2.0	4.2	3.8	0.9	3.0	3.2	7.1	6.8	2.0	5.3
Chile	0.8	4.0	1.9	0.4	2.2	1.4	4.8	3.0	0.9	2.8	2.2	8.7	4.9	1.3	5.0
Colombia	0.6	4.4	1.9	0.5	2.3	1.6	5.3	3.0	0.8	3.0	2.2	9.7	4.9	1.4	5.4
Costa Rica		4.8	2.0	0.5	2.9		5.7	3.2	0.9	3.6	0.0	10.5	5.2	1.5	6.6

Cuba	1.6	4.2	2.5	0.6	2.8	3.2	5.3	3.2	0.8	3.5	4.8	9.4	5.7	1.5	6.3
El Salvador		5.0	2.0	0.5	3.0		6.5	3.2	0.9	4.0	0.0	11.5	5.2	1.5	7.0
Guatemala		4.6	2.1	0.5	2.9		5.8	3.3	0.9	3.7	0.0	10.3	5.4	1.4	6.6
Honduras		5.0	1.9	0.5	2.9		5.8	3.1	1.0	3.6	0.0	10.8	4.9	1.5	6.5
México	0.8	4.0	1.9	0.6	2.5	2.8	5.2	3.1	1.0	3.4	3.6	9.2	5.0	1.5	5.9
Nicaragua		5.0	2.0	0.5	3.0		5.9	3.2	0.8	3.7	0.0	10.9	5.2	1.2	6.7
Perú	0.5	3.9	1.9	0.4	2.3	1.3	5.3	3.0	0.9	3.3	1.8	9.2	4.9	1.3	5.6
Uruguay	0.7	2.2	0.8	0.8	1.4	1.3	2.8	1.0	1.3	1.7	2.1	5.0	1.8	2.1	3.1
Venezuela	0.5	4.2	1.9	0.5	2.5	2.3	4.7	3.0	0.9	3.2	2.8	8.9	4.9	1.4	5.7
Promedio no ponderado	0.8	4.0	1.9	0.6	2.5	1.8	5.0	2.9	0.9	3.2	1.7	9.0	4.8	1.5	5.6

Términos de intercambio

Argentina	2.5	3.9	3.1	2.0	3.1	3.7	6.8	4.0	4.3	4.7	6.2	10.7	7.1	6.3	7.8
Brasil	6.6	4.6	3.1	2.3	4.9	8.9	11.9	4.0	5.0	8.0	15.5	16.5	7.1	7.3	12.9
Chile	4.1	5.5	5.3	4.5	5.0	6.5	9.6	9.8	8.3	8.4	10.6	15.1	15.1	12.7	13.5
Colombia	6.6	4.7	3.1	3.9	5.1	11.1	12.1	4.0	7.0	9.2	17.7	16.7	7.0	10.9	14.2
Costa Rica		5.9	6.3	2.7	5.5		6.2	8.0	7.2	7.2	0.0	12.2	14.3	9.9	12.7
Cuba	2.4	4.7	3.1	1.9	3.3	6.2	10.2	4.0	2.0	6.3	8.6	14.8	7.1	3.8	9.6
El Salvador		6.2	6.9	3.3	6.0		17.6	10.4	11.2	12.9	0.0	23.8	17.3	14.5	18.9
Guatemala		8.5	6.7	3.7	6.7		14.3	7.9	12.5	11.4	0.0	22.8	14.6	16.2	18.1
Honduras		6.3	2.4	4.9	4.5		14.7	6.3	9.1	10.1	0.0	21.1	8.6	14.0	14.6
México	2.6	1.7	3.3	3.8	3.0	4.6	6.8	4.2	6.0	5.3	7.2	8.6	7.5	9.8	8.4
Nicaragua		9.4	14.7	6.2	10.9		12.4	45.4	15.0	30.2	0.0	21.8	60.1	21.2	41.1
Perú	1.8	2.7	3.0	3.6	2.9	4.8	6.7	4.0	7.8	5.7	6.6	9.3	7.0	11.4	8.6
Uruguay	2.3	6.2	3.1	3.7	4.1	5.9	9.5	4.0	6.8	6.6	8.1	15.7	7.1	10.6	10.7
Venezuela	1.0	5.1	3.1	8.9	5.9	4.1	5.4	4.0	13.1	7.7	5.1	10.5	7.1	22.0	13.6
Promedio no ponderado	3.3	5.4	4.8	4.0	5.1	6.2	10.3	8.6	8.2	9.6	6.1	15.7	13.4	12.2	14.6

Cuadro 4. *Índices históricos de desarrollo humano de los países latinoamericanos, 1900-2010*

Año	Argentina	Bolivia	Brasil	Chile	Colombia	Costa Rica	Cuba	Ecuador	El Salvador	Guatemala
IR1										
1900	0.135		0.054	0.091	0.065					
1910	0.176		0.065	0.112	0.078					
1920	0.198		0.075	0.127	0.094	0.112			0.067	0.050
1930	0.236		0.084	0.159	0.120	0.127	0.127		0.074	0.058
1940	0.259		0.100	0.189	0.144	0.151	0.131		0.091	0.087
1950	0.306		0.130	0.239	0.183	0.173	0.185		0.120	0.107
1960	0.340	0.174	0.180	0.282	0.218	0.215	0.201	0.175	0.144	0.130
1970	0.394	0.193	0.217	0.338	0.241	0.258	0.217	0.199	0.180	0.162
1980	0.430	0.216	0.287	0.386	0.305	0.315	0.271	0.302	0.200	0.210
1990	0.402	0.219	0.332	0.429	0.330	0.341	0.306	0.304	0.224	0.232
2000	0.455	0.245	0.363	0.517	0.354	0.389	0.305	0.317	0.257	0.267
2010	0.530	0.279	0.422	0.590	0.404	0.435	0.371	0.371	0.298	0.301
IR2										
1900	0.063		0.024	0.041	0.030					
1910	0.084		0.029	0.050	0.035					
1920	0.097		0.034	0.058	0.043	0.052			0.030	0.023
1930	0.119		0.038	0.074	0.056	0.060	0.060		0.033	0.026
1940	0.133		0.046	0.090	0.068	0.074	0.063		0.042	0.040
1950	0.163		0.062	0.120	0.090	0.087	0.094		0.057	0.051
1960	0.188	0.086	0.091	0.148	0.113	0.113	0.107	0.087	0.070	0.064
1970	0.223	0.096	0.112	0.187	0.127	0.141	0.122	0.102	0.091	0.081
1980	0.253	0.109	0.153	0.228	0.170	0.181	0.160	0.165	0.102	0.109
1990	0.242	0.115	0.186	0.270	0.188	0.208	0.186	0.172	0.122	0.127
2000	0.279	0.133	0.210	0.333	0.207	0.240	0.194	0.183	0.146	0.149
2010	0.340	0.156	0.259	0.409	0.243	0.283	0.248	0.227	0.174	0.177
1900	0.271		0.159	0.194	0.183					
1910	0.326		0.181	0.220	0.211					
1920	0.375		0.197	0.256	0.237	0.259			0.168	0.125
1930	0.429		0.217	0.317	0.278	0.293	0.295		0.182	0.132
1940	0.469		0.249	0.366	0.320	0.343	0.320		0.221	0.180
1950	0.528		0.304	0.448	0.392	0.382	0.399		0.272	0.235
1960	0.572	0.394	0.386	0.513	0.451	0.435	0.434	0.382	0.315	0.280
1970	0.616	0.407	0.436	0.586	0.473	0.487	0.476	0.419	0.373	0.326
1980	0.657	0.439	0.496	0.652	0.556	0.553	0.550	0.554	0.417	0.393
1990	0.657	0.468	0.583	0.703	0.581	0.603	0.608	0.565	0.484	0.452
2000	0.692	0.508	0.621	0.749	0.609	0.643	0.637	0.589	0.523	0.498
2010	0.739	0.554	0.681	0.798	0.647	0.676	0.685	0.638	0.571	0.550

Índice relativo 1: Media geométrica de los índices del PIB per cápita, de la expectativa de vida al nacer y educación (IPBIPC, IEVN, IE).

Índice relativo 2: Media geométrica de los índices del PIB per cápita y los índices con función convexa de expectativa de vida al nacer y la educación (IPIBPC, IEVN-con, IE-con).

Índice relativo 3: Media geométrica de los índices del logaritmo del PIB per cápita y los índices de la expectativa de vida al nacer y la educación (IlogPIBPC, IEVN, IE).

Sobre los índices, véase cuadro I.9.

Fuente: Bértola, Hernández y Siniscalchi (2010).

Honduras	México	Nicaragua	Panamá	Paraguay	Perú	Rep. Dom.	Uruguay	Venezuela	A. L.	A. L. 7
	0.062						0.152	0.051		0.071
	0.080						0.180	0.056		0.090
0.077	0.101	0.050					0.175	0.068		0.103
0.097	0.099	0.070					0.212	0.105		0.119
0.091	0.122	0.086		0.135	0.118		0.229	0.130		0.137
0.099	0.163	0.108	0.171	0.145	0.143	0.105	0.278	0.206		0.174
0.114	0.208	0.139	0.215	0.167	0.196	0.136	0.304	0.275	0.209	0.216
0.159	0.272	0.177	0.273	0.196	0.251	0.172	0.325	0.377	0.252	0.260
0.195	0.342	0.194	0.338	0.263	0.293	0.220	0.372	0.416	0.310	0.319
0.210	0.371	0.195	0.348	0.281	0.287	0.246	0.387	0.377	0.332	0.342
0.224	0.413	0.223	0.399	0.286	0.327	0.294	0.435	0.402	0.366	0.377
0.262	0.450	0.259	0.476	0.332	0.402	0.356	0.507	0.440	0.421	0.428
	0.028						0.076	0.023		0.033
	0.037						0.091	0.026		0.042
0.036	0.047	0.023					0.089	0.031		0.049
0.046	0.047	0.032					0.107	0.049		0.057
0.043	0.058	0.040		0.066	0.056		0.121	0.062		0.066
0.047	0.082	0.051	0.087	0.073	0.069	0.050	0.156	0.103		0.087
0.056	0.109	0.069	0.117	0.087	0.099	0.067	0.175	0.146	0.109	0.114
0.082	0.148	0.091	0.154	0.107	0.133	0.089	0.190	0.212	0.136	0.142
0.105	0.197	0.103	0.202	0.150	0.163	0.118	0.222	0.243	0.174	0.181
0.119	0.225	0.109	0.216	0.165	0.168	0.138	0.238	0.222	0.195	0.202
0.127	0.259	0.130	0.255	0.170	0.198	0.164	0.275	0.245	0.220	0.229
0.159	0.300	0.163	0.314	0.206	0.259	0.211	0.336	0.274	0.267	0.274
	0.150						0.326	0.148		0.179
	0.185						0.357	0.159		0.211
0.186	0.228	0.124					0.361	0.181		0.240
0.224	0.231	0.166					0.389	0.218		0.267
0.225	0.274	0.207		0.313	0.261		0.437	0.260		0.302
0.238	0.346	0.250	0.380	0.345	0.304	0.266	0.499	0.354		0.363
0.274	0.412	0.307	0.457	0.393	0.386	0.329	0.535	0.432	0.415	0.427
0.368	0.492	0.359	0.515	0.441	0.469	0.401	0.564	0.555	0.470	0.481
0.428	0.566	0.420	0.596	0.513	0.533	0.460	0.604	0.604	0.531	0.540
0.469	0.616	0.461	0.625	0.546	0.568	0.512	0.633	0.576	0.579	0.590
0.489	0.656	0.512	0.666	0.563	0.612	0.553	0.669	0.615	0.615	0.627
0.545	0.699	0.575	0.709	0.619	0.674	0.610	0.709	0.651	0.667	0.675

El cuadro 3 se apoya en el cuadro 1 en lo referente al PIB de América Latina, y en Maddison para los demás países.

Para la construcción de los *mundos relevantes* de cada país latinoamericano se procedió de la siguiente forma. Para el periodo 1962-2008 se utilizaron datos de Feenstra y Lipsey (2005) y Comtrade calculando aquellos socios comerciales con los cuales el país tenía flujos comerciales mayores a 5% de sus exportaciones. Estos flujos definen una estructura de ponderadores que fue aplicada a las tasas de crecimiento de los socios comerciales durante estos años. Para el periodo anterior a 1962, y dado que Mitchell (1993) sólo tiene datos para los principales socios, se utilizaron las ponderaciones de los socios comerciales extraídas del trabajo en curso de Antonio Tena, "Nuevas interpretaciones sobre la integración económica de las periferias europeas y latinoamericanas entre 1850-1950", generosamente proporcionadas por el autor.

Las estimaciones de los *términos de intercambio* se construyeron con base en las estimaciones de Williamson (2011) para el periodo anterior a 1940. Para el siguiente se utilizaron datos de CEPAL (1976) y para los años posteriores a 1982 las series estadísticas de la CEPAL. En algunos casos la información se completó con datos de MOXLAD que proporciona como términos de intercambio para los países latinoamericanos la inversa del índice Net Barter de términos de intercambio de Estados Unidos.

BIBLIOGRAFÍA

Abreu, M. de Paiva (1988), "La Argentina y Brasil en los años treinta: efectos de la política económica internacional británica y estadunidense", en R. Thorp (ed.), *América Latina en los años treinta: el papel de la periferia en la crisis mundial*, México, Fondo de Cultura Económica, cap. 6, pp. 171-190.

Abreu, M. de Paiva, A. Bevilaqua y D. M. Pinho (2003), "Sustitución de importaciones y crecimiento en Brasil (1890-1970)", en E. Cárdenas, J. A. Ocampo y R. Thorp (eds.), *Industrialización y Estado en la América Latina: la leyenda negra de la posguerra*, México, FCE, cap. 5 (Serie Lecturas, El Trimestre Económico, 94).

Acemoglu, D., S. Johnson y J. Robinson (2003), "Disease and Development in Historical Perspective", *Journal of the European Economic Association*, 1 (2-3), pp. 397-405.

—— (2005), "Institutions as the Fundamental Cause of Long-Run Growth", en Ph. Aghion y S. N. Durlauf, *Handbook of Economic Growth*, vol. 1A, Ámsterdam, Elsevier North-Holland, pp. 385-472.

Aceña, M. P., y J. Reis (eds.) (2000), *Monetary Standards in the Periphery: Paper, Silver and Gold, 1854-1933*, Nueva York, St. Martin's Press.

Akyüz, Y. (ed.) (2003), *Developing Countries and World Trade: Performance and Prospects*, Ginebra y Londres, UNCTAD / Penang, Third World Network, Zed Books.

Allen, R. C. (1994), "Real Incomes in the English-Speaking World, 1879-1913", en G. Grantham y M. MacKinnon (ed.), *Labour Market Evolution: Essays in the Economic History of Market Integration, Wage Flexibility and the Employment Relation*, Londres, Routledge, pp. 107-138.

Altimir, O. (1996), "Economic Development and Social Equity: A Latin American Perspective", *Journal of Interamerican Studies and World Affairs*, 38 (2-3), pp. 47-71.

—— (1997), "Desigualdad, empleo y pobreza en América Latina: efectos del ajuste y del cambio en el estilo de desarrollo", *Desarrollo Económico*, 37 (145), pp. 3-30.

—— (2001), "Long-Term Trends of Poverty in Latin American Countries", *Estudios de Economía*, 28 (001), pp. 115-155.

Altimir, O., y R. Devlin (1993), "Una reseña de la moratoria de la deuda en América Latina", en O. Altimir y R. Devlin (comps.), *Moratoria de la deuda en América Latina*, México, FCE, cap. 6, pp. 13-81.

Álvarez, J. (2007), *Instituciones, cambio tecnológico y distribución del ingreso. Una comparación del desempeño económico de Nueva Zelanda y Uruguay (1870-1940)*, tesis de maestría, Montevideo, Facultad de Ciencias

Sociales, Unidad Multidisciplinaria, Programa de Historia Económica y Social.

Álvarez, J., L. Bértola y G. Porcile (eds.) (2007), *Primos ricos y empobrecidos*, Montevideo, Fin de Siglo.

Anderson, K., y A. Valdés (2008), "Introduction and Summary", en K. Anderson y A. Valdés (eds.), *Distortions to Agricultural Incentives in Latin America*, Washington, World Bank, pp. 1-58.

Andrews, G. D. (2004), *Afro-Latin America 1800-2000*, Oxford, Oxford University Press.

Aravena, C., M. Badia-Miró, A. A. Hoffman, C. Hurtado y J. Jofré (2010), "Growth, Productivity and Information and Communications Technologies in Latin America, 1950-2005", en M. Cimoli, A. A. Hoffman y N. Mulder (eds.), *Innovation and Economic Development: The Impact of Information and Communication Technologies in Latin America*, Cheltenham, Edward Elgar Publishing, pp. 118-138.

Arze Aguirre, R. (1999), "Notas para una historia del siglo xx en Bolivia", en F. Campero Prudencio (ed.), *Bolivia en el siglo xx: la formación de la Bolivia contemporánea*, La Paz, Editorial Offsets Boliviana, pp. 47-66.

Astorga, P. (2003), "La industrialización en Venezuela (1936-1983): el problema de la abundancia", en E. Cárdenas, J. A. Ocampo y R. Thorp (eds.), *Industrialización y Estado en la América Latina: la leyenda negra de la posguerra*, México, FCE, pp. 277-320 (Serie Lecturas, El Trimestre Económico, 94).

Astorga, P., A. R. Bergés y V. FitzGerald (2005), "The Standard of Living in Latin America During the Twentieth Century", *Economic History Review*, 54 (4), pp. 765-796.

——— (2011), "Productivity Growth in Latin America over the Long Run", *Review of Income and Wealth*, 57 (2), pp. 203-223.

Astorga, P., y V. FitzGerald (1998), "Apéndice estadístico", en R. Thorp, *Progreso, pobreza y exclusión. Una historia económica de América Latina en el siglo xx*, Washington, BID, UE, pp. 327-385.

Bacha, E., y C. F. Díaz-Alejandro (1982), "International Financial Intermediation: A Long and Tropical View", *Essays in International Finance*, 147. Reimpreso en Andrés Velasco (ed.) (1988), *Trade, Development and the World Economy: Selected Essays of Carlos Díaz-Alejandro*, Oxford, Basil Blackwell, cap. 8.

Badía-Miró y Carreras-Marín (2012), "Latin America and Its Main Trade Partners, 1860-1930: Did the First World War Affect Geographical Patterns?", en C. Yáñez y A. Carreras (eds.), *The Economies of Latin America: New Cliometric Data*, Pickering and Chatto Limited.

Bairoch, P. (1993), *Economics and World History. Myths and Paradoxes*, Chicago, Chicago University Press.

Bairoch, P., y B. Etemad (1985), *Structure par produits des exportations du Tiers Monde, 1830-1937*, Ginebra, Droz (Publications del Centre d'Histoire Économique Internationale de l'Université de Genève, 1).

Balassa, B., G. M. Bueno, P. P. Kuczynski y M. E. Simonsen (1986), *Toward Renewed Economic Growth in Latin America*, Washington, Institute of International Economics.

Balbis, J. (2005), "La evolución del precio de la tierra en Uruguay (1914-1924)", *Quantum*, 2 (5), pp. 114-141.

Banco Mundial (1995), *Bureaucrats in Business: The Economics and Politics of Government Ownership* (Policy Research Report, 4).

——— (1997), *The Long March: A Reform Agenda for Latin America and the Caribbean in the Next Decade*, Washington, Banco Mundial.

——— (2004), *Inequality in Latin America and the Caribbean: Breaking with History?*, Washington, Banco Mundial.

——— (2006), *Poverty Reduction and Growth: Virtuous and Vicious Circles*, G. E. Perry, O. S. Arias, J. H. López, W. F. Maloney y L. Servén (eds.), Washington, Banco Mundial.

Baptista, A. (2006), *Bases cuantitativas de la economía venezolana, 1830-2002*, Caracas, Fundación Empresas Polar.

Baptista, A., y B. Mommer (1987), *El petróleo en el pensamiento económico venezolano: un ensayo*, Caracas, IESA.

Bates, R. H. (1997), *Open-Economy Politics: The Political Economy of the World Coffee Trade*, Princeton, Princeton University Press.

Bates, R. H., J. H. Coatsworth y J. G. Williamson (2007), "Lost Decades: Postindependence Performance in Latin America and Africa", *The Journal of Economic History*, 67, pp. 917-943.

Bauer, A. (1991), "La Hispanoamérica rural, 1870-1930", en L. Bethell (ed.), *Historia de América Latina*, vol. 7: *Economía y sociedad, ca. 1870-1930*, Barcelona, Crítica, pp. 133-162.

Beck, T., y A. Demirgüç-Kunt (2009), "Financial Institutions and Markets Across Countries and over Time: Data and Analysis", *World Bank Policy Research Working Paper*, núm. 4943, mayo.

Behrman, J., N. Birdsall y M. Székely (2001), "Pobreza, desigualdad y liberalización comercial y financiera en América Latina", en E. Ganuza, R. Paes de Barros, L. Taylor y R. Vos (eds.), *Liberalización, desigualdad y pobreza: América Latina y el Caribe en los 90*, Buenos Aires, Eudeba, Universidad de Buenos Aires, PNUD.

Belini, C., y M. Rougier (2008), *El Estado empresario en la industria argentina: conformación y crisis*, Buenos Aires, Manantial (Cuadernos Argentinos).

Berry, A. (1998), *Confronting the Income Distribution Threat in Latin America: Poverty, Economic Reforms, and Income Distribution in Latin America*, Boulder, Lynne Rienner.

Bertino, M., y H. Tajam (1999), *El PIB de Uruguay 1900-1955*, Montevideo, Universidad de la República, Facultad de Ciencias Económicas y Administración, Instituto de Economía.

Bértola, L. (1991), *La industria manufacturera uruguaya, 1913-1961. Un enfoque sectorial de su crecimiento, fluctuaciones y crisis,* Montevideo, Ciedur, Facultad de Ciencias Sociales.

―――― (2000), *Ensayos de historia económica de Uruguay y la región en la economía mundial. 1870-1990,* Montevideo, Trilce, CSIC.

―――― (2005), "A 50 años de la curva de Kuznets: crecimiento económico y distribución del ingreso en Uruguay y otras economías de nuevo asentamiento desde 1870", *Investigaciones en Historia Económica,* 3, pp. 135-176.

―――― (2011), "Institutions and the Historical Roots of Latin American Divergence", en J. A. Ocampo y J. Ros (eds.), *The Oxford Handbook of Latin American Economics,* Oxford, Oxford University Press, cap. 2.

Bértola, L., *et al.* (1998), *El PIB uruguayo 1870-1936 y otras estimaciones,* Montevideo, Universidad de la República, Facultad de Ciencias Sociales.

Bértola, L., C. Bianchi, M. Cimoli y G. Porcile (en prensa), "Relative Performance, Structural Change and Technological Capabilities in Latin America in Historical Perspective", en L. Punzo, C. A. Feijo y M. Puchet Anyul (eds.), *Beyond the Global Crisis: Structural Adjustments and Regional Integration in Europe and Latin America* (Routledge Studies in the Modern World Economy).

Bértola, L., M. Camou y G. Porcile (1999), "Comparación internacional del poder adquisitivo de los salarios reales de los países del Cono Sur, 1870-1945", *Segundas Jornadas de Historia Económica,* Montevideo.

Bértola, L., M. Camou, S. Maubrigades y N. Melgar (2010), "Human Development and Inequality in the Twentieth Century: The Mercosur Countries in a Comparative Perspective", en R. D. Salvatore, J. D. Coatsworth y A. E. Challú (eds.), *Living Standards in Latin American History: Height, Welfare and Development, 1750-2000,* Cambridge, David Rockefeller Center for Latin American Studies, Harvard University, pp. 197-232.

Bértola, L., C. Castelnovo, J. Rodríguez Weber y H. Willebald (2010), "Between the Colonial Heritage and the First Globalization Boom: on Income Inequality in the Southern Cone", *Revista de Historia Económica / Journal of Iberian and Latin American Economic History,* 28 (2), pp. 307-341.

Bértola, L., y P. Gerchunoff (eds.) (2011), *Institucionalidad y desarrollo económico en América Latina,* Santiago de Chile, CEPAL, AECID.

Bértola, L., M. Hernández y S. Siniscalchi (2010), *Un índice histórico de desarrollo humano de América Latina y algunos países de otras regiones: metodología, fuentes y bases de datos,* Montevideo, Facultad de Ciencias Sociales, Programa de Historia Económica y Social (Serie Documento de Trabajo).

Bértola, L., y G. Porcile (2006), "Convergence, Trade and Industrial Policy: Argentina, Brazil and Uruguay in the International Economy, 1900-1980", *Revista de Historia Económica / Journal of Iberian and Latin American Economic History,* 1, pp. 37-67.

Bértola, L., y J. G. Williamson (2006), "Globalization in Latin America before 1940", en V. Bulmer-Thomas, J. Coatsworth y R. Cortés Conde (eds.), *The Cambridge Economic History of Latin America*, vol. 2, Cambridge, Cambridge University Press, pp. 11-56.

BID (Banco Interamericano de Desarrollo) (1997), *América Latina tras una década de reformas*, Informe de Progreso Económico y Social 1997, Washington, BID.

—— (1999), *América Latina frente a la desigualdad*, Informe de Progreso Económico y Social 1998-1999, Washington, BID.

—— (2008a), *Calidad de vida, más allá de los hechos*, E. Lora (ed.), México, FCE.

—— (2008b), *All that Glitters May not be Gold: Assessing Latin America's recent Macroeconomic Performance*, A. Izquierdo y J. Talvi (eds.), Washington, BID.

—— (2010), *The Age of Productivity: Transforming Economies from the Bottom Up*, C. Pagés (ed.), Nueva York, Palgrave Macmillan.

Bielschowsky, R. (1998), "Cincuenta años de pensamiento de la CEPAL: una reseña", en *Cincuenta años de pensamiento de la CEPAL*, vol. 1, Santiago de Chile, FCE, CEPAL, pp. 9-62.

—— (2009), "Sesenta años de la CEPAL. Estructuralismo y neoestructuralismo", *Revista de la CEPAL* (97), pp. 173-194.

Birdsall, N., A. de la Torre y F. Valencia Caicedo (2011), "The Washington Consensus: Assessing a 'Damaged Brand'", en J. A. Ocampo y J. Ros (eds.), *The Oxford Handbook of Latin American Economics*, Oxford, Oxford University Press, cap. 4, pp. 79-107.

Bonilla, H. (1974), *Guano y burguesía en Perú*, Lima, Instituto de Estudios Peruanos (Perú Problema, 11).

Braudel, F. (1986), *La dinámica del capitalismo*, México, FCE.

Bulmer-Thomas, V. (1987), *The Political Economy of Central America since 1920*, Cambridge, Cambridge University Press.

—— (2003), *The Economic History of Latin America since Independence* (2a. ed.), Cambridge, Cambridge University Press.

Canales, A. (2011), "Latin America in the Recent Wave of International Migration", en J. A. Ocampo y J. Ros (eds.), *The Oxford Handbook of Latin American Economics*, Nueva York, Oxford University Press, cap. 20, pp. 488-515.

Cárdenas, E. (1997), "A Macro-economic Interpretation of Nineteenth Century Mexico", en S. Haber (ed.), *How Latin America Fell Behind*, Palo Alto, Stanford University Press, pp. 65-92.

—— (2003a), *Cuándo se originó el atraso económico de México: la economía mexicana en el largo siglo XIX, 1780-1920*, Madrid, Fundación José Ortega y Gasset, Editorial Biblioteca Nueva.

—— (2003b), "El proceso de industrialización acelerada en México (1929-1982)", en E. Cárdenas, J. A. Ocampo y R. Thorp (eds.), *Industrialización y Estado en la América Latina: la leyenda negra de la posguerra,* México, FCE (Serie Lecturas, El Trimestre Económico, 94).

Cárdenas, E., J. A. Ocampo y R. Thorp (2003a), *La era de las exportaciones latinoamericanas. De fines del siglo xix a principios del xx,* México, FCE (Serie Lecturas, El Trimestre Económico, 93).

Cárdenas, E., J. A. Ocampo y R. Thorp (eds.) (2003b), *Industrialización y Estado en la América Latina: la leyenda negra de la posguerra,* México, FCE (Serie Lecturas, El Trimestre Económico, 94).

Cardoso, C. F. S., y H. Pérez Brignoli (1979), *Historia económica de América Latina,* vols. 1 y 2, Barcelona, Crítica.

Cardoso, F. E., y E. Faletto (1971), *Dependencia y desarrollo en América Latina,* México, Siglo XXI.

Carmagnani, M. (1998), "Finanzas y Estado en México 1820-1880", en L. Jáuregui y J. A. Serrano (eds.), *Las finanzas públicas en los siglos xviii-xix,* México, Instituto Mora, El Colegio de Michoacán, El Colegio de México, Instituto de investigaciones Históricas, UNAM.

Castro, A. B. de (1985), "Ajustamento x transformação: a economia brasileira de 1974 a 1984", en A. B. de Castro y F. E. P. de Souza, *A economia brasileira em marcha forçada,* São Paulo, Paz e Terra, cap. I, pp. 11-98.

Centro Latinoamericano y Caribeño de Demografía/División de Población de la CEPAL (2006), *América Latina y el Caribe: Observatorio Demográfico,* núm. 2, Santiago de Chile, CEPAL.

Centro Latinoamericano y Caribeño de Demografía/División de Población de la CEPAL y BID (1996), *Impacto de las tendencias demográficas sobre los sectores sociales en América Latina: contribución al diseño de políticas y programas,* Santiago de Chile, CEPAL.

CEPAL (1964), *El financiamiento externo de América Latina,* Nueva York, Naciones Unidas.

—— (1976), *América Latina: relación de precios de intercambio,* Santiago de Chile (Cuadernos Estadísticos, 1).

—— (1976), "Relación de precios del intercambio", Santiago de Chile, Naciones Unidas (Cuadernos Estadísticos de la CEPAL, I).

—— (1983), *Industrialización en Centroamérica 1960-1980,* Santiago de Chile (Estudios e Informes, 30).

—— (1990), *Transformación productiva con equidad: la tarea prioritaria del desarrollo de América Latina y el Caribe en los años noventa,* Santiago de Chile.

—— (1992), *El comercio de manufacturas de América Latina: evolución y estructura 1962-1989,* Santiago de Chile (Estudios e Informes, 88).

—— (1994), *El regionalismo abierto en América Latina y el Caribe: la integración económica al servicio de la transformación productiva con equidad,* Santiago de Chile.

—— (1996), *América Latina y el Caribe quince años después: de la década perdida a la transformación económica, 1980-1995,* Santiago de Chile, CEPAL, FCE.

CEPAL (1997), *La brecha de la equidad: América Latina, el Caribe y la Cumbre Social,* Santiago de Chile.

—— (1998), *Estudio económico de América Latina y el Caribe,* Santiago de Chile.

—— (2000), *Equidad, desarrollo y ciudadanía,* Bogotá, CEPAL, Alfaomega.

—— (2001a), *Una década de luces y sombras: América Latina y el Caribe en los años noventa,* Bogotá, CEPAL, Alfaomega.

—— (2001b), *Panorama social de América Latina, 2000-2001,* Santiago de Chile.

—— (2004), *Desarrollo productivo en economías abiertas,* Santiago de Chile.

—— (2006a), *La protección social de cara al futuro: acceso, financiamiento y solidaridad,* Santiago de Chile.

—— (2006b), "Matriz de origen y destino de los migrantes", suplemento, *Observatorio Demográfico,* 1.

—— (2007a), *Progreso técnico y cambio estructural en América Latina,* Santiago de Chile, CEPAL, Centro Internacional de Investigaciones para el Desarrollo (IDRC).

—— (2007b), *Panorama de la inserción internacional de América Latina y el Caribe,* Santiago de Chile.

—— (2008), *La transformación productiva 20 años después: viejos problemas, nuevas oportunidades,* Santiago de Chile.

—— (2009), *América Latina y el Caribe: series históricas de estadísticas económicas 1950-2008,* Santiago de Chile (Cuadernos Estadísticos, 37).

—— (2010), *La hora de la igualdad: brechas por cerrar, caminos por abrir,* Santiago de Chile.

CEPAL y FAO (1978), *25 años en la agricultura de América Latina: rasgos principales 1950-1975,* Santiago de Chile (Cuaderno de la CEPAL, 21).

Chenery, H. (1979), *Structural Change and Development Policy,* Nueva York, Oxford University Press.

Chocano, M., C. Contreras, F. Quiroz, C. Mazzeo y R. Flores (2010), *Economía del periodo colonial tardío,* Lima, IEP (Compendio de Historia del Perú, 3).

Chonchol, J. (1994), *Sistemas agrarios en América Latina: de la etapa prehispánica a la modernización conservadora,* México, FCE.

Cimoli, M., y G. Porcile (2011), "Learning, Technological Capabilities and Structural Dynamics", en J. A. Ocampo y J. Ros (eds.), *The Oxford Handbook of Latin American Economics,* Nueva York, Oxford University Press, cap. 22, pp. 546-567.

Cline, William R. (1984), *International Debt: Systemic Risk and Policy Response,* Washington, Institute of International Economics.

Coatsworth, J. H. (1989), "The Decline of the Mexican Economy, 1800-1860", en R. Liher (ed.), *América Latina en la época de Simón Bolívar,* Berlin, Colloquium Verlag, pp. 27-53.

Coatsworth, J. H. (1998), "Economic and Institutional Trajectories in Nineteenth-Century Latin America", en J. Coatsworth y A. Taylor (ed.), *Latin America and the World Economy Since 1800*, Cambridge, Harvard University, David Rockefeller Center for Latin American Studies, pp. 23-54.

—— (2008), "Inequality, Institutions and Economic Growth in Latin America", *Journal of Latin American Studies*, 40, pp. 545-569.

Coatsworth, J. H., y J. Williamson (2004), "Always Protectionist? Latin American Tariffs from Independence to Great Depression", *Journal of Latin American Studies*, 36 (2), pp. 205-232.

Cominetti, R., y G. Ruiz (1998), *Evolución del gasto público social en América Latina: 1980-1995*, Santiago de Chile (Cuadernos de la CEPAL, 80).

Contreras, C. (2004), *El aprendizaje del capitalismo: estudios de historia económica y social del Perú republicano*, Lima, Instituto de Estudios Peruanos.

Contreras, C., y M. Cueto (2004), *Historia del Perú contemporáneo*, Lima, Instituto de Estudios Peruanos.

Cornia, G. A. (2010), "Income Distribution under Latin America's Center-Left Regimes", *Journal of Human Development and Capabilities*, 11 (1), pp. 85-114.

Cortés Conde, R. (1997), *La economía argentina en el largo plazo*, Buenos Aires, Sudamericana, Universidad de San Andrés.

Cortés Conde, R., y M. Harriague (1996), *Estimaciones del producto interno de la Argentina*, documento de trabajo, Buenos Aires, Universidad de San Andrés, Departamento de Economía.

Daude, Ch., y E. Fernández-Arias (2010), "Productivity and Factor Accumulation in Latin America and the Caribbean: A Database", Washington, Departamento de Investigaciones, Banco Interamericano de Desarrollo. Disponible en: http://www.iadb.org/research/pub_desc.cfm?pub_id=DBA-015

Deas, M. (2011), "Insecurity and Economic Development in Colombia in the 1st Century of Independence", *Revista de Historia Económica/Journal of Iberian and Latin American Economic History*, vol. 29, núm. 2.

De Janvry, A. (1981), *The Agrarian Question and Reformism in Latin America*, Baltimore, Johns Hopkins University Press.

Delfim Netto, A. (1979), *O problema do café no Brasil*, Rio de Janeiro, Fundação Getulio Vargas.

Della Paolera, G., y A. Taylor (1998), "Finance and Development in an Emerging Market: Argentina in the Interwar Period", en J. Coatsworth y A. M. Taylor (1998), *Latin America and the world economy since 1800*, Cambridge, Harvard University Press, David Rockefeller Centre for Latin American Studies, cap. 5.

Devlin, R. (1989), *Debt and Crisis in Latin America: The Supply Side of the Story*, Princeton, Princeton University Press.

Di John, J. (2009), *From Windfall to Curse? Oil and Industrialization in Venezuela: 1920 to the Present*, Filadelfia, Pennsylvania University Press.

Díaz, J., R. Lüders y G. Wagner (2007), "Economía chilena 1810-2000. Producto total y sectorial, una nueva mirada", Santiago de Chile, Pontificia Universidad Católica de Chile, Instituto de Economía (Documento de Trabajo, 315).

Díaz-Alejandro, C. F. (1988a), "América Latina en los años treinta", en R. Thorp (ed.), *América Latina en los años treinta: el papel de la periferia en la crisis mundial*, México, FCE, cap. 2.

——— (1988b), "Latin American Debt: I Don't Think we are in Kansas Anymore", en A. Velasco (ed.), *Trade, Development and the World Economy, Selected Essays of Carlos Díaz-Alejandro*, Oxford, Basil Blackwell.

Dosman, E. J. (2008), *The Life and Times of Raul Prebisch, 1901-1986*, Montreal, Kingston, McGill-Queens' University Press.

Drake, P. W. (1989), *The Money Doctor in the Andes: The Kemmerer Missions, 1923-1933*, Durham, Duke University Press.

Duncan, K., e I. Rutledge (1977), *Land and Labour in Latin America. Essays on the Development of Agrarian Capitalism in the nineteenth and twentieth centuries*, Cambridge, Cambridge University Press.

Dye, A. (2006), "The Institutional Framework", en V. Bulmer-Thomas, J. Coatsworth J. y R. Cortés Conde (eds.), *The Cambridge Economic History of Latin America*, vol. 2, Cambridge, Cambridge University Press, pp. 169-208.

Easterly, W., y L. Servén (eds.) (2003), *The Limits of Stabilization: Infrastructure, Public Deficits, and Growth in Latin America*, Stanford, Stanford University Press.

Edwards, S. (1995), *Crisis and Reform in Latin America: From Despair to Hope*, Nueva York, Washington, Oxford University Press, Banco Mundial.

Eichengreen, B., y R. Portes (1989), "After the Deluge: Default, Negotiation, and Readjustment during the Interwar Years", en B. Eichengreen y P. H. Lindert (eds.), *The International Debt Crisis in Historical Perspective*, Cambridge, MIT Press, cap. 2.

Eltis, D., F. D. Lewis y K. L. Sokoloff (eds.) (2009), *Human Capital and Institutions: A Long Run View*, Cambridge, Cambridge University Press.

Engerman, S., y K. Sokoloff (1997), "Factor Endowments, Institutions and Differential Paths of Growth Among New World Economies: A View from Economic Historians of the United States", en S. Haber (ed.), *How Latin America Fell Behind*, Stanford, Stanford University Press.

——— (2001), "The Evolution of Suffrage in the New World: A Preliminary Examination", *Cliometrics Society Meeting*, 18-20 de mayo de 2001, Tucson.

Engerman, S. L., E. V. Mariscal y K. L. Sokoloff (2009), "The Evolution of Schooling in the Americas, 1800-1925", en D. Eltis, F. D. Lewis y K. L. Sokoloff, *Human Capital and Institutions: The Long Run View*, Cambridge, Cambridge University Press.

Erten, B., y J. A. Ocampo (2013), "Supercycles of Commodity Prices since the Mid-nineteenth Century", *World Development*, vol. 44, pp. 14-30.

Esping-Andersen, G. (1990), *The Three Worlds of Welfare Capitalism*, Cambridge, Polity Press.

Evans, P. (1995), *Embedded Autonomy: States and Industrial Transformation*, Princeton, Princeton University Press.

Fajnzylber, F. (1983), *La industrialización trunca de América Latina*, México, Nueva Imagen.

Fanelli, J. M. (ed.) (2008), *Macroeconomic Volatility, Institutions and Financial Architectures. The Developing World Experience*, Nueva York, Palgrave Macmillan.

Feenstra, R. C., y M. W. Lipsey (2005), NBER-*United Nations Trade Data 1962-2000*. Disponible en: http://cid.econ.ucdavis.edu/data/undata/undata.html

Ferreira, F. H. G., y D. Robelino (2011), "Social Protection in Latin America: Achievements and Limitations", en J. A. Ocampo y J. Ros (eds.), *The Oxford Handbook of Latin American Economics*, Oxford, Oxford University Press, cap. 33, pp. 836-862.

Ferrer, A. (2010), *La economía argentina. Desde sus orígenes hasta principios del siglo XXI*, México, FCE.

Ffrench-Davis, R. (2005), *Reformas para América Latina: después del fundamentalismo neoliberal*, Buenos Aires, Siglo XXI.

Ffrench-Davis, R., O. Muñoz y G. Palma (1998), "The Latin American Economies, 1959-1990", en L. Bethell (ed.), *The Cambridge History of Latin America, Latin America: Economy and Society Since 1930*, vol. 6, Cambridge, Cambridge University Press.

Filgueira, F. (1997), "Tipos de *welfare* y reformas sociales en América Latina: eficiencia, residualismo y ciudadanía estratificada", documento elaborado para el proyecto "Social Policy and Social Citizenship in Central America", Social Science Research Council.

Filgueira, F., C. G. Molina, J. Papadópulos y F. Tobar (2006), "Universalismo básico: una alternativa posible y necesaria para mejorar las condiciones de vida", en C. G. Molina (ed.), *Universalismo básico: una nueva política social para América Latina*, Washington, Banco Interamericano de Desarrollo, Planeta, cap. 1.

Findlay, R., y K. H. O'Rourke (2007), *Power and Plenty: Trade, War, and the World Economy in the Second Millennium*, Princeton, Princeton University Press.

Fishlow, A. (1985), "El estado de la ciencia económica en América Latina", *Progreso económico y social en América Latina*, Washington, Banco Interamericano de Desarrollo, cap. 5.

FitzGerald, E. V. K. (1978), "The Fiscal Crisis of the Latin American State", en J. F. Toye (ed.), *Taxation and Economic Development*, Londres, Frank Cass, pp. 125-158.

Fogel, R. W. (2009), *Escapar del hambre y la muerte prematura*, Madrid, Alianza.

Folchi, M., y M. Rubio (2006), "El consumo de energía fósil y la especificidad de la transición energética en América Latina, 1900-1930", *III Simposio Latinoamericano y Caribeño de Historia Ambiental*, Carmona.

Frankema, E. (2009), *Has Latin America Always Been Unequal? A Comparative Study of Asset and Income Inequality in the Long Twentieth Century*, Leiden, Boston, Brill.

Frenkel, R., y Rozenwurcel, G. (1990), "Restricción externa y generación de recursos para el crecimiento en la América Latina", *El Trimestre Económico* (225), pp. 983-1014.

Frenkel, R., y M. Rapetti (2011), "Exchange Rate Regimes in Latin America", en J. A. Ocampo y J. Ros (eds.), *The Oxford Handbook of Latin American Economics*, Oxford, Oxford University Press, cap. 8.

Furtado, C. (1974), *La economía latinoamericana desde la conquista ibérica hasta la Revolución cubana*, México, Siglo XXI.

———— (1989), *La fantasía organizada*, Bogotá, Tercer Mundo.

Gallagher, K. P., y R. Porzecanski (2010), *The Dragon in the Room: China and the Future of Latin American Industrialization*, Palo Alto, Stanford University Press.

Ganuza, E., R. Paes de Barros y R. Vos (2002), "Labour Market Adjustment, Poverty and Inequality during Liberalization", en R. Vos, L. Taylor y R. Paes de Barros (eds.), *Economic Liberalization, Distribution and Poverty*, Cheltenham, Edward Elgar Publishing, pp. 54-81.

García, N. (2007), "Empleo y globalización en América Latina", *Revista de Economía Mundial* (17), pp. 51-75.

García, N., y V. Tokman (1984), "Transformación ocupacional y crisis", *Revista de la CEPAL*, 24, pp. 103-115.

Gasparini, L., G. Cruces y L. Tornarolli (2011), "Recent Trends in Income Inequality in Latin America", *Economía*, primavera, 10, pp. 147-201.

Gasparini, L., G. Cruces, I. Tornarolli y M. Marchionni (2009), *A Turning Point? Recent Developments on Inequality in Latin America and the Caribbean*, Nueva York, RBLAC, PNUD (Research for Public Policy, Human Development, HD-02-2009).

Gasparini, L., y N. Lustig (2011), "The Rise and Fall of Income Inequality in Latin America", J. A. en Ocampo y J. Ros (eds.), *The Oxford Handbook of Latin American Economics*, Oxford, Oxford University Press, cap. 27, pp. 691-714.

Gelman, J. (2009), "¿Crisis postcolonial en las economías sudamericanas?", en E. Llopis y C. Marichal (ed.), *Latinoamérica y España, 1800-1850: un crecimiento económico nada excepcional*, Madrid, Marcial Pons, pp. 25-64.

———— (2011), "Dimensión económica de la independencia", en *Las indepedencias latinoamericanas y el persistente sueño de la Gran Patria Nuestra*, México, Servicio de Relaciones Exteriores de la Cancillería Mexicana.

Gelman, J., y D. Santilli (2010), "Crecimiento económico, divergencia regional y distribución de la riqueza. Córdoba y Buenos Aires después de la independencia", *Latin American Research Review*, 45 (1), pp. 121-147.

Gerschenkron, A. (1962), *Economic Backwardness in Historical Perspective*, Cambridge, Harvard University Press.

Gerchunoff, P., y L. Llach (1998), *El ciclo de la ilusión y el desencanto: un siglo de políticas económicas argentinas*, Buenos Aires, Ariel Sociedad Económica.

Glade, W. (1986), "Latin America and the International Economy, 1870-1914", en L. Bethell. (ed.), *The Cambridge History of Latin America, ca. 1870 to 1930*, vol. 4, Cambridge, Cambridge University Press, cap. 1.

Goldsmith, R. W. (1973), *A Century of Financial Development in Latin America*, New Haven, Yale University (Economic Growth Center Paper, 196).

────── (1986), *Brasil 1850-1984: desenvolvimento financiero sob um século de inflação*, São Paulo, Harper & Row do Brasil.

Gootenberg, P. (1989), *Between Silver and Guano: Commercial Policy and the State in Postindependence Peru*, Princeton, Princeton University Press.

Greasley, D., J. B. Madsen y L. Oxley (2000), "Real Wages in Australia and Canada, 1870-1913: Globalization *versus* Productivity", *Australian Economic History Review*, 2, pp. 178-198.

Haber, S. (1989), *Industry and Underdevelopment: The Industrialization of Mexico, 1890-1940*, Palo Alto, Stanford University Press.

────── (2006), "The Political Economy of Industrialization", en V. Bulmer-Thomas, J. Coatsworth y R. Cortés Conde (eds.), *The Cambridge Economic History of Latin America*, vol. 2, Cambridge, Cambridge University Press, pp. 537-584.

Haber, S. (2010), "Mercado interno, industrialización y banca, 1890-1929", en S. Kuntz Ficker (coord.), *Historia económica general de México: de la Colonia a nuestros días*, México, El Colegio de México, Secretaría de Economía, cap. 9.

Haddad, C. L. S. (1980), "Crecimiento econômico do Brasil, 1900-1976", en P. Neuhaus (ed.), *Economia brasileira: uma visão histórica*, Rio de Janeiro, Campus.

Haggard, S., y R. R. Kaufman (2008), *Development, Democracy, and Welfare States: Latin America, East Asia, and Eastern Europe*, Princeton, Princeton University Press.

Halperin Donghi, T. (2008 [1969]), *Historia contemporánea de América Latina*, Madrid, Alianza.

Hanushek, E. A., y L. Woessmann (2009), "Do Better Schools Lead to More Growth? Cognitive Skills, Economic Outcomes, and Causation", *NBER Working Paper*, 14633.

Hatton, T. J., y J. G. Williamson (1994), "International Migration, 1850-1939: An Economic Survey", en T. J. Hatton y J. G. Williamson (eds.), *Migra-*

tion and the International Labour Market, 1850-1939, Londres, Routledge, pp. 3-34.

Hatton, T. J., y J. G. Williamson (2005), *Global Migration and the World Economy: Two Centuries of Policy and Performance*, Cambridge, MIT Press.

Hausmann, R. (2011), "Structural Transformation and Economic Growth in Latin America", en J. A. Ocampo y J. Ros (eds.), *The Oxford Handbook of Latin American Economics*, Oxford, Oxford University Press, cap. 21, pp. 519-545.

Hausmann, R., J. Hwang y D. Rodrik (2007), "What You Export Mattters", *Journal of Economic Growth*, 12 (1).

Helleiner, E. (2009), "The Development Mandate of International Institutions: Where Did They Come From", *Studies of International Comparative Development*.

Hirschman, A. O. (1971), "The Political Economy of Import-Substituting Industrialization in Latin America", en A. O. Hirschman, *A Bias for Hope: Essays on Development and Latin America*, New Haven, Yale University Press, cap. 3.

———— (1987), "The Political Economy of Latin American Development: Seven Exercises in Retrospection", *Latin American Research Review*, 22 (3), pp. 7-36.

Hoffman, A. (2000), *The Economic Development of Latin America in the Twentieth Century*, Cheltenham, Edward Elgar Publishing.

Holloway, T. (1977), "The Coffee *Colono* of São Paulo, Brazil: Migration and Mobility, 1880-1930", en K. Duncan e I. Rutledge, *Land and Labour in Latin America. Essays on the Development of Agrarian Capitalism in the nineteenth and twentieth centuries*, Cambridge, Cambridge University Press.

Hunt, S. J. (1985), "Growth and Guano in Nineteenth Century Peru", en R. Cortés Conde y S. J. Hunt (eds.), *The Latin American Economies: Growth and the Export Sector 1880-1930*, Nueva York, Holmes & Meier.

Irigoin, A. (2009), "Gresham on Horseback: The Monetary Roots of Spanish American Political Fragmentation in the Nineteenth Century", *The Economic History Review*, 62 (3), pp. 551-575.

Jáuregui, L., y J. A. Serrano (1998). "Introducción", en L. Jáuregui y J. A. Serrano (eds.), *Las finanzas públicas en los siglos XVIII-XIX*, México, Instituto Mora, El Colegio de Michoacán, El Colegio de México, UNAM, Instituto de Investigaciones Históricas.

Jáuregui, L., y C. Marichal (2009), "Paradojas fiscales y financieras de la temprana República Mexicana, 1825-1855", en E. Llopis y C. Marichal (eds.), *Latinoamérica y España, 1800-1850: un crecimiento económico nada excepcional*, Madrid, México, Marcial Pons, Ediciones de Historia, Instituto Mora, pp. 111-160.

Jorgensen, E., y J. Sachs (1989), "Default and Renegotation of Latin American Foreign Bonds in the Interwar Period", en B. Eichengreen y P. H.

Lindert (eds.), *The International Debt Crisis in Historical Perspective*, Cambridge, MIT Press, cap. 3.

Jorgensen, S. L., y M. Paldam (1987), "The Real Exchange Rates of Eight Latin American Countries 1946-1985: An interpretation", *Geld und Wärung*, 3 (4), pp. 5-27.

Kalmanovitz, S. (ed.) (1994), *Economía y nación: una breve historia de Colombia*, 2a. ed., Bogotá, Universidad Nacional, Tercer Mundo.

Kalmanovitz, S., y E. López Rivera (2009), *Las cuentas nacionales de Colombia en el siglo XIX*, Bogotá, Universidad de Bogotá, Jorge Tadeo Lozano.

Kaminsky, G. L, C. M. Reinhart y C. A. Végh (2004), "When it Rains, it Pours: Procyclical Capital Flows and Macroeconomic Policies", *NBER Macroeconomics Annual*, 19, pp. 11-53.

Katz, J. (1978), "Creación de tecnología en el sector manufacturero argentino", *El Trimestre Económico*, 177, pp. 167-190.

——— (1984), "Domestic Technological Innovations and Comparative Advantage: Further Reflections on a Comparative Case-study Program", *Journal of Development Economics*, 16 (1-2), pp. 13-37.

Katz, J., y Kosacoff, B. (2003), "El aprendizaje tecnológico, el desarrollo institucional y la microeconomía de la sustitución de importaciones", en E. Cárdenas, J. A. Ocampo y R. Thorp (eds.), *Industrialización y Estado en la América Latina: la leyenda negra de la posguerra*, México, FCE (Serie Lecturas, El Trimestre Económico, 94), cap. 2.

Kindleberger, C. P., y R. Aliber, R. (2005), *Manias, Panics, and Crashes: A History of Financial Crises*, 5a. ed., Nueva Jersey, John Wiley & Sons.

Klarén, P. (1977), "The Peruvian Sugar Industry, 1870-1930", en K. Duncan e I. Rutledge, *Land and Labour in Latin America: Essays on the Development of Agrarian Capitalism in the Nineteenth and Twentieth Centuries*, Cambridge, Cambridge University Press.

Klein, H. S., y B. Vinson III (2007), *African Slavery in Latin America and the Caribbean*, 2a. ed., Nueva York, Oxford University Press.

Kuczynski, P. P., y J. Williamson (eds.) (2003), *After the Washington Consensus: Restarting Growth and Reform in Latin America*, Washington, Institute for International Economics.

Kuntz-Ficker, S. (2010), *Las exportaciones mexicanas durante la primera globalización 1870-1929*, México, El Colegio de México, Centro de Estudios Históricos.

La Porta, R., F. F. López-de-Silanes y A. Shleifer (2002), "Government Ownership of Banks", *The Journal of Finance*, 57 (1), pp. 265-301.

Laeven, L., y F. Valencia (2008), *Systemic Banking Crises: A New Database*, Washington, International Monetary Found (IMF Working Paper 08/224).

Lall, S. (2001), *Competitiveness, Technology and Skins*, Cheltenham, Edward Elgar Publishing.

Landes, D. (1999), *The wealth and Poverty of Nations: Why Some Are So Rich and Some So Poor*, Nueva York, W. W. Norton & Company.

Leff, N. H. (1982), *Underdevelopment and Development in Brazil*, vol. I: *Economic Structure and Change, 1822-1947*, Londres, George Allen and Unwin.
—— (1997), "Economic Development in Brazil, 1822-1913", en S. Haber (ed.), *How Latin America Fell Behind*, Stanford, Stanford University Press, pp. 34-64.

Levitsky, S., y K. M. Roberts (2011) (eds.), *The Resurgence of the Left in Latin America*, Baltimore, Johns Hopkins University Press.

Levy, S. (2008), *Good Intentions, Bad Outcomes: Social Policy, Informality, and Economic Growth in Mexico*, Washington, Brookings Institution.

Lewis, C. (1991), "La industria antes de 1930", en L. Bethell (ed.), *Historia de América Latina*, vol. 7: *Economía y sociedad, ca. 1870-1930*, Barcelona, Crítica, pp. 231-280.

Lewis, W. A. (1952), "World Production, Prices and Trade, 1870–1960", *The Manchester School of Economic and Social Studies*, 20, pp. 105-134.
—— (1954), "Economic Development with Unlimited Supplies of Labour", *The Manchester School of Economic and Social Studies*, 22 (2).
—— (1969), *Aspects of Tropical Trade, 1883-1965*, Estocolmo, Almqvist & Wiksell (Serie Wicksell Lectures).
—— (1983), *Crecimiento y fluctuaciones 1870-1913*, México, FCE.

Lindert, P. (2004), *Growing Public. Social Spending and Economic Growth since the Eighteenth Century*, Cambridge, Cambridge University Press.
—— (2010), "The Unequal Lag in Latin American Schooling since 1900: Follow the Money", *Revista de Historia Económica / Journal of Iberian and Latin American Economic History*, 28(2), pp. 375-405.

Llopis, E., y C. Marichal (ed.) (2009), *Latinoamérica y España, 1800-1850: un crecimiento económico nada excepcional*, Madrid; México, Marcial Pons, Ediciones de Historia, Instituto Mora.

Londoño, J. L., y M. Székely (2000), "Persistent Poverty and Excess Inequality: Latin America, 1970-1995", *Journal of Applied Economics*, 3 (1), pp. 93-134.

López-Calva, L. F., y N. Lustig (eds.) (2010), *Declining Inequality in Latin America: A Decade of Progress*, Nueva York, Washington, Brookings Institution Press, UNDP.

Lora, E. (2001), *Structural Reforms in Latin America: What Has Been Reformed and How to Measure It*, Washington, Banco Interamericano de Desarrollo (Research Department Working paper, WP 466).
—— (2011), "The Effects of trade Liberalization on Growth and Employment", en J. A. Ocampo y J. Ros (eds.), *The Oxford Handbook of Latin American Economics*, Oxford, Oxford University Press, cap. 15, pp. 368-393.

Love, J. L. (1994), "Economic Ideas and Ideologies in Latin America Since 1930", en L. Bethell (ed.), *The Cambridge History of Latin America, since 1930. Economy, Society and Politics*, vol. 6, Cambridge, Cambridge University Press.

Lynch, J. (1992), *Caudillos in Spanish America, 1800-1850*, Oxford, Clarendon Press.

Maddison, A. (1995), *Monitoring the World Economy, 1820-1992*, París, OECD Development Centre.

―――― (2001), *The World Economy: A Millennial Perspective*, París, OECD Development Centre.

―――― (2007), *Contours of the World Economy, 1-2030 AD: Essays in Macro-Economic History*, Nueva York, Oxford University Press.

―――― (2008), "The West and the Rest in the World Economy: 1000-2030. Maddisonian and Malthusian interpretations", *World Economics*, vol. 9, núm. 4, pp. 75-100.

Manzel, K., y Baten, J. (2009), "Gender Equality and Inequality in Numeracy: The Case of Latin America and the Caribbean, 1880-1949", *Revista de Historia Económica*, 27 (1), pp. 37-73.

Marichal, C. (1989), *A Century of Debt Crisis in Latin America: From Independence to the Great Depression, 1820-1930*, Princeton, Princeton University Press.

Martínez Pizarro, J. (2011), *Migración internacional en América Latina: nuevas tendencias, nuevos enfoques*, Santiago de Chile, CEPAL.

Matus, M. (2009), *Precios y salarios reales en Chile durante el ciclo salitrero, 1880-1930*, tesis de doctorado, Barcelona, Universidad de Barcelona, Programa Interuniversitario de Historia Económica.

Mesa-Lago, C. (1978), *Social Security in Latin America: Pressure Groups, Stratification, and Inequality*, Pittsburgh, University of Pittsburgh Press.

―――― (1981), *The Economy of Socialist Cuba: A Two-Decade Appraisal*, Albuquerque, University of New Mexico Press.

Meyer, J. W., F. O. Ramírez y Y. N. Soysal (1992), "World Expansion of Mass Education, 1870-1980", *Sociology of Education*, vol. 65, núm. 2, abril, pp. 128-149.

Mitchell, B. R. (1993), *International Historical Statistics. The Americas 1750-2005*, Londres, Palgrave Macmillan.

―――― (2003), *International Historical Statistics: the Americas, 1750-1993*, Londres, Nueva York, Macmillan Reference, Stockton Press.

Mitchel, B. R., y P. Deane (col.) (1962), *Abstract of British Historical Statistics*, Cambridge, Cambridge University Press.

Mitre, A. (1993), *Bajo un cielo de estaño*, La Paz, Biblioteca Minera Boliviana.

Mokyr, J. (2002), *The Gifts of Athena. Historical Origins of the Knowledge Society*, Princeton, Princeton University Press.

Moreno-Brid, J. C., y J. Ros (2009), *Development and Growth in the Mexican Economy. A Historical Perspective*, Nueva York, Oxford University Press.

Moreno Fraginals, M. (1991), "Economías y sociedades de plantación en el Caribe español, 1860-1930", en L. Bethell (ed.), *Historia de América Latina*, vol. 7: *Economía y sociedad, ca. 1870-1930*, Barcelona, Crítica, pp. 163-201.

Moreno Fraginals, M. (1978), *El ingenio: complejo económico social cubano del azúcar,* 3 vols., La Habana, Editorial de Ciencias Sociales.

Morley, S. (1995), *Poverty and Inequality in Latin America: The Impact of Adjustment and Recovery in the 1980s,* Baltimore, The Johns Hopkins University Press.

—— (2000), *La distribución de ingreso en América Latina y el Caribe,* Santiago de Chile, FCE, CEPAL.

Morley, S., R. Machado y S. Pettinato (1999), "Indexes of Structural Reform in Latin America", Santiago de Chile, CEPAL (Serie Reformas Económicas, 12).

Mörner, M. (1977). " 'Landlords' and 'Peasants', and the Outer World", en K. Duncan e I. Rutledge, *Land and Labour in Latin America. Essays on the Development of Agrarian Capitalism in the nineteenth and twentieth centuries,* Cambridge, Cambridge University Press.

Morrisson, C., y F. Murtin (2008), "The Century of Education", *Journal of Human Capital,* 3 (1), pp. 1-42.

MOXLAD (2013), Montevideo Oxford Latin American Economic History Database. Disponible en: moxlad.fcs.edu.uy, consultada el 14 de junio de 2013.

Murillo, M. V., I. Ronconi y A. Schrank (2011), "Latin American Labor Reforms: Evaluating Risk and Security", en J. A. Ocampo y J. Ros (eds.), *The Oxford Handbook of Latin American Economics,* Nueva York, Oxford University Press, cap. 31, pp. 790-812.

Newsom, L. (2006), "The Demographic Impact of Colonization", en V. Bulmer-Thomas, J. Coatsworth y R. Cortés Conde (eds.), *The Cambridge Economic History of Latin America,* vol. 1, Cambridge, Cambridge University Press, pp. 143-183.

North, D., W. Summerhill y B. Weingast (2000), "Order, Disorder and Economic Change: Latin America *versus* North America", en F. Mesquita y F. R. Root (eds.), *Governing for Prosperity,* New Haven, Yale University Press.

North, D., J. J. Wallis y B. R. Weingast (2009), *Violence and Social Orders: A Conceptual Framework for Understanding Recorded Human History,* Cambridge, Cambridge University Press.

Ocampo, J. A. (1984), *Colombia y la economía mundial, 1830-1910,* Bogotá, Siglo XXI, Fedesarrollo.

—— (1990), *Comerciantes, artesanos y política económica en Colombia, 1830-1880,* Bogotá, Banco de la República (Boletín Cultural y Bibliográfico, 22).

—— (2004a), *Reconstruir el futuro: globalización, desarrollo y democracia en América Latina,* Bogotá, Grupo Editorial Norma, CEPAL.

—— (2004b), "Latin America's Growth and Equity Frustrations During Structural Reforms", *Journal of Economic Perspectives,* 18 (2), pp. 67-88.

Ocampo, J. A. (2007), "La macroeconomía de la bonanza económica latino-americana", *Revista de la* CEPAL, 93, pp. 7-29.

―― (2008a), "Las concepciones de la política social: universalismo *versus* focalización", *Nueva Sociedad*, 215, pp. 36-61.

―― (2008b), "A Broad View of Macroeconomic Stability", en N. Serra y J. E. Stiglitz (eds.), *The Washington Consensus Reconsidered*, Nueva York, Oxford University Press, pp. 63-94.

―― (2011), "Macroeconomía para el desarrollo: políticas anticíclicas y transformación productiva", *Revista de la* CEPAL, 104, pp. 7-35.

Ocampo, J. A., y J. Martin (eds.) (2003), *Globalización y desarrollo: una reflexión desde América Latina y el Caribe*, Bogotá, CEPAL, Alfaomega (Colección Foro sobre Desarrollo de América Latina).

―― (eds.) (2004), *América Latina y el Caribe en la era global*, Bogotá, CEPAL, Alfaomega.

Ocampo, J. A., y M. A. Parra (2003), "Los términos de intercambio de los productos básicos en el siglo XX", *Revista de la* CEPAL, 79, pp. 7-35.

―― (2007), "The Dual Divergence: Growth Successes and Collapses in the Developing World Since 1980", en R. Ffrench-Davis y J. L. Machinea (eds.), *Economic Growth with Equity: Challenges for Latin America*, Houndmills, Hampshire, Palgrave Macmillan, ECLAC.

―― (2010), "The Terms of Trade for Commodities since the Mid-Nineteenth Century", *Revista de Historia Económica / Journal of Iberian and Latin American Economic History*, 28 (1), pp. 11-37.

Ocampo, J. A., C. Rada y L. Taylor (2009), *Growth and Policy in Developing Countries: A Structuralist Approach*, Nueva York, Columbia University Press, cap. 1.

Ocampo, J. A., y C. Tovar (2003), "Colombia en la era clásica del 'desarrollo hacia adentro', 1930-1974", en E. Cárdenas, J. A. Ocampo y R. Thorp (eds.), *Industrialización y Estado en la América Latina: la leyenda negra de la posguerra*, México, FCE, cap. 9 (Serie Lecturas, El Trimestre Económico, 94).

Ocampo, J. A., y R. Vos (2008), *Uneven Economic Development*, Londres, Zed Books, Naciones Unidas.

O'Connell, A. (1988), "La Argentina en la Depresión: los problemas de una economía abierta", en R. Thorp (ed.), *América Latina en los años treinta: el papel de la periferia en la crisis mundial*, México, FCE, cap. 8.

Orihuela, J. C. (2010), *Globalizations, Green Governance and Environmental Change. Towards a Modern Environmental History of Latin America*, Nueva York, Columbia University (Working Paper, Initiative for Policy Dialogue).

O'Rourke, K. H., y J. G. Williamson (1999), "The Heckscher-Ohlin Model between 1400 and 2000: when it Explained Factor Price Convergence, when it did not, and why", NBER *Working Paper Series*, WP 7411.

―― (2006), "Around the European Periphery 1870-1913: Globalization, Schooling and Growth", *European Review of Economic History*, 1 (2), pp. 53-190.

Pagés, C. (ed.) (2010), *The Age of Productivity: Transforming Economies from the Bottom Up*, Nueva York, Palgrave Macmillan.

Palacios, M. (1983), *El café en Colombia 1850-1970. Una historia económica, social y política*, México, El Colegio de México.

Palma, G. (2003), "La economía chilena desde la Guerra del Pacífico a la Gran Depresión. Cómo evitar el síndrome holandés por medio de gravar, transferir y gastar", en E. Cárdenas, J. A. Ocampo y R. Thorp, *La era de las exportaciones latinoamericanas: de fines del siglo XIX a principios del XX*, México, FCE, cap. 7 (Serie Lecturas, El Trimestre Económico, 93).

——— (2005), "Cuatro fuentes de 'desindustrialización' y un nuevo concepto del 'síndrome holandés'", en J. A. Ocampo (ed.), *Más allá de las reformas: dinámica estructural y vulnerabilidad macroeconómica*, Bogotá, Alfaomega, CEPAL, cap. 3.

——— (2009), "Flying-geese and Waddling-ducks: the Different Capabilities of East Asia and Latin America to 'Demand-adapt' and 'Supply-upgrade' their Export Productive Capacity", en J. E. Stiglitz, M. Cimoli y G. Dosi (eds.), *Industrial Policy in Developing Countries*, Nueva York, Oxford University Press.

——— (2011), "Why Has Productivity Growth Stagnated in Latin America since the Neo-Liberal Reforms?", en J. A. Ocampo y J. Ros (eds.), *The Oxford Handbook of Latin American Economics*, Nueva York, Oxford University Press, cap. 23, pp. 568-607.

Peláez, C. M. (1973), "Análises econômica do programa brasileiro de sustentação do café 1906-1945: teoria, política e midoção", en M. Moitinho, *Ensaios sobre café e desenvolvimento econômico*, Rio de Janeiro, Instituto Brasileiro do Café.

Peres, W. (2012), "Industrial Policies in Latin America", en A. Szirmai, W. Naudé e I. Alcorta (eds.), *Pathways to Industrialization. New Challenges and Emerging Paradigms*, Nueva York, Oxford University Press, cap. 7.

Polanyi, K. (1957), *The Great Transformation: The Political and Economic Origins of Our Time*, Boston, Beacon Press.

Prados de la Escosura, L. (2007), "Inequality and Poverty in Latin America: A Long-Run Exploration", en T. J. Hatton, K. H. O'Rourke y A. M. Taylor (eds.), *The New Comparative Economic History: Essays in Honor of Jeffrey G. Williamson*, Cambridge, MIT Press, cap. 12.

——— (2009), "Lost Decades? Economic Performance in PostIndependence Latin America", *Journal of Latin American Studies*, 41 (2), pp. 279-307.

PREALC (1981), *Dinámica del subempleo en América Latina*, Santiago de Chile, CEPAL.

Prebisch, R. (1973), *Interpretación del proceso de desarrollo latinoamericano en 1949*, 2a. ed., Santiago de Chile, CEPAL (Serie Conmemorativa del XXV Aniversario de la CEPAL).

Proyecto GRECO (1999), *El crecimiento económico colombiano en el siglo xx: aspectos globales,* Bogotá, Banco de la República de Colombia.

Przeworski, A. (2011), "Latin American Political Regimes in Comparative Perspective", en P. Kingstone y D. J. Yashar (eds.), *Routledge Handbook of Latin American Politics,* Londres, Routledge.

Rapoport, M. (2000), *Historia económica, política y social de la Argentina (1880-2000),* Buenos Aires, Ediciones Macchi.

Reimers, F. (2006), "Education and Social Progress", en V. Bulmer-Thomas, J. Coatsworth y R. Cortés Conde (eds.), *The Cambridge Economic History of Latin America,* vol. 2, Cambridge, Cambridge University Press, pp. 427-482.

Reinhart, C., y K. Rogoff (2009), *This Time is Different: Eight Centuries of Financial Folly,* Princeton, Princeton University Press.

Robinson, J. (2006). "El equilibrio de América Latina", en F. Fukuyama (ed.), *La brecha entre América Latina y Estados Unidos,* Buenos Aires, Fondo de Cultura Económica.

Rodríguez, J. L. (1990), *Estrategia del desarrollo económico en Cuba,* La Habana, Editorial de Ciencias Sociales.

Rodríguez, O. (1980), *La teoría del subdesarrollo de la* CEPAL, México, Siglo XXI.

——— (2006), *El estructuralismo latinoamericano,* México, Siglo XXI, CEPAL.

Rodríguez Weber, J. E. (2009), *Los tiempos de la desigualdad. La distribución del ingreso en Chile, 1860-1930,* tesis de maestría en historia económica, Montevideo, Facultad de Ciencias Sociales, Universidad de la República, Uruguay.

Romero, E. (2000), *Historia económica del Perú,* Lima, Sudamericana.

Ros, J. (2009), "Reducción de la pobreza en América Latina: incidencia de los factores demográficos, sociales y económicos", *Revista de la* CEPAL (98), pp. 35-45.

Rosenthal, G. (2004), "ECLAC: A Commitment to a Latin American Way Towards Development", en Y. Berthelot (ed.), *Unity and Diversity in Development Ideas: Perspectives from the* UN *Regional Commissions,* Bloomington, Indiana University Press (United Nations Intellectual History Project).

Rowe, J. W. F. (1932), *Studies in the Artificial Control of Raw Material Supplies: Brazilian Coffee,* vol. 3, Londres, Cambridge, Royal Economic Society.

——— (1965), *Primary Commodities in International Trade,* Cambridge, Cambridge University Press.

Rowthorn, R. E., y J. Wells (1987), *De-Industrialization and Foreign Trade,* Cambridge, Cambridge University Press.

Rubio, M. M., C. Yáñez, M. Folchi y A. Carreras (2010), "Energy as an Indicator of Modernization in Latin America, 1890-1925", *Economic History Review,* 63 (3), pp. 769-804.

Salvucci, R. (2006), "Export-led Industrialization", en V. Bulmer-Thomas, J. Coatsworth y R. Cortés Conde (eds.), *The Cambridge Economic History of*

Latin America, vol. 2, Cambridge, Cambridge University Press, pp. 249-292.

Sánchez Albornoz, N. (1991), "La población, 1850-1930", en L. Bethell (ed.), *Historia de América Latina*, vol. 7: *Economía y sociedad, ca. 1870-1930*, Barcelona, Crítica, pp. 106-132.

Sánchez Alonso, B. (2006), "Labor and Inmigration", en V. Bulmer-Thomas, J. Coatsworth y R. Cortés Conde (eds.), *The Cambridge Economic History of Latin America*, vol. 2, Cambridge, Cambridge University Press, pp. 377-426.

Sánchez Santiró, E. (2009a), *Las alcabalas mexicanas (1821-1857): los dilemas de la construcción de la hacienda nacional*, México, Instituto Mora.

———— (2009b), "El desempeño de la economía mexicana tras la independencia, 1821-1870: nuevas evidencias e interpretaciones", en E. Llopis y C. Marichal (ed.), *Latinoamérica y España, 1800-1850: un crecimiento económico nada excepcional*, Madrid, México, Marcial Pons, Ediciones de Historia, Instituto Mora, pp. 65-110.

———— (2010a), "Una modernización conservadora: el reformismo borbónico y su impacto sobre la economía, la fiscalidad y las instituciones", en C. García Ayluardo y E. Pani (ed.), *Historia crítica de las modernizaciones en México*, vol. 1, México, CIDE, Secretaría de Hacienda y Crédito Público.

———— (2010b), "El desempeño de la economía mexicana, 1810-1860: de la Colonia al Estado-nación", en S. Kuntz Ficker (ed.), *Historia económica general de México: de la Colonia a nuestros días*, México, El Colegio de México, Secretaría de Economía, cap. 9.

Santamaría, A. (2009), *Las cuentas nacionales de Cuba, 1690-2009*, La Habana, Instituto de Historia, CSIC.

———— (2011), "Dos siglos de especialización y dos décadas de incertidumbre: la historia económica de Cuba, 1800-2010", en L. Bértola y P. Gerchunoff (eds.), *Institucionalidad y desarrollo económico en América Latina*, Santiago de Chile, CEPAL, AECID, cap. V, pp. 135-190.

Santamaría, A., y Malamud, C. (2001), *Sin azúcar no hay país: la industria azucarera y la economía cubana (1919-1939)*, Sevilla, Secretariado de Publicaciones de la Universidad de Sevilla (Serie Historia y Geografía, 66).

Santiso, J., y P. Zoido (2011), "Fiscal Legitimacy, Inequalities and Democratic Consolidation in Latin America", en J. A. Ocampo y J. Ros (eds.), *The Oxford Handbook of Latin American Economics*, Nueva York, Oxford University Press, cap. 12, pp. 293-313.

Sanz Fernández, J. (ed.) (1998), *Historia de los ferrocarriles de Iberoamérica (1837-1995)*, Madrid, Ministerio de Fomento.

Schvarzer, J. (1996), *La industria que supimos conseguir. Una historia político-social de la industria argentina*, Buenos Aires, Planeta.

Scobie, J. (1991). "El crecimiento de las ciudades latinoamericanas, 1870-1930", en L. Bethell (ed.), *Historia de América Latina*, vol. 7: *Economía y sociedad, ca. 1870-1930*, Barcelona, Crítica, pp. 202-230.

Sen, A. (1993), "Capacidad y bienestar", en M. C. Nussebau y A. Sen (ed.), *La calidad de vida*, México, FCE, pp. 54-83.

Sheahan, J. (1987), *Patterns of Development in Latin America: Poverty, Repression, and Economic Strategy*, Princeton, Princeton University Press.

Solbrig, O. T. (2006), "Structure, Performance and Policy in Agriculture", en V. Bulmer-Thomas, J. H. Coatsworth y R. Cortés Conde (eds.), *The Cambridge Economic History of Latin America*, vol. 2, Cambridge, Cambridge University Press, pp. 483-536.

Stallings, B. (1987), *Banker to the Third Word: US Portfolio Investment in Latin America, 1900-1986*, Berkeley, University of California Press.

Stallings, B., y W. Peres (2000), *Crecimiento, empleo y equidad: el impacto de las reformas económicas en América Latina y el Caribe*, México, FCE, CEPAL.

Stallings, B., y J. Weller (2001), "El empleo en América Latina, base fundamental de la política social", *Revista de la CEPAL* (75), pp. 191-210.

Summerhill, W. R. (2006), "Sovereign Commitment and Financial Underdevelopment in Imperial Brazil", documento presentado para la conferencia "States and Capital Markets in Comparative Historical Perspective", UCLA, Center for Economic History.

Sunkel, O. (1971), "Capitalismo transnacional y desintegración nacional en América Latina", *Estudios Internacionales*, 4 (16), pp. 3-61.

_____ (ed.) (1991), *El desarrollo desde dentro: un enfoque neoestructuralista para la América Latina*, México, FCE (Serie Lecturas, El Trimestre Económico, 71).

Sunkel, O., y P. Paz (1970), *Subdesarrollo latinoamericano y la teoría del desarrollo*, 9a. ed., México, Siglo XXI.

Suzigan, W. (1986), *Indústria brasileira: origem e desenvolvimento*, São Paulo, Editora Brasiliense.

Székely, M. (2001), *Los años 90 en América Latina: otra década de desigualdad persistente, pero con un poco menos de pobreza*, Washington, Banco Interamericano de Desarrollo, Departamento de Investigación (Documento de Trabajo, 454).

Székely, M., y Montes, A. (2006), "Poverty and Inequality", en V. Bulmer-Thomas, J. H. Coatsworth y R. Cortés Conde (eds.), *Cambridge Economic History of Latin America*, vol. 2, Cambridge, Cambridge University Press, cap. 14.

Tafunell, X. (2009a), "La inversión en equipo de transporte de América Latina, 1890-1930: una estimación basada en la demanda de importaciones", *Investigaciones de Historia Económica*, 14, pp. 39-67.

_____ (2009b), "Capital Formation in Machinery in Latin America, 1890-1930", *The Journal of Economic History*, 69 (4), pp. 928-950.

Taussig, M. (1977), "The Evolution of Rural Wage Labour in the Cauca Valley of Colombia, 1700-1970", en K. Duncan e I. Rutledge, *Land and Labour in Latin America. Essays on the Development of Agrarian Capita-*

lism in the nineteenth and twentieth centuries, Cambridge, Cambridge University Press.

Teitel, S. (1993), *Industrial and Technological Development*, Baltimore, The Johns Hopkins University Press, Banco Interamericano de Desarrollo.

Teitel, S., y F. E. Thoumi (1987), "De la sustitución de importaciones a las exportaciones manufactureras de la Argentina y el Brasil", *Desarrollo Económico*, 27 (105), pp. 29-60.

Tello, C. (2008), *Estado y desarrollo económico: México 1920-2006*, México, UNAM, Facultad de Economía.

Tena-Junguito, A. y G. Federico (2011), "What do We Know About the International Export Performance of the Americas between 1820 and 1940?", trabajo presentado en el X Congreso Internacional de la AEHE, septiembre 8-10, Universidad Pablo de Olavide, Carmona.

Thorp, R. (ed.) (1988), *América Latina en los años treinta: el papel de la periferia en la crisis mundial*, México, FCE.

——— (1991), "América Latina y la economía mundial hasta la Depresión mundial", en Bethell, L. (ed.), *Historia de América Latina*, t. 7. *América Latina: economía y sociedad, ca. 1870-1930*, Barcelona, Crítica, 1991.

——— (1998a), *Progreso, pobreza y exclusión: una historia económica de América Latina en el siglo xx*, Washington, Banco Interamericano de Desarrollo, Unión Europea.

——— (1998b), "The Latin American Economies, 1939-1950", en L. Bethell (ed.), *The Cambridge History of Latin America. Latin America since 1930: Economy, Society and Politics*, vol. 6, Cambridge, Cambridge University Press.

Thorp, R., y G. Bertram (1978), *Peru 1890-1977: Growth and Policy in an Open Economy*, Londres, MacMillan.

Tokman, V. E. (2007), *Informalidad, inseguridad y cohesión social en América Latina*, Santiago de Chile, CEPAL (Serie Políticas Sociales, 130).

——— (2011), "Employment: The Dominance of the Informal Economy", en J. A. Ocampo y J. Ros (eds.), *The Oxford Handbook of Latin American Economics*, Oxford, Oxford University Press, cap. 30, pp. 767-789.

Triffin, R. (1968), *Our International Monetary System: Yesterday, Today and Tomorrow*, Nueva York, Random House.

Tussie, D. (2009), "Economic Governance After Neoliberalism", en J. Grugel y P. Riggirozzi (eds.), *Governance after Neoliberalism in Latin America*, Nueva York, Palgrave Macmillan.

United Nations (1955), *Foreign Capital in Latin America*, Nueva York, ONU, Departamento de Asuntos Económicos y Sociales.

Uthoff, A. (2011), "Social Security Reforms in Latin America", en J. A. Ocampo y J. Ros (eds.), *The Oxford Handbook of Latin American Economics*, Oxford, Oxford University Press, cap. 34, pp. 863-885.

Valdés, J. G. (1995), *Pinochet's Economists: The Chicago School in Chile*, Cambridge, Cambridge University Press.

Van Zanden, J. L. (2009), *The Long Road to the Industrial Revolution. The European Economy in a Global Perspective, 1000-1800,* Boston, Brill (Global Economic History Series, 1).

Vázquez Presedo, V. (1988), *Estadísticas históricas,* Buenos Aires, Academia Nacional de Economía.

Webb, R. (2003), "La influencia de las instituciones financieras internacionales en la industrialización mediante la política de sustitución de importaciones", en E. Cárdenas, J. A. Ocampo y R. Thorp, *La era de las exportaciones latinoamericanas. De fines del siglo xix a principios del xx,* México, FCE, cap. 3 (Serie Lecturas, El Trimestre Económico, 93).

Wickizer, V. D. (1942), *The World Coffee Economy, with Special References to Control Schemes,* Palo Alto, Stanford University Press.

Williamson, J. G. (1990), "What Washington Means by Policy Reform", en J. G. Williamson (ed.), *Latin American Adjustment: How Much Has Happened?,* Washington, Institute of International Economics.

—— (1998), "Growth, Distribution and Demography: Some Lessons from History", *Explorations in Economic History* (35), pp. 241-271.

—— (2002), "Land, Labor, and Globalization in the Third World, 1870–1940", *Journal of Economic History,* 62 (1), pp. 55-85.

—— (2011), *Trade and Poverty: When the Third World Fell Behind,* Cambridge, MIT Press.

ÍNDICE DE CUADROS Y GRÁFICAS

Cuadros

Apéndice estadístico

GRÁFICAS

ÍNDICE GENERAL

El desarrollo económico de América Latina desde la Independencia,
de Luis Bértola y José Antonio Ocampo,
se terminó de imprimir y encuadernar en octubre de 2016
en Impresora y Encuadernadora Progreso, S. A. de C. V. (IEPSA),
calzada San Lorenzo, 244; 09830 Ciudad de México.
En su formación, realizada en el Departamento de Integración Digital
del FCE por *Yolanda Morales Galván*, se utilizaron tipos New Aster.
La edición estuvo al cuidado de *Teresa Ramírez Vadillo*.
El tiraje fue de 1 700 ejemplares.